中央编译局文库编辑委员会

主　任：贾高建
委　员：贾高建　俞可平　魏海生　陈和平　柴方国　杨金海
　　　　王学东　何增科　季正聚　郗卫东　张文成　曹荣湘
　　　　卿学民　刘明清　薛晓源

中央编译出版社文库编辑中心编辑小组

刘明清　薛晓源　谭　洁　尹承东　董　巍　贾宇琰　冯　章
苗永姝　邓　彤　侯天保　盛菊艳　李媛媛　薛迎春　董　妍

国家"十二五"重点图书

国际共产主义运动历史文献
第23卷

主　编　王学东
副主编　戴隆斌（常务）　童建挺

第二国际第七次（斯图加特）代表大会文献（2）
本卷主编　童建挺

中央编译出版社
Central Compilation & Translation Press

《国际共产主义运动历史文献》顾问委员会

贾高建 俞可平 顾锦屏 高 放 张中云 殷叙彝 胡文建
宋洪训 顾家庆 洪肇龙 沈志华 杨光远

《国际共产主义运动历史文献》编辑委员会

主　　编：王学东
副 主 编：戴隆斌（常务） 童建挺
编　　委：（以姓氏笔画为序）
　　　　　王　瑾 吕瑞林 邢艳琦 许宝友 张文成 张文红
　　　　　陈新明 林德山 胡振良 姚　颖 彭萍萍 薛晓源

参加本卷译校工作的有
李俊聪 鲍万升 蒋文芳 姜德山 李壮志 蔡长缨 周福海 梁志斐

参加本卷编辑出版工作的有
薛迎春 苗永姝 薛晓源

丛书编务统筹
苗永姝 李媛媛 董　妍

总 序

国际共产主义运动，是由以马克思主义为指导的无产阶级政党领导的国际性的无产阶级革命运动，其宗旨是推翻资产阶级统治和一切剥削制度，建立和发展社会主义制度，进而最终实现人的彻底解放，建立共产主义社会。

国际共产主义运动迄今已有一百六十多年的历史。19世纪40年代，马克思、恩格斯在创立科学社会主义理论的同时，努力把它与当时西欧无产阶级的革命实践相结合，于1847年6月创建了第一个国际性的无产阶级政党——共产主义者同盟，亲自拟定并于1848年2月公开发表了同盟纲领《共产党宣言》。这标志着国际共产主义运动的兴起。

自从共产主义者同盟建立以来，历经第一国际（国际工人协会）、第二国际、第三国际（共产国际），国际共产主义运动由小到大、由弱到强，从西方推进到东方、从欧洲扩展到全球，终于突破资本主义链条上一个又一个薄弱环节，取得了社会主义由一国到多国的胜利。二战后社会主义阵营的建立、民族解放运动的胜利进军、社会主义国家革命与建设的重大成就，为国际共产主义运动史书写了辉煌的篇章。20世纪末，由于东欧剧变、苏联解体，国际共产主义运动遭遇了严重挫折。但是，历史并没有因此而终结。由《共产党宣言》奠基的国际共产主义运动仍在曲折中前进。各资本主义国家中的共产党、工人党仍在不断探索无产阶级取得解放的道路；中国等社会主义国家仍继续高举社会主义伟大旗帜，为完善社会主义、最终实现共产主义而不懈奋斗。

国际共产主义运动一百六十多年跌宕起伏的发展历程，积累了卷帙浩繁的文献档案，留下了丰富的历史遗产。深入发掘和充分利用这些文献档案，对于我们准确地了解和把握国际共产主义运动的发展进程及各个时期的特点，科学地研究和总结国际共产主义运动丰富且宝贵的经验教训，具有极其重要的意义。特别是无产阶级国际组织，作为国际共产主义运动的重要载体，其文献档案对于国际共产主义运动史研究更是具有特殊的重要意义。

早在1984年春，中国国际共产主义运动史学会就发起编辑出版《国际共产主义运动史文献》。当时由中共中央编译局、中国社会科学院马列主义毛泽东思想研究所和近代史研究所、中共中央党校和中国人民大学等单位共同组建了编辑委员会。编委会商定：这套文献主要收编共产主义者同盟、第一国际、第二国际、第三国际、共产党和工人党情报局这五个国际组织已发表的全部文献档案，包括历次代表大会、代表会议和其他重要会议的记录、决议和有关文件；收编材料力求齐全；凡外国有选编完整的版本者，根据外国版本翻译；凡文件散见于外国不同出版物者，尽力搜集完整，组织力量统一编译；文件完全按照原件翻译，译文力求准确，不作修改删节，以便读者根据完整、准确的第一手材料了解这些国际组织的历史。在当时代管全国哲学社会科学基金的中国社会科学院科研局的资助下，经过编辑委员会、编译工作者和中国人民大学出版社的共同努力，这套文献于1986年开始陆续出版，截至1997年共出版了21卷。

到上世纪末，文献的编辑出版工作遇到了巨大困难。首先是编委会发生了重大变故，主编林基洲、副主编王颖和校纪英相继谢世；其次是出版经费难以为继。为继续出版这套文集，中国国际共产主义运动史学会多方努力，组成以会长顾锦屏为主编的新编委会，从全国哲学社会科学规划办公室争取到一笔资助，于1999—2001年又出版了两卷。此后，因缺乏经费，编辑出版工作完全陷于停顿。

2010年，在中共中央编译局和中国国际共产主义运动史学会的鼎力支持下，中央编译出版社以这套文献申报国家出版基金项目，获得立项资助。中共中央编译局对此项目高度重视，在国家出版基金资助的基础上，给予了相应的资金支持，组建了新编委会，成立了专门机构负责文献整理和编辑工作，并将这套文献纳入"中央编译局文库"出版规划。

经新编委会研究决定，这套文献定名为《国际共产主义运动历史文献》，在其前身《国际共产主义运动史文献》的基础上重新编辑出版。通过进一步广泛搜集资料和适当改变编辑方式，新《文献》的资料更详尽、收文更齐全。例如，在原《文献》的某些卷次中，对已出版的马克思主义经典著作中译本只列目录，不收正文，而新《文献》则全部依据最新的中译本收录，以方便读者查阅。此外，《国际共产主义运动历史文献》扩大了文献资料的搜集和选材范围，采用开放式结构，规模暂定60卷，约2500万字。

中共中央编译局和中国国际共产主义运动史学会对这套文献的编辑出版工作给予了强有力的支持，中央编译出版社为这套文献的立项和出版做了大量艰苦细致的工作，文献的前两任编委会和编译工作者在十分困难的条件下为这套文献奠定了良好的基础，中国人民大学出版社为这套文献的重新编辑出版提供了帮助，在此一并表示衷心感谢。

《国际共产主义运动历史文献》
编辑委员会
2011年12月20日

编辑说明

第二国际第七次代表大会于1907年8月18—24日在德国斯图加特音乐厅举行。出席大会的有24个国家的社会主义政党和组织的884名代表。列宁作为俄国代表团中社会民主工党布尔什维克分部的代表出席了这次大会，这是他首次参加第二国际的代表大会。

大会在当时各帝国主义国家疯狂扩军备战、战争危机四伏的形势下召开，因此反对军国主义和对待战争问题成为大会争论最激烈的问题。会上，盖得、瓦扬、饶勒斯、爱尔威、倍倍尔分别就这个问题提出决议草案。盖得的草案认为，只需要反对战争的根源即资本主义制度，无须进行特别的反对军国主义的宣传；瓦扬和饶勒斯的草案主张用罢工和起义来反对战争，同时指出，受到威胁的国家的工人阶级应当保卫祖国；爱尔威的草案不区分战争的正义性和非正义性，笼统地加以反对；奥·倍倍尔的草案重申以往各次大会反对军国主义的一贯立场，但也只限于提出利用议会手段反对军国主义和防止战争。列宁和卢森堡、马尔托夫指出未来战争的帝国主义性质，提出无产阶级在帝国主义战争中决不能保卫资产阶级的祖国，而应尽力反对和制止战争，要"利用战争引起的经济危机和政治危机"来"加速推翻资产阶级的统治"，并以此观点补充了倍倍尔的议案。大会最后通过了倍倍尔的草案。在讨论殖民地问题时，荷兰社会党人范科尔提出所谓"社会主义殖民政策"，宣扬民族沙文主义观点，得到该委员会中多数派的拥护。累德堡、马尔赫列夫斯基代表委员会中的少数派驳斥了多数派的机会主义观点，要求从原则上谴责殖民政策。大会讨论了多数派提出的草案和少数派提出的修正案，最后以127票对108票通过了少数派的修正案。关于党和工会的关系问题，最后通过的决议只是一般性地提到工会和社会党必须有密切的联系并且要巩固这种联系。大会还通过了《国际代表大会和国际局章程》，这是第二国际成立以来制定的第一个章程，它就工人政党和工会组织参加代表大会的条件、大会的表决方式、各国代表团的票数分配等作出了明确的规定。

本卷收录的内容包括两个部分：（1）各国党和工人组织向大会提交的报告；（2）附录——社会主义青年国际组织。两个部分的内容均译自1978年瑞士日内瓦明科夫出版社出版的乔治·豪普特主编的《第二国际史料》第18卷（Géorge Haupt, Histoire de la IIe Internationale, Tome 18, Minkoff Reprint, Genève, 1978）收录的法文文献。

本卷是根据中国人民大学出版社2001年出版的《第二国际第七次代表大会文件》中译本进行编辑的。本卷主编对照原文对原中译本的明显错误作了修正，依据中共中央编译局编译马克思主义经典著作的标准重新统一了人名、地名、组织机构名、报刊名等专用名，增加了对原书中一些名词和引语的注释，并将有关社会主义青年国际组织的内容作为附录收入本《文献》。书中文献的脚注，凡未加说明的都是原文本编者所注；中文本译者或编者所加的注，均注明"——译者注"或"——编者注"。

目 录

各国党和工人组织向大会提交的报告 …………………………… 1
 美国社会党的报告 ……………………………………………… 3
 美国社会主义工人党的报告 …………………………………… 28
 加拿大社会党的报告 …………………………………………… 47
 玻利维亚五一工人联合会的报告 ……………………………… 50
 阿根廷社会党的报告 …………………………………………… 53
 澳大利亚社会党的报告（维多利亚州）……………………… 58
 法国社会党（工人国际法国支部）的报告 …………………… 61
 西班牙劳动者总同盟的报告 …………………………………… 70
 西班牙社会主义工人党的报告 ………………………………… 76
 比利时工人党的报告 …………………………………………… 81
 荷兰社会民主工党的报告 ……………………………………… 96
 英国全国支部的总报告 ………………………………………… 104
 丹麦社会民主联盟的报告 ……………………………………… 120
 关于丹麦工会运动的报告 ……………………………………… 123
 挪威工人党的报告 ……………………………………………… 127
 德国社会民主党的报告 ………………………………………… 135

瑞士社会民主党的报告 …………………………………………… 182
保加利亚社会民主党的报告 ………………………………………… 188
保加利亚社会民主工党的报告 ……………………………………… 216
塞尔维亚社会民主工党的报告 ……………………………………… 228
匈牙利社会民主党的报告 …………………………………………… 233
捷克斯洛伐克社会民主工党的报告 ………………………………… 241
关于智利工人运动的报告 …………………………………………… 251
意大利社会党的报告 ………………………………………………… 258
关于意大利工会运动的报告 ………………………………………… 293
瑞典社会民主工党的报告 …………………………………………… 301
奥地利社会民主工党的报告 ………………………………………… 321
奥属乌克兰社会民主党的报告 ……………………………………… 328
奥属波兰社会民主党的报告 ………………………………………… 331
罗马尼亚社会主义政治组织和工会组织的报告 …………………… 337
芬兰社会民主党的活动 ……………………………………………… 350
俄国社会革命党中央委员会的简要报告 …………………………… 362
俄国亚美尼亚社会民主工人组织的报告 …………………………… 385
情况通报补充 ………………………………………………………… 391

附录 社会主义青年国际组织 ……………………………………… 399

引　言 ………………………………………………………………… 401
比利时 ………………………………………………………………… 405
保加利亚 ……………………………………………………………… 417
波西米亚 ……………………………………………………………… 421
挪　威 ………………………………………………………………… 426
瑞　典 ………………………………………………………………… 431

英　国 …………………………………… 441

匈牙利 …………………………………… 443

瑞　士 …………………………………… 447

西班牙 …………………………………… 449

丹　麦 …………………………………… 450

意大利 …………………………………… 452

法　国 …………………………………… 454

社会主义青年机关刊物 ………………… 457

各国党和工人组织向大会提交的报告

美国社会党的报告

美国正日益接近资本主义发展的顶峰：工业托拉斯化。这一过程不是以若干代来计算，而是以若干年来计算。自1900年普查以来的6年间，不论从相对意义上讲还是从绝对意义上讲，资本主义生产都比上一次普查至今的10年取得了更加巨大的进展。

1900—1905年，投入大工厂的资本大约从90亿美元增加到127亿美元（即从450亿法郎增加到635亿法郎），而大型工业企业的数量实际上未变。同期，此类工厂的年产值从115亿美元增至150亿美元左右（即从575亿法郎增加到750亿法郎左右），雇用工人的数量从471.5万人增至547万人。

商业部和劳工部于去年公布的工厂普查所披露的事实令人吃惊：1904年，11.2%的企业控制着总产品的81.5%；总产值的38%是由大约1900家企业创造的，它们占企业总数的比例还不到1%。

铁路业的发展丝毫不亚于制造业，但是二者与金融领域内的活动与投机相形见绌。最近几年比以往任何时候都更突出的一个显著特点，是巨额财富的创造和庞大的工业联合体的形成。

在疯狂的拼命追逐钱财的过程中，资本主义的发展蜕化了。上千人获得了成功，而成百万人遭到了灭顶之灾。

资本主义已占据主导地位，而资本主义制度所固有的弊病则一年比一年更明显地暴露出来了。彼此敌对的金融寡头们在政治领域和工业领域内相互争夺，其影响波及芸芸众生，而工业巨头们依仗其无限的权力,为所欲为,肆无忌惮。

资本主义的腐败

1904年夏,一个名叫托马斯·劳森的波士顿金融家同一个以美孚石油公司为后盾的美国金融家财团反目。他发表了一系列图表,揭露了该财团所使用的种种手段。我们这些高尚的同胞们相互之间,以及他们对民众所使用的手段中充满了奸诈、卑鄙和腐败,举国上下无不为之震惊。

继这次金融界上层的丑行被揭露之后,1905年,纽约州立法机构下令对人寿保险公司进行正式调查。

人寿保险事务在美国涉及的面很广。由社会各阶层投入这些公司的金额高达数亿美元,这笔巨资往往是大量持有保险单的孤儿寡母的唯一指望。立法调查揭露了这一"神圣"托拉斯滥用职权的行为。按规定,这些高尚的公民和金融家只能作为受托人负责掌管资金,但他们随心所欲地将这些资金作为自己的酬金和工资而大量侵吞,将这些资金用于可疑的金融交易,随便用来支持占统治地位的政党,甚至以此来廉价地收买各州立法机构的成员。

金融界的丑闻刚刚平息,一位年轻的社会党人厄普顿·辛克莱又以其成名之作《屠场》在资本主义阵营掀起一场轩然大波。该书对美国主要工业部门的一些令人发指的现象作了现实主义的描写,给舆论留下了十分深刻的印象,以至共和党总统也不得不下令就此进行正式调查。调查结果完全证实了小说家的指责,迫使国会通过了一项有关改革的立法。同时,人们还出于不同的动机,对许多大城市政府中的严重腐败现象进行了揭露。人们指出,纽约、芝加哥、费城、明尼阿波利斯、匹兹堡、密尔沃基和圣路易斯都曾经先后落入贪婪的政治工会的魔掌,它们利用城市的特许权、财物和职能肆无忌惮地捞钱。这一切使我们国家的政治手段和道德来了一次大亮相。总之，在这沉重的阳光下，轻易不外露的资本主义将其美妙之处和特长暴露在广大民众面前。

激进文学

人民群众对于现状的普遍不满进一步扩大和加深，并且通过大众生活的各种喉舌，尤其是通过文学和政治表现出来。

如果说一个国家的文学是一个民族心态的反映，那么，在这里可以说，最近美国人对于当前政治和经济领域中滥用职权的行为表示了强烈的反抗情绪，并流露出明显的激进主义倾向。批评现行宪法、讨论社会问题的解决办法，已经成为近年来我国报刊和文学的主题。

在小说方面，激进派小说，甚至还有社会主义小说，无论在重要性还是在群众喜闻乐见方面都已占据首位。且不说社会主义者和社会党党员杰克·伦敦和厄普顿·辛克莱是读者最多的小说家，甚至任何一部新小说，如果不谈社会问题或没有社会主义情节，便几乎不可能受到普遍关注或受到人们的欢迎。一般来讲，社会主义已成为我国书籍、刊物和报纸最热门的话题。

然而就在几年前，我们还无法使美国新闻界注意我们的运动。但是现在可以看到，我们的具有相当规模的出版社一版再版社会主义的作品，我们的刊物辟有许多社会主义和半社会主义的专栏，我们的日报整版整版地刊登有关社会主义运动和社会主义哲学的评论文章。

这种时代精神的另一个特征是社会文学，近年来，它聚集了一批最有才华的年轻记者和作家。这一现代美国文学新流派对于揭露美国许多政治和工业机构的腐败堕落起了很大作用，它的流传范围之广、影响之深，只有伴随着农奴解放运动的俄国旧社会文学能与之媲美。

最后还应讲一下冒牌的社会主义日报，它利用人民群众的不满情绪，在市场上大量发行，在舆论关注的一切问题上采取极端激进的态度。该日报的创办人是威廉·伦道夫·赫斯特先生。他在美国各大城市创办了一系列此类报纸，每日总印数达 200 万份。

政治改良

如果说普遍的不满和"社会不安"是我国新文学的主题，那么它们更是我们当前政策的指路明灯。恐怕世界上没有哪一个国家像美国那样，它的各个政党没有确定的方针，而是根据情况不断变化。最近几年，我国政党竞相采取激进主义。目前执政的共和党通过其咄咄逼人的总统，向"托拉斯与垄断的泛滥"全面开战；国会通过法案，要求政府对食品厂进行更严格的监督，对铁路运输价格作出规定，限制使用童工；美国法院在执行反托拉斯法案和对违法资本家的定罪过程中表现出异乎寻常的热情；民主党则通过许多地方性和全国性的纲领，以更为激烈的言辞，揭露托拉斯和垄断组织的卑鄙行为，要求由州或市镇经营某些工业。

同时，作为这一过程的一个环节，在美国各地出现了一些新的党派和改革运动。

美国劳工联合会是美国工人最大的同业公会，它成立 25 年来，第一次违背在政治上保持中立的承诺，介入了 1906 年的国会选举。

在美国的部分地区，尤其在加利福尼亚州，各地方工会组成独立的政党，取名叫**工党联盟**。在美国西部大都市旧金山，该党曾两次在市政选举中获胜。

但是比这些"工党"的发展规模更大的运动要算最近一个时期在美国政治生活中出现的中产阶级的改良运动了。

1905年是这些运动成绩辉煌的一年,根据如下:法官埃德华·F.邓恩当选为芝加哥市市长,他在一个纲领中主张由市政府经营有轨电车和其他专卖品;约瑟夫·W.福克当选为密苏里州州长,他在追捕圣路易斯犯罪分子的"头头"——市政官员或政治家——的过程中取得了空前的成绩;激进派、著名政治改良主义者罗伯特·M.拉福莱特当选为美国参议员;最后还有威廉·伦·赫斯特,他在纽约市政绩斐然。

赫斯特运动

直至1905年,赫斯特先生只是通过办报纸参加了一些民主政治运动,但并不很积极。他曾经在1905年纽约的市政选举中提出市有制问题,但是当各主要政党拒绝支持这个纲领时,他便放弃了以前的政治联合,另起炉灶,建立了自己的党,该党的名称是**市有制联盟**,而该党候选人正是赫斯特先生本人。

由于这个组织是在竞选运动中仓促成立的,充其量只不过是一个有名无实的组织。它主张实行市有化,提出了许多激进的但含混不清的方案,但它终归代表着不满现状的反抗精神。

起初,该党并没有引起纽约传统政客们的重视。但是,临近选举,它的力量出乎意料地壮大起来。选举那一天,正式结果表明,赫斯特获得了222929票,而他的获胜的竞选对手,民主党候选人乔治·麦克莱伦才获得228397票。赫斯特先生及其支持者们声称有人在选举中舞弊似乎确有真凭实据。因此,法庭对于纽约市长一职的争议案一直悬而未决。

在这次出乎意料的胜利的鼓舞下,赫斯特的朋友们制造了更大的声势来参加1906年的议会选举。赫斯特先生在纽约州对他的党进行改组,将其改名为独立联盟,并同意接受纽约州州长候选人提名,当时他的纲领还有些摇摆不定，但却完全是激进的。他的另一个纲领得到了民主党的赞同，这个纲领是明确而又反动的。赫斯特获得了691105票，而获胜的共和党竞选对手获得了749002票。和他一道参加竞选其他职务的战友们都当选了。赫斯特党在马萨诸塞州的选举中也取得了重大成绩，该党候选人摩尔根先生在总共不到40万张选票中获得了192295张；在加利福尼亚，竞选州长职务的赫斯特党候选人兰登先生在总共大约30万张选票中获得了45008张。

社会党

我国经济、文学和政治生活中激进主义的发展对有组织的社会主义运动的直接影响，正如人们原来估计的那样，并不太好。声势浩大的改良主义运动使那些没有耐心的群众对于短期内就能实现的某些改善抱有幻想，使他们不去注意社会党提出的更彻底、但见效慢的解决办法。然而最近几年，社会党人赢得的选票确实增多了。但是在美国，选票的数量和社会主义情绪的增长并不一致。

在上届美国总统竞选运动即1904年大选中，政治形势对于社会主义极其有利。两大政党提名的候选人都是地道的保守派（共和党主席西奥多·罗斯福和民主党人、纽约上诉法院首席法官奥尔顿·B.派克），而老牌的人民党由于过去曾同民主党人搞联盟已威信扫地，四分五裂。所以，社会党在政坛上是真正的激进主义的唯一代表，完全可以将全部力量都投入到大选中去。社会党审时度势，它以社会主义运动在本地区前所未有的波澜壮阔的声势和效率开始了竞选。竞选结果，该党总统候选人尤金·维·德布兹这一年获得了408230票，而该党在1902年创下的最高纪录是229762票。然而，在1906年的大选中，许多改良主义政党夺走了社会党的不少选票，从而使它获得的选票下降到330158张

（本数字是根据在各州所获选票的最高数字计算出来的）。同一时期，**社会主义工人党**在1904年获33536票，1906年获24880票。

社会党在美国国会中没有议员，但是在全国的一些地方，该党党员有的被选进了州政府和地方政府。在威斯康星州，属于该党的官员不下126人，其中有州参议员1名，州众议员5名。该州马尼托沃克市的市长是社会党人。在这个州的最大城市密尔沃基市，社会党有12人入选市议会，所得选票超过民主党。

但是，正如我们已经指出的那样，社会主义运动在美国的发展在任何情况下都不能以选票的多寡来衡量。从整体上看，社会主义运动取得了很大进展。

1903年以来，社会党有1200个地方支部，登记交纳党费的党员总数约为2万人。到1906年年底，地方支部发展到大约1900个，党员人数超过3.5万人。目前，社会党在美国的39个州设有固定的地方支部，在其他州和属地也有一些零星的地方支部。但是应当说，社会党并不能代表美国整个社会主义运动。社会党的另一个竞争对手，被称做社会主义工人党的组织，拥有数千党员。另外，除了这两个主张社会主义的政党之外，在全国各地还有成千个彼此独立的协会和俱乐部，它们组织起来的唯一目的，就是宣传社会主义。

社会主义报刊

社会主义思想得以发展的另一个条件，是社会主义报刊的增加。1903年，拥护社会党的各种文字的出版物总计约30种。到了去年，纯粹社会主义的出版物在美国发展到约50种，其中半数以上是英文期刊，3份机关报是月刊，其余是周刊。23种刊物是外文版：8种德文版（其中2种日报），4种犹太方言版（其中有1份月刊、1份周刊、2种日报），2种芬兰文版，法文版、意大利文版、捷克文版、波兰文版、匈牙利文版、拉脱维亚文版、立陶宛文版、斯拉夫文版和瑞典文版各1种。从以上事实可以看到，社会主义已传播到美国的所有地区和所有民族。

去年秋季，芝加哥的社会主义者出版了一种英文日报，纽约和加利福尼亚也在积极筹备出版类似的报纸。

期刊并不是以文字传播社会主义的唯一手段。近几年来，在美国大量印刷、出售或分发了不计其数的宣传社会主义的书籍和小册子。许多书籍和小册子是由商业性质的出版社出版的，但大部分还是由专门出版社会主义书籍的出版商出版的，其中主要是由芝加哥的克尔公司和日拉讲理出版社（堪萨斯）出版的。另一种文字传播形式也不逊色，这就是社会主义者每年，尤其是在竞选期间在全国印刷和散发的宣传小册子。这些小册子是社会党在各州的组织或地方支部出版的，它们以通俗的形式介绍社会主义运动和哲学。关于小册子的发行量，我们没有确切的统计数字，但是，我们估计三年来在美国各地发行的小册子不下1亿册，这恐怕没有夸大事实。

运动的性质

美国的社会主义运动，同其他国家一样，首先是工人阶级的运动。但是，如果说只有手工业无产者在进行社会主义宣传，那就错了。社会主义运动在富裕阶层中也吸收了大批参加者，这个情况在美国可能比在其他地方更为突出。社会党党员中有许多人是自由职业者或来自实业界，甚至有些人是社会地位显赫的巨富。

1905年夏，著名的社会主义宣传家和作家乔治·赫伦的岳母卡丽·兰德夫人遗赠了一笔大约100万法郎的基金，用以建立一所讲授社会主义和与此相关的社会科学的学校。依靠这笔赠款在纽约市建立了**兰德社会科学学校**，许多热忱的学生在这里系统地接受老师的教育，该校教师队伍包括许多著名的大学教授以及知名的社会主义作家和演说家。

同年，几位大学毕业生和大学生组织了一个院际社会主义协会，目的是鼓励和推动受过高等教育的青年研究社会主义。

社会主义运动展望

近三年来社会主义运动取得的成绩是不小的，但这一时期的伟大意义并不在于它已取得的成就，而在于它为下一步规模更大、更壮观的运动奠定了基础，创造了条件。这个运动短期内必然会在美国发展壮大起来。

我国目前经济和政治生活所引起的严重不满情绪已渗透到广大民众中间，他们再也不会同现状和罪恶妥协，他们准备和现行制度的反对者携起手来。从现在到将来的某个时候，他们可能会轻易地被那些打着激进或改良主义旗号的蛊惑人心者和政治冒险家们所利用。然而改良主义运动终究长不了。改良主义者们既没有明确的纲领或哲学理论，也没有明确的社会理想，又缺乏行动的一致性。他们没有始终不渝地代表工人阶级的经济利益。他们注定要完蛋，会使他们的支持者众叛亲离，注定像他们之前的许多改良主义政党一样消亡。

改良主义运动失败之日，就是美国社会主义运动结出硕果之时。这个日子已为期不远了。

工会运动和美国劳工联合会

最近三年中，工会运动和社会主义运动方兴未艾。

对于**美国劳工联合会**来说，这是一个兴旺和斗争的时期。1904年、1905年和1906年这三年，劳联接纳了1000多个新的团体、全国性或地方性的联合会。同一时期，劳联所有组织中缴纳会费的会员人数从150万左右增至200万以上。劳联主席塞缪尔·龚帕斯在1906年12月召开的劳联年会上所作的报告中提出了有关劳工联合会的下列统计数字：

全国性联盟119个，州一级联合会36个，中心工人团体538个，地方职业同盟和工人联合会759个。119个全国性联盟还不包括将近27500个地方组织。

美国劳工联合会无疑是美国最强大的工人组织，但它并不能包括美国所有的工会。据估计，有50万到100万工人加入了更小的职业联合会和独立的全国性或地方性的联盟，而这些组织近年来也发展迅速。

保护非工会会员运动

工会运动的迅猛发展势必造成有产阶级的恐慌，迫使他们共同采取对策，以阻止有组织的工人的壮大。在这方面最值得注意的运动是保护非工会会员运动（Open shop agitation）①。这一运动是由美国总统发布的一道命令引起的，该命令说，政府印刷厂将作为"开放性工厂"对所有工人开放，也就是说，不存在加入工会的印刷工人和没有加入工会的印刷工人之间的区别。这一行动的矛头直指工会运动的最根本的原则，即反对将已按行业组织起来的工人置于各自组织管辖之下的努力。我国的资本家们迫不及待地捡起这个口号，以"开放性工厂"的名义开始了破坏工会的运动。这个运动的最大组织是**公民工业协会**，它于1903年10月在芝加哥成立。该组织通过了一项原则声明，提出反对

---

① 直译是主张开放工厂，意译是鼓励工厂雇用非工会会员。——译者注

"集体契约",反对"政府仲裁工人纠纷,反对一切旨在平息工人的竞争、剥夺个人选择在何处和何时按自己认为合适的工资工作的权利、剥夺雇主按自己认为合适的价格雇用中意的工人的权利的计划"。

1904年11月,该组织在纽约召开了全国代表大会,据说,参加代表大会的有来自美国各个地区的400名代表。翌年,协会书记爱德华·戴维斯先生声称,该协会在美国拥有几十万工厂主和实业家会员。这个数字可能被夸大了,但是,**公民工业协会**和与它联盟的各个工厂主协会有足够的力量频繁地关闭工厂、挑动罢工,以削弱他们各自行业的工人组织。仅1904年一年,工人阶级就被卷入这类冲突1200次。不过,这种活动受到了组织起来的工人的顽强抵抗,因此,这个运动是失败的。

民间联合会

为了阻止工人运动的发展,雇主阶级还有另外一个不容忽视的企图,这就是建立"全国民间联合会"。成立这个联合会是已故参议员汉纳的诡计,该联合会是百万富翁、工人首领和"杰出的公民"的奇怪的大杂烩。联合会的公开目标是"雇主与雇员之间的自愿和解",这不是指"仲裁"而言,而事实上是为了削弱组织起来的劳动者的斗争精神,它不要求有组织的资方作出任何让步。1904年5月7日,该组织在纽约召开会议,会上有人说,联合会代表着数亿美元的资本和250万名雇佣劳动者。这种说法还证实,美国**劳工联合会**的主席和其他一些干部出席了会议,而且也很愿意参加活动,但民间联合会从来没有给工会运动的发展带来任何影响。

美国劳联卷入政治

美国工会历史上的另一个重大事件，是1906年发生的劳联政治运动。多年来，劳联一直采取的策略和方针是，组织起来的工人阶级不过问政治，劳联通过幕后交易从州议会和美国国会获得好处。

这种做法的效果微乎其微。有几个州通过了有关限制女工和童工工作时间的法令和限制从事某些危险的、有害健康的职业的男子的工作时间的法令。另外一些州通过的法令，规定了在州或市里做工的工人的最低工资。美国**众议院**通过了对联邦政府工作人员实行八小时工作日的法令。但是，实际上这些法令给工人阶级带来的好处并不多。

由于我国的法院有权通过对法律的解释而改变法律，或者借口法律同宪法的某些条款相抵触而将其完全废除，上述这些法令先后都从法典中被删除。1905年和1906年，废除这些法令的做法风行一时。

同时，美国政府各部在执行八小时工作日的法令时很勉强，对于美国**劳工联合会**提出的各项立法措施，如颁布更有效地实行八小时工作日的法令、禁止在监狱中使用廉价劳动的法令、禁止法院通过禁令和即席下达的命令干预工人纠纷的法令，以及其他有关工人的类似措施，国会一概不予受理或予以否决。

劳联的执行委员们最后对这一套做法也厌倦了，他们在征询了117个全国联盟的主席的意见后，写了一份叫做**工人申诉书**的文件，该文件反映**美国劳工联合会**一直努力争取国会通过一项适当的法律，并让政府真正执行有关工人的现行法令，而种种努力最后都失败了。申诉书的作者们要求对申诉书中提出的这些问题予以解决。

此文件曾递交给美国总统、美国代总统、美国参议院，以及众议院主席。有必要强调一下，申诉书的末尾是这样写的：

"我们提请各位注意这些申诉，因为我们已经耐心地、却是白白地等待了很长时间，希望看到问题得以解决。我们在申诉每一个问题时，都提出了体面而又合法的相应的解决办法。劳动者为这些问题提出的解决办法符合根本法，顺乎因经济形势的改变而成为必要的进步和发展的要求。

劳动者向各位提出这些申诉，因为各位是对现行立法和缺少立法负有责任的代表。工人们是作为同胞才来找你们的。他们的生活地位决定了他们在我国不但享有与其他公民相同的利益，而且由于他们所担负的责任，由于他们是美国的雇佣劳动者，他们还有其他利益。作为劳动者的代表，我们要求各位解决申诉书中提出的这些问题，因为你们有这样做的权力。

劳动者向你们发出呼吁，而且我们希望这个呼吁不是徒劳的。但是，如果你们对此充耳不闻，那么，我们将向我国同胞的良心呼吁并争取他们的支持。"

总统和参、众两院对工人的申诉书很不以为然。在 1906 年秋进行新一届众议院选举时，美国劳工联合会牢记先前的教训，积极投入竞选运动。可惜，负责竞选活动的**劳联**领导人目光短浅，缺乏魄力，这是他们在观念上和行动上的一贯的特点。他们赶不上觉悟了的工人阶级的政治水平。他们自己不直接提出候选人，也不支持**社会党**的候选人。其实，他们从来就不了解社会党这个劳动者的党与代表有产者和资本家阶级的两个老牌政党之间的区别。劳联的政治行动仅仅局限于支持或者反对共和党和民主党的某些候选人，唯一的标准就是看他们个人对有组织的劳动者的态度是好还是坏。

拥有 200 万会员、在劳工界有巨大力量的美国最大的工人组织初次登上政治舞台的结果是可悲的。然而，劳联登上政治舞台这一事实本身却是意义深远的。

劳联中的不满者

美国劳工联合会最近三次代表大会具有以下两个特点：代表们在讨

论独立的政治行动问题时弃权；加入劳联的各个联盟之间的司法纠纷增多。

过去几年中，参加美国劳工联合会年会的社会党代表全力以赴、继续不断地按照工人阶级的激进纲领努力引导劳工联合会作为一个组织登上政治舞台，在某些情况下，他们的努力取得了一定的成效。

早在1886年，美国劳工联合会全国代表大会就曾通过决议，要求会员们"热心支持工人阶级的独立的政治运动"。在七年之后的另一次代表大会上，劳工联合会在一份纲领中向地方联盟提出了有关独立政治的作用问题，这个纲领的主要内容包括，要求进行根本的改革，对所有的生产资料和销售资料实行人民集体所有制。

社会党人那时所作的这种努力是自然的，因为那时，社会主义的政治组织在美国还只是名义上存在，而实际上有组织劳动者的全部力量均由工会运动代表。但是，当**社会党**开始以国际社会主义为基础，显示出其在政治上组织全国工人阶级的能力时，创建一个劳动者的激进政党、一个其特点可能还不够令人满意的政党的想法就开始受到人们的重视。**美国劳工联合会**中的社会党人因此放弃了控制工会组织、将其改变为政治团体的计划。他们竭力利用地方群众大会和全国或各州代表大会的机会来教育每个工会会员，把他们培养成为理解社会主义哲学的人。

在工会代表大会上讨论社会主义问题时，塞缪尔·龚帕斯先生和劳联的其他干部或领袖们都不厌其烦地维护简单、纯正的工会这一陈旧观念，有时，他们也不掩饰他们对社会主义运动的敌视。领导人的这种不合时宜的态度在一些工人小组中引起了对**劳工联合会**的不满，随着各联盟之间司法纠纷的不断增多，这种不满情绪进一步滋长了。

美国劳工联合会实行严格的行业自治原则。在劳工联合会内部，每个全国性联盟都拥有对本行业的专属管辖权。因此，当不同行业的工人被雇用来做某一件事或进入一个企业时，他们往往属于许多互不相干的组织，所以他们对资方的态度各不相同，甚至互相对立。在这种情况下，经常会出现这样的现象，比如：在罢工中，有时出现了采取联合行动以对付雇主的有利时机，但是劳动者却不能一致行动，不能互相支援。有的时候，无法成立负责指导整个反对共同雇主运动的地方共同委员会。还有的时候，同一个企业中的不同工种的工人各自采取了不同的，有时甚至对立的立场。例如，铁路工人和啤酒工人就是这样，在美国**劳工联合会**代表大会上不断引起激烈的争吵和尖刻的争论。

劳工联合会成员的对立及其领导人的保守立场最终导致了对立的工人组织即**世界产业工人**组织的出现。

世界产业工人组织是有组织的工人运动中最有意义的新尝试之一。

这个组织是在1905年初于芝加哥召开的一次秘密会议上成立的。出席会议的约有25人，其中多数人是没有加入美国劳工联合会的工会干部和几位没有加入工会的杰出的社会党人。

会议经过讨论，发表了致美国工人阶级的宣言，这个宣言可以被看做是关于新运动方针的声明。

下面摘录宣言的一部分，它可以使人大致了解这个引人注目的文件的内容：

"社会团体和社会关系是经济状况和工业状况的反映。目前在工业中主要的事实是：一方面，机器代替手工劳动；另一方面，资本家的力量不断增长，这个增长是由于决定财富的生产和分配的工具和资料的集中以及对它们的占有所引起的。

由于这种情况的出现，工人之间的分裂和资本家之间的竞争也趋于消失。阶级之间的鸿沟日益明显，阶级之间的对立日益尖锐。所有的劳动者都为机器服务，他们所共有的依附性将整个手工行业吞没。

今天，工人已完全同土地和工具分离，沦为一群雇佣奴隶。由于陈旧的产业观念导致工会不断分裂，工人的抵抗能力已丧失殆尽。

劳动者已不再按行业划分,而是按其所依附的机器来划分。这种划分方法根本不能体现工人之间在能力和利益上的差异,它是由雇主强加给工人的,目的是通过这种人为的划分,煽动一部分工人反对另一部分工人,使工人把更多的精力放在车间里和削弱他们对资本家的专横暴虐的任何反抗。

在对工人进行这种陈旧划分的同时,资本家也在小心翼翼地适应新的形势。他们排除他们相互间的一切分歧,结成统一战线,向劳动者开战。

在反对劳动者的战争中,雇主所采用的战术依然是在工业集中过程中团结一致的做法,而组织起来的工人却依然沿袭古老的各个行业壁垒森严的做法。

这种行业划分是和增强工人团结、提高阶级觉悟背道而驰的。它会使人们误认为剥削者和被剥削者的利益是一致的。它还使资本家和工人领袖携起手来(例如在'民间联合会'中)制订计划,使资产阶级制度永远存在下去,使工人永远受雇佣劳动的奴役。

经济困难是普遍的,因此应当开展普遍的雇佣劳动者运动。但是,只要工人还被隔绝在各自的行业中,只要人们的精力还消耗在那种仅仅有助于联盟的某些头头实现个人野心的无谓的行政纠纷上,这个运动就不可能开展起来。

为了使工人运动适应目前的形势要求,应当建立一个包括所有产业的、广泛的工人联盟。

这个联盟将把阶级斗争作为原则和基础。全盘负责协调活动的管理机构必须承认,有产者阶级和生产者阶级之间存在着不可避免的冲突。

地方性的、全国性的和总的管理机构必须在各方面,甚至在具体的组织细节上保持一致性。例如,联盟的标志、饰带、转会证、入会时交纳的会费和按月交纳的会费。

持有联盟证书的外籍工人可以被自由地接纳为会员。所有的会员都必须参加他们所属产业的地方性、全国性或国际性联盟的活动。

最后,有必要建立和维持一个中央保护基金,由所有会员共同捐助。"

宣言最后呼吁召开一次代表大会,以便根据这些原则建立一个新的组织。在宣言上签名的除了参加秘密会议的成员以外,还有另外几位美国工会运动中的著名人物，其中主要有上届社会党总统候选人尤金·维·德布兹。

宣言倡议的代表大会于 1905 年 6 月 27 日在芝加哥召开。但大会使运动的发起者有些失望。某些本想脱离美国劳工联合会的全国性联盟所预料的分裂并没有发生。在参加大会的 212 名代表中，5 人代表拥有 2.7 万会员的**西部矿工联合会**；7 人代表**美国劳工同盟**，这是一个联盟性质的工会联合体，有会员 16780 人，几乎全部集中在西部边远地区；2 人代表**国际钢铁工人联合会**，有会员 3000 人。以上组织都没有加入美国劳工联合会。在其他代表中，大部分人代表着一些地方小组织，还有 60 来人只代表他们本人。

如果说这次大会人数少、势单力薄，那么会场上的热烈气氛则弥补了这些不足。代表们进行了 11 天磋商，在这个过程中彻底批判了工会目前的做法，批准了宣言的各个部分及所有基本原则，成立了一个新的组织，该组织的名称有些夸张，叫做**世界产业工人**，选出了他们的领导人并通过了章程。

新团体的组织形式是根据宣言所表达的意愿确定的。正如运动的发起人所说，这个组织应当根据"社会主义社会的结构来建立，它本身包括大致同样的产业团体和部门的工人阶级，这些产业团体和部门的工人将负担同业公会对工人进行行政管理的费用"。

该组织划分为 13 个产业部门，如矿产部门、运输部门、食品部门，等等。根据设想，它们基本上能够包括整个现代产业界。各个部门由"密切相关的"产业各自建立的联盟组成。每个产业部门的事务由各自的执行委员会管理，但要受总执行委员会的领导和监督。13 个部门各出 1 人组成总执行委员会。这个组织的执行首脑为总主席，负责全面监督各项事务。地方联盟的所有会员每人每月统一缴纳会费 25 美分（或 1.25 法郎、1 马克、1 先令），会费的 2/3 分别归各个部门支配，1/3 由整个组织支配，它收到的会费中将专门拨出一部分用以积累中央保护基金。

第一年，世界产业工人组织发展缓慢，但却是在稳步发展。在1906年9月召开的第二届年会上，该组织总主席查尔斯·O. 薛尔曼在其报告中证实，该组织的人数有了较大的增长。但由于发生了内讧，新运动的发展骤然停止。

在那些参与创建世界产业工人组织的人当中，有一部分是**社会主义商业与劳动联盟**的成员，该联盟是**社会主义工人党**的一个小分支。据该联盟的代表说，它的成员已减少到1400人，也有人认为，已减少到600人。最近几年，**社会主义商业与劳动联盟**在美国社会主义和工人运动中制造的争端和分裂比其他任何组织都多，它的加入给运动带来了厄运。第二次代表大会召开前数月，该联盟在**社会主义工人党**右翼领袖丹尼尔·德莱昂的领导下，准备夺取世界产业工人组织的领导权。在代表大会上，该联盟巧妙地操纵了与会代表，争得了多数人的支持。**社会主义商业与劳动联盟**实际上控制了这次代表大会，它彻底改变了世界产业工人组织的结构，取消了总主席职务，而设立了一个由自己的朋友和会员组成的新执行委员会。但是，该联盟好景不长。根据世界产业工人组织章程，代表大会的文件必须经过这个组织的成员表决批准后才有效。该联盟的领袖们由于害怕在表决中通不过，拒绝将代表大会的文件交付全体成员表决，因此，原世界产业工人组织的干部们当即宣布代表大会的文件为无效和非法，世界产业工人组织出现彻底分裂。双方各拉一派对立的干部。这场冲突官司打到法庭上去了。法庭宣布原行政领导机构胜诉。大部分成员也都支持由主席薛尔曼先生领导的原组织，而德莱昂派的成员据说不超过2000人。

总的来说，世界产业工人组织没有实现其创始人的强烈愿望，至少一直到写完这份报告时是如此。在未来几年中将会看出，是摆脱了**社会**

主义商业与劳动联盟控制的世界产业工人组织将取得更加令人满意的发展呢,还是**产业工联主义**由于运动中新组织的影响,注定要在美国工人运动中发挥重要作用。

社会党在1906年召开的上届代表大会上拒绝介入工会纷争,但它表示愿同所有"真诚的"经济组织团结一致并支持劳动者的一切斗争。因此,社会党没有改变对世界产业工人组织的立场。

如果要概述美国政治经济斗争的形势,那么,可以说,目前正是山雨欲来风满楼的时候,我们正处在伟大变革的前夜。经济发展的强劲步伐必定会唤醒工人阶级,提高工人阶级的社会主义觉悟,推动工人阶级采取更协调的行动。

莫耶—海伍德事件

在结束这个提纲性的报告之前,我们不能不讲一讲这个恐怕是美国社会主义和有组织的无产阶级近期历史上最有意义的事件,即科罗拉多州工人斗争惨案及其高潮——西部矿工联合会领导人莫耶、海伍德和佩蒂博恩被控犯有谋杀罪而被捕入狱。

科罗拉多州动乱的起因

采矿业是科罗拉多州的主要工业。这个州的大部分人口都是矿工,他们受到残酷剥削,从事非人的劳动,工资菲薄,而且还受人愚弄。这种情况一直延续到1895年。这一年,矿工们成立了一个名叫"西部矿工联合会"的组织。这个联合会发展迅速,到1899年,它已具有相当大的力量和影响,足以迫使科罗拉多州的立法机构通过了对所有矿工实行八小时工作日的法律。

像以往一样，这个法律经最高法院一审判决，被宣布为违反宪法。但是科罗拉多的工人群众并不屈服，他们再次进行斗争，并于1902年通过了一项宪法修正案，要求新的立法机构通过对矿工实行八小时工作日的法律。

但是，立法机构已被矿山老板拉拢和收买，它对宪法修正案置之不理，采取拖延的办法迟迟不进行表决。

科罗拉多州有组织的工人两次被矿山老板的政治代表出卖，他们还因忠诚于自己的组织而不断遭受迫害，于是决定为自己进行战斗。他们为八小时工作日而战，为在矿山中获得更人道的待遇而战。

罢工组织得很好，取得了成功。罢工工人态度坚决，他们得到了居民的一致同情，他们看来已胜利在望。

矿山老板们开始惊慌不安起来。他们决定采取各种手段来破坏工人罢工和工人组织，而不管这些手段是正当的还是卑鄙的。为了执行这一计划，他们肆无忌惮地采取了野蛮手段。他们把工人赶出家园，尽可能断绝工人的给养，雇用了一批土匪来袭击罢工工人，骚扰、虐待和迫害毫无抵抗能力的妇女和无辜儿童。但是罢工工人决不屈服，他们在公共道路上安营扎寨。面对贫困、疾病和不幸，罢工工人的队伍毫不涣散，他们意志坚定，决心把斗争进行到底，一定要战胜他们的老板。

法律横遭践踏时期

于是，科罗拉多的统治阶级便到州长詹姆斯·A.皮博迪那里去寻求保护。州长即刻答应了他们的请求。一帮由野蛮的指挥官率领的、对自己的行为无须承担责任的士兵侵入了和平安宁的矿工区，宣布罢工的地区实行戒严，中止一切法律和宪法的保护。在专制的独裁者皮博迪州长和薛尔曼·贝尔少将的控制下，科罗拉多州的政治地位一下子降低到与俄国为伍的水平。

加入西部矿工联合会的工人和公开表示同情他们的公民都被当做"被剥夺公民权者"来对待，即被看做是没有任何受法律保护的权利的人。他们当中成百的人被无理逮捕，关押在极其肮脏的牛圈里，不经审讯和判决便被流放外地。科罗拉多矿山老板们制造的白色恐怖一直不停止。民众选举的政府官员如果拒绝参与这种疯狂的违法活动就会被强行解除职务；如果矿山老板同意联合会的成员进矿工作，那么矿山就会被强迫关闭；法院、教会和新闻界都被拉拢收买，为这些无耻行为辩护；"人身保护令"被中止；城市民政当局无人问津；"上等阶级"随心所欲地盗窃、纵火、侵害和谋杀。

但是罢工并没有被摧毁，它完全是由于"体力不支而垮掉的"。科罗拉多矿工区被完全破坏以后，士兵们带着军人的荣誉感撤离了这一地区。

寻找替罪羊

科罗拉多的统治阶级仍不甘心，因为罢工被破坏以后，劳动者的组织——"非法和罪恶"的西部矿工联合会依然存在，这是最大的隐患。科罗拉多工人在法律和秩序横遭践踏时期的经历只能使他们之间的团结更加牢固和紧密，这是建立在痛苦和共同斗争基础上的团结。在遭受重大打击之后，工人组织很快恢复了元气，并在蔡斯·H. 莫耶、威廉·D. 海伍德及其他有能力、有魄力的领导人的领导下重新兴旺起来。这些领袖们既没有被腐蚀也没有被收买。因此，就得用另一种方式把他们和他们的战友们远远隔离开来，让他们永远不幸，以便达到长期阻碍工人运动的目的。

这正是西部矿山老板蓄谋已久的企图。为此，他们雇用了大批私人密探；他们控制政府机构；他们买通司法部门；他们只等找到合适的借口。

借口来了。1905年12月30日，爱达荷州前州长弗克兰·斯滕贝格在自家门口被一个爆炸装置炸死。斯滕贝格在爱达荷州当政时，其所作所为与科罗拉多州的皮博迪如出一辙。自然，人们会怀疑这次谋杀属于报复行为。这种野蛮行为是谁干的呢？数星期以来，这成了人们思考的问题。忽然，人们获悉，莫耶、海伍德、佩蒂博恩和圣约翰等所有西部矿工联合会领导人被指控参与了这起重大犯罪行为而被捕，有组织的劳动者们感到惊慌不安。这个指控带有明显的捏造的迹象。莫耶等人属于最先进的工人之列，受过良好的教育，是社会党党员。他们在工人运动中以反对一切暴力行动而著称。就在科罗拉多州的迫害行动最猖獗的时候，他们仍然坚持劝说罢工队伍要遵守秩序，并要求他们的战友们对士兵的违法行为采取克制的态度。

另一方面，科罗拉多骚乱的正式调查报告指出，矿山老板们以前在和矿工们进行斗争时，曾数次企图将各种令人发指的罪行栽到参加罢工的矿工头上，甚至制造一些犯罪事实，例如，颠覆列车、炸毁火车站，以便使舆论转而反对罢工者和使他们失去有影响的领导人。

而且，斯滕贝格在被炸死之前几年已经退出政坛，他已不是政治人物。即使西部矿工联合会道德败坏，也没有任何理由去搞这次谋杀。再者，整个指控完全是根据一个最卑鄙堕落的罪犯的所谓供词拼凑而成的，这个供词是由矿山老板雇用的私人侦探搞来的。

绑架莫耶和海伍德

逮捕被告人的方式使这一事件更具特色。囚犯是居住在科罗拉多州的公民，犯罪行为发生在爱达荷州。根据我国宪法条文规定，每个州对其境内发生的犯罪行为拥有专属司法管辖权。但是，当一个被指控犯有罪行的人"逃避了司法审判"，并躲藏到另外一个州时，该州州长在接到正式请求的情况下，可以将逃犯交还给发生犯罪行为的那个州的州长。

莫耶、海伍德和佩蒂博恩在斯滕贝格被杀事件发生时不在爱达荷州，即使在此之前几年，他们也未曾去过该州。因此，科罗拉多州州长没有任何权利逮捕被告人或把他们交给爱达荷当局。爱达荷州和科罗拉多州的州长为了避免麻烦，秘密策划了如何绑架矿工联合会的领导人，如何立刻将他们押送出境，如何不给他们向州法院上诉或为他们的宪法权利辩护的机会。他们对此作了精心的安排。1906年2月15日，星期四，爱达荷州的一个警察带着莫耶、海伍德和佩蒂博恩的逮捕证来到了丹佛。但在经过和爱达荷州当局协商后，逮捕被推迟执行。第二个星期六傍晚，当法庭休庭以后，被告突然被捕并被投入州立监狱。他们不能和朋友或律师取得联系。第二天清晨，他们就被一大群武装看守押送，由一列专车匆匆送往爱达荷州。

被监禁的工会领导人随后向美国法院提出上诉，要求结束对他们的非法监禁，但法院拒绝插手此案。美国最高法院在宣布这一最终决定时还提出一套奇谈怪论。它承认逮捕这些囚犯是非法的，承认这可能是两州州长舞弊和密谋的结果，但是，既然爱达荷州已经逮捕了被告，那么，被告就不能再求助于美国宪法或法律了。麦肯纳法官的看法和他在最高法院的同事们的占上风的意见不一样，他认为两州州长的行为是密谋犯罪，逮捕莫耶、海伍德和佩蒂博恩是绑架行为，是对被告人的宪法赋予的权利的公然侵犯。

在此期间，矿工工会的这些领导人没有担保人，被囚禁在狱中长达1年之久，等待判决。爱达荷州州长公开宣称，他确信被告有罪，并毫不掩饰地说他希望看到他们被绞死。同时，美国反动的宣传媒介也向读者编造西部矿工联合会的耸人听闻的所谓犯罪行为，以此不断在舆论中败坏被囚禁者的声誉。

另一个类似的插曲

在我国工人运动史上，这种插曲不是独一无二的。

1886年，为争取八小时工作日发生了严重动乱。在芝加哥，这一运动的知识分子领导人（他们属于芝加哥无政府主义组织）被捕，发生了有名的、或者更确切地说是可耻的诉讼案。整个案件未按照现有的法律条文和诉讼程序进行审理，它将永远成为一个粗暴的阶级司法的可怕案例。法庭没有提供证据即宣布被告有罪，几名被告被判处长期监禁，4名被告——斯皮斯、帕森斯、费舍尔和恩格尔于1887年11月11日被绞死。6年以后，正直的伊利诺伊州州长约翰·P.阿尔特格尔特释放了幸存的受害者，公开痛斥这一判决是司法犯罪行为。

了解芝加哥惨案的起因、经过及人们所使用的手段等细节的人，会对这一惨案和科罗拉多事件的相似感到吃惊。科罗拉多事件简直可以说是一件仿制品，我们不由地在此想起了德国伟大诗人的诗句：

"我知道这种旋律，
我知道这种歌曲，
我知道这些音乐家。"

然而，从处决芝加哥无政府主义者到逮捕莫耶、海伍德和佩蒂博恩，其间相隔20余年，这一时期的形势也发生了很大变化。在这20年中，工人运动已经成为美国最重要的社会因素，社会主义运动已相当强大，它警惕地注视着威胁工人阶级的任何危险。今天，司法部门置人于死地的判决书不会再像1887年那样不被人注意和不引起反响了。

一股反对这一社会罪恶的愤怒的抗议浪潮早已唤醒了全国各地的工人群众。1906年11月在明尼阿波利斯召开的上一届美国劳工联合会年会公开谴责在莫耶—海伍德案件中所使用的手段是对司法的侵犯，是故伎重演。许多全国性和地方性组织大量捐款以保证为被指控的矿工进行辩护，它们通过决议谴责爱达荷州和科罗拉多州行政当局的违法行为；工人报刊开辟专栏就这一案件进行讨论；去年在全国各地散发了数百万份通报，举行了数千次公共集会，目的在于使人民认清这起对组织起来的工人阶级所犯的骇人听闻的罪行；人们还掀起了一次风潮，迫使几家有影响的报纸改变了对这一事件缄口不言的态度，转而谴责逮捕科罗拉多矿工的非法手段，并为有组织的劳动者说话。

社会党人发起并在思想上领导了这一风潮。他们在每一个州和每一个城市的运动中都是最不知疲倦、最有影响力的工作者。如果说美国工人阶级终于成功地摆脱了这次针对其组织和领导人的打击，那么这个国家的社会党人完全有理由说他们为此作出了贡献。

美国社会党驻社会党国际局代表
莫里斯·希尔奎特

社会党书记

J. 马伦·巴恩斯

美国社会主义工人党的报告

社会主义工人党向聚集在斯图加特的其他国家的同志们所作的报告无疑是递交给1904年阿姆斯特丹代表大会的报告的继续。但令人遗憾的是,阿姆斯特丹代表大会结束之后发表的报告汇编中将这一篇报告遗漏了。由于今天的形势可以在昨天的形势中找到原因,由于还要多次提到1904年报告中讲到的事件,还由于国际局曾许诺弥补它造成的疏漏,社会主义工人党认为有必要在此补上这份三年前的报告作为前言。

我们这样做还有另外一个原因:我们在美国的工作非常忙,而且我们认为美国运动的斗争应当在美国境内进行,而不是在外国的报纸杂志上进行。因此,我们一贯不同那些敌视我们,并在欧洲报刊上就我们的运动发表有倾向性文章的作家们论战。结果,欧洲社会党人的报刊上充满了对社会主义工人党方针不利的气氛,致使欧洲同志对美国所发生的一切一无所知。姑且不管社会主义工人党是正确还是错误,起码有一件事是肯定的,这就是运动中所发生的事件必定会引起那些研究国际运动的人的兴趣。所以,我们认为,为了给他们以启发,下面的概述是会有所裨益的,更何况它是代表社会主义工人党本身写出来的,具有权威性。

提交阿姆斯特丹代表大会的报告是这样的:

致1904年8月14日召开的阿姆斯特丹国际社会党代表大会

向各位致敬！

欧洲人经常说美国社会主义运动进展迟缓（说其迟缓，完全是根据选票多少来判断的），他们对此感到惊奇。从这一情况来看，我们可以肯定地作出这样的结论，即他们认为美国社会主义运动没那么重要，或者说他们完全看不起它。

我国的调查工作向我们提供了研究这些特点的材料，马克思的不朽的天才思想为我们提供了选择所需要的事实的指导原则和对收集到的材料进行评价和分析的尺度。

《路易·波拿巴的雾月十八日》这部专著对1848年的无产阶级起义作了如下的概括：

"在那些阶级构成发达、具备现代生产条件、拥有通过百年来的努力而使一切传统观念都融于其中的精神意识的旧文明国家里，**共和国一般只是资产阶级社会的政治变革形式**，而不是资产阶级社会的**保守的存在形式**。"①

这一严重事实通过将法国这样一个国家同美国作一番比较就一目了然了：

在美国，"虽然已有阶级存在，但它们还没有固定下来，它们在不断的运动中不断变换自己的组成部分，并且彼此互换着自己的组成部分；在那里，现代的生产资料不仅不和停滞的人口过剩现象同时发生，反而弥补了头脑和人手方面的相对缺乏；最后，在那里，应该占有新世界的那种狂热而有活力的物质生

---

① 《马克思恩格斯文集》第2卷第479页。——编者注

产运动,没有给予人们时间或机会来结束旧的幽灵世界"。①

这是1852年写的。从那时起,美国获得了巨大发展,它创造的巨大财富,它的制造业和农业的增长,已使它居于各国之首。总之,资本主义发展在这个地区所达到的不可思议的水平似乎又排除了这种对比。其实不然。以上变化不足以使人得出社会主义已可能得到发展的结论。上面引用的马克思的话恰恰说明其实不然的理由:他指出只有先具备其他必要因素,然后才谈得上资产阶级共和国将保守的存在形式抛在身后而进入革命的政治时期,不这样,社会主义运动就没有希望找到正确的道路。

这些因素是:

(1) 阶级的固有特性以及作为其结果的阶级的精神意识,这种精神意识是在数百年来的工作使一切旧传统融化的过程中形成的;

(2) 充满活力的物质生产趋于成熟,不必再去开辟新世界,它有时间和机会来结束旧的幽灵世界,等等。所有这些因素都应予以重视并核实清楚。因为它们对于作出适当的最终结论至关重要。简略地描述一下发生的事情将有助于认识这些因素,将使形势更加明显。

自1850年普查之后(马克思曾引用过这次普查的材料),美国的陆地面积增加了不下2738656平方公里,换句话说,它比1850年时的陆地面积增加了1倍。结果是,人口中心1850年时位于西经81°19′,即现在的西弗吉尼亚州的帕克斯堡西南37公里处,但从那时以来,它向西移动了整整4个经度,现在位于哥伦布(印第安纳)以西6英里处;另一个结果——更确切地说是前一个结果的结果,工业中心在1850年时位于西经77°25′,在米夫林敦(宾夕法尼亚)附近,但从那时起不

---

① 《马克思恩格斯文集》第2卷第479页。——编者注

断西移,现在已经移到西经82°12′,即俄亥俄州的曼斯菲尔德附近;而且西移的运动仍未停止。

另一件事对这种研究来说也很重要。我可以这样说,它能够帮助我们了解当时的社会状况。

到1880年——马克思那部专著写成之后30年,普查结果表明,液压发动机为55404台,没有一台电动机。但10年以后,液压发动机减少到39008台,而刚刚崭露头角的电动机已达到16923台。蒸汽机的增长幅度也与此相同。

由这些事实所形成的形势可以用下面这一奇怪的关系来解释:过去在我们的城市的铁路上运行的机车被淘汰而让位给电动机,现在这些机车正在中国的铁路上牵引列车。被较发达的中心淘汰的机器和生产方式由我国的西移人口带到较落后的地区而不断重新出现。

不言而喻,在这种情况下,不仅人口在流动,不仅出现了阶级不断变化和从一个阶级转入另一个阶级的现象,而且,还可以在美国家庭中看到这样的奇怪现象,即同一个家庭的成员分属各个不同的阶级:上至高层的富豪寡头,下至一无所有的无产者,还有中间阶级的各个层次,包括拥有房产、在工厂做工的雇佣奴隶。

当然,在这种情况下,美国的物质生产仍然具有狂热的青春活力,因此还无暇去结束旧的幽灵世界。

来自欧洲的移民并没有解决我们的问题。他们顺河而来,又顺河而去。按一般估计,如果目前居住在大纽约、而来这里以前是社会党人的欧洲人中有一半是社会党人的话,那么,该市社会党组织的成员不会少于2.5万人;但是,社会党人没有这么多,和这个数字相去甚远。追求舒适这种旧的幽灵已将大多数移民卷入漩涡之中。

不用说,这种情况表明,美国现存的资产阶级共和国仍然在按照马克思1852年观察到的轨道运行,仍然处于存在的保守形式中,而没有达到革命改造的政治形式。一言以蔽之，这种情况说明了，为什么在像美国这样的国家，尽管资本主义获得了惊人的发展，但是至今没有、也不可能有一个像肤浅的观察家所想象的那样，与资本主义发展相适应的、人数众多的社会主义工人党。

这些情况对于认识在国外周期性地出现的"革命运动"这一概念是有益的。节拍不和谐的运动浪潮猛烈冲击着社会主义工人党，而且"革命运动"的演说家们也在推波助澜。这些情况说明为什么朝气勃勃的单一税运动能在1888年和1890年之间获得30万张选票；为什么10年之后发生了民众主义运动，它在1890年和1900年间获得了120万张选票；它还说明了为什么这一系列运动中的最后一个，即最近10年出现的所谓社会主义运动或社会民主运动获得了25万张选票。

前两个运动早已销声匿迹，至于后一个运动，在通过了修正主义纲领和关于工会的决议后，出席国际代表大会的该运动代表M.恩斯特·温特尔曼先生本人在5月28日的《新时代报》上承认：该运动是"得到美国劳工联合会拐弯抹角的赞许，只不过是用来攻击美国劳动者联盟的工具而已，这个联盟是从第一个组织中分离出来的，为的是**摆脱反动派和资本家奴役的统治**"。至此，一直支持所谓社会党的《美国劳动者联盟报》5月26日严厉地谴责这一纲领和有关工会的决议是**把党变成工贼（scabs①）的牧羊人**。我们可以说，该组织显然已进入了解体的时期。

上述的每一个运动都先后自称是**美国的社会主义运动**；但在它们摇摇晃晃的存在过程中都激烈地反对社会主义工人党，然后——用脐带将我们所描述的在我国特定条件下出现的幽灵拴住并勒死——经过了吵吵

---

① scab是美国人对罢工期间继续工作的非工会会员的蔑称。与英国人所说的black-leg和法文jaune或sarrazin同义。

嚷嚷的日子后，每个运动便有规律地、不可避免地进入解体时期。每个运动在其消失之后都给社会主义工人党留下一些沉渣，每当它们泛起或扩大时，它们也会经常"吐故纳新"，把在此期间附着在社会主义工人党周围的那些来路不正的、不成熟的分子吸引过去。

自1890年（社会主义工人党真正存在的第一年）第一次参加选举获得13337张选票之后，社会主义工人党在历年的总统选举或全国性选举中的得票情况如下：

    1892年   21157票
    1896年   36564票
    1900年   34191票

1902年不是总统选举年，但是意义差不多，因为这一年在所有的州都进行了选举，我们获得的选票数上升到53763张。

如果给予上面所描述的社会条件以必要的重视，那么人们必须重视出现的另外一种更重要的情况，那就是，在美国，对于一个真正的社会主义组织来说，不能以它获得的选票的多少作为衡量它的力量、它所做的工作或者这个国家的社会主义情绪的标准。一句话，它不能成为衡量推翻资本家阶级这个值得庆贺的结局已经临近或者依然遥远的标准。

在美国，资本主义观念已经蔓延到选举当中。

统治阶级在工厂、零售商店或者它合法的赌博巢穴（它的名字叫交易所）所干的不正当的勾当、营私舞弊都被带到了竞选场所，并在那里起主宰作用。

那些禁止一个党欺骗另一个党的现行法律大概会为当代孟德斯鸠编写无与伦比的《论法的精神》中的一章而提供无与伦比的题材。当然，这些禁止在选举中营私舞弊的法律的精神使我们确信，统治阶级的各个钩心斗角的政党将把这些法律置于脑后，甚至为了对付真正的社会党而践踏法律。

在选举中因作弊而取消某一议员竞选资格的事是有的，但那只是多数派在需要这一席位时对少数派采取的行动。在德国国会选举中曾经发生过一起资本家阶级的成员因舞弊行为而被取消选举资格的事，结果导致了有利于社会党候选人的新选举。出于类似原因，博尼·德卡斯特拉内伯爵也被取消了选举资格，他通过联姻的方式从我们美国资本家杰伊·古尔德那里获得了数百万资助。这件事最近发生在法国，这类事情在美国资本家和所有被美国资本家式思维方式所支配的人看来是不可理解的和荒谬的。他们对此不理解，就像西方人不理解日本士兵为什么宁死也不向俄国人投降一样。

对于威胁着资产阶级的选举来说，这些事情的后果是明显的，因此，选举社会党人的日子还没到来这一事实也是明显的。

今天，资本主义行贿者们反对关于选举的新闻公报的法令。但是要知道，在温度计上作假并不能改变温度。

所以，衡量在美国这个大海的条件下航行的社会主义航船牢固程度的标准是它对鼓动、教育和组织工作的宣传性质，是它散发到全国的小册子的数量和质量，是它为自己制定的严格纪律，是它坚定不移和勇敢无畏的态度。

社会主义工人党 4 年来发行了全世界唯一的一份英文版社会主义机关报——《人民日报》，它创办《人民周刊》已有 13 年了。这些报刊是我们运动中用英语出版的刊物的典范。另外，党的印刷厂还出版了大量书籍，其中一部分是原版书，另一部分是革命运动中出现的其他语种的优秀书籍的译本。这些报刊和书籍体现出美国社会条件赋予社会主义运动的毫不妥协——而不是为了改良主义的区区小事让人耻笑或背叛工人阶级——的精神。

因此，社会主义工人党从不放弃对错误进行打击，即使这一打击可能给它树立一个敌人或使它失去一个朋友。它不被任何圈套所迷惑。如果其他国家的情况允许或可能要求采取他种做法，但在我国就不能这样：美国社会主义工人党是按照自己划好的线挥动斧头的。

在反对资本家阶级的斗争中，社会主义工人党不会为资本家阶级所利用。不论资本家阶级是以托拉斯的形式出现，还是装扮成打着工团主义旗号的旧制度下的资产阶级同业公会，社会主义工人党都要揭穿它的这两副嘴脸，即使有些工人成了托拉斯的股东，例如像卡内基美国钢铁公司的所谓工人辛迪加；即使有些工人组成了死灰复燃的资产阶级行会，打着工会的旗号，通过会费和禁止入会这种中国长城式的隔离手段，通过其他旧时同业公会所使用的、以及已在许多所谓工会中使用的手段来分裂工人阶级队伍也罢。

这种毫不妥协的态度在美国对于一个真正的社会党来说是必需的，但对于那些一个接一个的所谓革命运动浪潮，对于那些在国家政治舞台上以一种病态的顽强性站起来又垮下去的美国改革家们来说却是不可理解的。由于不能为他们所理解，社会主义工人党便成了他们的眼中钉、肉中刺，并且被他们当中的每一个人在报纸上相继宣布死亡。如果告诉欧洲的社会党人，米勒兰和饶勒斯等改革家赏赐给法兰西社会党的那些"难以交往的"、"狭隘的"、"排斥异己的"等形容词已经并继续由美国改革家们以一模一样的腔调赏赐给社会主义工人党的话，他们就可以理解这一现象了。

正是这样一种难以交往、狭隘和排斥异己的性格加速了美国资本家阶级的垮台。例如在1901年，发生了谋杀麦金利的事件。当资本家阶级企图利用这一事件将任何反对自己的运动都连根铲除的时候，一切似乎是反对资本家阶级政府的声音都听不见了，只有一个声音除外，这个单独的声音是社会主义工人党发出的。这个党的许多演说家受到了各种虐待和迫害。然而他们毫不动摇，粉碎了扼杀无产阶级呼声的任何企图。

美国资本主义的发展遇到了并正在迅速克服马克思所列举的那些阻止美国资产阶级共和国的保守形式向革命改造的政治形式转变的障碍。事物正迅速成熟。当美国社会主义运动参加竞选的日子到来之时，它的选票将很可观——或者说，社会主义工人党所团结和领导的人们将会了解其中的意义。美国社会主义运动发展缓慢只不过是一个表面现象。不管被资本家做过手脚的显示社会党人选举结果的温度计的水银柱停在何处，温度正在升高。

社会主义工人党在其纲领中要求——党的每一份文件都赞同这一要求——资本家阶级无条件投降。解放工人阶级是工人阶级自己的事业，它犹如北极星一样指导着党，是党的唯一原则。社会主义工人党对这个原则不打任何折扣，它知道，打折扣将走向改良主义。

丹尼尔·德莱昂
1904年7月15日于纽约
受社会主义工人党全国执行委员会的委托
亨利·库恩（全国书记）

附在报告上的按语

上文是从《美国劳动者联盟报》上摘录下来的，全文重复一遍是有必要的，因为它基本阐明了用脐带拴住并勒死所有那些周期性地反对社会主义工人党的所谓"美国社会主义"运动的过程。

"从本·汉福德到希尔奎特，那些声称赞成提议（代替委员会的决议）的人不去反驳这些理由，只是不断地重复指责，谁反对委员会的决议谁就是工会的敌人,这与事实相差十万八千里。

实际上,我们并不反对赞成工团主义,我们只是反对有人打算赞成的这种工团主义。

社会党就是如此,成了工贼的牧羊人。它被人利用来组织两个工会,将工人阶级引入歧途,借用工会的力量打击社会主义的工会,将工人阶级分裂成没有力量、无所作为的行业单位。**它之所以这样做,是因为东部一些州有一小部分野心勃勃的同志希望在纯粹和简朴的工会里过舒适的生活。"**

后来在 6 月 2 日,还是这家报纸又刊登了一篇文章,解释东部各州党员所说的"过舒适的生活"包含的意思是什么。这些党员是党内举足轻重的人物。文章说:

"广大党员没有斧头需要磨掉锋芒。**他们没有任何理由要像被人鞭打的狗一样匍匐在国家行乞者**①**的脚下。广大党员**并不想在纯粹和朴素的工会里**追求升迁**。他们并**不指望被任命为驻外代表**,他们也不在某个组织者的批示后面奔跑以便捞到什么好处。他们没有必要去做**兜售报纸的小贩**。"

总而言之,这些所谓社会党——亦称社会民主党——中举足轻重的人物们、这些东部各州的党员们的个人利益和职业利益就是一根脐带,它显然要背叛工人阶级,因此它就必定要像勒死这个党的直系祖先一样勒死这个党。

*　*　*

由此可以得出结论,在美国工人运动中各个对立派别的力量交织在一起,给人造成一种一片混乱或者是消耗精力的印象。选举结果看来证明了这一看法。举几个例子可以说明这一点。我主要选择纽约州的例子,因为两个社会党的争吵就是在这里开始的。

---

① 这是对那些甘心受资本家、老板或政客腐蚀的工会领导人的蔑称。

在1898年举行的纽约州州长选举中，也就是在**社会主义工人党**发生分裂和**社会党**在该州成立**之前不久，社会主义工人党**获选票22301张。去年，也就是说过了8年，或者说，分裂7年以后，两个党总共才获得26375张选票，增加了4000张。但不要被这小小的增长所迷惑。当我们对两党在1904年和去年的州长职位竞选中的得票情形作一番比较时，真实的情况就一目了然了。1904年，两党得票45233张，而1906年为26375张，即丧失选票18858张，其中，社会主义工人党丧失4624张，社会党丧失14506张。

在分裂前的1896年，在国会选举中，社会主义工人党在纽约第九区（纽约城的一个区）获选票4371张。去年，即10年以后，也就是分裂7年以后，社会主义工人党将这块地盘让给了社会党候选人，而它只得到了3586张选票，减少了785张。当然，1896年以来，该区的选民总数减少了，这是事实。但是，尽管搞了10年的鼓动，尽管有那么好的机会，7年的冲突还是造成了丧失785张选票的结果。

第三个例子是有关纽约城中"议会区"的事例。这个区过去被称做"第十六议会区"，现在已并入第六议会区。在1899年举行的立法议会选举中，社会主义工人党在这个区获得的选票是2141张。到了去年，即分裂7年以后，两党所获得的选票加起来才471张。换言之，相对来说丧失了大量选票，绝对说来丧失了1670张选票。

如果看一看全国的情况，凡是可以作比较的地方，其结果都是一样的。在科罗拉多州的选举中，目前被囚禁在爱达荷州的威廉·D.海伍德去年被排在社会党人选票统计公报之首，使这份统计公报显得不太自然。这一明显的例外证实并加强了这个规律。一般来讲，两党之间潜伏着的冲突对竞选造成了不利影响。两年前，社会党获得选票40万张，此后在各地不断下降。社会主义工人党也是如此，它在1904年获得的选票是34172张。

这些事实与数字似乎证明，现存的政治冲突导致无益的耗费，可能是社会主义力量的白白损失。然而，事实并非如此。正是这一冲突本身奠定了强大的社会主义运动——政治和经济运动——的基础。尽管恶毒的人身攻击不断变本加厉，似乎起着主要的作用，但这并不是冲突的原因。冲突的原因，是两种原则之间的对立。我们承认，我们失去了选票，我们的努力白费了，但有所失也有所得，我们证明了什么是正确的。

美国社会主义运动和工人运动之间斗争的焦点是以下两大原则：

（1）社会主义的政治运动不能够（即使它愿意）、也不应该（即使它能够）轻视经济运动。纯粹的、健康的或兴旺的社会主义政治运动只有当其建立在经济运动或者健康的工会运动的基础上时才是可能的。简而言之，这一原则断言，在美国，真正的社会主义政治运动只能是真正的革命经济运动的反映。

（2）另一个原则是，社会主义政治运动不应当（即使它能够，即使它愿意）同经济运动有某些共同之处。它宣传对工会采取中立态度，并认为工联主义是一种过渡性表现。

美国工人运动中的所有纠纷，有时甚至是流血的纠纷，都来源于这两个原则的冲突。社会主义工人党——它理解马克思主义关于只有工会才能产生劳动者的真正政党的思想的内涵，并且因此而承认经济组织是未来社会的雏形，承认力量应建立在法律之上的思想，认可选举——接受这两个原则中的第一个原则。正因为如此，它尽一切努力，在美国建立真正的工会。

政治运动发现，工会运动这一阵地被纯粹的、朴素的工联主义占领着。这个体系不仅把工会组织成为一个单位，而且组织成为一个自治、自主的实体。这个体系摒弃一切经济运动。的确，如果工会会员的工资高于非工会会员的工资，那么，工会为这个高工资付出的代价将是分裂工人阶级。首先，这些联合会通过关于学徒的规定、高额会费、高额入会费和其他错误的做法，排斥大部分人入会。其次，每个联合会都可以通过与雇主阶级同流合污这种犹大式的背叛行为而获得蝇头小利。在此没有必要——列举那些策划于密室的背叛美国和外国工人阶级的行径和工联主义者令人发指的堕落行为。只举一个例子就够了，即工会和一个被称做"公民联合会"的资本家组织搞联合，其目的是在资本家和劳动者之间建立和谐关系。这些联合会大多属于美国劳工联合会。劳动者的政治运动——社会主义政党如果不是劳动者的政治运动又是什么——只能在工人阶级阵营中招募主力军。纯粹的、朴素的工联主义在工人运动中制造的争吵不可避免地要反映到政治运动中来。在这种情况下，工人阶级不仅在政治上发生了分裂，分别站到了各个不同的资本主义政党的旗帜之下。而且，工人阶级的分裂最终还反映在社会主义的两个敌对的兄弟党身上——一个是社会主义工人党，它在承认运动的政治和经济两翼应当在不同的范围内伸展的同时，更强调经济倾向；另一个是社会党，它宣布对工联主义采取中立态度，这是该党关于行业联盟的过渡性质的理论带来的结果。

  阿姆斯特丹代表大会之后，在社会主义和工人运动中有两个事件最具特色，它们也是上述冲突造成的，这就是"世界产业工人"成立和"新泽西团结会议"。

  1905年"世界产业工人"成立。这是一个革命的经济组织，它以阶级斗争的原则（当时接受这一原则的只有"社会主义商业与劳动联盟"）为基础，继续在发展的道路上前进，并摒弃行业组织体系，而代之以所谓产业体系。这样便公开宣布了工会运动的永久使命。它奠定了准备用来管理社会主义共和国的立宪团体的基础。这是在美国进行的第一次切实的革命准备，这场革命将把社会从经济风暴中引导到合作共和国的港湾。

第二个事件是为了社会主义团结而召开的新泽西会议。这个会议于1905年12月和1906年1月、2月、3月在新泽西州举行，参加会议的该州社会主义工人党和社会党的代表人数相等。阿姆斯特丹代表大会决议号召各国相互对立的政党团结起来，组成统一的社会主义政党以反对资本主义政党，这个决议促成了新泽西会议的召开。不过，这个潮流在阿姆斯特丹代表大会以前就已经出现了。这可以从社会主义工人党提交阿姆斯特丹代表大会的报告和工人出版物的整段引文中看出。直至今天，工人出版物同社会党的关系一直很密切。工联主义的中立理论表现为一种注定会导致是非颠倒的任人唯亲的错误。近6年来，中立原则从它被推崇为与社会主义工人党理论相对立的社会主义政治教条时起，就在实践中暴露出——正像它定会不断暴露出来一样——它是用来掩盖工联主义的假面具，是这一应该对无政府主义者的产生负责的罪恶政策的标志，这些无政府主义者实际上只不过是暴力的辩护士。一些人对于那些名副其实的政客的丑恶行径感到义愤，一看到他们不是把社会主义建立在劳动者的经济组织的基础上，便怒不可遏，于是把孩子和脏水一起泼掉，拒绝参加政治风潮，因为他们谴责这种行动。中立理论的崩溃可以使人们充分评价工联主义的历史使命，此外它还直接导致中立原则的忠实伴侣——关于工联主义的过渡性质理论的崩溃。在阿姆斯特丹代表大会对关于统一问题的决议进行表决之前，即在成立"世界产业工人"的芝加哥代表大会召开之前不久，社会党中的某些优秀分子已和社会主义工人党接近。在阿姆斯特丹代表大会关于团结的决议通过之后，接着就成立了"世界产业工人"，从而打破了僵局。社会党随后便在1905年新泽西年会上邀请该州社会主义工人党一起研究在美国搞政治统一的可能性。已汇编出版的新泽西统一会议的决议是美国运动史上灿烂的一页。新泽西会议上几乎一致通过的（社会党的12位代表投赞成票，社会党①的12位代表中有11位投赞成票）向该州党员发表的宣言中有以下段落：

"会议认为……如果政治运动不是建立在一个自觉的、有适当的结构、准备夺取、支配和保存国家生产能力的、准备并且能够在必要时扩大工人阶级的社会主义选举成果的阶级的经济组织的基础上，如果没有这样一个组织，社会主义政治运动就只能是昙花一现，只会让一些诡谲的知识分子在政治上得以向上爬，同时吸引来的也只是这类人。在这个特殊问题上，会议认为，一个社会主义政党在参加竞选时，如果没有一个有适当结构的经济组织作后盾，不论它力图获得政治成功或者获得了政治成功都会给国家带来灾难。一切严肃的观察家都会懂得，这样的政党在美国获胜之日也就是它失败之时，紧接着便是工业危机、财政危机，而首当其冲的受害者是工人阶级。"

"会议认为，社会主义的政治运动如果支持美国劳工联合会，其倾向便等于干脆否定社会主义的原则和目的。不论美国劳工联合会如何拼命叫嚷组织起来，它实际上将工人阶级的绝大多数排斥在外。事实足以教育那些最天真的人。高额入会费、限制学徒入会、只给参加组织的工人保留工作等，这些只是妨碍组织起来的方法。这不仅是缺乏组织的结果，而且也是组织形式带来的结果，这种组织形式是一种把工人分割成团体、它们在冲突时期为自己而战并会轻而易举地成为资本家的猎获物的体系。另一方面，剥削阶级的某些分子坚持强迫他们的牺牲品加入美国劳工联合会，这种做法足以使该组织受到谴责。"

"美国劳工联合会通过其行为和声明表明，它认为奴役雇佣劳动是适宜的。"

"美国劳工联合会肯定雇主和雇员之间的利益是一致的，它赞成其主席龚帕斯接受贝尔蒙特公民协会副主席的职务，从而充分表明了它的态度。它因此同一个资本家阶级所支持的组织结成联盟，这样做的目的是为了掩盖阶级斗争，使建立在剥削劳动者基础上的现行制度苟延残喘。"

---

① 原文如此。似应为社会主义工人党。——译者注

"根据这些理由,会议得出了社会主义政党有义务促使成立一个有适宜的组织结构的联盟的结论,同时指出了成立这个联盟的好处和旧的组织系统的弊端。因此,作为对这个问题作出的结论,会议否决了行不通的、有缺陷的和使人堕落的经济中立理论。本次会议坚信这些观点,斥责美国劳工联合会是工人阶级争取解放的绊脚石。"

"会议认为,政治权利来源于经济力量,并且是经济力量的结果;资本主义进入政府就是它经济实力的结果。因此,会议推荐'世界产业工人'组织,认为这有益于工人阶级的解放。该组织不回避阶级斗争,而且毫不动摇地坚持这一原则,它勇敢而又正确地提出下述社会主义原则:工人阶级和雇主阶级毫无共同之处,工人阶级应当既在政治领域又在经济领域中团结起来,夺取和保卫它通过劳动所创造的一切。"

该宣言由两党代表提交各自在新泽西的团体投票公决。社会主义工人党通过了宣言,而该州的大部分社会党党员却投票予以否决。

然而,事情并未到此为止,也不能到此为止。新泽西会议的影响波及这个州以外的地区,惊动了其他州社会党的许多同志。结果人们提出了各种各样的建议,其中最具代表性的一条建议是从社会党的中心新奥尔良给我们寄来的。该建议要求社会党全国执行委员会就敦促社会主义工人党选举一个相同的、旨在讨论两党在全国实行统一的全国委员会的问题举行党员投票公决。新奥尔良社会党人的建议得到了其他城市许多社会党组织的赞同,可能将在年内交全党表决。在此期间,很多社会党党员和团体实在没有耐心等待党员投票公决这一缓慢程序,又对自己的党和美国劳工联合会的策略联系在一起感到失望,于是他们便退出社会党,而加入社会主义工人党,并说明了采取这一行动的原因。在明尼苏达州、俄亥俄州、华盛顿州以及全国好几个城市都发生了这种事。

尽管宣传运动发展缓慢,但却是健康的、持续不断的。美国资本主义圆满地完成了它的事业，它为革命果实的成熟创造了良好的气候。我们从资本家的两次表白中找到了证据。去年12月，当时在罗斯福总统内阁中任财政部长的莱斯利·M.肖先生在资本家举行的一次宴会上说道：

"让我们跪下祈祷上帝把我们从繁荣中拯救出来。"

1个月以后，即去年12月28日，随时准备报道关于罢工工人的暴行的资本家阶级的机关报——纽约《太阳报》发表了以下短评：

"我们曾经有过民族历史上从未有过的繁荣和进步的岁月，但是我们这个州正面临着比内战时期萨姆特人的进攻带来的不安和苦恼更大的不安和更大的苦恼。"

到人生的这一年龄，
所有的梦幻都应结束；
到人生的这一年龄，
沉思的灵魂需要回顾。

长期愚弄我国人民的所谓美国资本主义制度最美好、最稳定的幻想正在破灭。关于建立在劳资友好关系基础上的纯粹的、朴素的工联主义之功效的幻想，以及关于纯粹的、朴素的社会主义（即不能依靠无产阶级经济组织的力量而孤军奋战的社会主义）的幻想，二者都从人们的思想中消失了。基于这些综合性原因，社会主义工人党认为，它全盘接受马克思哲学和摩尔根哲学所确立的社会学是至关重要的；同样，社会主义工人党从这一观点中得出了对1900年于巴黎通过的考茨基决议的态度。鉴于阿姆斯特丹国际代表大会代表丹尼尔·德莱昂提交的有关该问题的决议案没有载入代表大会正式汇编，我们把这个决议案全文转抄在这里，作为证明社会主义工人党在美国和国外所采取的态度的资料。

"鉴于工人阶级同资本家阶级之间的斗争是一场连续不断、不可抑制的冲突，是一场日益加剧而不是日益减弱的冲突；

鉴于目前的各个政府都是有产阶级负责维护对工人阶级进行剥削的资本主义枷锁的委员会；

鉴于上一届巴黎国际代表大会（1900年）通过了一个决议（一般称之为考茨基决议），这个决议最后建议，认为工人阶级有可能从这种资本主义政府手中接受某些职务，并且特别假设统治阶级的政府可能在工人阶级与资本家阶级的冲突中持公正态度；

鉴于这些建议——在那些完全摆脱了封建制度的地方可能行得通——已在法国和代表大会本身的特定条件下得到通过，它们为关于阶级斗争的性质和资本主义政府的性质的错误结论开脱，为无产阶级必须在像美利坚合众国这样完全摆脱了封建制度的国家中推翻资本主义制度这一势在必行的策略辩护。

因此，代表大会首先宣布，本决议对考茨基决议作出否决，并同样否定把它作为社会主义的总策略原则。

其次，在像美国这样的资本主义获得了巨大发展的国家中，如果工人阶级不能行使为它自己和由它自己争得的政治职能，就不可能不背叛无产阶级事业。"

以上是对美国的一般形势和特殊形势所作的简略叙述。由于方法不同，可能还会出现各种观点不一的判断。但是，社会主义工人党出于不同的判断而采取的方法，尽管最初大有希望，但先后都失败了。社会主义工人党随时准备重新审查和修改它的理论。它正在重新审查理论，它正在修改理论，它继续往前走自己的路，因为它心中只有一个要达到的目标——无产阶级的解放。

当我们进行战斗时,那些注视着我们同浪潮作斗争的幻想家们会看到我们时而在阳光下,时而在黑暗中。但是,我们对事业忠贞不渝,即使在乌云蔽日的时候,我们也一如既往,扬起风帆,紧跟导航的舵手。至于岸边的观望者是如何看待我们的,我们毫不在乎。

丹尼尔·德莱昂
受社会主义工人党全国委员会的委托
弗克兰·博恩(书记)

加拿大社会党的报告

加拿大自治领位于大西洋和太平洋之间,领土面积几乎相当于欧洲。在这片辽阔的疆域上分布着不到 600 万居民。

这种状况使得宣传工作和组织工作耗资巨大,异常困难。尽管如此,在这里的每一个地方都有社会主义团体。

1905 年 1 月 1 日以前,这些团体都是独立的,力量微弱,只有不列颠哥伦比亚的团体例外,它们组成了强有力的省一级的组织,在议会中已经获得了席位。让我们回顾一下 1903 年进行的省级选举的结果:在这次选举中,J. H. 霍索思韦特公民在纳奈莫选区当选,派克·威廉斯在纽卡斯尔选区当选。恩斯特·米尔斯以几票之差险些在格林伍德获胜,不只一人怀疑他的失败完全是由于有人在选举中舞弊造成的。其他选区的候选人虽然竞选失败了,但他们也取得了好成绩。

在 1904 年的大选中,有 5 位候选人参加了竞选,尽管无一人当选,但人们还是看到了巨大的进步。

1904 年末召开了代表大会,会上党决定在我国其他地区发展组织并建立了**加拿大社会党**。从此,特别是去年在不列颠哥伦比亚,取得了巨大进步。

不列颠哥伦比亚社会主义运动的迅速发展是由该地区的特点所决定的。这个地区的产业不像其他省份那样以农业为主,人们在这里看到的是矿山、高炉、建筑公司、渔业公司和其他高度资本化的工业。因此,人口的大多数是由无产者构成的。

在不列颠哥伦比亚1907年2月举行的省级选举中，党提出了大约20名候选人，有3名党员被选进了省议会，他们是纳奈莫的J. H. 霍索思韦特同志、纽卡斯尔的派克·威廉斯同志和大约克的约翰·麦金尼斯同志。在其他地方的选举中，党获得了大量选票，只以不大的差距失利。但就总的结果来说，不论从获得的选票的数量还是质量来看，党都取得了很大进展。

尽管国土辽阔和资金匮乏给党造成了极大的困难，但它还是在广阔的哥伦比亚自治领做了大量工作。

目前，地方组织已遍布全国各地，从育空地区到纽芬兰都有，而且不乏普遍觉醒的迹象。只要稍微进行一些组织工作便可唤起勇往直前的行动。多伦多选区是除不列颠哥伦比亚之外最活跃的一个地区，它在最近的市政选举中取得很大进展。我们竞选市长职位的候选人获得了8200张选票，险些达到获胜候选人的票数。

在所有大工业中心，工会运动都很活跃，不过，工会会员并不特别同情社会主义，他们似乎准备成立一个英国式的工党。矿工组织则不是这种情况，它们完全是社会主义的。

农业种植者，即名义上的采地所有者，构成自治领人口的大多数。在大行会的影响下，他们目前的状况同城市无产阶级一样恶劣。他们开始认识到自己的利益所在，党在农村地区已建立了许多地方团体。

加拿大自治领只有一家社会主义刊物，即在不列颠哥伦比亚省的温哥华出版的《西部号角》周刊。这个周刊是党的机关报，由E. T. 金斯利同志领导。它牢记本阶级的利益，为赋予我国无产阶级运动以鲜明和坦诚的革命态度作出了很大贡献。

加拿大和全世界的运动观点一致，它不愿置身于反对资本主义的国际斗争之外。我们的劳动者在实现社会主义的斗争中和其他任何团体一样智勇双全。

加拿大社会党全国执行委员会书记

J. G. 摩尔根

玻利维亚五一工人联合会的报告

我们组织的创建——1905年5月6日,一个青年团体同一些手工业者和短工在一起开会,一致赞成组建一个抵抗中心,积极宣传社会主义思想。他们千方百计地使这一年轻团体同国内其他工人组织团结一致。

在这次会议上,人们决定将这个团体命名为五一工人联合会,并立即发表宣言,号召全国所有的无产者加入我们的行列。

斗争——联合会发表自己的观点并最终建立起来后,便成为地方当局、警察、教士和资产阶级的打击对象。但是,迫害非但没有使我们气馁,反而更增强了会员的毅力,其队伍日益扩大。

宣传——过去和现在,我们都在用我们所拥有的一切手段,特别是通过和那些思想进步的人士进行通信的方法来做宣传工作。同时,还利用文艺演出进行宣传。第一次这样的文艺演出就受到罗马教会的严厉禁止,我们被迫同教会展开了激烈的斗争,因为教会是导致一部分工人同志产生落后思想和惰性的主要原因。

政策——由于我们与国家的主流政治完全脱离,因此,我们认为有必要参加市政选举。我们在参加过的仅有的两次选举中,都取得了完全的胜利。今天我们在图皮萨市占有多数。我们甚至有望在下届议会选举中取得一定的成绩。

入会情况——至今已有两个协会加入我们的事业。一个是拉巴斯的奥古斯丁·阿斯皮亚苏协会,由年轻人、公立学校的教师和学生组成。我们期望这个协会的工作将取得优异成绩。第二个是工人联合会,它是在波托西市成立的,由手工业者组成,但是其中有些人拥护旧思想。我们将设法逐步把他们清除出去。

知识分子成员——数位记者、律师和政治家已经接受我们发出的邀请,在他们所在的各个地区中心从事社会主义的宣传工作。

纲领——我们根据国情作了某些改动以后,接受了阿根廷社会党的纲领。我们还把这个纲领提交给阿斯皮亚苏协会,该协会接受了这个纲领。

章程——为了避免同当局发生尖锐的冲突,我们决定制定一个能够得到政府批准的章程。该章程于1906年6月2日获得批准。

报刊——全国唯一的一家社会主义报刊就是我们的《社会曙光报》。该报的出版不仅受到我们支持者的欢迎,甚至也受到资产阶级新闻界的欢迎,它经常转载我们的文章。

对外关系——我们同智利、秘鲁和阿根廷共和国的社会主义组织有密切的联系,同时,我们也希望同世界各地建立联系。

图书馆——我们在联合会中建立了一个图书馆,于1907年初最终建成。

游行示威——我们举行过多次游行示威。第一次是为了要求释放被警方无理关押的几位战友,最近一次是在庆祝五一节时进行的。游行示威的效果很好,这是在我国举行的首次这样的示威。

报告会——经常举办报告会,以教育联合会的会员,结果出人意料地好。

代表大会——我们计划在1907年8月召开代表大会,为此,我们已经发出了邀请信。如果该计划能够实现,那么,我们讨论的主要议题将是批准纲领、最终建党和采取措施以迅速传播我们的主张。

补充情况——尽管时至今日,我们的运动还无法和一个大党的运动相比,但是,我们希望它会在不长的时间里强大起来,同时,依靠同外国兄弟的配合，我们的事业将更加容易取得胜利。

我国有一些很有势力的采矿企业，它们依仗政府、资产阶级和教会的支持，剥削我们的同志和土著人。教会是对我们攻击最厉害的势力之一，它的教义仍然束缚着人民群众的思想，我们同教会进行了不断的斗争。居民中的进步分子成功地对政治宪法第二条进行了修改，废除了军队和教会的特权。这一改革对我们的工作很有利，因为我们不必再支持基督教和承认罗马天主教是国内允许的唯一信仰了，而在原来的宪法上却是这样规定的。

马特奥·斯卡尔尼克
尼古拉斯·特黑马

阿根廷社会党的报告

政治运动

尽管由于人民的无知、富人阶级的无能和贪婪、官方的强制和人口成分的差异带来了许多需要加以克服的障碍，社会主义仍然在阿根廷共和国获得日益巨大的发展，并且合乎逻辑地随着国家经济的进步而进步。

阿根廷社会党于1896年在布宜诺斯艾利斯召开的第一次代表大会上成立并步入政治舞台。在这次代表大会上，它发表了原则宣言，并根据其他国家的惯例制定了最低纲领，使之适应本地区的需要。

我们党自成立以来共召开了7次全国代表大会，在这些会议上讨论了党的发展方向，并就各种全国性问题作出了决议。

目前，我们有党员3000余人，分布于首都的14个组织和国内其他21个组织之中。

党的领导工作由一个六人执行委员会负责，该委员会的工作又由审查委员会、选举常务委员会和法律辩护委员会协助。审查委员会负责解决党员与党组织之间的分歧；选举常务委员会负责解决外国人入籍问题和领导选举工作；法律辩护委员会负责在普通法庭面前针对国家和资本家阶级的裁决为党员和工人组织的成员辩护。

社会党有一份正式的机关刊物《先锋报》。《先锋报》从1894年起是周刊，1905年9月1日改为日报。它有自己的印刷厂，日发行量为6000份。

《先锋报》还兼营一个党的书店，拥有大量社会主义书籍和小册子。有一套社会主义宣传丛书，目前已出版了33种不同的小册子，总共印发了17.3万册。另外还有各种社会主义期刊和杂志：

胡宁省社会民主小组机关刊物《劳动》周刊——每期印数1000份。

佩尔加米诺省社会主义小组机关刊物《杠杆》周刊——每期印数1000份。

世界主义劳动者协会机关刊物《社会主义火炬》月刊——每期印数1000份。

社会主义杂志《新生活》半月刊，发行2000份。

党还开展了竞选活动，参加了首都的国会议员竞选。尽管资产阶级政党搞贿赂和不道德的政治活动，尽管人民还缺乏政治教育，但我们获得的选票还是上升很快，增长情况如下：

1896年	100票
1898年	150票
1902年	204票
1904年	1254票
1906年3月11日	1700票
1906年11月25日	3500票

1904年的选举是唯一一次采用分区选举制的选举。我们在第四选区使阿尔弗雷多·L.帕拉西奥博士当选为议员，任期至1908年。

布宜诺斯艾利斯没有选举产生的市政府，但社会党参加了全国各地的市镇选举,现在我们已入主两个市镇议会:波萨达斯(米西奥内斯省)和阿韦亚内达(布宜诺斯艾利斯省)议会。

阿根廷社会党践行国际团结,它同布鲁塞尔的国际书记处保持着密切的通信联系,并派去了两名代表。另外,社会党还向国际书记处寄去数笔款项,支援俄国革命者。

经济运动

阿根廷社会党在任何时候都非常认真地从事组织劳动者行业工会的工作。为此,它分发小册子,派遣代表在共和国各地举行报告会。但是,尽管我们进行了不断的努力,工人同业公会运动仍然显得有点混乱和无秩序。当然,它也从事阶级斗争,为争取缩短劳动时间、增加工资等而举行罢工。

有两个组织:一个是阿根廷地区工人联合会,其活动限于无政府主义阵营。它在章程中宣称它是共产主义—无政府主义组织,它不断进行反政治活动和反合作运动的宣传。它的组织正在缩小,加入该组织的行会大多已经分化。

劳动者总同盟是另外一个重要组织。它的章程中包含有政治性的宣言,不过至今也没有得到实施。该同盟于1906年12月22日召开了第三届代表大会。

最近,人们竭力促成这两个工人组织合并,社会党人为此积极地进行了工作。但是,由于极端自由主义者顽固地坚持要社会党人声明实行无政府主义的共产主义,这一尝试失败了。

除了这两个组织之外,还有各种独立的组织,其中最重要的一个是铁路职工的组织:铁路职工联合会,它在全国设有支部,拥有一个机关刊物《铁路》周刊。

在各种运动中，这些组织把它们的力量联合起来，扩大共同行动，但有些运动遭到了政府的血腥镇压。为了对付工人，政府还实行了紧急状态法和居住法。

1905年11月1日和2日，在布宜诺斯艾利斯爆发了总罢工，起因是政府对发电厂工人罢工的干涉和1904年11月23日在拉拜奥发生的血腥镇压事件。失业虽然并不是绝对普遍的现象，但它还是导致了大规模的抗议示威活动，这些示威活动显示了工人组织的力量。

合作运动

迄今为止，建立工人消费合作社或生产合作社的一切尝试都失败了。

今年，建立了两个合作面包房：一个在巴拉卡斯（布宜诺斯艾利斯市郊），另一个在班菲尔德（布宜诺斯艾利斯省）。它们已经在1907年的头几个月开始生产面包。

教育活动

为了教育人民，除了积极地进行口头和书面的宣传以外，还有各种与社会主义运动密切相关的组织。主张世俗教育的协会办了两所学校，一所在拉博卡，另一所在米龙。拉努斯世俗人民协会也有一所学校。另外，"光明协会"是一所民众大学，负责为工人举办科学讲座。

互助会

政治组织和工会组织没有建立互助会，互助会是独立于这些组织之外发展起来的，但是同它们二者在各方面都有些联系。目前有三个互助会："工人互助组织"，有成员 3000 人；"国际兄弟会"，有 600 名会员；"胡宁工人协会"，有 800 名会员。

书记　安赫尔·M. 希门尼斯

澳大利亚社会党的报告

（维多利亚州）

澳大利亚共同体包括 6 个相互独立的州：维多利亚州、新南威尔士州、南澳大利亚州、西澳大利亚州、塔斯马尼亚州和昆士兰州。每个州都有一个由两院组成的议会，其特权基本相同。上议院又称立法委员会，明显是反动的；下议院又称立法议会，其大多数成员主要是有产者。下议院 1/3 的成员是劳动者的代表，换句话说，他们是根据工人产业组织和政治组织所制定的纲领而被派入议会，与富豪寡头政治派别相对抗的。这些产业组织和政治组织并不是社会主义组织，但它们带有明显的社会主义倾向，而这些组织中那些最积极的男人和女人们则是自觉的社会主义者。

尽管两个议会中有不少人直言不讳地声称自己是社会主义者，并且进行社会主义的宣传，但是没有一个议员在选举中以社会主义者的身份进行正式斗争。直到不久以前，税收问题、贸易保护主义和自由贸易等还是我们的政治家最关注的问题。但是现在，由于社会主义的发展，这些问题已经降到了从属于经济问题的次要地位。税收问题已不在州议会的权限之内。能表明社会主义在澳大利亚发展的是联邦议会内的情况。联邦议会包括两个议院，相当于德国的**联邦上院和帝国国会**。

两院实行选举制，成年男女有选举两院议员的权利。因此，上议院——参议院就不具有它的那种反动性了。这一特点将上议院同州议会区别开来，州议会的普选具有较大的限制性。

联邦上议院——参议院——有36名议员，其中15名议员是劳动者的代表。第二个议院——众议院——有75名议员，其中26名议员是劳动者的代表。这些工人代表中没有一个人反对社会主义，因为他们中有半数人自愿声明是社会主义者。资本主义新闻界也把他们全部归入社会主义者，富豪寡头政治的各个派别也联合起来，试图阻止这些"工党党员"进入议会。

我们可以举一个例子来说明思想发展的一个阶段。在去年12月进行的联邦选举中，维多利亚州参议院可以选出3名议员。资产阶级的自由贸易主义者和贸易保护主义者结束了分歧，在明显反社会主义的政策上达成一致。劳工党提出的3名候选人全是社会主义者，其中两人是我党有影响的党员。选举结果，资本主义候选人名列第一位和第二位，社会主义候选人名列第三位和第四位。由于只有3个名额，两个资本主义者和一个社会主义者当选。这个比例"大体上"代表着各个党的力量。不过，我们的党员如果不由劳工党提名并得到该党的支持就有可能落选。

在邻近的新南威尔士州，有一个社会主义组织名叫"社会主义工人党"。该组织提出3名纯粹的社会主义者候选人，与资本主义和劳工党的候选人相对抗。社会主义者候选人没有当选，但是他们获得了获胜候选人所得选票数的1/5左右。

从经济方面看，工人的组织工作只有在澳大利亚工会中还算可以。不过，有机会的时候，各工会也发动和领导了一些坚持到底的罢工。在各个州都有工业仲裁法，用来解决许多纠纷，但它从来没有使大家满意过。工会运动至今还没有浸透多少社会主义思想，但是目前有相当大一部分工会会员在研究工业经济，并对从国际角度来看的工人运动有很准确的认识。

至于我们社会党的党员，只要可能我们就在一切地方利用各个阶段的产业鼓动和社会鼓动来推进我们的事业。最近,我们就失业问题进行了一次大鼓动,向公众倾诉了工人的苦衷,给人们留下了深刻的印象。我们还到工业中心逐家进行访问,收集有关社会状况的准确材料,并通过公众集会和辩论会将这些情况公之于众。我们有50多位熟练的演讲人,他们每周都举行露天集会,阐述国际革命的社会主义原则。我们把社会主义者的子女送进业余学校,向他们传授社会经济学和社会伦理学。

我党驻斯图加特代表维克多·克勒默同志是这所业余学校的校长。

目前,获得各州承认的各社会党之间还没有达成谅解,但是,毫无疑问,达成谅解已为时不远。在此期间,我们希望大家能够知道,我们实际上对欧洲和美洲的同志们——社会主义事业的捍卫者——所取得的伟大业绩是多么的钦佩,当下一届国际代表大会召开我们再相会时,我们将会看到社会主义取得重大发展。谨请各国的朋友们接受我们衷心的问候,并向他们高尚的表率行为表示感谢。我们也保证决不落后,加快步伐,彻底实现我们的理想。

我们祝愿社会党国际局在其有益和必需的事业中取得极大成功,预祝斯图加特代表大会为与我们同生死、共命运的社会主义光荣事业带来持久的成果。

澳大利亚社会党中社会主义大军的战士们,我们向你们致以兄弟般的敬礼。

主席　琼斯
书记　汤姆·曼

法国社会党（工人国际法国支部）的报告

在上一届阿姆斯特丹国际代表大会上，代表法国社会党参加会议的是一个**分裂的**党；而今年参加世界范围内组织起来的无产阶级的盛会的是一个**统一的**党。

两年来，在法国最终实现了社会主义统一。我们不仅可以说，统一是在国际的帮助下实现的，而且可以说，正是国际本身使统一实现了。

的确，在对关于社会主义政策的国际准则的决议进行表决时，阿姆斯特丹代表大会指明了法国社会主义的各个派别**能够并且应当**借以团结一致的共同领域，这就是无产阶级反对一切资产阶级派别的阶级斗争领域。

与此同时，阿姆斯特丹代表大会还要求各支部执行决议，履行为既定的统一而奋斗的义务。决议指出：

"代表大会声明，为了在工人阶级反对资本主义的斗争中保护工人阶级的力量，每个国家必须建立一个像统一的无产阶级那样的独一无二的社会党，以便与资产阶级党派相对抗。

因此，所有的社会主义活动家和社会主义团体的义不容辞的义务，就是根据历次国际代表大会规定的原则并从国际无产阶级的利益出发，全力促进社会党的统一，他们在国际无产阶级面前，是要对分裂活动的惨痛后果负责的。

为了达成这种统一，社会党国际局以及一切在党内已经实现统一的各国政党愿听从他们的吩咐，为他们效劳。"

该决议被一致通过，由爱德华·瓦扬公民和皮埃尔·列诺得尔公民代表的两个法国派别都表明了要执行决议的坚定意愿。

8月30日，**法兰西社会党**中央委员会执行委员会为此采取了第一个步骤，它声明："从现在起，准备在历届国际代表大会制定的原则基础上，实现社会主义的统一。"

10月4日，中央委员会重申了上次的声明："中央委员会决心同所有准备响应国际号召的人一道尽快实现社会主义的统一，不管这些人来自何处。"另外，为了使谈判得以进行，它已经委派了一个代表团，负责同另一个曾经和法兰西社会党一起共同代表法国参加阿姆斯特丹代表大会的派别会晤。

作为直接当事人的**法国社会党**也声明，它准备参加关于统一的谈判，并组织一个代表团。

这两个代表团于11月27日举行了会议。

两派代表团各由15人组成。代表**法兰西社会党**的有：公民布弗里、白拉克、沙文、谢雷谢弗斯基、迪布勒伊、格鲁西埃、盖得、拉法格、朗德兰、J.马丁、佩德龙、普雷沃、罗兰、桑巴、瓦扬；代表**法国社会党**的有：白里安、康比埃、卡尔代、契普里安尼、德韦兹、迪科·德拉海尔、饶勒斯、龙格、奥里、马尔莫尼埃、德普雷桑塞、勒本、列诺得尔、勒弗兰、维维安尼。

这第一次会议在某种程度上是预备性会议，会上两个代表团决定成立一个统一委员会，并考虑给其他社会主义因素（全国性组织和自治联合会），即给**工人社会革命党和自治联合会**以一定的席位。每个全国性组织可选派7名代表，每个自治联合会可选派1名代表。

根据这一原则，统一委员会举行了会议。委员会组成人员是：公民阿列曼、贝尔纳、科尔代、杜吕、O.爱尔威、拉沃、洛谢，代表**工人社会革命党**；白拉克、谢拉达姆、孔斯旦、德洛里、迪布勒伊、拉葛德尔、瓦尼耶，代表**法兰西社会党**；白里安、饶勒斯、龙格、奥里、德普雷桑塞、列诺得尔、勒弗兰，代表**法国社会党**；布昌内利埃（布列塔尼省）、卡梅利纳（罗讷河口省）、德康（索姆省）、德蒙（北部省）、费雷罗（瓦尔省）、古·爱尔威（约讷省）、维尔姆（埃罗省），代表各省自治联合会。

委员会首先将每一个组织带来的书面声明备案。他们在声明中提出了法国社会主义运动实现全面统一的条件。他们认为，法国社会主义运动能够而且应当统一成一个主张阶级斗争、从根本上反对资产阶级及其工具——国家——的政党。

这些声明在一点即根本点上很接近，这就是统一只能建立在国际代表大会，尤其是近两届代表大会（1900年巴黎代表大会和1904年阿姆斯特丹代表大会）决议的基础上。这样，联络和协调的工作才能够进行。统一委员会把全部精力都放在了这项工作上。

由阿列曼、白拉克、白里安、古·爱尔威、拉沃、列诺得尔和维尔姆组成的小组委员会向统一委员会提出了联合声明草案，委员会在1904年12月30日的会议上制定了最后文件，随后它得到了签字各方的批准。

布鲁塞尔社会党国际局在1905年1月15日的会议上将这份声明备案，从而使该声明得到了国际无产阶级的认可，国际无产阶级成了法国全体社会党人订立的协议的保证人。

下面是这个文件的全文：

各社会主义组织联合声明

1905年1月13日通过

法国各社会主义组织（工人社会革命党，法兰西社会党，法国社会党，罗讷河口省、布列塔尼省、埃罗省、索姆省、约讷省的自治联合会）的代表受各自的党和联合会的委托在阿姆斯特丹国际代表大会确定的基础上实现统一。他们宣布，统一党的行动必须遵循历次国际代表大会，特别是最近的巴黎代表大会（1900年）和阿姆斯特丹代表大会（1904年）制定的原则。

代表们指出，迄今产生的观点分歧和对策略的不同解释主要归因于法国的特殊情况和缺乏一个共同的组织。

他们一致表示希望建立一个阶级斗争的党，即使党为了劳动者的利益而利用有产者的次要冲突时，或者为了保护无产阶级的权利和利益偶尔同另一个政党采取联合行动时，它也始终是一个反对整个资产阶级及其工具——国家的不屈不挠的主要的反对党。

因此，代表们宣布，他们各自的组织准备在下述一致确定和同意的基础上立即着手进行各社会主义力量的统一工作：

1. 社会党是一个阶级政党，它的宗旨是实现生产资料和交换资料的社会化，就是说，通过从政治上和经济上把无产阶级组织起来，将资本主义社会改造成集体主义社会或共产主义社会。社会党虽然致力于实现工人阶级要求的各项直接改革，但就其宗旨、理论和使用的手段来说，它不是一个改良党，而是一个阶级斗争的党，一个革命党。

2. 选进议会中的党员组成一个单一的党团，与资产阶级的一切政治派别相对立。社会主义议会党团应拒绝给予政府任何有助于资产阶级巩固其统治和维持其政权的手段，否决军事拨款、征服殖民地拨款、秘密基金和整个预算。

即使在特殊情况下，议员未经党的同意，不得使党卷入议会活动。

社会主义议会党团应致力于捍卫和扩大政治自由和劳动者的权利，争取实现一切能改善工人阶级的生活和斗争条件的改革。

议员像选举产生的一切人员一样必须服从党在全国的行动、党关于把无产阶级组织起来的总体宣传和社会主义的最终目的。

3. 议员个人像每个党员一样受各自的联合会监督。

全体议员，作为一个党团，受中央机关的监督。在任何情况下，代表大会拥有最高裁决权。

4. 在报刊上完全允许对理论和方法问题进行自由讨论，但在行动上，一切社会主义报刊必须严格遵守由党的中央机关解释的代表大会决议。

现在或将来属于党所有的报刊，不论是全党的刊物还是各联合会的刊物，现在和将来理所当然地受党或各联合会设立的常设机关的监督和指导。

不属于党所有、但自认是社会主义的报刊在行动上必须严格遵守党的联合会机构或中央机关解释的代表大会决议，并应当加强和这些机构的正式联系。

中央机关有权督促这些报刊遵守党的政策，必要时，有权向代表大会建议宣布断绝党同这些报刊的一切联系。

5. 议员本人不得被选进中央机关；但将由一个相当于议员总数 1/10 的代表团集体地代表他们，代表团人数无论如何不得少于 5 人。

如果成立执行委员会，他们也不能参加。

各联合会只能选派本联合会组织范围内的党员进中央机关正式任职。

6. 党将采取某些措施保证自己的议员遵守限权委托书；党将规定他们应缴纳的党费。

7. 将在近期内召开一次代表大会，以完成建党的最后工作。出席大会的代表名额将根据各社会主义组织在阿姆斯特丹代表大会时确定的力量对比分配，一方面按照缴纳党费的人数计算；另一方面，按照1902年全国立法选举第一轮投票时的得票数量计算，并且商定，按得票数量分配的代表名额不超出代表总额的 1/5。

获得 1000 张选票以上的联合会才能分到按得票数量分配的名额。名额的多少随票数的增加按递减的比例确定。

在此基础上，统一委员会制定了组织条例草案。在 1905 年 4 月 23 日—25 日召开的巴黎代表大会上，各个组织的代表讨论并通过了社会党（工人国际法国支部）的章程。

在高昂的热情中实现的统一也是在国际局的支持下实现的。代表国际局参加代表大会的是埃米尔·王德威尔得公民和卡米耶·胡斯曼公民。

　　社会主义力量的协调使资产阶级感到震惊。它玩弄惯用的诽谤伎俩，以消除统一和协调一致的**社会党**建立后给它带来的危险，或者至少不要看见这一危险。

　　资产阶级企图利用报纸在社会党人中间制造分裂，唆使已消失的原组织中的一部分人反对另外一部分人；时而向这个组织说，时而向那个组织说，参加统一组织意味着它要从属和服从于不相干的人。但是，这些企图都徒劳无益，积极分子们对此嗤之以鼻。

　　资产阶级报刊又声称，统一没有任何坚实的基础，只不过是为了1906年的立法选举而结成的联盟罢了。按照它的说法，（1）签订这个协议只是为了通过削弱社会主义纲领而争取选票和席位；（2）选举之后，协议将被撕毁。"首领"们的野心和各派之间的争夺将使该组织分崩离析。

　　事情的发展驳倒了这两个预言。在沙隆举行的全国代表大会上，社会党通过了致社会党全体候选人的共同宣言草案。该宣言不仅丝毫没有削弱党的学说，相反地，我们可以说，它第一次概括出以必要的社会革命的名义进行战斗的思想。它号召全体劳动者进行阶级斗争；它告诉劳动者，各种改良要求都是次要的，而改革成功的唯一目的，就是向无产阶级提供新的斗争手段；它指出，无产者获得解放的唯一手段就是夺取政权，变资本主义所有制为社会所有制。因此，所有制问题在竞选运动中被置于首要地位。

　　打倒生产资料的资本主义所有制！社会革命万岁！社会党在这种口号声中进行的选举取得了令人满意的结果。

　　在许多选区资金不足的情况下，社会党提出的346位候选人获得了89.6万张选票，比1902年由各个组织提出的所有候选人获得的选票增加了12%。在这346位候选人中，有52位候选人当选。

资产阶级另一个预言的结果也使那些预言家们大失所望。1906年的选举非但不是社会党解体的标志，相反地，它成了社会党不断加强团结的新的里程碑。来自各地的党员互相渗透、捐弃前嫌。鼓动和宣传又不断促使劳动者加入党组织。

社会党成立18个月以后，在利摩日举行的全国代表大会证实，缴纳党费的党员人数已从统一代表大会时的2.7万人增加到5.2万人，即增长了1倍。

统一带来的党员增加势头有增无减。到本年年底，法国社会主义大军的力量无疑将增长大约3倍。

这种统一的凝聚力牢不可破，即使有些人拒绝加入社会党，群众也并不跟着他们走。甚至当有一个社会党党员同意在资产阶级政府中接受一个部长职务时，他也未能给社会党带来分裂和打击。全国委员会一致注意到，这位社会党人在同意参加关于他加入政府的谈判时，自动退出了社会党。某些受到他最直接影响的小组一度脱离了社会党，但几个月后又重新加入进来。如果回想一下由于米勒兰进入瓦尔德克·卢梭的政府而在社会党人中间造成的长期混乱，这是多么大的变化啊！这又是多么具有说服力的证明，阿姆斯特丹的决议对于法国社会党人来说，不仅仅是国际代表大会规定的准则，而且就是社会党的思想！

社会党（工人国际法国支部）包括70个省的或地区的联合会，它在法国的80个省拥有党小组。

同一切资产阶级派别相对立的社会党议会党团由53位议员组成。

其中：**参议员**1名，公民尚塔格雷尔①（上卢瓦尔省）。

众议员52名：阿尔贝·普兰，技师（阿登省）；阿尔迪，律师（奥德省）；亚历山大·勃朗，小学教师（沃克吕兹省）；阿拉尔，记者

---

① 已于报告写成之后去世。

（瓦尔省）；阿列曼，排字工人（塞纳省）；巴利，矿工（加来海峡省）；贝杜斯，职员（上加龙省）；贝内泽什，排字工人（埃罗省）；贝图勒，会计（上维埃纳省）；布弗里，矿工（索恩-卢瓦尔省）；J. L. 布雷东，化学家（谢尔省）；卡德纳，鞋匠（罗讷河口省）；绍维埃尔，印刷厂校对员（塞纳省）；卡尔利埃，职员（罗讷河口省）；保尔·孔斯旦，技师（塞纳省）；库唐，技师（塞纳省）；德让特，制帽工人（塞纳省）；德洛里，纺纱工（北部省）；德韦兹，教授（加尔省）；杜布瓦，冷作工（塞纳省）；雅克·迪富尔，商人（安德尔省）；迪雷，职员（北部省）；费雷罗，兵工厂工人（瓦尔省）；菲耶韦，织罗纱工人（北部省）；弗朗索瓦·富尼埃，锻工（加尔省）；弗朗科尼，农业种植者（法属圭亚那）；盖斯基埃，报纸商（北部省）；戈尼乌，矿工（北部省）；格鲁西埃，机械绘图员（塞纳省）；茹尔·盖得，记者（北部省）；饶勒斯，教授（塔恩省）；拉芒丹，矿工（加来海峡省）；梅兰，钢铁工人（北部省）；梅利耶，医生（塞纳省）；拉萨尔，技师（阿登省）；马里耶东，律师（罗讷省）；保尔·布鲁斯，医生（塞纳省）；莱昂德尔·尼古拉，种植者（奥布省）；帕斯特雷，教授（加尔省）；F. 德普雷桑塞，记者（罗讷省）；罗布兰，律师（涅夫勒省）；鲁瓦奈，记者（塞纳省）；罗齐耶，职员（塞纳省）；塞莱，药剂师（北部省）；马赛尔·桑巴，记者（塞纳省）；蒂夫里埃，医生（阿列省）；爱德华·瓦扬，工程师（塞纳省）；瓦雷纳，记者（多姆山省）；韦伯，律师（塞纳省）；维涅，律师（瓦尔省）；瓦尔特，技师（塞纳省）；维尔姆，律师（塞纳省）。

社会党在区议会中有60位区议员和51位行政区议员。

社会党在各市有149名市长、219名副市长和2160位市参议员。

社会党的中央机关报是《社会党人》周刊。

地方报刊有：

2家日报（利摩日的《中部人民报》和格勒诺布尔的《人民权利报》）；

4家半周刊；

37家周刊；

2家月刊。

如果说由一个社会主义小组创办的《人道报》还不属于社会党所有，那么，一旦该报的形势完全稳定以后，它将变为社会党所有。在此期间，社会党在该报董事会中有代表，能够施加影响。

在五一国际劳动节，社会党为争取八小时工作日，为争取每周有一次休息（部分人表示同意，但现在受到议会中多数派的威胁），为争取职员参加工会的权利而进行了斗争，这一切既证明了它的实力，又增加了它的吸引力。

它独自支持俄国的革命事业，它不仅继续抗议法兰西共和国和沙皇专制政体结盟，而且还启发一部分法国人民的觉悟，使他们起来反对向沙皇政府提供任何形式的新贷款。

在号召一切劳动者进行阶级斗争、以剥夺资本主义资产阶级的政治权利和经济权利的时候，社会党时刻牢记法国无产阶级的事业是和各国无产阶级的事业紧密相连的。社会党的队伍不断扩大和加强，它将成为国际大军的新力量。

书记处

路易·迪布勒伊　白拉克　皮·列诺得尔

西班牙劳动者总同盟的报告

西班牙劳动者总同盟成立于 1889 年，在这以后，它的发展情况如下：

年月	分会数量	会员人数
1889 年 11 月	27	3355
1890 年 9 月	36	3896
1891 年 4 月	54	5457
1891 年 8 月	58	5304
1892 年 2 月	79	7170
1892 年 8 月	97	8014
1893 年 2 月	110	8848
1893 年 8 月	97	8553
1895 年 5 月	79	6276
1896 年 2 月	69	6154
1899 年 9 月	65	15264
1900 年 3 月	69	14737
1900 年 9 月	126	26088
1901 年 3 月	172	29383
1901 年 10 月	198	31558
1902 年 3 月	226	32778
1902 年 10 月	251	40087

年月	分会数量	会员人数
1903 年 1 月	282	46896
1903 年 9 月	331	46574
1904 年 3 月	352	56900
1904 年 10 月	363	55817
1905 年 2 月	373	56905
1905 年 10 月	346	46485
1906 年 3 月	274	36557
1906 年 10 月	253	34537

自 1904 年 8 月以来，西班牙工人运动出现了明显的下滑。

阿姆斯特丹代表大会召开时，**总同盟**有分会 352 个，会员 56900 人；同年 10 月，有分会 363 个，会员 55817 人；1905 年 2 月，分会是 373 个，会员为 56905 人。

从这时起，劳动者同盟运动不断缩小，目前，会员只有 34537 人，分布在 9 个行业联合会和 253 个工会中。

没有加入**总同盟**的工人工会数量更大，它们受危机的影响比加入我们组织的工会还严重。

如果说西班牙工人组织发展得很不够的话，那么，造成这一状况的原因很多。最主要是由于工业没有充分发展，文盲多以及移民和工人的经济状况所造成的。

要准确地说明这些原因对于我们而言是非常困难的，因为过去那些使我们可以完整准确地概述工人组织状况的官方统计数字已不完全和陈旧了。

前几年曾经有所发展的工业开始倒退或停滞不前。当初，在古巴和菲律宾的战争结束以后，资产阶级似乎进入了工业发展的狂热时期，这无疑是为了保住国内市场，并阻止它所垄断的古巴市场和菲律宾市场落入美国之手！然而，可以肯定地说，这股工业热已完全消失。

我国资产阶级的这种疏忽所造成的后果和资本主义集中化不够，是工厂和作坊中工人队伍不强大的原因。这种情况构成了巨大的障碍，使工人组织难以发展。

西班牙的文盲非常多，这给组织劳动者的工作带来很大危害。他们必须同组织起来的大敌之一——愚昧作斗争。为了对此有所了解，只需从1900年的官方统计数字中举几个例子就够了：

西班牙人口为18618086人，成年人为9087821人，女性为9530265人。在男性中，有178615人不识字，3831345人不会写字，既不识字也不会写字的有5086056人。

在女性中，有317138人不识字，有2395839人能识字并会写字，有6806834人既不识字也不会写字。

因此，从以上情况可以看出，在18618086个居民当中，只有495753人识字，6227184人能识字并会写字，11874890人完全是文盲。另外，还有20259人受教育程度不详。

但是，不能根据组织削弱而推断出西班牙劳动者反对工人斗争协会的结论。**工会力量变弱，完全是由国家的经济形势造成的。**

大约在1905年中期，我国开始出现严重的劳动危机，其结果是，移居美洲各共和国的人数激增，有些工会完全消失了，因为工会成员都外出寻找工作去了。除此之外，食品匮乏、工资菲薄，这些就是足以说明西班牙的阶级组织减少而不是增多的原因了。

据我手头的一份1902年的统计材料，这一年西班牙向国外移民的情况是：欧洲各国3064人，亚洲和大洋洲1069人，非洲22557人，美洲24863人，总共为51593人。

1902年是工业发展时期，那时许多人有固定的工作。而目前，人们可以想象一下，工业停滞、失业率高得吓人这些现象会造成什么样的状况。更糟的是，西班牙资产阶级直到现在还不想办法来消除这一可怕的危险。这个危险给工人带来巨大损害，而资产阶级也正在自食其果。

我认为，前面指出的情况足以让人理解，鉴于我国缺少有利于工业和教育发展的条件，工会运动的发展只能是步履维艰。

这并不是说西班牙工人不希望组织起来。有几个例子可以说明，情况正好相反。下列法律得以通过正是由于组织起来的结果。这些法律是：发生工伤事故时**老板承担的责任**；产前产后一个月**禁止妇女劳动**；规定**星期日休息的法律**和其他社会性质的法律，例如，成立**社会改革研究所**，成立由老板和工人组成的地方和省级社会改革委员会，这个委员会的任务是研究改革社会法律并使之得到遵守。

我们应当正确评价社会党。社会党过去和现在一贯为组织工人阶级而工作，它努力在思想和文化方面教育工人阶级，鼓励工人阶级进行斗争和思想交锋。正因如此，劳动者总联合会和社会主义工人党有着最真诚的关系。这两个组织在全国委员会中一致同意在诸如开展抗议活动、向当局提要求、争取降低生活必需品价格以及一切能够给两个组织的成员带来好处的事情上采取联合行动。只是在纯政治方面例外，根据**总同盟章程**的规定，我们不能谈论这个问题。

除了社会党以外，**总同盟**同其他政党没有关系。

全国行业联合会、地方联合会和单独的工会都属于**总同盟**。有几个全国性的联合会，例如海上劳工联合会，没有加入总同盟。尽管如此，它同总同盟的关系密切，可能在短期内加入总同盟。另外，还有一些工会执拗地拒绝加入总同盟，这是因为它们受到了那些过去和现在都被称为**无政府主义者**的人对总同盟的恶意中伤的影响，这些人过去和现在专门在欧洲搞破坏活动！

这些人极端仇恨总同盟，为了阻止总同盟对劳动者的影响，一年前这些先生们成立了一个被称做"地方联合会"的全国联合会。由于它徒具虚名，所以没有取得任何结果。它在一段时间内，只得到两三个很小的工会的支持。

联合会和工会向总同盟交纳的普通会费是每个季度、每个有工作的会员 **5 分比塞塔**；在举行总同盟宣布的合乎规定的罢工时，每个有工作的会员交纳 **10 分比塞塔**。

工会会员一般向他们各自的工会交纳的会费是每周 25 **分比塞塔**。

1905 年受到总同盟支持的罢工的情况，见下列统计表：

1905 年罢工情况

产业	罢工次数	工会会员人数	获胜	失败	妥协	结果不详
农业	5	361	1	1	1	2
食品	12	3199	4	4	2	2
书画刻印艺术	6	233	2	3	1	—
建筑	28	3850	11	5	11	1
皮革	3	368	1	2	—	—
装潢	1	9	1	—	—	—
手工业	3	135	—	1	2	—
木工	21	1112	7	4	10	—
钢铁工人	11	751	5	5	1	—
矿工	15	5269	2	9	3	1
家具工	2	63	—	2	—	—
理发工	2	433	—	2	—	—
石匠	6	629	4	1	1	—
运输	8	810	5	1	2	—
箍桶匠	1	180	—	1	—	—
服装	17	1954	6	6	3	2
总计	141	19526	49	47	37	8

罢工的起因

增加工资	59
缩短劳动时间	36
捍卫结社权	12
要求每周支付工资	2
老板不遵守合同和协议	12
无故解雇工人	4
撕毁包工契约	4
侵害工人尊严	12
总计：	141

在总计141起罢工中，只有1起是合乎规定的。它持续了7个月，花费了65000法郎。尽管其他140起罢工没有这种性质，但它们还是得到了加入总同盟的工会的资助。1906年，由加入总同盟的工会支持的罢工达到130起，也就是说和1905年的罢工次数相比相差无几，而且1906年还举行了一起非常重要的罢工。我们想提一下毕尔巴鄂和桑坦德矿工举行的罢工，政府派来军队干预罢工，打死打伤大批罢工工人。

以上就是我们所要讲的西班牙工人总同盟的情况及其发展过程中所经历的主要困难。

不过，我们仍然满意地看到，尽管我们组织力量薄弱，我们有许多困难需要克服，我们还是在情况许可的范围内做了我们力所能及的事情。而且我们深信，以我们坚韧不拔的精神，经过不断的努力，妨碍我们的阶级组织发展的障碍将被清除。

文森托·巴里奥（书记）
1907年1月25日于马德里

西班牙社会主义工人党的报告

自阿姆斯特丹代表大会以来,同我们3年以前的力量相比,我党的小组以及党员人数减少了。人数减少的原因既不是由于我们宣传不够,也不是由于群众反对我们的思想,而是因为我国遭受了严重的经济危机。殖民战争结束以后,曾经出现一个相对繁荣的时期,但随之而来的是可怕的经济萧条。萧条进一步加重,影响到我们整个国家的生活。由于当权者的笨拙和愚蠢,他们无法改变这一状况。居民移居他乡,有些地区已渺无人迹。居民背井离乡已远非个别现象了。只要告诉你们这些情况,就能了解我们所遭受的危机的严重性了。我们也受到了它的影响,我们在农业工人中损失最大。

目前我们党有100多个小组,党员大约6000人。

下面是各市镇的党员分布情况:

卡斯蒂利亚省

马德里	830	圣阿德里-安德尔瓦列	17
得土安	19	波苏埃洛-德尔帕拉莫	16
巴利亚多利德	68	比利亚达	20
莱昂	25	圣克里斯托瓦尔	20
布尔戈斯	42	圣罗曼-德尔瓦列	26
米兰达	50	塞哥维亚	22
托莱多	10	鲁埃达	34

帕伦西亚	10	波夫拉杜拉-德尔瓦列	26
萨拉曼卡	20	瓦尔卡瓦多-德尔帕拉莫	20
坎佩安新镇	18	滕夫莱克	34
托莱多省莫拉	65	比利亚夫拉萨罗	30
图尔莱克	30	桑亨霍	20
萨卢德斯-德卡斯特罗蓬塞	11		

阿拉贡、加泰罗尼亚和巴利阿里群岛

萨拉戈萨	21	曼布莱乌	10
巴塞罗那	80	塔拉戈纳	30
圣安德烈斯	20	托尔托萨	16
马塔罗	70	雷乌斯	35
锡切斯	29	马略卡岛的帕尔马	35
卡夫里尔斯	12	马纳科尔	35
曼雷萨	10	柳奇马约尔	20

巴伦西亚

巴伦西亚	30	阿利坎特	22
卡斯特利翁	20	埃尔切	136
哈蒂瓦	30	克雷维连特	20
格拉奥新镇	10	阿特莫扎	25
阿尔科伊	30		

安达卢西亚和埃斯特拉马杜拉

马拉加	40	波尔库纳	25
贝莱斯马拉加	12	曼查雷亚尔	10

圣玛丽亚港	50	丰特森	10
塞维利亚	50	托雷德尔瓦列	30
卡萨利亚镇	15	卡多尔	20
科罗洛瓦	10	巴萨	30
哈安	30	奥卢拉-德卡斯特罗	34
利纳雷斯	30	赫加尔	50
阿尔梅里亚	30	赫雷斯-德洛斯卡瓦列罗斯	10
库埃瓦斯-德圣马科斯	10		

桑坦德和比斯开

桑坦德	100	德乌斯托	30
卡瓦尔塞诺	80	贝戈纳	40
阿斯蒂列罗	50	奥尔图埃利亚	50
奥夫雷贡	10	拉斯卡雷尼	30
毕尔巴鄂	400	巴拉卡尔多	70
加塔尔塔	40	索普埃尔塔	30
拉阿沃莱达	80	艾瓦尔	87
塞斯陶	40	圣塞瓦斯蒂安	100
埃兰迪奥	40	维多利亚	30
圣胡利安	35	潘普洛纳	40

阿斯图里亚斯和加利西亚

奥维耶多	95	利尼埃洛斯	20
希洪	35	米奥诺	20
米耶雷斯	80	维哥	450
拉努埃瓦	37	科罗涅	25

特鲁维	35	奥伦塞	40
特雷马内斯	25	蓬特韦德拉	18
萨马	50	拉瓦多雷斯	20
阿雷纳斯	20	卢戈	20

另外，在某些还没有建立党组织的城市，有15个人以个人身份加入我们党。

社会主义报刊同样也遭受了损失。目前，我们只有7种刊物，全是周刊，它们是：《社会主义者》，中央机关报，在马德里出版；《阶级斗争》，在毕尔巴鄂出版；《社会曙光》，在奥维耶多出版；《团结》，在维哥出版；《工人觉醒》，在阿尔科伊出版；《论工人辛劳》，在圣玛丽亚港出版；《巴利阿里工人》，在马略卡岛的帕尔马出版。工会运动的报刊不包括在内。

由于我们党几乎完全由手工工人组成，所以它在社会主义著作方面至今没有推出有独创性的重要作品。然而，我们出版了社会主义主要理论家的大量书籍和小册子。

我党和工人工会，尤其是和组成劳动者总同盟（国内最大的同业公会组织，目前拥有34537名会员）的那些工会有着真诚的关系，因为在这些工会中，担任领导和制定策略的人都是社会主义者。

在我国，合作运动还处于孩提时期，恐怕只有一个合作社够得上这一称呼。

至于移民情况，很难提供统计数字，因为没有官方的调查结果。但有一点是可以肯定的，这就是移民很多，每天都可以看到一些满载受饥饿威胁的农民和工人的横渡大西洋的客轮驶离我国港口。

尽管障碍重重，我们并没有停止参加有利于传播我们的思想的各种活动。

在1905年举行的立法选举中，我们获得了2.3万张选票，比1904年减少3000张。

尽管有人阻挠，但我们还是成功地派遣了一些同志进入某些市政府，例如，我们在马德里市已有3位党的代表。我们党在30个市镇中总共有71位市镇参议员。

近几年来，我们的报刊遭受了一些困扰。恐怕没有一家报刊没有遭到粗暴的迫害。好几位社长被捕入狱。最近，我们的同事、毕尔巴鄂的《阶级斗争》周刊社长阿塞韦多被判处八年徒刑。

西班牙非常隆重地纪念了五一国际劳动节。这一天，在好几个城市，人们停止了工作。

马德里正在建设中的一个蓄水池倒塌，砸死砸伤200多人。我们党举行了抗议示威，数千名工人和所有工人协会都打着旗帜，参加了示威游行。游行队伍是多么威武雄壮！

我们不断对政府采取行动，不仅要求它补充那些对工人有利的法律，还要求它补充对大多数公民有利的一般法律。我们满意地看到，我们的要求在多数情况下都得到了赞同。

西班牙社会主义者没有忘记履行声援的义务。我们既对本国同胞，也对其他国家的工人履行了这个义务。我们为俄国革命者筹集了6000比塞塔，为库里耶尔矿工筹集了2400比塞塔，为比斯开和桑坦德矿区上次罢工中的遇难者筹集了2000多比塞塔。

主席　帕布洛·伊格列西亚斯
书记　马里亚诺·加西亚·科尔特斯
代表社会主义工人党全国委员会

比利时工人党的报告

1903年12月31日，在阿姆斯特丹代表大会召开前夕发表的有关工人党情况的报告中，我证实我们的组织包括25个地方联合会。从那以后，我们又有两个新成立的地方联合会进行了登记，这就是**蒂伦豪特**和**鲁莱斯**联合会，它们在教权主义势力很强、迷漫着宗教狂热的地区开展工作。我们并不期望在那里很快取得成就；但是，由于工业主义在这些地区传播很广，其必然结果就是工会小组和政治小组的创立。

我们的党小组数量没有增加，因为像1903年一样，我们只将那些**合乎规定**的、向工人党的**中央**财政机构交纳会费的**小组**登记在一览表中。

在总共803个小组中，有117个合作社，252个行业工会，229个政治团体，25个艺术和娱乐小组，还有180个互助团体。如果我们把所有在"人民之家"占有一席之地、自称是社会主义的、其成员是积极的社会主义者的众多团体都考虑在内，那么，我们的小组数目还会多得多。但是，尤其在初期，各小组不愿意向中央交纳会费。另一方面，某些小组搞极端本位主义。不过，这一不良倾向已经被消除。但是，为了谨慎起见，我们只保留了那些向党的中央组织交纳党费的小组。

交纳党费的党员人数从13万人增加到了145781人。我们预计这个数字在1907年还会增加。

自从阿姆斯特丹代表大会以来，我们的报刊已有所进步。我们可以证实，我们的日报（有11种）发行量超过12.7万份；7种月刊或杂志、18 种工会机关报和 20 种社会主义报刊广泛流传。各种日报是：

《人民报》（5 生丁）及其替代报刊《人民回声报》（2 生丁）、博里纳日《人民回声报》（2 生丁）、埃诺《人民回声报》（2 生丁）、那慕尔《人民回声报》（2 生丁）、列日《人民回声报》（2 生丁）、《沙勒罗瓦报》（5 生丁）、《博里纳日未来报》（5 生丁）、《劳动报》（韦尔维耶中立工会和社会主义工人的报纸）、佛拉芒语地区有《前进报》（2 生丁）和《工人报》（2 生丁）。

一段时间以来，我们办了一件事，它的效果很好。这就是出版刊物《萌芽》（奥波尔街 29 号，根特）。2 万多党员订阅该刊物，费用是一个法郎。管理部门每年发行 12—15 种小册子。工会、合作社和政治小组都按照规定为其成员订阅这一刊物。另外，工人党和全国工会联合会于 1907 年 1 月决定，出版一批关于理论和策略问题的小册子。

让我们再着重讲一下最近出版的名为《良种》的小报，它以意大利的《种子》报为蓝本，面向通常对它还不了解的公众，每期售价 1 生丁。法文版的月发行量已经超过 2.5 万份。订户保证将该刊物扩大到他们认为能够成为社会主义者的人手中。

我们的专业性报刊（其中有 12 页、14 页、16 页甚至页数更多的机关报）随着工会力量的增长而发展。3 年来，工会委员会的机关报《通讯报》的读者人数增加了 1 倍。

1902 年的立法选举由于是在我们要求普选权的运动失败以后进行的，所以对我们不利。又由于我们排除了小资产阶级分子，结果社会主义者所获选票数略有下降。一段时间以来，小资产阶级分子在名义上人为地增强了我们党的力量。

由于议会进行半数改选，我们在 1904 年又参加了一次选举。当时，教权主义多数派只多二十几票，看来，即使按照比例代表制，或者只要避免选举中的内耗，也有可能击败教权主义的反动政府。因此，根据形势，党的各区联合会在很多区与其他反对党结成联盟。这样做的缘故是布告牌上的某些数字自1902年以来一直未变，因为尽管反对派获得的选票有了明显的增加，但由于我们宁愿做事留有余地也不愿超过实际可能，我们从来不愿意让工人党利用这些选票为自己谋利。

1904年的选举使我们失去5个众议院席位，这是个确实的和表面上的失败。说它是确实的失败，是因为我们在两个阶层中略微失去一些选票；说它是表面上的失败，是因为在其他选区，由于人口增加而导致了部分选举，我们从比例法的规定中获得好处。因为这条法律规定，在偶然增选一个席位的情况下，为了避免无结果的选举，相对多数派要让出这个有争议的席位。在1906年的选举中，我们又得到了两个席位，其中一个席位在库特赖，这是社会主义者在贫穷的、教权势力强大的西佛兰德取得的第一个席位。

如果再加上两次立法会议的选举结果，那么，我们在1904—1906年这一时期共获选票469094张，比1902—1904年这一时期多6000张。因此，我们的倒退是暂时的，进步是确实的。而且，我们的选民的社会主义品质也有了提高，这是非同小可的。顺便说一句，同自由派和民主派订立同盟完全没有对我们党和我们党的候选人的政策产生影响。我们党及其候选人不管暂时结成的盟友的纲领如何，在各个方面始终捍卫社会主义纲领。

在1904年的市政选举中有650位社会主义候选人当选。我们在193个市镇中有社会主义者代表，在22个市镇中社会主义者占多数。几年前就出现了全国**社会主义者市镇参议员联合会**，有350位参议员加入这个联合会，并每年向联合会交纳会费，这使他们有权订阅一种专门杂志《市政运动》。联合会至少每年召开一次代表大会，审议实现社会主义市政纲领的问题。

我们在4个省中有91位社会主义者省议员，4位常务众议员（省级部长），在参议院中还有 7 位社会主义者参议员（其中有 2 位是纳税的选举人，5 位由省议会选出），参议院总共有 100 多位议员。

在工人党每年举行的代表大会上，在党的各种成员之间都出现了真正的融洽气氛。尽管讨论问题的时候气氛热烈而激昂，但我们一般都几乎是一致通过决议。

除了希望实施普选权以外，我们每年举行的代表大会主要关注在人民之家禁止出售**烈性酒**的问题上，结果虽然没有采取什么特别措施，但出售烈性酒的情况基本绝迹。1906 年的年会决定在工人党内部建立一个**人寿保险公司**。初步研究已经结束。现已筹集资金 6 万多法郎。只要达到 10 万法郎，这项新事业就可以开始。这样，比利时工人党通过直接行动将再次危及资本家的利益，即赋予从被资本主义制度歪曲了的团结思想中产生的组织方法以十分有益于无产阶级的社会主义精神。我们对这个人寿保险公司寄予厚望，希望它在使工人免受资本主义公司剥削的同时，给我们造就一支宣传员的新队伍，为我们建立工人银行提供所需资金。我们的合作社早就迫切需要这种银行了。

还有必要了解的，是工人党组织内部各个组织的分工情况。正因为如此，我们刚才谈到了市镇参议员联合会的情况。我们还可以谈一谈**社会主义青年近卫军联合会**。该联合会聚集了一批年轻人，让他们通过出版报纸杂志，尤其是利用号召建立民兵的机会，通过举办报告会和群众大会（在这种场合，年轻人的要求和反战运动将得到年长者的支持），专门从事反战宣传。

比利时合作社联合会也是在党的支持下建立的。它在发展过程中有一定的自主权，它也同其他联合会一样，召开一些特别会议，但特别会议作出的决定只有经过党每年举行的代表大会批准以后才对各小组具有约束力。

根据合作社联合会向 3 月 31 日在布鲁塞尔召开的党的代表大会递

交的报告：

"（1）联合会目前的营业额为250万法郎。如果我们所有的董事和经理都愿意向联合会购买一切，如果大家都认识到这样做的重要性和作用，那么，我们的营业额还会大得多。

（2）联合会第二次公布了它的年鉴，**年鉴**表明了合作运动在比利时和在外国的规模。

（3）联合会制定了我们的合作社调查表，调查结果如下：

合作社的数目	168	161
加入合作社的家庭数	103349	119581
销售额	26936873.06	31174552.91
不动产	10302058.76	12091299.52
投资额	1666650.66	1655061.33
实现利润	3140209.72	3035940.95

发展是很明显的。

（4）联合会出版一种杂志《合作》，它对男女合作社社员进行合作教育和社会主义教育。从它所受到的欢迎情况来看，我们可以说它是有生命力的。

（5）联合会曾努力支持和改组若干个从属于它的合作社。

（6）总之，联合会在继续发挥商业和教育作用。"

这些清楚地说明，比利时工人党越来越倾向于通过自身的组织**自力更生**，并利用一切手段（不排除任何一种组织形式，工会、合作运动、政治小组、青年组织和娱乐小组都不排除）与资本主义进行斗争。

我们的全国性职业联合会同样也享有所需的自主权，以便就那些它们直接关心的问题，如像维护它们的职业地位或争取新的利益等，作出各种决定。钢铁工人、矿工、伐木工人、装订工人、雪茄烟工人、纺织工人、建筑工人、碎石工人、面包师、商业职员都分别举行代表大会，但是所有这些联合会都有权通过专门代表在工人党总委员会中代表它们。**工人党**产生于无产阶级。由于这些单独的工会还没有成立联合会，同样，由于独立的或中立的工会的支持，所以我们的职业协会组成了**工会委员会**。**工会委员会**每年从工人党总委员会那里得到津贴。**工会委员会**的会费规定为每人每年 10 生丁，这就造成了加入工人党同时又加入工会委员会的工人实际交纳双重会费的局面。如果说工会委员会在工人党党员中有会员 35624 人，那么实际上向工会委员会交纳会费的工会工人总共有 5.4 万人。这两个数字之差，是由于好几个社会主义小组一直没有向党交纳会费，还由于大约 5000 名独立工会会员加入了工会委员会这两个原因造成的。工会委员会这 5.4 万人的数字大大低于工会的实际人数。由此可见，地方观念仍然根深蒂固。比利时工人阶级集中起来不容易，因为至今还有一些基础稳固、力量强大的团体，它们完全忠实于社会主义事业，但是由于各种原因而置身于党的组织之外，这些原因不久将消失。工会委员会还年轻，它将随着形势的发展而壮大。如果矿工组织通过加入党和工会委员会来加强自己，那么，我们两个组织就有 10 万个工会会员了。这是未来的事业！

工会委员会也举行特别会议，但是，只要它通过的决议涉及宣传或党的总策略，也必须提交全体代表大会批准。例如，工会委员会进行的、旨在反对以特殊和严厉的措施打击所谓侵犯劳动自由行为和罢工行为的刑法第 310 条的宣传就是如此。党的代表大会表决结果，决定在全国进行一次要求缩短工作日和废除刑法第 310 条的示威游行。

这是比利时工人党有史以来组织的最大一次示威游行。一队队纺织女工和砖厂童工身穿工作服，要求缩短工作时间，给舆论界留下了深刻印象。

我们只需提一下**全国冶金工人联合会**的情况就足以说明我国社会主

义工会队伍的稳步发展。该联合会在阿姆斯特丹代表大会召开时有会员约7000人，而今天，其队伍扩大了1倍。

我们国家还没有失去资本家的乐园这个美称。尽管在劳动者的压力下，教权派当政者曾打算为我们进行劳动立法，但是工人阶级依然身受最深重的剥削。剥削行为丝毫没有受到各种法律的制约。下面简单列举一下这些法律：

1. **劳动合同法**

该法律根本没有改变工人的状况，因为它只不过使现存制度系统化而已。

2. **工人手册法**

很久以来，工人手册已被废除，但这并不妨碍老板们互通情况，拒绝雇用在其他公司参加罢工的工人。

3. **工人工资支付法**

这项法律旨在制止以实物支付工资或在小酒馆中支付工资①。可以说，该法律完全没有达到目的，因为在小酒馆中支付工资的办法在安特卫普港一直实行着，而实物工资制也越来越盛行，要么是直接发放，要么是通过中介人发放。

4. **制定车间规章制度的法律**

该法律不制止任何一个老板规定苛刻的条件来要求工人必须遵守，不制止老板对工人课以过高的罚款或利用视察劳动的机会随心所欲。

5. **关于视察劳动的法律**

所谓劳动视察完全是假的。视察员只有三十几个人，而且都是政府任命的。通常，他们与其说是工人利益的保卫者，不如说是资本家利益的保卫者。视察员每到一地都事先通知资本家，好让他们表面上装出守

---

① 指雇主指定工人到特定的酒馆消费，以此来取代工资。——编者注

法的样子。处理已发现的违法行为时，尤其是处理纺织行业对工人劳动量测定方面的违法行为时软弱得可笑。

6. 关于对危害环境安宁、卫生和安全的企业进行监督的法律

更确切地说，这是一项行政立法，对兴办此类产业建立许可制度，迫使企业主采取某些保护工人的小措施。

7. 保护女工、青工和童工的法律

当我们知道该法律允许工场雇用 12 岁的童工，当我们看到许多儿童整日长时间在砖厂干活，当我们发现该法律根本没有触及家庭劳动，即最有害健康的劳动时，我们应当说，所谓劳工保护是虚假的，况且连任何限制成人劳动时间的法律都没有。

8. 1889 年关于仲裁法庭裁判权限的法律

这也是一部不完整的法律，因为职员、仆人、马车夫、女佣和一大批其他劳动者既没有被人代理的权利，也没有向这些法庭递交申诉书的权利。

9. 规定工人在市镇议会上的代表权的法律

这项法律似乎给予工人阶级以特别代表权，但它只适用于某几个大城市，而且，为了搞平衡，也给予资方代表以同样的代表权。

10. 关于建立工业委员会和劳动委员会的法律

这些委员会没有法律提案权，它们每年召开一次会议，就任何一项社会法律发表意见。政府没有义务采纳它们的意见。应首长的要求，工业委员会可以就企业主和工人之间的纠纷进行裁决，但是，它的决定没有任何法律效力。

11. 保证职业联合会中结社权的法律

值得注意的是，没有任何一个严肃的协会曾向政府申请法律上的承认。确切地说，这种承认将对为改善劳动条件而斗争的工会的工作构成障碍，因为，为了获得法律上的承认，职业协会必须遵守下列禁令：

（1）禁止加入某一政党；

（2）禁止设立退休基金；

（3）禁止帮助生病的会员；

（4）禁止从事商业活动，禁止参加合作社的活动，禁止靠出售本行业的产品获取利润；

（5）禁止接受失业工人；

（6）禁止搞国内和国际的声援活动，禁止向其他行业的罢工工人和失业者提供支援；

（7）禁止从事任何未经法律明确许可的活动，否则，一经警告，即解散协会。

这项法律尽管废除了联合罪，但它并不妨碍政府强化涉及一切罢工活动的条款——刑法第 310 条。的确，在我们自由的比利时，很难找到哪些工人积极分子不是因为政府实施了刑法第 310 条而被监禁的。

12. 关于合作社和互助社的法律

如果说我们利用这一法律成立了大批合作社和互助社，那么，我们和职业联合会的做法一样，拒绝法律承认，因为这种承认将影响我们事业的社会主义和革命性质。

13. 给工人修建住宅以优惠的法律

这项法律给予那些打算盖房子的工人一定的好处，例如，减少注册费，两年免征税收。但是，大部分工人无力享受这些优惠条件，为了给企业主工作或者为了另找工作，他们不得不东奔西走。

14. 关于设立养老金的法律

在整个社会保险方面，我国的统治者不敢采取坚决的态度，没有设立强制退休金制度。国家只限于向个人和集体提供部分养老金。当然，如果不承认国家从数亿法郎的军备预算中拿出一千多万法郎付给 1843 年以前出生的老年人每天 18 生丁养老金，那也是不公正的。所有 1843

年以后出生的老年人无权享受法律规定的养老金，除非他们自己交付养老金储金才能领取。

自阿姆斯特丹代表大会以来，我国只通过和批准了下列三项有关工人的特定的法律：

15. 关于工伤事故赔偿的法律

同一切社会方面的法律一样，我国政府只限于对事故赔偿进行安排，但它本身并不负责财政安排。这一法律原则同以习惯法为根据的旧制度相比有这样一个长处，即它规定了赔偿包干原则。包干费按工资的50%计算，年金按工资的25%计算。

丧葬费是75法郎。工厂主可以通过政府认可的公司或通过足够数量的存款，向出事工人支付年金。令人遗憾的是，该法律将农业工人排除在外；对精神损害的赔偿被排除在外；在规定赔偿额时，它排除了一些重要因素，尤其是发生工伤事故的年轻工人如果没有受到伤害，他以后可以挣多少工资；它规定对丧失工作能力不足8天者不予赔偿。

16. 规定为商店女职工准备座位的法律

当工作空闲时，应允许女职工坐下。尽管这项法律是应女社会主义者的要求，并经社会主义者提议而被通过的，教权派多数对此仍然欢迎，这大概是因为该法律并不影响老板的权力和利益。

17. 规定每周休息的法律

自由派代表反对这一法律，认为它具有宗教色彩。工业家们要求要有例外，以保护他们的利益。资本家的政府不会不满足他们的要求。该法律几乎成了一纸空文，只不过以法律的形式给予已经享有每周休息的权利的劳动者这一权利而已。

用我们的一位众议员的话来说，所有这些法律都是装潢门面的法律，因为它们实际上是对国外现存法律的一种可笑的模仿。而且，在每一项法律中，都有某个条款使资本家阶级可以通过请求颁布一道敕令而逃避法律制裁，而且几乎是有求必应的。

因此，我们的工会有着广阔的活动领域。我们高兴地看到，我们的工会已经取得了不能否认的进步。我们的五一节日益成为人们的习惯，已经有许多城市把5月1日定为节日，这一天城市工人和职员以及学校的学生放假。

让我们谈一谈我们的工会进行的伟大斗争，哪怕只是作为资料也行。除了在各个行业和由于各种斗争的原因在劳资之间（有时甚至在佛兰德的教权派地区）每天发生的大量地方性罢工以外，我们还支持过各种**大规模罢工**。

安特卫普的**钻石工人**为缩短学徒期限和工作日进行了数星期的斗争后，于1904年4月向工人党组织发出呼吁，要求以提供赠款和贷款的方式支持他们。工人党筹集了10多万法郎，保证了工人的胜利。

当**鲁尔地区**发生大罢工时，比利时矿工为了表示声援，帮助德国矿工取得胜利，举行了总罢工，罢工大约持续了3个月。

布鲁塞尔**手套工人**为制止降低工资标准也进行了长时间的斗争。尽管这个协会像安特卫普钻石工人协会一样，并未参加工人党，但工人党还是大力支持，为罢工捐助了4万多法郎。

为了缩短工作日，根特的**棉纺织工人**同工厂主进行了长达几个月的谈判。面对顽固的工厂主，工人们被迫停止了在有些工厂每周长达72小时的工作。整个比利时无产阶级都支持根特的社会主义棉纺织工人，并且捐助了15万法郎，以使缩短劳动时间的原则取得胜利，之后，在大多数工厂，劳动时间被减少为每周63小时。

最后，为了达到消灭韦尔维耶**织布工人**工会组织的目的，老板们勾结起来，决定修改工业制度，修改的目的是确立老板的无限专制权和完全取消工人工会。老板们宣布关闭工厂。比利时工人阶级意识到，这是一场关系到工人的结社和防卫权利的斗争，表现出惊人的团结精神。他们募集了近 30 万法郎，帮助受到老板报复的 1.5 万个家庭。德国、丹麦、瑞典和挪威也汇来援款。人们将儿童转移到其他工业中心，安置在工人家庭中。这种做法极大地体现了对被迫实行罢工的工人的事业的普遍同情。这是比利时工人阶级为了支持这次历时 3 个月的斗争，为了最终摧毁老板关闭工厂这一武器，为了维持职业协会而进行的一次令人钦佩的运动。如同对待钻石工人和手套工人一样，比利时工人党不把向起来斗争的韦尔维耶工人提供慷慨支持作为手段，来换取他们加入党。

我们可以引为自豪的是，我们为了实现工人团结而不遗余力。但是，我们还没有取得预期的结果。最近一次工会代表大会将工人党工会委员会改名为**工人党和独立工会委员会**，这样做是考虑到这一名称更好地体现了我们的中心的构成，并因此而使那些虽然没有参加社会党，但承认阶级斗争原则和议会斗争的工会能够加入工会中心。直到目前，只有手套工人加入了工会中心。钻石工人在加入中心大约 3 年之后又退出了，他们试图成立一个新的独立的工会中心。他们没有得到其他大的独立协会的支持，只得到了几个受他们保护的小工会和某些无政府主义小组或"直接行动"拥护者的含混的赞同。我们不对这种态度作评论，但我们相信，工会的统一迟早会实现。

只是为了提醒起见，我们重提一下我们党在圣彼得堡大屠杀周年纪念时组织的示威游行。工人党总委员会出版了关于俄国革命的小册子，在全国各地举行了群众大会和报告会。我们为俄国革命组织募捐，捐款达 1.5 万法郎以上，这对我们来说似乎少了一点。但是，不要忽视这样一个事实，即在最近三年中，在任何情况下，我们的工人协会都被请求提供支援，由于经济纠纷层出不穷，又正值革命运动如火如荼，比利时无产阶级已不得不支出了将近 100 万法郎。

在1904—1907年的立法会议期间,比利时议会讨论了与工人阶级特别有关的四个问题:关于工伤事故的法案;关于星期日休息的法案;关于坎皮纳新矿山的法案;刚果的殖民制度。

在每一次辩论中,议会党团都捍卫了无产阶级的明确要求。关于事故问题,它主要要求远远高于平均工资50%的赔偿费,并就平均工资75%和66%的赔偿费提出修正案。在讨论星期日休息问题时,它要求将尽可能完整的休息制扩大到各类劳动者,考虑到工业的某些技术需要和生产无法中断的情况,它还提出实行补休制。在讨论矿山法案时,斗争达到白热化程度。关于矿山一事提出了地下矿产所有权问题、开采形式问题和成年人劳动管理问题,比利时工人阶级正焦急地等待着这些问题的讨论结果。在所有权问题上,议会党团输给了教权派和自由派保守分子结成的联盟,但是在几位保守的右翼分子的协助下,它成功地保留了一部分新矿产,但是绝大部分已经被交给两类资产阶级的资本家,甚至还交给了一部分议员,这是由政府导演的一次前所未有的丑闻,是议员争抢猎物的厚颜无耻的行为。也是在几位保守的右翼分子的协助下,它还将修正案写进了法律,迫使政府制定劳动规章制度,向矿工发放补助金,在采矿中禁止使用不满14岁的童工,禁止使用女工。关于必须制定劳动规章制度的修正案的通过,甚至导致了内阁危机。人们正拭目以待,看新政府如何行动,是打算在参议院中为整个法案辩解呢,还是协助修改法案。第四个问题始终悬而未决,这就是刚果的殖民制度问题。这是一个严重的国际和国内问题。莱奥波德国王二世作为刚果独立国的君主,剥削这个国家就像剥削他的私人财产一样。他滥用皮鞭,收获非人道的强制劳动创造的果实,并且不顾柏林条约中的明确规定,为其他国家的贸易发展设置严重障碍。莱奥波德二世打算让比利时在刚果继续维持君主专制制度,但是人们已经可以预见到,尽管我国资产阶级有其懦弱性,他的计划也不大可能实现。

自阿姆斯特丹代表大会以来,我们高兴地看到,我们党的**组织工作**有了全面改进。

26个地方联合会享受着一种自治制度,对该制度的补充或修改由总委员会决定。在总委员会中,各地方联合会有自己的代表,他们同全国职业联合会的代表一道,审议一切普遍关心的问题和一般性的策略问题。

我们党的联合制度并不排斥在宣传工作中采取一定的集中。总委员会通过向各地方联合会分发竞选小册子和海报、抨击性文章以及政治或经济方面的宣言在立法选举中发挥作用。

向中央财政机构交纳的会费依然很少,但是必须考虑到每个联合会分摊的负担,而且它们还要担负本身的支出。采取严格核对党员人数的措施已经使总委员会的收入有了相当可观的增加,而许多社会主义小组真正加入党组织将进一步改善这一状况。由工人组织、政治、工会和互助方面的联合会付酬的书记已经有30多人。这些伙伴大多是老工人,他们不仅通过履行行政和宣传职责,而且还通过代理法律顾问之职发挥巨大的作用。比利时工人无产阶级的组织正进入巩固阶段。

从一开始我们就满怀雄心壮志。我们不是停留在一种组织方法上,而是各种方法均采用,于是,我们在三四个点上分头推进,因此各处推进的进度都不一样。但是这样做使我们避免了关于这个方法或那个方法孰优孰劣的徒劳无益的争吵。我们做了工作。我们喜欢行动甚于思辨。我们取得过胜利,也遭受过暂时的挫折,但我们却始终在行动上保持一致。在我们的功劳簿上记载着令人满意的合作业绩和政治业绩。现在,我们正加强工会事业。我们相信,从现在起再过几年,由于我们的努力,再加上从外国同志那里获得的经验,我们在工会方面一定会取得如同在合作和政治方面取得的成就。

我们的策略是拔掉敌人在人类活动的一切领域里的据点,以加强我们的阶级，使它更清醒地意识到自己解放自己的事业。我们自我感觉非常良好。我们希望看到，斯图加特代表大会以其有益的工作在社会主义工人运动中加强国际思想。

比利时工人党书记

乔治·马斯

荷兰社会民主工党的报告

本报告的内容是概述自 1904 年阿姆斯特丹国际代表大会以来荷兰工人运动的发展情况。

在政治方面的主要事件是 1905 年的选举，它导致了教权主义内阁的倒台。这次选举是在对社会民主党人十分不利的情况下进行的。

凯珀教权主义内阁经过通常的四年政府任期以后在工人中声名狼藉，至少大部分工人都有这样一个心愿："打倒凯珀！"劳动者从凯珀首相这个人身上看到了反动派的化身。这个人是在"红色季度"，即 1903 年初上台的。当时，政府在工会运动前进的道路上设置了新的障碍，而且大笔一挥，取消了铁路工人和公用事业工人的罢工权利。工人们把凯珀看做是在 1903 年 4 月间镇压工人为反抗侵害其权利的行为而进行的正义斗争的人，他们欢迎他的倒台，并为此感到松了一口气，这是可以理解的。选举受到了"对立面"（自由—教权派）更大的影响，但选举还不是纯粹的阶级斗争的反映。

社会民主党人获得的选票从 1901 年的 38279 张增加到 1905 年的 65743 张，在第一轮选举没有取得一个席位。9 名社会民主党人经过第二轮投票后有 7 人当选，他们是：西斯泰林韦尔夫的**胡根霍尔茨**、恩斯赫德的**范科尔**、霍赫赞德的**特尔·拉恩**、阿平厄丹的**沙培尔**、弗拉讷克的**塔克**、阿姆斯特丹三区的**特鲁尔斯特拉**和斯霍特兰德的**范德茨瓦格**（他不是党员）。在上届议会中有 8 名社会民主党人。最令人高兴的是，党在大工业城市进步很快。1901 年时，选民中有 12.5% 的人投社会民主党人的票，而到了1905年，这个比例提高到21.2%。尽管有了提高，我们在每9个席位中只取得1个。小工业中心也有进展。在农村的一些地方，选票相对减少。

荷兰社会民主工党拥有：

截至1903年12月31日	支部124个	党员6000人
截至1904年12月31日	支部137个	党员6100人
截至1905年12月31日	支部152个	党员6816人
截至1906年12月31日	支部167个	党员7471人

党在政治领域的影响范围不断扩大。在三十几个市镇议会中都有一个或几个我们的同志。我们通过成立市镇议员联盟在市镇议员之间建立起了联系，该联盟从1907年1月1日开始出版机关刊物《市镇月刊》。

我们利用5个社会民主党妇女宣传俱乐部，尤其是利用它们的机关刊物《无产阶级妇女》月刊在妇女中进行专门宣传。

工人青年有14个荷兰青年男女工人联盟支部，该联盟以同样的名称出版一个机关月刊。

党的报刊有：机关报《人民报》（阿姆斯特丹）和9种周刊：《弗里斯人民报》（吕伐登）；《人民战斗》（格罗宁根）；《新时代报》（恩斯赫德）；《工人》（阿纳姆）；《人民之声》（乌得勒支）；《前哨》（赞丹）；《前进》（鹿特丹）；《开路先锋》（米德尔堡）；《同心同德》（艾恩德霍芬）。

《人民报》每星期日还出版一期讽刺幽默副刊《胡桃夹子》，在我国同类画刊中，它无疑是最好的一种。除党的机关报以外，还有个人出版的社会民主党科学月刊《新时代报》；讨论一般性问题的《纪事周刊》和捍卫宗教社会主义的周刊《快乐世界》。还有大约40种工会期刊。

近几年来,荷兰议会中的社会民主党党团面对资产阶级政党完全保持了自主权。这在凯珀内阁时期容易做到,其政策自1903年以来具有向社会主义挑衅的性质。而在目前的自由派内阁统治下就不那么容易了,它是经过1905年的选举后上台的。由于社会主义选民的支持,当时的第二轮选举有利于自由派,而不利于教权主义反动势力。结果自由派取得45个议席,教权派取得48个议席,这样,社会民主党人就起着举足轻重的作用。

社会民主党党团从一开始就声明它属于反对派,只有当政府的行为值得支持时它才给予支持。因此,他们不得不否决了关于劳动契约的法律草案,因为该草案有损害工会组织的行动自由的规定。社会民主党党团因而成功地阻止了政府利用前任政府提出的草案对国家工人工会和军人工会等的攻击。这样,在每年一度的争取普选权的大规模示威中,可以看到民兵和水兵参加游行,而部长们则就国家职员和工人的工作条件问题分别同他们的工会委员会进行谈判。

在这些活动中,党团最重视加强工人自治组织的问题。它要求国家职工和工人工会要精通服务规则和劳动条例。在其他方面,它实行的策略与阶级斗争已渗入议会的那些国家的社会民主党的策略一样。

1903年的总罢工彻底失败以后,荷兰的运动经过了若干年才摆脱了这一打击,最近才在全国范围内出现了有益的觉醒。不论从人数上还是从内部团结上,人们到处可以看到组织力量的增长。事实告诉我们,工会运动所遭受的巨大不幸是无政府主义,它带给工人的是口号而不是力量,是空话而不是领导。荷兰无政府主义的另一种表现形式是工联主义,长期以来,它把全国工人书记处看做其堡垒。这个组织被越来越多的工会遗弃,最后变成一些势单力薄的无政府主义组织和集团。从那时起，一个新的强大的总工会组织成立了。

1906 年 1 月 1 日开始工作的**荷兰工会联盟**目前包括 18 个全国性组织和大约 28400 名成员。只用一年时间，这个组织的力量就超过了全国工人书记处。通过这个联盟，工会运动目前与工人政治组织和我们党保持着经常的联系。在**荷兰工会联盟**、社会民主工党中央委员会、社会民主工党议会党团和党的正式机关报《人民报》编辑部中举办了一些报告会。这样，互相合作就使各个方面采取经过深思熟虑的协调一致的行动成为可能。

在过去从未开展过运动的地方和行业，我们现在发现工人们活跃起来了。在工业很发达但无产阶级士气低落、没有活力的城市莱顿，木工们举行了罢工，他们坚持斗争达数月之久，使整个荷兰工人阶级感到惊讶和佩服。工作条件恶劣、至今还不喜欢组织起来的农业工人在北方一些市镇举行了罢工并取得胜利，这对其他阶层也产生了影响。在赖森的黄麻行业中，工资低得可怜，家庭生产的残酷剥削和肺痨共同肆虐，疲惫不堪的无产阶级奋起反抗。通过披露无产阶级的状况，这一斗争在全国上下引起了愤怒的声讨，至今还没有结束。

另一方面，工人运动的兴起也使老板们结成了强大的联盟。莱顿和赖森是老板们粗暴地、厚颜无耻地拒绝改善任何工作条件的典型。在恩斯赫德，老板组织解雇了 7000 名男女工人，因为 30 名具有无政府主义倾向的工人不受任何组织的约束，自作主张，打算举行一次直接行动式的罢工。这是无政府主义最新发明的斗争方法，它像所有破坏性方法一样，在这里受到了无政府主义者的欢迎。因此这次罢工擦亮了特温特省很多工人的眼睛，极大地巩固了加入荷兰工会联盟的"同心同德"组织。

我们有理由这样说，荷兰的工会运动纠正了过去的错误，经过净化和巩固后，正进入一个大发展的时期，朝着光明的未来前进。

这一时期，**合作运动**缓慢而稳步地发展了，按照主管官员的看法，发展的步子太慢，因为他们的眼睛总盯着其他国家。工人合作社由22个增加到29个，它们将一部分利润用于工人的政治斗争和经济斗争。绝大部分合作社加入了"荷兰合作同盟"。该同盟于1905年同资产阶级合作社"自助社"分裂，从此成为合作社的自治的和中立的联合会，其主要目的是从事集体购买。它的年营业额是150万盾，大约为315万法郎。同盟经营自己的肥皂厂，出版一个月刊。加入该同盟的组织大约有90个。

长期以来，无政府主义对五一节和工会运动都产生了影响。他们不去阐明引起示威的国际要求，而是为各种各样的事情举行游行。这一段时间他们的口号是："为了总罢工"，而没有其他更明确的目标。无政府主义在工会中的衰落使得国际的口号"合法的八小时工作日"以及国内要求"普选权"的呼声重新响亮起来。

为了这一改革，人们每年都举行示威，示威越来越具有无产阶级性质。资产阶级妇女组织不愿再加入"争取普选权委员会"，而资产阶级中拥护普选权的人又拒绝参加全国性示威，于是该委员会的阶级性质越来越浓厚。由于成立了一个争取普选权的资产阶级委员会，这一进程进一步加快了。这个委员会的第一条宗旨是不接纳社会民主党成员。

尽管资产阶级分子退缩不前，每年仍有数千人加入工人大军。1905年有470个团体，到了1906年有670个，代表着3.6万名工会会员和1.7万名其他组织（其中有社会民主工党）的成员和6800名合作社社员。

这一生机勃勃的运动增强了它对各种政党的影响，它们不得不重视选举权问题。内阁在其纲领中加上了"空白条款"，这就是说，它接受删去宪法中一切禁止给予普选权的障碍。

某些同志更潜心于理论工作，但他们批评实际政策中这种或那种问题的方式在党内造成了一种令人不快的状况，这种状况威胁着我们的团结和影响力。因此，在1906年举行的乌得勒支代表大会通过了如下决议：

"鉴于多年来人们发现党内存在着这样一种现象，即某些同志不断遭到其他同志提出的诸如原则性不强、机会主义、修正主义等责难，这些人自以为有特殊的权力和义务使党免于'软弱'，即背离坚定的原则路线等；

鉴于这个现象已经造成对立，其表现为有关的同志也反唇相讥；

鉴于这一切使党的统一不可避免地受到威胁；

社会民主工党代表大会对滥用批评自由的现象表示遗憾，虽然这种自由在我们党内是无可争议的；

要求所有同志必须在切记维护各自的尊严和党的统一的限度内进行批评；

从现在做起。"

有关同志错误地认为该决议否定了批评的权利，因此拒绝参与政治工作，拒绝参加由党中央任命的委员会，这个委员会的任务是帮助党中央制定党纲和在必要时提出修改意见。这种修改意见在海牙代表大会（1905年）上已经表决过，其中对党中央来说，最迫切的是从根本纲领中删掉被认为是模糊不清的观点，尤其是要强化我们对自由民主党人的态度。

由于许多原因，党内分歧越来越尖锐。前面讲到的同志把党分为马克思主义者和修正主义者，这进一步使形势恶化。他们认为应当说明对立的真相，因此不断对党的领导机关提出批评。对领导机关的指责主要是它背离了阶级斗争原则，采取了一种与资产阶级亲近的策略。

党中央认为，必须使这些同志在最近一次代表大会上为这些指责提出证据。

结果，哈勒姆代表大会（1907年）以226票赞成、11票反对、14票弃权通过了如下决议：

"经过听取关于某些同志指责领导机关和党内多数人背离了反对资产阶级的斗争策略的辩论以后，

鉴于提出指责的人未能就此提供证据；

代表大会拒绝这一指责；

认为将党划分为两派，一派能正确地理解社会民主党的理论和策略，而另一派偏向资产阶级一边，是不正确的。

代表大会表示完全信任党的领导机关的卓越的社会民主党的观点，并基本赞成至今所采取的策略。

最后，代表大会号召全体党员发扬社会民主党的觉悟，在反对资本主义的总斗争中，在同志式的和相互信任的气氛中同心协力地工作。"

在对决议进行表决之前，有关同志已经声明他们将服从代表大会的决议，以后进行批评时，他们将在更大程度上以党的利益为重。另外，代表大会还一致通过了一项决议，决议重申批评自由无可争议。

这次代表大会的结果受到了各方面的欢迎，被认为是新行动和新宣传的开端。

指导委员会请求成立党纲起草委员会的决议案被代表大会批准。指导委员会受命将前一年拒绝加入该委员会的党员补充进去。由于指导委员会对组织和行动的情况进行了调查（所有支部都参加了这一工作），我们获得了很完整的材料，这将巩固党的组织。

因此，国际社会民主党的荷兰一翼不论在内部力量方面，还是在对整个工人运动的影响方面，都在不断地、实实在在地进步。在各届政府的统治下，面对各资产阶级政党，它始终在完全自主中巩固自身。它始终关注工人阶级。它的目标过去是、将来也永远是为这个阶级争取改革——改革将为劳动者带来更大的幸福和更多的好处——和与国际社会民主党在原则和策略上保持完全一致。

代表荷兰社会民主工党指导委员会

W. H. 弗利根（主席）

J. 范奎科夫（书记）

英国全国支部的总报告

根据参加 1904 年阿姆斯特丹国际代表大会的英国支部的决定，参加这次代表大会的各组织的代表于 1905 年 4 月在伦敦举行了会议。在这次会议上，决定成立英国委员会，其任务是处理所有涉及国际代表大会以及一切与此有关的事宜。

英国支部最后于 1905 年 7 月成立。支部包括社会民主联盟、独立工党、工人代表委员会（现称"工党"）、费边社、码头工人联合会、煤气工人联合会和冶金工人联合会的代表。英国驻布鲁塞尔国际局的两位代表在英国支部中任助理之职。

从此，支部正式成为英国社会主义组织与布鲁塞尔国际局之间的桥梁。

作为桥梁，支部参与确定了国际局的会议日期，向英国代表发布指示。

1906 年 8 月，支部就俄国第一届杜马被解散一事发表宣言，号召人们支持俄国的运动。募捐到的款项已寄给设在布鲁塞尔的国际局。

支部将在英国审议决定参加斯图加特代表大会的英国代表的权限。

本报告之后附有关于加入支部的各组织的工作报告。

英国全国支部名誉书记

J. 格林

1907 年 6 月

社会民主联盟

自 1904 年国际社会党代表大会在阿姆斯特丹召开以来，**社会民主联盟**孜孜不倦地在英国从事社会主义的宣传和组织工作。新成立了一些支部，一些新的小组加入了我们的组织，目前这类组织已经达到 194 个。在南非的开普敦、德班和莱迪史密斯有 3 个支部。每周举行的群众宣传大会的次数都在增加。我们的困难不在于组织群众大会，而在于无法找到足够多的演讲人，以满足日益增长的需求。

自从上一届国际代表大会召开以来，在各种地方性选举中参加竞选的盟员共获 166440 张选票，赢得了 76 个席位，失去 10 个席位。在上一次市政选举，主要是伦敦市政选举中，最大的特点是两个资产阶级政党表现出来的联合力量。出现了对抗社会主义者的强烈倾向，结果使我们平常所获选票的数量减少，使我们遭受了某些令人遗憾的损失。但是，两个阵营的反动派使出浑身解数攻击我们已司空见惯，我们不相信他们在今年 11 月还能成功地争取到那些冷漠的选民来反对我们。

由于在联合王国议会的选举斗争耗资惊人，我们无力在 1906 年的大选中争取获得 8 个以上的席位。我们的盟员获得的选票总数为 29810 张，威尔·索恩同志在西南阿姆当选。拿这一数字同我们联盟的候选人在以前的斗争中所获得的选票相比，可以看出有很大的增长。同样，每位候选人平均获得的选票也比过去多。

1895 年，我们提出 4 位候选人，获得选票 3730 张，平均每人 932 张。1900 年，我们的两位候选人获选票 6903 张。这一次，我们的斗争矛头直指保守党人。1906 年社会民主联盟的盟员获选票 29810 张，平均每人 3726 张，尽管只有威尔·索恩同志没有受到三方之争的冲击。我们为海德门同志未能为社会民主主义赢得伯尼的选举胜利而深感惋惜，更何况他差一点就可以赢得这一席位。

议会选举使我们受益匪浅。选举证明了社会党或工党的候选人同资产阶级政党代表之间的三方斗争并不像我们当中有些人所想象的那样令人失望。我们所取得的成就，以及工党的同事 G. N. 巴恩斯在格拉斯哥和 F. W. 福韦特在布拉德福德的胜利都无可争辩地证明了这一点。

选举带来的另一个重要的、富有特色的现象是，在相同或相似的条件下，以社会主义者的公开身份在各个区露面的社会党候选人和那些只以工人代表的身份露面的人相比，获得的选票不相上下。

关于由国家抚养儿童和失业工人的问题特别引起我们的关注。近年来，公众对体质下降的问题非常关心，我们社会主义者不断指出，当儿童饥肠辘辘时，向他们的大脑灌输知识是荒谬的、无益的，人们开始普遍认识到我们的说法是合情合理的。特别是当各种**教育法案**（其实这些法案同教育几乎毫不相干）被提交下院审议时，全国上下举行了群众集会。1905 年 1 月，社会民主联盟与工联议会委员会和工联伦敦理事会一道，在伦敦市政厅召开了一次引人注目的工会和社会主义小组代表会议。

在这次会议上，到会的 250 位代表以压倒性多数通过了儿童完全由国家抚养的原则。在这样一个实行妥协的典型国家里，没有什么比这一现象能更好地说明为最激进的措施进行宣传的必要性，即只要为某一个过激的建议辩护，就可以使一项不太激进的措施得人心。

同儿童应当由国家抚养的思想相比，我们提出的儿童应当完全由国家抚养的要求又前进了一大步——大家都承认，国家和父母一样，对抚养国家未来的公民负有责任。

关于失业工人问题，我们既由自己、也和工会一起，进行了一次强有力的鼓动，目的在于支持把失业工人组织起来、让他们去从事农业和公益事业的建议。1904 年，我们要求议会召开一次秋季特别会议，这个要求得到了很多地方当局的赞同，它们认识到，在它们为失业工人采取某些局部措施的同时，迫切需要采取任何形式的全国行动。

失业工人法尽管还有许多不尽如人意的地方，但它毕竟是在社会主义者为失业工人问题进行鼓动之后才制定的。这和**关于为儿童提供膳食的法律**的情形一样，这条法律也是在社会主义者进行鼓动，要求国家抚养儿童之后制定的。

社会民主联盟竭尽全力执行国际代表大会和国际执行局关于庆祝五一节和组织群众集会声援俄国兄弟的指示。通过威尔·索恩同志的行动，我们施加了巨大的影响，阻止了英国舰队访问喀琅施塔得。如果我们的帝国主义自由派外交大臣爱德华·格雷爵士能随心所欲，这次访问恐怕早已成行了。最近，又有传闻说要进行类似的访问，我们的同事索恩向政府提出质询，政府很快便否认派英国舰队去俄国的打算。但是，我们知道，爱德华·格雷爵士迫切希望同俄国沙皇政府达成谅解，我国自由党政府对这个世界上从未见过的最凶恶、最残暴的专制政府采取的友好政策表明应当如何评价亨利·坎贝尔-班纳曼爵士的著名宣言："杜马已死：杜马万岁！"因此，我们为能给予参加伦敦代表大会的俄国同志一些帮助而感到由衷的高兴。

去年当朴次茅斯海军发生骚乱时，汽车司机穆迪被判处五年监禁。我们利用这一骇人听闻的判决进行了一次鼓动，要求在和平时期取消军事法庭；陆军大臣霍尔丹先生提出的军队改革的建议使我们有机会再次起来行动，要求废除战争法，用民兵和义务军事教育代替目前的常备军。霍尔丹先生企图在保存自愿招募制度的同时，使非正规部队也军事化，但他预先已注定要遭到失败。不过，这一失败为在我国实行征兵制扫清了道路。我们欧洲大陆的朋友们都非常清楚实行征兵制的弊端，但唯一能够反对征兵制的措施是实行普遍的军事教育，废除战争法。

根据我们的建议，威尔·索恩就霍尔丹先生的军事草案提出一系列旨在建立全国民兵的修正案。主要修正案没有受到重视，理由是它可能完全改变陆军大臣提出的军队改革方案的基础。

我们认为有必要在此就社会主义者的统一和我们同工党的关系问题讲几句话。社会民主联盟在最近10年中竭尽全力，以便促成我国社会主义力量的统一。自阿姆斯特丹代表大会以来，就独立工党而言，当我们每次向它提出社会主义者的统一问题时，它总是说："你们加入工人代表委员会吧，这样就会实现社会主义者的统一。"为此，我们认为有必要在此阐述一下为什么我们认为不能以这种方式实现社会主义者的统一，为什么我们作为组织拒绝重新加入工党。

尽管某些最积极的工会会员是工党成员，尽管工党在下院的某些杰出的代表是社会主义者，但是，工党不是一个社会党。加入这样一个仅仅是独立于英国现存各政党之外的、一个拒绝制定任何纲领、一个其成员中有非社会主义者、一个既不赞成将义务教育的年限提高到16岁的方案、又不赞成八小时工作日、也不赞成世俗教育的政党，我们认为不能作为建立统一的社会党的基础。

现在，让我们来看一看与工党本身有关的事情。

尽管劳动者由于越来越希望独立于资产阶级政党而以他们的政治表达方式表现出对工党的最友好的态度——这同过去有组织的劳动者对政治的态度相比是一个巨大的进步，但是我们认为，社会民主联盟还是作为一个组织留在该党之外为好。我们相信，如果加入该党，就会使我们转而支持那些我们作为社会主义者本来应该反对的人和措施。从这一观点出发，经常有人提出异议说，假如我们能在该党内部、而不是在该党外部发表我们认为必要的批评意见的话，那么，我们就可以对该党的政策施加更大的影响。我们不愿意在一个有许多非社会主义者的团体中，在原则问题或重大问题上冒沦为社会主义少数派的危险，因为这样一来，我们的同事们所持的真理总是掌握在多数人手中的观点会迫使我们接受那些违背我们的观念或违背我们作为社会主义者的责任的决定。我们可以举出一些例子来说明，我们在工党外部公开提出友善的批评，其效果比我们在该党内部提出批评或将其交付表决所产生的效果要大得多。

妥协倾向——这一直是英国政治生活中特有的现象——使这里比其他任何地方都更要求社会主义者不断针对一切具有一定社会意义或政治意义的问题作出夸张的批评。

我们看到，经过多年的工作和鼓动，我们提出的许多要求已经家喻户晓，并被别人接受；虽然社会主义的**词句**一直保留着，但我们始终担心失去**社会主义精神**，因为只有社会主义精神才能使各项措施有利于工人阶级。作为英国资格最老的社会主义组织，我们认为，我们只做对岛内国际社会主义民主事业最有利的事情，一贯坚定地将社会主义置于一切政治利益和机会主义之上，同时不错过积极参加全体人民政治生活的一切机会。我们时刻不忘，我们有义务用我们的忠告和影响来指引工人向社会主义目标前进，而不偏离工人的行动和愿望，尽管我们发现，他们的行动和愿望与其他国家的劳动者相比显得有些落后。

社会民主联盟执行委员会

亨·威·李（书记）

独立工党

独立工党作为英国的全国性组织成立于1893年1月。在1904年阿姆斯特丹国际代表大会召开时期，工党有250个地方支部，1名议会代表，在英国地方行政机构中有300名代表。

从那时起，工党取得了很大进步。目前，它有7名议员，845名地方行政机构的代表和将近600个活跃的支部。

成立了1个宣传部，《劳工导报》周刊成为党的正式机关报。

同一时期，收入和支出按比例增长。

独立工党中央局的收入与支出

年份	收入	支出
1904—1905	1303英镑（32550法郎）	1087英镑（27175法郎）
1905—1906	4253英镑（106425法郎）	4469英镑（111722法郎）
1906—1907	9220英镑（230700法郎）	7000英镑（175000法郎）

这些数字只列出了党的中央局收入和支出的款项，它既不包括党的正式机构也不包括支部的收入与支出。

独立工党和工党（以前称为工人代表委员会）自从后者于1900年成立以来就结成了同盟。

工党有30名党员进入了下议院，其中詹·拉姆赛·麦克唐纳、詹·基尔·哈第、菲力浦·斯诺登、约·罗·克林兹、弗·威·乔伊特、詹姆斯·派克和T.萨默贝尔是独立工党的正式候选人。

另外，还有好几名在议会中代表工党的议员属于独立工党，尽管他们是由工联提出的候选人。

下面，我们列出近两年与议会竞选基金有关的数字：

年份	收入	支出
1905—1906	2369英镑（59225法郎）	2748英镑（68700法郎）
1906—1907	3165英镑（79125法郎）	3448英镑（86200法郎）

下面是独立工党党员参加英国地方行政机构的情况：

郡议会议员	23
镇议会议员	242
市议会议员	170
乡村议会议员	25
济贫法监察员委员会委员	241
教区委员会委员	102
教育委员会委员	22
民选审计员	20
总计：	845

经过与费边社达成一致意见后，独立工党拥有一个情报局，负责向党员和其他有此要求的人提供有关地方行政机构的情况和其他资料。

独立工党宣传部负责出版宣传书籍、小册子和宣言，销售量的增长情况如下：

1904—1905 年	650 英镑（14000 法郎）
1905—1906 年	1202 英镑（30050 法郎）
1906—1907 年	2230 英镑（55750 法郎）

去年一年就发行了 18 种新的小册子，100 多万份宣言，两卷新《社会主义丛书》。

我们的《社会主义丛书》出版的成功促使好几位个体出版商仿效我们的做法，因此，现在关于社会主义和社会改革的廉价书籍有好几种版本。

在党的各支部的支持下，每年都要在很多城市举行大约 6.5 万次集会。各支部除了在当地或其他地方举行集会以外,还在市场设书摊,出售宣传出版物,这被公认为是最佳宣传方法之一。

为使组织工作更行之有效,我们成立了组织部和区委员会。上一届党代表大会批准了让我们的男女同志当宣传员的计划。这些同志将由各区委员会雇用,但需经全国行政委员会批准,并由它提供资助。根据这个计划,1907年6月1日,15位宣传员领取了薪水,这个数字还将增加。

在过去3年中,我们党一直非常关心维护失业工人利益的运动。在全国议会和市议会中,我们的议员为维护劳工的权利发表了义正词严的演说。今年,党代表大会一致通过了如下决议:

"代表大会满意地获悉,工党将向议会提交一项保**证劳工权利**的法律草案;代表大会表示希望,尽可能努力使该草案获得通过,同时代表大会宣布,赞成建立一个有健全的组织、经费充足的全国性机构,以便能够全面地解决失业问题,使每个劳动者都有一份有益的、可以让人生活下去的工作,采用一切被认为必要的方法培训劳动者,使他们能从事耕作或其他任何形式的田间劳动。"

为儿童提供膳食,还有其他措施,更得到了我们党的议员的支持和全国各支部所进行的宣传鼓动的支持。

自从阿姆斯特丹代表大会以来,妇女解放运动在英国有了发展。独立工党的党员积极参加了这一运动。我们认为这个运动已经取得了一个稳固的阵地,废除妇女无合法资格的状态只不过是一个时间问题而已。

在结束本报告时,有必要指出,独立工党认为,独立工党维护它的现有组织、它的目标和它的政策对于英国社会主义和劳工的利益来说是至关重要的。

弗朗西斯·约翰逊(书记)
英国伦敦弗利特街布里奇巷23号

费边社（F. S.）

英国特殊的政治历史产生了一种社会主义形式，也产生了一个体现这种形式的社团，这在其他任何国家里都是找不到类似情况的。

我国古老的政治自由（尽管它是不完善的）和现代工业在这个国家的过早发展，导致了纯粹的工人阶级组织，尤其是合作社和工会的出现，甚至还通过把它们的领导人送入议会的办法，为这些组织争得了一定的直接政治权力。早在来自德国的现代社会主义思想渗透到工人阶级领袖的头脑中之前，这些组织已经获得了巨大的发展。顺便说一句，自从欧文的试验失败以后，工人阶级的领袖们就已完全堕落成反动派。因此，在整个欧洲大陆，当工人阶级通过社会主义步入政治舞台，并且把社会主义作为它的第一个政治表达方式时，社会主义在英国已经遇到而且正在遇到强劲的对手，他们当中不仅有资本家和贵族，而且还有工人阶级的政客，纯粹的工人阶级组织的领导人，这些人都有极高的阶级觉悟，但他们根本不赞成社会主义。

如果说工人阶级在这个问题上有意见分歧，那么自由派政治家，甚至保守派人士也是如此。最近出版了两部热情捍卫社会主义主张的佳作，一部是帕丁顿的自由派议员 M. L. 奇奥萨·莫尼写的；另一部是德高望重的约翰·格特爵士写的，直到大约一年前，他还是剑桥大学的托利党代表。

由此可见，费边社作为最初为了进行教育和宣传而组织起来的社会主义者团体，至今仍明确拒绝采取任何使其成员受到约束的政治态度，它不仅从它成立之日（1884年——这个日子比英国现存的其他纯粹的社会主义团体成立的日期都早）起就站住了脚，而且它的人数、影响和活动都扩大得很迅速。既然社会主义已经成为政治生活中的一个因素，没有任何迹象表明费边社已失去作用。

费边社的伟大使命，首先是教育其社员，然后再教育其他人。正如最近一位新入社、但最知名的社员所说，社会主义已不像25年前和随后一段时期那样表现为一部新约全书，费边社对此感到满意。社会主义是一种发展变化着的信念，它随着我们对为达到目的应该做些什么的认识越来越清楚而逐步变化，随着我们对理想社会可能变成什么样子的认识、对我们正在进行的经济改革应当带来的社会形态变化的认识越来越彻底而逐步发展。

在英国，要想说明以费边社为代表的社会主义的历史和进步如何体现在社会主义思想的逐步发展及在特殊问题上运用社会主义所取得的具体成果上，那么，最好是以社员人数的统计结果或选举获胜的记录为例。

我们的社员在其他政党的支持下参加了政治斗争。费边社参与了工党1900年的建党活动，目前工党的下院主席、执行委员会主席和其他3名工党议员都是费边社的社员，而4名作为自由派当选的下院议员也列在费边社社员的名单上。关于这最后一件事有必要指出，如果不接受对社会主义的广泛的、但是有力的阐述这一基础，而只是公布其姓名作为入社的申请，那么任何人都不能加入费边社。

由于不是一个政党，费边社可以站在纯粹的社会主义的立场上批评其他政党，检验它们的主张。它不必担心选举结果如何，它可以在对一般政治问题发表看法以前，有充分的时间进行思考。我们打定主意，只根据社会主义的原则对事情作出决定，而不考虑这个决定是否会损害我们的朋友或敌人，但是这常常使我们同那些在政治上容易感情冲动、事先没有时间研究指导行动的原则，而在行动过程中作出决定的人发生冲突。

费边社的特点是中产阶级占多数。工人阶级一贯受欢迎，而且相当一部分社员是工会领导人和其他劳动者。不过,领导人和多数社员以及各种方法总是来自中产阶级,而且我们从未打算改变这一状况。事实上,这个组织的目的是使无产阶级掌握社会上层的教育和行政管理知识。

为了评价英国的阶级问题,必须始终记住,长子继承权的制定使英国阶级的区分远远不如德国明显。

英国贵族的次子是平民,经过1—2代以后,他们便完全成为中产阶级。在英国,没有哪一个阶级不希望攀龙附凤,不管它多么贫困;也没有哪一个再高贵无比的阶级,人们不能以金钱的力量跻身于其中。如果在一个国家里,无产阶级要求平等,并且与要求特权的贵族阶级进行斗争;那么,从实用政治计划的角度看,与这个国家相比,一个全体人民都有社会要求的国家可能更民主些。

工党在1906年大选中出人意料而富有戏剧性的成就以及自由主义在长期处于地主和教会影响之下的选区的胜利导致了政治上的普遍觉醒,尤其是引起了对社会主义的极大兴趣和理解其意义的努力。至于费边社,这个运动从它的社员M.赫·乔·威尔斯的活动中得到了极大的帮助。近两年来,他把自己的全部心血都投入到对费边社的事业的深入研究中。在他的拥有众多读者的著作中,他尽可能深入地探索社会主义思想的真正意义和从中得出的结论。

由此而产生的国际讨论以及上面提到的国民觉醒使费边社得到飞速发展。

费边社的社员人数同法国和德国的大组织相比可能少得可怜,原因是费边社不像其他团体那样招收社员。只有那些愿意成为积极的宣传员或者愿意直接帮助费边社的人才能成为它的社员。总而言之,费边社是为社会主义而不是为费边社的发展而努力。它认为有必要迫使资本家政府接受它提出的措施,直到社会主义者在议会中占多数为止。

社员人数从1904年的730人增加到大约1400人,收入从1167英镑（29175法郎）增长到1320英镑（33000法郎）。

这一增长并非只出现在伦敦。

在外地的某些城市，像格拉斯哥和曼彻斯特，增长尤为明显。但是最为重要而又具有特点的事件可能还要数运动在各大学的普及。英国大学的学生仍然以富裕家庭和贵族家庭的子女为主。由于费边社主要在资产阶级中间招收社员，因此，它非常重视对中产阶级的组织工作，并将中产阶级的转变和合作视为社会主义政治必不可少的一个部分。

费边社最重要的使命，过去是、现在仍然是将理论上的社会主义变成实际的法律主张或行政方案，并尽力使现政府采纳这些主张和方案，或者使反对党提出这些主张和方案。费边社的工作既是为保守党、也是为自由党和工党服务的。

代表大会的代表们可能有兴趣知道，国际社会党人苏黎世代表大会英国支部书记、多年来在英国社会主义运动中占有杰出地位的费边社社员悉尼·奥利维尔被任命为牙买加总督，这是殖民地系统最重要的职位之一，付给他的薪水高于大多数英国内阁大臣。这个职位由于最近的地震所带来的国际困难而出现空缺，他专门被挑选来顶替这个空缺。挑选比较年轻的人出任这一职务在英国报界引起极好的反响。

工 党

（工人代表委员会）

党员人数

自从工人代表委员会出席了阿姆斯特丹代表大会以后，组织名称已改为工党（L.P.），下面的一览表以数字说明了工党自1900年成立以来的情况：

年份	工会		工会联盟	社会主义团体		总计
	小组	会员	小组	小组	会员	
1900—1901	41	353070	7	3	22861	375931
1901—1902	65	455450	21	2	13861	469311
1902—1903	127	847315	49	2	13853	861150
1903—1904	165	956025	76	2	13775	969800
1904—1905	158	885270	73	2	14730	900000
1905—1906	158	904496	73	2	16784	921280
1906—1907	174	974504	83	2	20885	997665*

* 总数中包括2271位合作社社员。

组 织

由于本组织属联合会性质，所以执行委员会由参加每年举行的代表大会的各支部任命，而不是由全体代表投票选举。本党由工会、社会主义团体、地方工人协会和合作社组成。

议会基金

由于英国下院议员没有薪金，本党设立了一笔基金，用以保证本党议员的物质生活。这项基金于1903年设立，加入党的所有团体应按每个党员每年1个便士的比例向该基金交纳份额。

该基金的收入情况如下：

1903 年	2260 英镑（56500 法郎）
1905 年①	4536 英镑（113400 法郎），包括 1903 年的欠款
1905 年	4119 英镑（102975 法郎）
1906 年	4491 英镑（112275 法郎）

除了向候选人提供约 2500 英镑（62500 法郎）以帮助他们支付竞选费用外，还向在议会中占有席位的本党党员支付薪金如下：

1904 年	400 英镑（10000 法郎）
1905 年	800 英镑（20000 法郎）
1906 年	6633 英镑（165525 法郎）

今年，由于我党在大选中又赢得了几个席位，在贝尔法斯特（爱尔兰）举行的年会决定，将份额由每个党员每年 1 个便士增加到 2 个便士。

议会工作

在 1900 年的选举中，工党提出了 15 位候选人，共获选票 62698 张，但只有两位党员进入议会。经过附加选举，这个数字增加了 1 倍。在 1906 年的大选中，工党提出 50 位候选人，获选票总数为 323195 张，有 30 人当选。

议员詹·基尔·哈第去年被任命为党的主席，他的任期由本届议会会议一致决定延长一届。议员 D. F. 沙克尔顿任副主席。议员詹·拉姆

---

① 原文如此，似应为 1904 年。——译者注

赛·麦克唐纳任书记，议员阿瑟·亨德森和议员 G.U. 罗伯特为"**鞭子**"①。

工党 1906 年在议会中最重要的工作，是制定在产业纠纷中向工会提供担保和使工会财务机构免受雇主侵害的法律。当政府提出一些不那么令人满意的措施的时候，工党就为此提出一些法案，并通过自己的影响，成功地修正了政府的方案，使之符合有组织的劳动者的要求。

工党成功地提出的另一项法案将开辟必要的财源以便向英格兰和威尔士的贫困学生提供膳食。为了扩大工伤事故法的法律效力而进行的努力也取得了成就。我们很关心许多有关议会的程序和规章的问题。许多党员就国家造船厂中如何遵守工会的条件问题提出的决议案得到了政府的采纳。围绕养老金、妇女解放、发生纠纷时解雇工人、工厂视察、对土著居民的待遇、中国劳工等问题进行了讨论。

在 1906 年的议会会议上，工党就下列问题正式提出了法案：在矿山实行八小时工作日，将上面提到的向学生提供膳食的法律扩大到苏格兰，原料和钢厂及水泥厂制品的度量衡问题，某些劳动强度大的行业的工作条件等。工党还将提出下列决议案供下院考虑：使地方当局有权获得耕地，缩短工作日，铁路国有化，每周最低工资 30 先令（37.5 法郎）和提高儿童退学的年龄。

委员会

---

① 每次议会讨论重要问题或进行重要投票时，负责召集本党全体议员的代表被称为"鞭子"。

丹麦社会民主联盟的报告

本报告是关于丹麦社会主义运动的总的政治概述,是对提交给阿姆斯特丹国际社会党代表大会(1904年)以及前几次会议的报告的补充。为了更好地理解本报告,必须首先回忆一下,我们的既是政治性的又是职业性的组织以同样的名义组成了**国家的社会民主党**,它们并不是代表两条不同的路线。它们共同形成了**丹麦社会民主党这个整体**。它们在阶级斗争中虽然各有自己的任务,但在行会和政治领域它们始终采取一致行动。因此,丹麦社会民主党是一个**统一体**,像给阿姆斯特丹代表大会的报告(见书记处记录第256页)中所说的那样,只将加入了政治组织的成员算做社会党的成员是不大正确的。

其实,丹麦社会民主党的统一之所以能够实现,是因为每当需要协作时,分属两种组织形式的成员都参加了党的共同行动,不管是政治行动还是行会行动。为了今后真正实现统一,政治组织的总委员会向行会组织的总委员会选送了两名委员,同样,后者也向前者派驻了两名委员。

政治组织目前有支部230个,交纳会费的成员约3.5万人。至于行会组织,则有大批地方支部分布在全国各地,除了28个分离出去的组织以外,它们属于某些城市、尤其是哥本哈根的一些不太重要的行业。行会组织总共有成员9.9万人。由于大部分人同时在行会组织和政治组织中登记过,所以难以确定加入社会民主党的人数,不过说它有12万人大概不会有多大出入。

自阿姆斯特丹代表大会以来，两个立法院（即**福克庭**，或人民院和**兰德斯庭**，或参议院）都进行了选举。在1906年5月29日进行的福克庭选举中，我们成功地将我们在福克庭中的16名代表增加到24名。为了这次选举，我们在总数为114个选区中的62个选区里提出了候选人。我们在这一斗争中赢得了7.7万张选票。

在1906年9月进行的兰德斯庭选举中，我们党有4位候选人顺利过关，而在这以前，我们在兰德斯庭中只有1位议员。这样，社会民主党在丹麦议会中的议员人数增加到28人。就选举方式而言，福克庭的原则是废除任何选举纳税额的普选原则。然而，只有年满30岁的男子才有选举权，而那些从公共救济机关获得救济的人则没有选举权。选举是直接选举，投票在各选区以无记名方式进行，每个选区只选出一名福克庭议员。福克庭总共有114个席位。

至于**兰德斯庭**（参议院），选举是**间接选举**，按选区进行，但这种选区比福克庭议员的选区大得多。先在各选区选出选举人，再由选举人按比例选举制选出兰德斯庭议员。同人民院的选举一样，半数享有直接选举权的选举人经普选产生，另外半数选举人由特殊的大纳税人阶级选出，他们所缴纳的选举纳税额因地区不同而有所区别。兰德斯庭有66位议员，其中12位由政府任命，其余的（54人）每四年改选一半。因此，兰德斯庭是每八年选举一次，福克庭每三年选举一次。

自阿姆斯特丹代表大会以来，还在城市和乡村进行了市镇选举。社会民主党在市镇选举中同样也取得了巨大的进展。在50个城市，我们有450位同志成功地进入了市的行政机构或其他市政部门。同样，经过我们的努力，在120个乡镇中，我们有大约400位同志被任命担任行政职务和其他重要职务。至此，我们党在各级市镇机构中有大约850名代表。

自1904年以来，我们的报刊有了显著的发展。目前，我们党出版

25种日报，发行量达9.7万份。其中，我们的主要机关报《社会民主党人》每天发行5.5万份。另外，党还出版两种周刊。

就我们在议会中的工作来说，我们成功地使一项法案获得通过，根据这一法案，国家和市镇必须向那些旨在帮助非自愿失业者的工人组织提供资助。我们党进入议会20年来，为实现这一务必成功的事业进行了不懈的斗争。为了使这些资助能够发挥效用，有关组织必须完全由领取工资者组成。一部分由国家提供、另一部分由市镇提供的资助可能达到当事人所交纳的会费的数目。

尽管我们在一切议会会议上不断提出法案，要求将八小时工作日规定为普遍的准则，但是，我们在这方面的努力还没有取得任何结果。尽管如此，实行正常工作日的单位已日益增多。在大部分市政工程和一部分私人企业中已经实行正常工作日。我们举行的五一节示威游行的同情者和参加者每年都在增加。

关于合作企业，我们党除了报刊业以外，还在哥本哈根拥有一家面包厂、一家肉铺和一家啤酒馆，它们的年营业额是170万丹麦克朗①。在前几次选举中，我们的合作社捐款6000克朗支持鼓动活动。在失业期间，合作面包厂向失业者免费分发面包。

丹麦社会民主党正是这样在国际社会主义的基础上，同各国有组织的劳动者阶级一致行动的。我们的目的是推翻资本主义统治和建立在国际主义原则基础上的社会秩序。在朝此目标前进的工作中，我们应该争取获得巨大的进步。

丹麦社会民主联盟主席

彼·克努森

---

① 1丹麦克朗等于1.40法郎。

关于丹麦工会运动的报告

失业问题是行会联合会一直关心的问题之一。事实也确实如此，失业率的高低主要取决于我们为增加工资和改善一般劳动条件而作出的努力。不过，若干年来，人们满意地注意到，丹麦的失业人数明显减少。1902年12月31日，行业组织的失业工人为20155人，而到了1906年12月31日，失业工人仅为8606人。

向失业工人和流落街头者发放的补贴金额也明显减少了。让我们举几个例子。1904年，箍桶工人联合会向会员发放的救济金为平均每人25克朗75欧尔（约36法郎）；而1906年发放的救济金平均仅为7克朗20欧尔（10法郎）。冶金工人联合会在同一时期的金额分别是17.93克朗和11.48克朗。其他联合会所表明的比例也与此相似。1905年和1906年，向失业工人或流落街头者发放的救济金为768103克朗。8年来，这项支出总额为300**万克朗**。

在1906—1907年的冬季会议上，议会就**得到授权的失业救济金管理机构**问题通过一条法律。根据这一法律，失业救济金管理机构系指领取工资者协会，其目的是以互助的形式在失业期间提供救济。

救济可以作为**交通补贴、住房补贴、工作日补贴或实物救济**来发放。法律规定，在每一特殊场合，救济的数目和性质由救济金管理机构委员会决定，而该委员会又受救济金管理机构章程的约束。

日平均救济金不得超过有关行业或职业的一般工资的2/3，或者，如果属于受市镇约束的救济金管理机构，救济金不得超过当地一般工资的 2/3。在任何情况下，得到授权的救济金管理机构提供的救济金每日不得超过 2 克朗（2.78 法郎），也不得低于 50 欧尔（70 生丁）。救济金管理机构不得向下列人员提供救济：

（1）**罢工者或厂主实行闭厂的工人**；（2）**病人或伤残人**；（3）**无正当理由放弃工作者或由于酗酒或好斗而被解雇者**；（4）**正在赎罪服刑者**；（5）**被羁押者**；（6）**定期**享受公共救济者；（7）拒绝接受**指定**的适合其能力的工作者；（8）正在**服兵役者**。

由有关的救济金管理机构委员会根据下列规定，决定是否拒绝提供救济：

一年中（连续 12 个月）救济的**最低期限是** 70 **天**。也就是说，人们在这段时间内**可以**领取的**最低**救济金额为 35 克朗。

国家每年向失业救济金管理机构提供的资助为 25 万克朗，这些钱根据各管理机构的**救济金总额**按比例分配给它们。根据计算，这笔钱被认为相当于**救济金总额**的 1/3。不过，如果 25 万克朗不够用，在制定**年度预算**时，可能得到更多的资助。

应一个或几个全国性或地方性救济金管理机构分部的要求，市镇有权给有关人员发放一笔最高可以达到必需救济总额 1/6 的款项，但只能给予那些上一年 3 月 31 日以前在该市镇**定居**的成员。

这项法律将从 8 月 1 日起生效。为了最大限度地从中为劳动者谋取利益，行会联合会已任命一个委员会，负责制定一个示范性章程，以便为那些希望设法得到国家资助的组织提供指导。

在近几年中，工资运动很引人注目。1905 年，有 45 个组织、26468 名成员参加了运动。1906 年，相应的数字为 41 个组织、39952 名成员。也就是说，两年来总共有 66420 名劳动者组织起来。在他们当中，有 8270 人参加了罢工，414 人遭到了厂主停业，57728 人没有经过冲突即达到他们的要求。

从 1907 年 1 月 1 日至今，有 30 个组织、计 2 万名成员参加了斗争，其中 900 人举行罢工，大约 2000 人是由于工厂关闭。

为了确定最低工资，对大约 5 万名劳动者进行了调查，结果表明：有 1.7 万名工人每小时工资仅为 35 欧尔（49 生丁）或更低；有 7000 人最低小时工资为 36—39 欧尔；有 1.9 万人为 40—50 欧尔；有 6000 人每小时工资超过 50 欧尔。

女工的最低工资因职业不同而异，从每小时 10 欧尔到 27.5 欧尔不等。

至于工作时间，在 69684 个雇佣劳动者中，4 人每天工作 6 小时，30 人工作 7 小时，1038 人工作 8 小时，1728 人工作 8.5 小时，5298 人工作 9 小时，11728 人工作 9.5 小时，40583 人工作 10 小时，9275 人工作超过 10 小时。

在 1905—1906 年两年中，向因罢工和关闭工厂而生活困难的工人提供的救济达到 1157254 克朗，其中 787768 克朗发给国内的工人，369486 克朗发给在国外的工人。

在财政方面，我们讲到的这两年情况很好。到 1906 年底，行会联合会有财产 3242483 克朗，平均每个成员合 36 克朗 27 欧尔。

行会联合会——总工会——目前由 49 个联合会（包括 1044 个地方分会）和分别加入联合会的 12 个工会组成。

有几个组织仍在联合会之外。不过，它们加入全国总工会似乎只是一个时间问题。

行会联合会为劳动者带来了巨大好处。它就是这样经常资助各组织的宣传活动，还给它们指派一些演说者。它还资助创办合作企业。

联合会还调查了各个产业中的劳动条件。它仔细考察了老板对外国劳动力的剥削。我们尤其关心农业工人，因为地主和大农场主每年 4 月份都从德属、奥属和俄属波兰雇用大批劳动力。尽管这些调查只包括

64个地区和834个波兰人（317个男人、510个女人和7个儿童），但结果表明，这些劳动者的工资明显低于当地劳动力的工资。他们的居住状况很悲惨。经常是二十几个人拥挤在一个十分狭窄的空间内，有时甚至让大批男女混杂住在一个房间里。床铺也很差，只有1个草垫、1个草制枕头和2条羊毛毯。我们的一些参加调查的同志对这些住处加以下这样一些补充说明：（1）"小房子就像汽车库，没有光线"；（2）"房间阴暗潮湿"；（3）"窄小肮脏的住处"；（4）"房间很小，刚刚够摆下几张床和一把椅子"；（5）"住的地方就像猪圈"；（6）"为省地方，床都是双层的"。

在一次全体会议上，联合会决定由议会中的社会主义党团提出动议，以阻止对波兰劳动者的剥削。上述调查结果将为这个动议提供论据。

像过去一样，执行委员会要求各行会组织同党的政治组织一道庆祝五一节，并安排游行示威，争取用法律的形式确定八小时工作日。从我们得到的情况看，1906年有59个城市举行了游行示威；有37个城市举行了游行。在外省的36个城市中，有433个协会的25255人参加。在哥本哈根，124个协会的18800名劳动者为此而停止工作。总计：协会557个，工人44055人。这一天白天在外省有35个城市举行集会，有3万人参加；在哥本哈根，有2.5万人参加。晚上在外省有29个城市举行集会，有9800人参加；在哥本哈根，有2300人参加，参加者总计为12100人。

我们一贯认为，丹麦民主力量中的行会和政治组织之间的亲密融洽的关系是我国劳动者的巨大优势。

如想了解行会运动的其他细节，请参阅柏林国际工会书记处发表的1903年、1904年和1905年的工会报告。

C. M. 奥尔森（主席）

代表丹麦统一工会

挪威工人党的报告

自从阿姆斯特丹代表大会（1904年8月）以来，挪威发生了两个政治事件，当然其重要意义也不能夸大。我们指的是**挪威和瑞典联盟**的**破裂**和**君主政体的建立**。在挪威社会民主党的历史上，1905年以后开始了一个新的时期。因此，我们的报告分为三部分。

1905年以前

1904年12月举行的市镇选举是最重要的事件。工人党发动了一次强有力的竞选运动。一本名为《社会民主党人所期望的和他们为何有此期望》的小册子印刷了3万份，仍供不应求。在提交给阿姆斯特丹代表大会的报告中有这样的叙述：

>"1901年，社会主义者总共有147人当选为市镇议会议员，但是他们有把握在今年之内（1904年）将这个数目增加1倍。"

这次选举的结果超过了最大胆的估计。330人被选入市镇议会即是这一胜利的明证，作为说明，我们可以把几个城市在1901年和1904年的选举结果作一比较：

	1901 年	1904 年
克里斯蒂安尼亚①	14 人当选	23 人（总共 84 人）当选
特隆赫姆	8 人当选	22 人（总共 86 人）当选
德拉门	8 人当选	13 人当选
哈马尔	1 人当选	6 人当选
萨尔普斯堡	0	11 人当选

即使在欧洲最北端的城市哈默弗斯特，工人党也成功地使 13 位代表当选。

在市镇议会，工人党要求：（1）免费提供文具；（2）用税收来支付医疗费；（3）向学生免费提供膳食；（4）小学生五一节放假；（5）市镇工人实行八小时工作日；（6）由市镇经营有轨电车。

挪威的资产阶级很保守，它令人难以置信地反对所有这些要求。前两项很久以前就在俄国实行了，它们在挪威尤其被视为社会主义的改革措施。社会民主党人只是在其反对酗酒的斗争中得到过资产阶级政党的某些支持。至于工人党，它主要是依靠左翼政党自由党而发展起来。

在挪威出版社会主义的小册子曾经是党的一件十分重要的事情。在此之前，人们只满足于阅读丹麦的出版物。但是在 1904 年和 1905 年的上半年，我们出版了：

《阶级斗争》，M. 蓬特沃尔著；《生活中的社会主义》，K. 库特著；《社会主义从空想到科学的发展》，弗·恩格斯著；《小学》，O. 约斯滕著；《企业制度》，克·克努森著；《工会组织》，奥·克林根著；《乡村小学》，T. 弗罗阿著；《失业问题》，奥·克林根著；《无政府主义的道德》，P. 克鲁泡特金著；《免费提供文具》，O. 约斯滕著；最后还有一

---

① 即奥斯陆，下同。——编者注

本《社会主义歌曲选》。总共印刷了3.1万册，其中大部分已经售出。党的书店还售出50册卡尔·马克思的《资本论》第一卷和第二卷（译成丹麦文）。在1906年的议会选举中，这一宣传工作所取得的成果很显著。但不幸的是，人们忽略了应当出版一本关于《共和政体》的小册子，这一错误很快让人们付出了代价。

在组织工作方面，我们很好地利用时间来巩固各地方团体。建立了奥勒松、莫斯、纳尔维克（在北极圈以外）、斯莫莱内纳、海德马克和布拉茨贝格等工人联合会。各支部之间的联系更为密切。

1905年的政治事件

如果就社会方面而言挪威人民不和睦的话，那么，全体人民在同瑞典断绝联盟关系、要求享有政治独立权利问题上却是一致的。

在这场冲突中，资产阶级极端利己的阶级利益起了很大作用，从领事馆问题在挪威资产阶级为反对瑞典政府而进行的鼓动中所占的重要地位就可以看出这一点。

尽管如此，已经非常可观的挪威贸易（蒸汽船和帆船为7270条，总计1484256吨）仍迅速发展。1895年、1900年和1905年的进出口分别达到了35900万克朗、48360万克朗、50300万克朗。挪威在贸易中获得的好处比瑞典大得多，然而，挪威人仍依赖于瑞典领事。资产阶级对和瑞典共有的领事馆的仇视是完全可以理解的，因此，在冲突期间，政权落入国内最大的船东M.米歇尔森的手中不是偶然的。只不过是瑞典方面的盲目抵抗迫使挪威政府扩大事态，直至解除盟约。

社会民主党人对这个问题的看法一贯不那么目光短浅。早在1892年，他们就提出了"解除与瑞典的盟约"的口号。他们要求解除盟约，是为了使国家摆脱对瑞典贵族阶级的长期畏惧心理，为了结束军备开支不断增长的状况，为了可以自由自在地进行必要的立法和社会工作。

挪威的社会主义者善于争取瑞典工人党的同情。1905年2月，瑞典社会民主党代表大会一致通过决议，承认挪威人民有权决定自己的命运。

由于瑞典国王放弃在挪威的王位，挪威正处在一场政治革命的前夕，执政的资产阶级被迫负起了代表全体挪威人民的责任，并且为了突出其使命，匆忙于1905年6月7日废除了不公正的间接选举制。这也是左翼党（自由党）赞成的最后一次民主改革和在政治进步道路上的最后一次努力。

在建立挪威领事馆和解除盟约的目的达到之后，资产阶级便撕下了假面具。自由党（左翼党）最终解体，组成了保守派集团。该集团向迄今一直被按照几乎是共和方式治理的挪威人民奉献了一位在丹麦出生的国王作为见面礼。社会民主党为共和政体进行了激烈的斗争。党的报刊也持一致的意见。但是，这一宣传时间太短了。尽管如此，1905年11月12日和13日全民投票的结果还不太坏：259563人投赞成票，69264人投反对票。这一次，新国王也从社会民主党那里得到一份礼物：4个挪威人中就有1个人声明反对君主制。

1905 年以后

社会党议员埃里克森牧师在议会中说道："我们是为了祖国的利益，而不是为了我们党的利益劝告你们不要接受君主政体。如果你们实行君主政体，我们党只会更加发展。"事实正是如此！只是在资产阶级撕下了假面具，只是在左翼党不仅在社会关系上而且在政策上变为保守派之后，道路才为社会民主党敞开了。

没有哪个国家的社会民主党在1906年的发展像在挪威一样迅速。

不断上涨的势头首先表现在报刊的发行量上面。我们的订户日益增多。我们有一种报刊是1905年在德拉门（整个挪威最保守的一个城市）创办的，它的订户不久就达到了3000个，同国家的幅员相比，这是一个很大的数字。那些更老一些的报刊早已取得了这样的成绩。

党拥有4种日报：中央日报《社会民主党人》（设在克里斯蒂安尼亚，发行量10500份）；《劳动报》（设在卑尔根，发行量5000份）；《新时代报》（设在特隆赫姆，发行量4500份）；《五一节报》（设在斯塔万格，发行量3000份）。有3种每周出4期的报纸：《未来报》（设在德拉门，发行量3000份）；《斯莫莱内纳社会民主党人报》（设在萨尔普斯堡，发行量2500份）；《新闻报》（设在奥勒松，发行量2000份）。有4种每周出2期的报纸：《北极光报》（设在特罗姆瑟，发行量1000份）；《前进报》（设在纳尔维克，发行量1000份）；《芬马克报》（设在瓦尔德，发行量800份）；《南方社会民主党人报》（设在克里斯蒂安桑，发行量800份）。有2种周报：《时代呼声报》（设在克里斯蒂安桑，发行量500份）；《蚂蚁报》（设在科什，发行量500份）。社会主义青年近卫军每个月出版1期《青年社会主义者》，每年出版2期《二十世纪》杂志（在克里斯蒂安尼亚出版，发行量3000份）。一个社会主义团体每月出版1期讽刺性刊物《胡蜂》，发行量1万册。这一年大约总共发行报刊875.8万份。

党由396个小组组成，有党员2万人。

1906年4月在克里斯蒂安尼亚举行的党的第19次代表大会主要讨论工人党与资产阶级政党之间的关系问题。大家要求采取更坚定的态度，更自觉的策略，加强一定的纪律性。关于策略问题的决议，禁止在第一轮选举和第二轮选举中同其他政党和工人党以外的候选人结成任何联盟，由于社会民主党在 1906 年末的议会选举中取得的光荣胜利而使这个决议具有巨大的意义。代表大会还制定了以下竞选纲领：消除军国主义；实行国际仲裁。决议以 169 票对 39 票获得通过，表决之前有一些反对国家民兵制或者全民皆兵的相当尖锐的发言。最后，代表大会任命**卡尔·耶珀森**为《社会民主党人》报的主编，任命**奥斯卡·尼森博士**为工人党主席，任命**马格努斯·尼尔森博士**为书记。

1906 年 11 月的议会选举是反社会主义的资产阶级集团的一次精神失败。过去，党从未像 1906 年那样获得这样多投给社会主义者的选票：4.5 万张。议会中也从未出现过这么庞大的社会民主党党团。这个党团的组成人员有：

（1）克·H. 克努森，印刷厂厂长，议会党团主席，在克里斯蒂安尼亚当选；

（2）A. 埃吉德·尼森，瓦尔德的邮政局长，议会党团书记和国际议会委员会委员，在哈默弗斯特、瓦尔德和瓦德瑟当选；

（3）A. 布恩，编辑，在特隆赫姆当选；

（4）阿尔弗勒德·埃里克森，神学博士，在特罗姆瑟当选；

（5）M. 福斯强，渔民，在特罗姆瑟郡当选；

（6）林·约翰森，农业种植者，在特罗姆瑟郡当选；

（7）马格努斯·尼尔森，首饰匠，来自克里斯蒂安尼亚；

（8）伊萨克·萨巴，拉普兰人，芬马克郡；

（9）L. 塞博，制鞋工人，来自卑尔根；

（10）T. 弗罗，编辑，来自德拉门。

最近发生的事情充分表明了挪威资产阶级的特征。早在 1906 年，有人在瓦尔德的《芬马克报》印刷厂印刷了一些俄国社会民主党的小册子。大部分是已经在日内瓦和巴黎出版的小册子的重印本。出于对俄国解放运动的恐惧，自由党人新任外交大臣、诺贝尔委员会委员勒夫兰先生下令查禁这些书。社会民主党人向议会提交了反对查禁的决议案，但在表决时没有得到支持。这一案件将交由司法部门裁判，因为埃吉德·尼森已经代表翻印小册子的印刷厂要求赔偿损失。

挪威的工会运动

目前，挪威所有的工人工会都集中到一个组织当中，它叫做"挪威工人工会组织"。该组织成员的增长情况如下：

1904 年 12 月 31 日	9089 人
1905 年 12 月 31 日	16862 人
1906 年 12 月 31 日	25308 人

1904 年的时候，印刷工人工会和冶金工人工会还没有加入总的组织。这 25308 名工会工人向挪威工人党交纳会费。

劳动者工会和冶金工人工会的发展尤其具有特点。

劳动者工会

年份	会员人数	普通会员会费
1904 年 12 月 31 日	4675	30464 克朗
1905 年 12 月 31 日	5050	36440 克朗
1906 年 12 月 31 日	10622	92213 克朗

冶金工人工会

年份	会员人数	普通会员会费
1904 年 12 月 31 日	4739	85677 克朗
1905 年 12 月 31 日	4537	78036 克朗
1906 年 12 月 31 日	6183	186932 克朗

挪威的工会运动愈益强大，并且成为社会主义运动发展的坚实基础。

V. 戈德尔

德国社会民主党的报告

引 言

斯图加特国际社会党代表大会是有阶级斗争觉悟的国际无产阶级代表的第七次聚会。

国际代表大会是第一次在德意志帝国举行，因此，我们认为有必要在此简略地介绍一下德国的政体。

随着70年代德国贸易和工业突飞猛进的发展，德国社会民主运动获得了显著的进步，在国外也赢得了极大的声誉。为此，大家经常发现，外国同志非常赞赏德国社会民主党的宣传和组织工作，把它看做榜样，但是他们对德国社会民主党在国会中获得的成果提出批评，认为这同党在议会外的实力不相符合！这样的意见常常是因对德国情况不甚了解而产生的。德国是在结束了1866年和1870—1871年的战争之后统一的，但它没有像英国和法国以及意大利那样在19世纪成为一个中央集权的国家。德意志联邦在1866年的覆灭为"戴普鲁士头盔的德意志帝国"奠定了基础。1866年8月23日缔结的布拉格和约第四条特别规定，奥地利应当赞成"建立一个没有奥地利的德国"。德国北部首先组成了联邦，由于普鲁士经过1866年战争吞并了汉诺威、黑森选侯国、黑森—拿骚、荷尔斯泰因和美因河畔法兰克福，并由此进一步加强了以前控制的西部和东部各邦的联合，它在北德意志联邦占支配地位。北德意志联邦宪法第 79 条规定，联邦同巴伐利亚、巴登和符腾堡等南部诸邦的关系由特别协定调整。黑森邦代表其美因河以北的省份接受了联邦的条款。1870—1871 年战争的消息传来后，人们开始谈判并取得成功，导致了南德意志诸邦加入德意志联邦，这个联邦取名为"德意志帝国"。普鲁士国王以**联邦主席**的身份取得了**德意志皇帝**的尊称，尽管作为特殊神宠说信徒的威廉一世对这个尊称并不那么欣赏。在这新的形势下，对宪法文本所作的必要修改得到了"北德意志联邦"立法团体和南德意志四邦的同意，但是，南德意志诸邦在某些方面仍保留若干特殊权利。作为经济发展的结果，德意志各邦必须统一。资本主义在其发展中深受诸邦多元化的阻碍，直至 1866 年，各邦在货币、度量衡、海关、运输、产业法等方面的制度仍五花八门。尽管 1819 年在普鲁士的领导下实现了海关的统一，但这并不能满足疯狂发展的资本主义的需要。资产阶级于 1859 年成立了"民族协会"，积极进行宣传，支持统一德意志各邦。根据资产阶级的要求，德意志帝国应当在普鲁士的领导下，以 1849 年的第一个全德议会制定的帝国宪法为基础。但是这部宪法从未得到实施。不论是对于资产阶级还是对于政府来说，这个方案明显过于宽容。

  随着普鲁士—德意志军国主义在波希米亚和法国战场上的胜利和德国工业的突飞猛进（德国得到法国数十亿法郎的战争赔款），资本主义得到了放手追逐利润的天赐良机。它放弃了为建立**自由**统一的德意志国家而进行的宪法斗争，它将各个邦的宪法置于新联邦的框架之内。它还使联邦继承了普鲁士军国主义并强调首先要在建立**大经济区域**的问题上实现严格的统一。德意志帝国宪法于 1871 年 4 月 16 日颁布。26 个邦的宪法与帝国宪法并存。各邦的宪法受帝国宪法的限制，帝国宪法规定帝国立法机关的权限。帝国的权限大于各个邦的权限。各个邦的立法不得超出帝国法律规定的范围，但各立法机关可以通过宪法渠道扩大帝国法律的范围，不过，这种情况极少出现。

"为保护联邦境内之财产和权利以及为了管理和维护德意志民族之福利而建立的永恒联邦"的元首职务由普鲁士国王担任，尊称为"德意志皇帝"。皇帝在国际法方面代表帝国。他以帝国的名义宣战与媾和，同外国缔结盟约和其他条约，委派和接受使节。如要代表帝国宣战，需经联邦上院——即组成帝国的25个政府的代表——同意，帝国领土受到来自陆地或海上的侵犯时除外。在对外政策问题上，各邦没有立法职能。在联邦上院中有一个外交事务委员会，根据宪法规定由巴伐利亚担任主席。但这丝毫不能说明各邦在外交事务中有什么特别影响。普鲁士在这个领域比在任何方面都更占主导地位。各封建阶级，尤其是普鲁士容克贵族，将外交官的职业视为其最为高贵的职业。帝国的官员由皇帝任命，不得接受各邦的指令。德意志帝国无权审理帝国内阁。

联邦上院和帝国国会每年由皇帝召集开会，它们必须以多数作出决定，并作为德意志帝国的立法机构而工作。联邦上院由25个邦的代表组成。帝国各行省，例如阿尔萨斯—洛林，由皇帝行使职权，它们在联邦上院中根本没有代表。在联邦上院中，普鲁士有17名代表，巴伐利亚有6名，萨克森和符腾堡各4名，巴登和黑森各3名，梅克伦堡—什未林和不伦瑞克各2名，而其他17个邦各1名。每个邦都享有表决权，但整个表决权不得分散。联邦上院成员**从属于每个邦的政府，接受各邦政府的指令**。他们有权出席帝国国会会议，会议在任何情况下都应倾听他们的意见。

俾斯麦坚持这一原则，即各邦大臣必须**在各个邦的议会讲坛**①**上代表这些邦**。各个邦，尤其是最大的普鲁士邦对帝国立法的影响更大。尽管普鲁士在58票中只占有17票，但北德意志各小邦都完全在它的影响

---

① 指联邦上院。——编者注

之下。因此，普鲁士一向有把握获得多数。唯独宪法修正案在联邦上院中在14票反对的情况下即被视为遭到否决。联邦上院议长一职转归帝国首相担任，首相由皇帝任命。德意志帝国无权审理**向立法机构负责的内阁**。各种行政职权实际上由国务秘书行使，他们只是起帝国首相的代理人的作用。自帝国成立之日起，帝国首相一职一直由普鲁士外交大臣担任。只有在帝国成立以后的几个短暂的空缺时期，帝国首相才是由普鲁士大臣会议主席兼任。因此，从那时起，没有哪一项帝国法律的颁布事先不经普鲁士政府的同意，这是丝毫不足为奇的。普鲁士的议会选举依然实行三级选举制，其结果是无产阶级至今在议会中没有任何代表。在这个简略的叙述中，如果再谈巴伐利亚和符腾堡在某些方面（如邮政管理、住宅不可侵犯、军事组织等）保留的特殊权利，那就离题太远了。

普鲁士在军事方面的影响是压倒一切的，尖顶头盔的普及就是其影响的象征性表现。

德意志军队被迫宣誓无条件地服从皇帝（他同时也是普鲁士国王）的命令。另外，它们还要宣誓效忠各邦君主以及加入汉撒同盟诸城市的参议院。宪法规定实行义务兵役制。和平时期，军事力量由法律确定，服役年限在上一届议会上决定延长到5年。军费每年由法律和预算规定。每年的预算在预算开始执行之前通过。帝国至今还没有对收入和财产征收直接税，而是由各个邦征收直接税。帝国的收入来自对一般消费品征收的间接税、印花税和邮电事业的利润。只是到了1906年，各邦才在遗产税之外又增加了帝国税。当帝国入不敷出时，各邦必须按其人口数量的比例分担帝国的开支。这种按人头分担的做法使那些居民穷困的小邦比之富有的城市（例如加入汉撒同盟的城市）受害更深。另一方面，自70年代中期以来，在法国支付的数十亿战争赔款用完之后，借款直线上升以满足帝国离奇的需要。资本主义的统治已使帝国陷入

40亿马克的债务之中，而且这笔债款每年还在大幅度增长。

　　政府的计划由联邦上院审议，然后转交给帝国国会。帝国国会有397位议员，分别由相同数量的区选举产生。普鲁士有236名议员、巴伐利亚48名、萨克森23名、符腾堡17名、巴登14名、黑森9名、什未林6名，等等。每个邦至少选出1名议员。根据1869年5月31日通过的选举法的规定，每个10万人口的城市要选举1名议员。像瓦尔代克、利珀—绍姆堡等小邦尽管人口不足10万，也可选出1名议员。在此期间，即便人口出现很大增长，选区也不能再作变动。这就可以说明，为什么会出现各选区人口从5万到70万不等的情况。最初，议员的任期为3年。但到了1888年，议员任期延长到5年。帝国国会是一个与联邦上院权利相同的立法团体。制度上的严重弊端之一，是德意志帝国缺少英国式的调查委员会。帝国国会只能得到政府提供的情况。当时，社会民主党议会党团再次提出了关于设立调查委员会的提案。为实现这一改革，在议会中唯一有效的手段，就是拒绝通过预算，但至今这一看法还没有得到多数人的采纳。

　　帝国在经济方面的统一最为彻底。促进统一的推动力量是资产阶级对"利润"的兴趣。德意志帝国构成了一个具有同一条边界的贸易和海关的地域。只有汉堡和不来梅这些地方作为自由港被视同外国。度量衡、货币、银行、海关立法、营业税、贸易税、海上航行、工业产权保护、产业立法、自由流通税、邮电、护照、领事馆、居留条例、铁路网的控制、交通的组织与安全、商船队与舰队的地位，以及许多其他问题在整个帝国境内都按统一的方式给予解决。不过，巴伐利亚在住宅和居留权方面还有特殊的权利。巴伐利亚和符腾堡两邦在邮政方面也有特殊权利。从1900年起，司法组织也实现了统一。在民法方面通过了《新民法法典》。刑法从1871年起实现了统一。

　　德国政治生活的特点，是政党多种多样。保守派分裂为两个党（不包括反犹太主义者），而自由派甚至分裂成四个党。在这些资产阶级政党之外，中央党作为最有实力的派别占有突出的位置。中央党是具有宗教色彩的政党。在第一届德意志帝国国会中，该党只有58名议员。当时，中央党具有地方主义的性质。中央党在"文化斗争"时期获得发展。当时，俾斯麦试图通过警察手段削弱教会的力量，但他的这一企图同他的反社会党人法一样遭到了失败。从"文化斗争"起，中央党在帝国国会中的议员保持在90—100名之间或者稍多一些，即占议员总数的1/4。由于天主教教士对各阶层的广泛而巨大的影响，中央党不仅得到大庄园主和手工业者的支持，而且也得到大批产业工人和农业工人的支持。作为反对政府的反对党，中央党在经济和政治问题上有时比自由派还自由。但是，中央党在文化问题上是疯狂的反动派（教育和宗教信仰问题不是通过帝国的立法来解决，而是属于各个邦的权限）。

　　自由派的四个政党没有表现出任何说明它们奉行的自由主义的特征。如同法国的激进社会党人不太像社会主义者一样，德国的自由党人也不太像自由主义者。过去存在于各派之间的观点差异愈益缩小。在1907年的选举中，自由党的主张受到了政府的"青睐"。这一支持进一步败坏了自由主义。今天，自由党人已经和保守党人同流合污，成为他们的仆从。德意志帝国还从未出现过大的自由派反对党。当初否决预算的普鲁士议会自由派多数已经在萨多瓦决战①那一天，即1866年7月3日崩溃。由进步党产生出来的国家自由党同俾斯麦沆瀣一气。它在1871年有118个议席，在1874年有151个议席。在新帝国成立初期，俾斯麦和该党执政，但它在政治上没有多大发展。为了满足自己追求利润的欲望，资产阶级国家自由派牺牲了它的自由理想。标志着70年代

---

① 1866年普奥战争中的著名战役，普鲁士在此战中取得对奥地利的决定性胜利。——编者注

中期的特点的经济飞跃结束了自由派的荣耀。德国不再是小麦出口国，而成为进口国，而大工业家们则要求制定保护性关税，以掠夺本地消费者。1878年的选举使保守派和教权派（中间派）成为多数派。自1907年选举以后，国会中的多数派也是由保守党人和教权派组成的。自由主义在德意志帝国没有前途，近30年的历史向我们证明了这一点。帝国自由议会制合乎逻辑的辩护人巴尔特博士的《民族》周刊于1907年4月1日停刊一事不应被看做是一个偶然现象。正是社会民主党竭尽全力在德国捍卫民主原则。它从成立之时起，抓住一切机会，在议会内外支持自由党。自由党在第二轮选举中也乐于接受社会民主党人的支持，而它呢，却极力支持反动派。因此只有对分裂成许多派别而又羡慕容克贵族的德国自由派所推行的可耻政策作专门研究后才能懂得，在德国实现民主的希望唯有寄托在社会民主党的发展之上。

欧洲大陆没有哪一个国家的工业发展像德国这样迅速。只有研究了新的工业普查结果之后，才能评价德国的经济革命。不过，现在就可以看一下某些大工业的发展，因为煤矿、岩盐矿和炼钢厂有一部分准确的生产统计数字。同样，通过研究所消耗原料的数量，也可以了解纺织工业的发展情况。

在上一个10年，人口从5275.3万增加到6024.6万，增长了14%。各煤矿、岩盐矿和炼钢厂的规模基本上没有扩大。工厂由2592个增加到2693个。这些企业雇用的工人从1895年的484011人增加到1904年的725989人，增长幅度大约为50%。但是生产的增长幅度更大。产量由1895年的12754.63万吨增长到1904年的220766.3万吨。冶金工业的大企业几乎全部合并成为大的卡特尔。1893年成立的莱茵—威斯特伐里亚辛迪加控制着整个莱茵—威斯特伐里亚煤田。焦炭辛迪加和煤矿销售辛迪加也加入了莱茵—威斯特伐里亚辛迪加。炼铁工业由钢铁辛迪加所控制。该组织包括31个最大的钢铁厂，掌握着4/5的生铁生产，目前产量达到 1200 万吨。

在国内市场上，由于这种资本主义的大联合，自由竞争几乎完全消失。在无可争议的领域，即在莱茵—威斯特伐利亚工业区，煤炭和焦炭辛迪加自己独断地规定价格。那些大的钢铁厂根本不受煤炭和焦炭涨价的影响，因为它们自己在工厂附近开采煤矿，再者，它们也不能让基本上掌握着全部煤炭和焦炭工业的辛迪加知道钢铁厂消耗煤炭的数量。

炼铁工业辛迪加和炼钢厂联合会得到了关税的保护，它们可以轻易地为其产品获得世界市场的价格，外加进口税。其他矿区也有它们的辛迪加。上西里西亚有一个价格卡特尔，下西里西亚有瓦尔登堡煤炭辛迪加，而茨维考区则有一个运输和销售联合会。普鲁士邦在西里西亚和下莱茵沿萨尔河拥有一些大煤矿，但是它的价格政策从未使大资本家有什么担忧，相反，它在克扣工资和剥削工人方面总是跟最恶劣的剥削者不相上下。其他盐产品和矿产品的生产也掌握在辛迪加的手里。

纺织工业也获得了与此相似的发展。棉花消费量从 1896 年的 2556560 双担增加到 1905 年的 3943130 双担。卡特尔掌握了所有纱厂。德国是卡特尔的国家。卡特尔的数量超过了 400 个，它们代表着几乎所有的工业组织。

卡特尔的形成，不仅得到了保护性关税的有力促进，而且还得到了工人保险的有力促进。事故保险法要求形成行业联合，以便负担保险金。正是这种情况促使各工业部门的资本家实现了"凝聚"。在一起讨论工人保险问题，使这些人深感有必要利用他们的联合，以维护他们的资本主义利益。卡特尔的形成和目前表现出的建立托拉斯的倾向，将使资本主义生产中仅有的一些临时措施很快消失。昔日被誉为调节因素的自由竞争已在许多行业完全消失。残存的小产业将很快被肢解和吞并。无产阶级大军将日益壮大和强盛，它与巨大的资本主义组织针锋相对。当然，发生了一些狙击兵的战斗，在战斗过程中厚颜无耻的剥削者让劳动人民尝到了他们的厉害,但是工人阶级的愤慨情绪不断增长,觉悟不断提高,它清楚地知道,不断加剧的压迫不会永远继续下去。

一、议会活动

讨论有关社会党策略的国际准则是1904年8月14—20日召开的阿姆斯特丹国际社会党代表大会的高潮。一部分法国同志将审议德累斯顿决议问题提上了这次代表大会的日程。此后,德累斯顿决议的对立双方对德国形势争执不下。当时,德国的形势仍然深受1903年6月16日德国社会民主党人获得的300万张选票的影响。外国兄弟经常提出的重要问题是,社会党人的选票和议席出乎意料的增加将给德国形势的发展带来什么后果。在阿姆斯特丹代表大会上,德国社会民主党人已经回答了这个问题,并且认为暂时还不会出现太大的变化。尽管社会民主党在1903年6月16日获得了300万张即将近1/3的选票,但它在帝国国会中的议席还不超过1/5。再说,德意志帝国并不是一个议会制国家。当然,德国有一个议会,但是,德国是由26个邦政府治理的,为首的是作为德意志皇帝的普鲁士国王。

社会党人的选票和议席的增加带来的第一个结果,是小资产阶级比过去更加紧密地团结起来了。这种团结使社会民主党难以按其心愿和纲领为工人阶级的利益做有益的工作。社会民主党党团在讨论各种草案时提出的许多修正案除个别的以外,都被资产阶级政党所否决。例如,在讨论帝国财政改革(它导致当前的间接税的提高和增加新的负担的决定)和通过帝国遗产税时,社会民主党的所有建议均被否决。但是,在1903—1906年立法议会时期,社会民主党议会党团从人数方面来说,已成为第二大党团,因此,它不断有机会就一切悬而未决的问题明确提出自己的意见。尽管资产阶级政党紧紧勾结,形成反社会主义集团以阻止社会民主党的有益工作，但是这些对手也常常承认，社会民主党议会党团的演说家们具有热情和才干。在德国，每年就国家预算进行一般性辩论（这种辩论非常深入）时，社会民主党议会党团的演说家们都提出一些有关对内对外政策的棘手问题。他们每次都要批评对方的观点和行动。议会党团成员们作为社会民主党人强烈反对野蛮残暴的军国主义和海上扩张主义制度，反对掠夺数亿财富的非人道的殖民政策，反对损害工人阶级和中产阶级利益的关税政策和间接税，反对由德国地主制定的、对群众十分有害的关于通商条约的政策，反对在德意志帝国实行有害的浪费政策，反对工业家和封建阶级在社会立法方面的立场，反对德国司法机关在许多案件中的做法，在这些案件中，德国觉醒的工人阶级的代表被传唤到法庭，等等。

毫无疑问，社会民主党议会党团投票反对扩充舰队的政策，这一政策最近一个时期以来愈演愈烈，因为根据威廉二世的说法，"我们的未来是海洋"。同样，社会民主党议会党团也投票反对扩充和平部队（1905 年，帝国国会决定增加 10339 人）。在外国，**有些资产阶级政府的代表人物常常居心叵测地宣称，德国社会民主党人是"爱国者"**，这样就把他们同上述政治家们所属的那些国家内的所谓"不爱国的"社会党人对立起来。毫无疑问，社会民主党不是像它的对手所诽谤的那样，使它的祖国没有防卫力量。相反，正如它的纲领明确指出的那样，社会民主党正是希望通过要求"进行普遍的国防教育、建立国民自卫军、取消常备军"来实现最好的武装。但是，在要求建立以民主为基础的军事组织、反对当代军国主义这一阶级和私人制度的统治工具的同时，社会民主党在任何情况下都应当记住它的座右铭："我们不向这个制度提供一个人、一分钱。"社会民主党议会党团并不仅仅限于对政府的计划提出批评，为不富裕居民阶层的利益制定修正案，它还在那些涉及一般文明和特别是工人问题等一系列问题上，主动对政府和资产阶级政党进行敦促。面对统治德国的反动势力，这是一种既必需又艰难的举动。由我们发起提出的建议主要有：（1）扩大结社权；（2）实行八小时正常工作日；（3）颁布矿工保护法；（4）对矿工实行现金支付；（5）修改医疗保险法；（6）颁布建筑工人保护法；（7）颁布设立解决农业工人和老板之间的争端的法庭的法律；（8）废除完全过时的有关仆人的法规；（9）颁布关于住房的法律；（10）取消食品和饲料税；（11）在各邦议会选举中，给予所有年满20岁的男女公民以平等、直接和秘密投票的普选权；（12）设立议会调查委员会；（13）扩大议员的豁免权；（14）取消亵渎君主罪的规定；（15）汽车主有义务支付赔偿金；（16）修订关于受雇于商业和工业企业中的劳动者星期日休息的法律；等等。这些建议的大部分甚至根本没有得到讨论。不过，在讨论预算问题时，我们进一步按照我们提出的建议所指明的方向，通过立法途径进行干预。但是最近几年在社会政治方面没有取得成果。1906年五一节游行时，**社会党国际局**出版了各国报告汇编，其中有我们对劳工立法状况的阐述，请参阅这本书。① 社会民主党议会党团并不只是局限于提交一般性的建议，它还制定完整的法律草案。例如，它曾制定并提交了有关成立劳动局、劳动法庭和调解事务所的法律草案。这个草案曾经过审议并送交政府考虑，政府许诺将提出一个解决这一问题的法案。令人遗憾的是，这个许诺的法案至今还没被提交**国会**。② 在这个"社会君主制的国家"中，政府同被人错误地描绘成只起否定作用的社会民主党相比，工作效率低得多。但政府在企图利用行业工会权利法来打击有组织的工人时，它的工作效率就高了。国会解散以后，这个反工人和反工会的法律也随之无效。我们的党团以大量事实为依据而进行的激烈批评，

---

① 社会党国际局：《五一节国际游行》，布里斯梅印刷厂1906年版。
② 议会党团还提交了一个家庭劳动保护法草案。

迫使国会中的多数通过了社会民主党的决议，决议要求对大冶金工业中工人的劳动条件作深入调查。出于对社会民主党的畏惧，各资产阶级政党也提出了大量建议。但是，教士、自由党人和保守党人提出的建议在法律上没有取得结果。这一简单的回顾足以说明，一切资产阶级硬说社会民主党没有做一件有益的事的指责是徒劳的。

当社会民主党在国会中批评帝国自相矛盾、模棱两可的对内政策时，它完全处于孤立无援的境地。自俾斯麦上台以后，资产阶级议员几乎已经完全习惯于不加批评地全盘接受大部分是贵族子弟的外交家们的建议。即使在左翼自由党的会议上，也经常出现这样的情况。当被指派参加讨论的社会党演说者对俾斯麦的对外政策说上几句稍微严厉的批评的话时，就会受到会议的指责。这些崇拜俾斯麦的自由党人还把对德—普外交伟业的信仰转移到其继任人身上。不管是在中国的冒险，还是在摩洛哥的冒险，都没有受到资产阶级的严厉批评。毕洛夫亲王十分热衷于经常引用俾斯麦讲过的话来修饰他自己的讲话。他在对外政策方面，几乎得到所有资产阶级政党的支持，只有贸易政策例外。在这方面，大地主要求进一步提高对农业的保护性关税。尽管由于1902年制定的高关税导致小麦进口税的提高，但毕洛夫仍然利用奥地利发生混乱和俄国对日作战被削弱的机会，成功地签署了这类条约。1905年2月22日，社会民主党议会党团投票反对这些通商条约，因为它导致小麦和食品在12年中大幅度涨价。社会民主党的演说家们每年都谴责对俄国沙皇政府表现出的奴颜婢膝态度，在这方面，德国外交界的不遗余力甚至超过法国外交界。俄国的国内形势、政府的混乱状态、俄国官僚主义的罪行、在基什尼奥夫和其他地方屠杀犹太人等，所有这些俄国官方在大批驱逐俄国人时在政治上的野蛮行径都受到了德国国会的谴责。对这个半亚细亚式的沙皇制度的中肯的描绘引起了毕洛夫亲王的怜悯，他为"对友好邻邦的形势作过分的批评"表示遗憾。1904年1月19日，人们讨论了社会民主党就俄国煽动分子在德国的活动提出的质询。同时，关于柯尼斯堡诉讼案（在俄国政府尚未递交合乎法律规定的起诉书之前德国公民就受到起诉）的结果，帝国首相也受到了质询。社会民主党人证实，俄国破坏分子进行了犯罪活动，而且他们还试图引诱其他人犯罪。德国政府对受作为间谍活动首脑的大人物指使的挑衅分子采取了宽容态度。毕洛夫在回答质询时，宣读了俾斯麦时期的大量文件，试图证明在那个时期，这位德意志英雄也对沙皇政府采取了亲善立场，向专制败类引渡了德国人、门德尔松和其他俄国及波兰的流亡者。社会民主党希望结束这种与文明之邦不相称的状况，要求通过统一规定外国人权利、特别禁止外国侦探在德意志帝国的存在的法案的决议。资产阶级政党的多数否决了这个决议，赞成这一决议的自由党人也寥寥无几。1905年讨论预算问题时，社会民主党人要求废除以普鲁士和巴伐利亚为一方，以俄国为另一方，双方于1885年缔结的引渡条约，因为这个条约违背了国际法的一切原则。社会民主党人还证明，专横的驱逐行为也违背帝国的根本法。面对这些严厉指控，帝国首相没有作出任何得体的答复。驱逐政策依然如故，大批俄国人在1906年4月因身受其害而明白了这一点。根据这些事实，社会民主党议会党团再次提出质询。帝国首相拒绝回答。他借口指挥警察是各个邦自己的事情而固执己见。尽管如此，人们还是对质询进行了讨论，并且证明，刑事警察局局长舍内曾经诱使一名俄国人背叛俄国，为此目的，柏林的警察局长为这个人伪造了护照，并提供了假证明。

揭发出来的情况引起了巨大的轰动，也引起了资产阶级政党的注意。但这一切并没有在它们当中化作行动。另外，当局不仅专横地驱逐俄国人，而且还驱逐奥地利人、丹麦人、荷兰人和其他国家的人。对荷兰无政府主义者多梅拉·纽文胡斯的驱逐这一可耻行为在国会中受到了社会民主党演讲人的严厉谴责，这是一种耻辱，它使德国在世界舆论面前失去了尊严。柏林的同志们邀请饶勒斯公民在 1905 年 7 月 9 日发表反对在摩洛哥事件期间煽动战争的演说，德国驻巴黎大使拉多林亲王甚至威胁要驱逐他。强大的德意志帝国政府不能容忍这种**争取和平的示威**。但是，会议仍然在哈森海德召开了。1.8 万名劳动者参加了大会，饶勒斯向他们发去了致敬电。饶勒斯原来准备发表的演说由《前进报》印好后在那个星期日的早上散发了 10 万份。7 月的第二个星期日，政府又禁止维也纳的阿德勒公民、苏黎世的格罗伊利希公民和托代斯基尼公民在康斯坦茨发表演说。这些事件受到了倍倍尔在随后的国会会议上的严厉批评。谁也不能否认，德国政府在同"哈森海德"① 对外政策的斗争中没有蒙受什么荣光。政府在摩洛哥的冒险中尤其神经过敏，因为冒险带给它的只有失望。毕洛夫亲王清楚地知道在对外政策方面他可以让多数派政党接受一切，因此他向国会提交了一份只附有 27 份文件的白皮书，而递交给法国议会的黄皮书附有 366 份文件。社会民主党议会党团要求将此黄皮书翻译过来，但政府拒绝对这个建议作出答复。国会中的多数派对毕洛夫向国会提出的由外交食堂烹调的 27 道不可靠的菜心满意足。资产阶级政党在外交事务中缺乏批判意识的态度，使社会民主党很难有效地代表促进人民和解和友爱的民主原则。

议员津贴法案的颁布集中地体现了社会民主党议会党团力量的不断增长。建立帝国之时，俾斯麦拒绝向国会议员发放津贴。他企图通过这一手段尽可能地排斥工人议员。这个如意算盘落空了。社会民主党自己向其议员发津贴，使他们能够投身于柏林的议会活动。随着社会民主党议员的增多，社会民主党议会党团不间断地参加辩论和许多资产阶级议员长期缺席，使政府和资产阶级政党均感到很为难。经过 30 年的反对，

---

① 柏林某地，欢迎饶勒斯的那次群众大会就准备在此举行。毕洛夫指的就是这次会议，他扬言，不会让哈森海德会议来决定他的政策。

政府还是向议会的多数派作了让步，发放津贴，即开会工资。国会议员每5个月可得3000马克。每缺席一次会议，扣除20马克。

二、解散议会和1907年的选举

1906年12月13日，德意志民族被意想不到的事件震惊了。由于包括社会民主党人、中央党人和波兰人在内的多数议员拒绝了政府要求为西南非提供的2900万马克的拨款，毕洛夫亲王解散了国会。全国到处唱起了国歌。德意志祖国处于危急之中，因为300霍屯督人[①]拿起了小口径步枪和其他什么东西。于是，有人为了德属非洲，在竞选活动中竟煽动"日耳曼情绪"，国歌被用来反对社会民主党、中央党和德国教权党，不仅保守党的反动分子和反犹太主义者，而且形形色色的自由党人（德国已没有真正的资产阶级民主党人）都对国歌产生了狂热的感情。

在1906年12月1日的国会会议上，社会民主党议会党团的演说家们阐述了社会民主党在殖民地政策问题上的下述观点：

"制定殖民地政策本身并不一定是什么罪过。在一定条件下，殖民地政策可能是一件文明的工作，这就看殖民地政策是如何制定的了。一种殖民地政策应当是什么样子与它实际是什么样子有很大的区别。如果像欧洲和北美这样的文化和文明之邦的代表以解放者的身份，作为朋友和文明的传播者，到外国人民中去雪中送炭，为他们带去文化和文明的成果，使他们达到现代人的水平，如果这一切都是出于崇高的动机，做得很公正，那么我们社会民主党人，准备第一个支持作为文化使命的殖民事业。如果你们是作为造福者，作为仁慈的教育者来到外国人民中间，以便帮助他们发掘自己国家的财富——这些财富不是我们的财富——以利于土著人和文明人类，那么我们是赞成的。如果你们是作为

[①] 西南非洲的土著居民。——译者注

工友和合股人来到他们中间，我们也赞成。但是，你们的殖民地政策不是这样的。你们不是作为解放者和文明的传播者，而是作为征服者、压迫者和剥削者到那里去的。你们是作为征服者到那里去的，以便用野蛮的暴力掠夺土著人。你们使他们变成社会最底层的人，你们强迫他们为外国人的不相干的目的服苦役。这就是你们的殖民地政策。你们剥夺大家的财产给少数人。而社会主义要剥夺少数人的财产给大家。这就是你们的财产政策和社会党人的财产政策之间的巨大的原则区别和文化区别。你们将大众的财产交给了那些无权占有这些财产、只不过有权属于你们这个阶级——征服者阶级——的人。这就是你们唯一的所谓合法权利。"

长期以来，政府都感到不自在，因为在社会民主党议会党团的支持下，中央党形成了能够否决政府要求的多数。但中央党很少利用这一左翼多数。长期以来，中央党和政府过从甚密。只是在中央党公布了殖民地问题上的一些意想不到的事情和公开披露了一些丑闻以后，它们的关系才变冷淡了。非洲和太平洋诸岛屿的天主教传教会向中央党提供了能证明这一切的文件。中央党重新担任了反对党的角色。当中央党在精神上依靠教会组织，尤其是依靠天主教以后，它仍然拥有大量的产业工人和农业工人，正是由于这些工人的缘故，这个党不可能成为完全支持政府的党，尤其在选举以前，中央党应当表现出反对党的样子。于是，几天前刚刚秘密而又心满意足地在各国家机关建立了第二政府的中央党，由于德恩堡先生被任命为殖民地事务总管而深为震惊。德恩堡先生在殖民地问题上没有什么经验。他是从交易所发迹的。他以帝国初期特有的浮夸作风，向缺乏批判意识的资产阶级预言，总有一天，我们殖民地的经济前途**可能是**灿烂的。1906年12月，在国会中以中央党和社会民主党为一方和年轻的交易所阁下为另一方发生了冲突。过去，中央党很少在关键时刻不向政府的要求让步，近几年的海洋政策清楚地证明了这一点。根据中央党自己领袖的清单，自1885年以来，该党已同意向德国殖民地提供了 8 亿马克。而这一次，同以前的要求相比，只不过是少得可怜的 2900 万马克，但政府不等进行第三次投票表决（一般情况下，艰难的讨价还价会在第三次表决前达成协议），而是在二读之后，便采取了解散国会的手段。这就证明政府是愿意关系破裂的。当时的情况对政府是有利的，因为德国的工业和贸易在 1906 年一派繁荣。危机时期——1908 年可能发生危机——选举将受到经济形势的压力，而且可能对政府产生不利影响。政府认为，它恐怕只有求助于德意志民族中的倒退派，利用这些分子以及自觉代表其阶级利益的资产阶级的合作，在保守的教权派多数之外再形成一个保守的自由派多数。许多资产阶级分子没有料到这一招。社会民主党也是如此。资产阶级报刊到处散布说社会民主党希望再获得 20 个议席，这样总共会有 100 个议员，这是不准确的。社会民主党议会党团希望获得一定的议席，但是它知道，在 1903 年获得的那些议席中，相当一部分有可能丧失。因此，我们不指望再获得议席，但是也没有料到，1907 年的选举会使社会民主党失去那样多议席。在社会民主党 1903 年获得的 81 个议席中，它至少失去了 46 个议席。如果看一看在这些失去议席的选区中 1903 年 6 月 16 日我们在全体**有选举权的**选民中的得票率，那么部分失利就会不言自明了：得票不足 25% 的有 2 个县，不足 30% 的有 3 个县，不足 40% 的有 13 个县，略低于 50% 的有 27 个县，只有 1 个县得到了 51% 的选票。因此，除一个选区以外，那些失去的选区不应当被视为是十拿九稳的选区。社会民主党失去了柯尼斯堡、勃兰登堡、奥德河畔法兰克福（1904 年的部分选举中已丧失）、兰多、斯德丁、东布雷斯劳、西里西亚的赖兴巴赫、马格德堡、哈雷、蔡茨、弗伦斯堡、奥滕森、劳恩堡、美因河畔法兰克福、伦内普、埃尔伯费尔德、慕尼黑一区、齐陶、勒包、德累斯顿老城、迈森、皮尔纳、德伯尔恩、弗赖堡、奥沙茨、莱比锡城、博尔纳、乔保、安娜贝格、基希贝格、普劳恩、伯布林根、格平根、达姆施塔特、罗斯托克、魏玛、不伦瑞克、松讷贝格、阿尔滕堡（1904年的部分选举中已丧失）、哥达、鲁道尔施塔特、罗伊斯（新系）、罗伊斯（老系）、不来梅。社会民主党保住了35个选区。它还赢得8个选区，它们是阿尔萨斯的斯特拉斯堡、阿尔萨斯的米尔豪森、奥芬巴赫、哈瑙、威斯巴登、赫希斯特、杜伊斯堡和比勒费尔德。其中5个选区的胜利部分是由于得到了间接的，即弃权票的支持，另一方面也是由于中央党的直接支持。如果说社会民主党和中央党在第二轮选举中相互支持，那是形势要求这样做的。

那么，社会民主党丧失许多议席的原因是什么呢？我们已经指出，当时的经济形势很好，这使很多选民看不清居民中贫困阶级的实际状况。除了繁荣以外，还有其他一些因素不同程度地导致我们丧失了议席。首先是资产阶级政党集团鼓动了更多的人参加选举。另外，它专门成立了一个同社会民主党对抗、进行竞选的组织，该组织得到了上至帝国首相、下至警察等政府部门的全力支持，因此，它成了整个竞选活动的正式领导。这个组织的成立是由于1903年6月16日的300万张选票造成的。社会民主党的这一胜利导致资产阶级政党（包括中央党）之间的关系更加密切。这种联合首先在选举期间表现出来。资产阶级多数践踏了它过去的原则，宣布两个议席无效。在重新举行的选举中，他们对社会党人展开了空前的围攻。社会民主党失去了两个议席。在此期间，毕洛夫亲王多次在国会发表反社会党人的演说，他不厌其烦地建议资产阶级政党联合起来，对抗社会党人。他们为1908年做好了一切准备，以便用包括中央党在内的一切资产阶级政党的联合来对抗社会民主党。这一计划还包括1906年12月突然解散国会。中央党竟和德国西部的资产阶级政党沆瀣一气。再有，当时为了进行大选，在许多选区，如布雷斯劳、柯尼斯堡、哥达等已经出现了地主、保守党人和自由党人的联盟。因此，社会民主党不仅仅在第二轮选举中，甚至在第一轮选举中就同大批反动派展开了斗争。政府费尽心机企图使资产阶级政党联合起来，使它们在第一轮选举中就要合作得像一个人一样。另外，资产阶级政党还用前所未有的厚颜无耻的手段对我们进行打击，尽管我们过去在这方面也没有受到优待。成千上万的小册子在整个德意志帝国散布那些受到过无数次驳斥的诽谤和谣言。没有一家报刊去纠正它们。为了打击我们，他们不惜花费精力和金钱。同前些年相反，我们的对手有大量的钱。大工业的代表们已许下诺言，按雇用的工人数提供捐款，每人一马克。因为他们的同事德恩堡被任命为"殖民大臣"而心满意足的大交易所的金融家们则捐助数万法郎。为了能对社会民主党进行诽谤，帝国联盟得到了大笔金钱。

我们想用几句话概括一下**帝国联盟**的活动，因为随着社会民主党对人民群众的影响的扩大和阶级对立的愈益尖锐，在其他国家也成立了相同的组织。1907年1月25日，《帝国联盟通讯报》已经宣布，据悉法国一位有影响的政治家已向联盟领导要求提供"有关帝国联盟的历史及其组织的具体情况，以便在一份重要杂志上发表"。为了同样的目的，另一位法国政治家可能也向联盟主席求援了。看来，人们打算用一个"毒害舆论"的国际来和工人国际相对抗。

1903年选举以后，许多地主政客成立了**帝国联盟**。该联盟必然受一切资产阶级政党的支配。联盟的御用文人没有明确的政治主张，或者更确切些说，他们就不应当有任何主张。联盟的御用文人今天应当以保守党人的口吻讲话和写文章，明天换成自由党人的口吻，后天换成教士的口吻，大后天又换成反犹太主义者的口吻了。在补选中，联盟的御用文人完全没有主见。联盟的头目主要是一名退役中将和一名普鲁士法官。帝国联盟在帝国建立了一些地方小组，加入小组的不单有个人，而且还有一些像老战士协会、中产阶级协会、工业家联合会等这样的协会。联盟在柏林建立了一个地方中心，并在帝国建立若干分支。一时，帝国到处是乞讨金钱的信件。是的，帝国联盟需要大量的钱，因为它的宣传耗资巨大。联盟出版一种大量散布反社会民主党的庸俗谎言和无耻诽谤的通讯报，免费送给1000多家报社。外省的小报刊传播的主要就是这些免费提供的毒物。联盟还创办了一所培养演讲人的学校，在那里，人们向联盟的亲信宣读反社会主义的讲稿，然后再由这些亲信像驯服的鹦鹉一样在全国重复这些蠢话。令人遗憾的是，一部分工人被犹大的蝇头小利所收买，一面声称自己是劳动者，一面从背后向自己的战友开火。联盟的御用文人粉墨登场是那样的可憎，就连国家自由党候选人都厌恶这些合作者。但这只是特殊情况！大多数左翼自由党人都利用这些政治娼妓提供的合作。只要目的是好的——争夺议席——就可以不择手段。选举结束后，在工人当中被简称为**帝国谎言联盟**的联盟在其出版物上发表了工作报告。报告指出，联盟在72种小册子中进行了恶意中伤，其中52种小册子在国会解散之前就准备就绪，在上次补选中就已散发。另外，地方小组就地方形势也编写了大量小册子，无偿地提供给资产阶级政党。根据**帝国联盟**自己提供的材料，它在1907年大选中散发了10149330本小册子。

一本供非社会民主党选民使用的所谓"手册"印了7500本。这本手册按字母顺序编造了社会民主党的谎言。从1906年12月27日—1907年2月1日，《选举通讯》出版了15期，无偿发送给资产阶级日报，慷慨地供它们使用。参加帝国谎言联盟的政客们并非只是作为作家和演说家参与联盟的活动！他们还提供了资产阶级政党竞选的技巧，尤其是笼络选民的方法。社会民主党险些被所谓的非选民党的潮水所淹没。如果说参加选举的人数确实有很大增长，那也根本不能说成是帝国联盟活动的结果。例如，除了该联盟以外，**舰队联合会**在殖民地问题上也进行了类似的活动，而它也声称自己不是政治团体。据舰队**联合会**自己讲，它单独散发了大约两千万各种小册子，在这些小册子中，我们的那些不带来收益的殖民地的前途被描绘得光彩夺目。此外，已经发表的该组织领导委员会、帝国首相府和一连串资产阶级政客之间的通信还证明，**舰队联合会**曾通过**帝国首相府**接受过金钱来从事这种形式的宣传活动，而这种宣传不过是前所未见的选举阴谋而已。选举结束以后，这些阴谋真相大白，令所有参加选举的人瞠目结舌。德意志帝国传播谎言的**联盟和舰队联合会**在所有的选区都和各式各样的协会建立了联系，它们渗透到了那些"受到社会主义危险威胁"的最小的村庄。老战士协会、老兵联盟、全国体操团体、农业互助会、射击协会、自由消防队员等都得到了矛头指向我们的小册子。这些小册子被大量散发，企图使这些团体中直至最后一个人都对社会主义产生恐惧症。

这种宣传在农村的落后分子当中取得了一定效果。如前所述，他们还开动整个国家机器，有时隐蔽地、有时则公开地反对社会民主党。

帝国首相就是一个坏榜样。根据帝国联盟的倡议，首相在圣除夕日写信给退役中将冯·利伯，表示在竞选中支持12月13日少数派政党反对社会党人、波兰人和中央党人。

对于那些了解普鲁士德国官员心理结构的人来讲，没有必要向他们指出，所有的官员、主教、小学教师等，不管是高级的还是低级的，都照着这个榜样去做了。殖民地总管德恩堡作为巡回报告人周游全国。他为工业家、金融家和知识分子就我国殖民地的前途问题作了报告。资产阶级欢迎德恩堡，因为他来自这个阶级，而且摇身一变成为贵族地主先生们制度下的大臣阁下。至于殖民地问题对竞选结果有多大影响则无法确定。同样，"国歌"对全体选民的影响也无法最后确定。况且，在过去的历次选举中，社会民主党都被说成是反民族利益的，因为它是而且应当是国际主义的。1907年的选举和1887年的选举有某种相似之处。当时，国家机器也发动起来了，各右翼政党联合成"秩序党卡特尔"，因为当时人们声称法国和俄国这两个外部敌人威胁要进攻德国。资产阶级政党煽动那些和我们关系疏远的群众，使他们充满失去理智的爱国狂热，反对社会民主党。无疑，这些小小的竞选诡计煽动起了一部分对政治漠不关心、过去从不参加投票，或者虽然不是社会民主党人、但在过去的选举中却投社会民主党人票的人反对我们。由于工人之间为更高的工资和更好的工作条件而屡屡发生争执，阶级对立的加剧也为这一活动提供了方便。工会的极大发展（从1905年算起，又增加了91.3万名新会员）激起昔日同情我们的手工业者起来反对我们。这些人过去接受我们纲领中提出的改革措施，因为他们把我们视为唯一真正的民主政党，但他们现在厌恶罢工，因为他们认为，罢工对他们的社会地位构成最大的威胁。同样，工人合作运动使小商人也脱离了我们。小农最初是投票支持我们的，因为通常他们的生活比大部分产业工人更悲惨。但是这一次，他们连我们反对肉类涨价的宣传都不赞成。一部分知识分子早在1903年就认为自由主义行将垮台，这次却被德恩堡的陈词滥调所欺骗，他们自以为德国自由主义的神奇权杖将会再次显灵。当然，某些知识分子不赞成我们党的争论方式，并因此而不再投社会民主党人的票，这样的人是有的，但就选举的总结果而言，他们的人数并没有多少。在工人阶级内部，黄色工会自1903年起获得发展并有意识地拉拢那些过去对政治漠不关心的群众来反对我们，在这些地方，我们失去了一些选票。从1893年以来，基督教工会和天主教工人团体积极进行了反社会主义的活动。它们企图将那些逃离容克统治下的农村地区、来到城市或工业区栖身、充满基督教传统的工人争取过去。由自由党人领导的、会员人数停滞不前的工会一反1903年的做法，这次也反对我们。而农业工人呢，在设立了秘密填票室以后，他们认为那就是自由和秘密选举，他们在东普鲁士各省投了我们的选票，但在亲身经历了1903年的选举后，他们明白了容克地主照样知道每个人把选票投给了谁，因为在那些不符合规定的票箱（有盖大汤碗、香烟盒子）中装选票的纸袋是一个一个地重叠在一起的,然后再按照投票的顺序取出来。现在,农业工人害怕容克地主和他们的卫士的恐怖活动,在许多村庄,他们大量地投弃权票;或者出于恐惧,干脆投他们的天然敌人的票。人们向低级官员许愿,在邦、帝国和各部门提高待遇。向各邦数十万企业工人发放奖金或许下诺言。人们就是这样用物质手段来反对我们。人们还试图利用俄国革命和关于总罢工的讨论来攻击我们。我们所有的对手都向资产阶级描述了迫在眉睫的无产阶级专政的"恐怖",他们便开始行动起来同"内部敌人"进行斗争。

除这些一般原因外,在某些地方还有一些特殊原因。例如在"红色王国"萨克森,1903年时,资产阶级中有大批人投了社会党人的票。对当时在位国王的坏印象、公主继承事件、增加国家元首年俸和同时提高附加税、盗用选举税及许多其他事情大大激起了萨克森食品杂货商的不满情绪,他们用投社会民主党人的票的方式来表示抗议。失去这种支持是可以理解的。人们不是宣布要按照中产阶级的愿望进行选举改革和减少附加税吗?1903年,我们在萨克森的某些选区获得的选票几乎超过我们在以往的选举中所获选票的一倍。我们未能长期赢得这些新选民,这主要是由他们的社会地位决定的。但是在柏林,尽管我们的对手进行了拼命的努力,但我们的斗争战绩辉煌,从1903年起,赢得了8.3万张选票。在柏林市及其市郊的8个选区中,我们的对手只在市中心的第二轮选举中胜过我们,而在另外7个选区,我们在第一轮投票中就超过了对手。

由于这些原因,指导委员会才能在致德国同志的号召书中正确指出,尽管我们遭到了失败,但我们没有被战胜。社会民主党人的选票增加了25万张,从1903年的301万张增加到1907年的326万张。如果同1903年相比,我们少获得了38个议席,那么,我们这次失利应归咎于选举制度的不公正,这个制度对社会民主党最不利,因为议席的分配不考虑人口增长的因素。根据1869年选举法的规定，每10万居民应选出1名议员。尽管从1871—1907年，德意志帝国的人口从4150万增长到6100万，但今天选区的划分依然同38年前一样。如果每一张投出的选票具有相同的价值，那么我们至少应当有115名议员而不是43名。中央党获得了大约2183381张选票，比我们整整少100万张，但它有108名议员。它获得的选票大约是我们的2/3，但它的议席却是社会民主党的2.5倍。如果正确划分选区，各政党所获议席的比例将会如下表所示：

政党	大选中所获选票	就得议席	实得议席	+多 -少
社会民主党人	3258968	116	43	-73
保守党人	1070658	38	60	+22
国家自由党人	1654738	59	56	-3
帝国党	447308	16	22	+6
反犹太党人	448809	16	27	+11
中央党	2183381	78	108	+30
自由联盟	243369	9	16	+7
人民自由党	734582	26	27	+1
德国人民党	147933	5	6	+1
波兰人党	453774	16	20	+4
教皇派、丹麦、阿尔萨斯人和其他政党	510712	18	12	-6
其他	8342	—	—	—

在1月25日的选举中，下列获胜选区的得票数如下：

保守党人		社会民主党人	
海利根贝尔	12148	莱比锡兰	56712
古劳	11973	汉堡三区	65461
格赖芬贝格	11775	柏林四区	81039
普鲁士荷兰	11736	柏林六区	99560
拉比奥	11575	下巴尼姆	57862
桑格豪森	11541	泰尔托—贝斯科	
昂格堡	11485	—斯托尔科	104104
梅泽里茨	11388	总计	464738
罗森贝格	11149		
皮利茨	11261		
米里奇	10977		
瓦尔滕堡	10813		
苏来胡夫	10411		
诺伊马克的柯尼斯堡	10077		
代明	9312		
施滕贝格	8824		
罗伊斯（老系）	8634		
新斯德丁	8543		
丁克尔斯比尔	8387		
纳梅斯武夫	8269		
总计	210278		

因此，保守党人以总共210278张选票获得了20个议席。

而社会民主党人仅仅为了获得6个议席，就要得到464738张选票！

这些数字清楚地表明，著名的德国国会选举法对劳动者是不利的。

	1903 年	1907 年	增加
参加投票的选民	12531248	13193571	662323
有效选票	9495587	11262574	1766987
占选民的百分比	75.8%	85.4%	

在选民当中，1903 年投社会民主党票的选民占 24.02%，1907 年占 24.36%。我们获得的选票从 3010771 张增加到 3258968 张，增加了 248197 张。如果估计到由于上面指出的那些原因过去支持我们的选票失去了 25 万张，那么可以估计出选民实际上增加了 50 万人。社会民主党应当对增加这样多选票感到满足，因为尽管我们的对手用尽各种手段，仍然有 350 万选民拥护我们，他们比 1903 年 6 月 16 日的 300 万人更紧密地同我们的社会主义事业联系起来。我们的对手无法否认我们得到的"300 万人党"的称号。又有 25 万人的新鲜血液注入我们的队伍，准备在这个我们只向对手让出几块阵地的竞选战场上争斗一番。就连我们的对手也承认，当然是很不情愿地承认，群众不打算接受我们的敌人的诱惑，也不想背离我们。例如，一个变成极端保守派的社会主义叛徒在《反社会主义通讯报》上这样写道：

"工人在过去和将来都站在社会民主党一边。今天，社会民主党在经历了失败以后，**比以往任何时候都更加是一个工人党、一个无产阶级的党。**德国工人阶级按其对政治的关心程度越来越认识到，社会民主党理所当然是合适的代表。因此，特殊的社会民主问题和一般的社会问题不断深化和尖锐。社会问题的实质归结起来是这样一个问题：人们如何能够有机地使第四等级——工人阶级——加入资产阶级社会和如何能够将工人大军改造成国家的支持者？1 月 25 日**选举之后我们比任何时候都更难以解决这个问题。**现在，社会民主党比任何时候都更加是**一个阶级的党，一个无产阶级的革命党**，而且从无产阶级性和革命性来看，300万社会民主党大军只是现在，在经历了1月25日的政治烈火的洗礼之后，才获得了质量上的革命价值，而在1903年6月以后，它充其量只具有数量上的民主价值。"

社会民主党将通过顽强的行政工作在不远的将来完成其组织任务。在1907年选举经验的鼓舞下，它将千方百计地根据社会形势，在民众属于无产阶级的一切地方立足。德国社会民主党认识到，它比任何时候都更有义务不仅为社会主义理念而不懈地奋斗，而且高高地举起民主的旗帜。形形色色的资产阶级自由党人比任何时候都更紧密地同普鲁士德国反动政党中的沙文主义者勾结在一起。自由党人只不过是反动政党的走狗而已。由于有了他们——表明德国自由主义特征的最好例子，反动派在既可以选择反动派也可以选择社会党人的**第二轮选举中**获得了**32个议席之多**。他们还通过共同提名候选人的办法，帮助反动派尤其是在大城市获得胜利。自由党人至少给反犹太党人提供了6个议席。人民对这样的党不能抱有任何期望。自1907年的选举以后，该党的影响比以前更小了，因为由于自由党人在第二轮选举时采取的策略，自由党在议会中的地位进一步削弱了。当普鲁士德国政府打算增加人民的负担而无法用其他方法获得多数票时，自由党完全可以临时为政府效劳。德国自由党很久以前就放弃了它的历史使命。具有阶级觉悟的无产阶级绝不会和这样坏的自由党保持友好关系。相反，社会民主党的历史使命是完成被资产阶级自由党无耻地放弃了的任务，清除普鲁士德国封建主义在20世纪还残留下来的污泥浊水。

三、选举活动和关于政治总罢工的讨论

1903年的选举结束以后，我们敌人的报刊对修改选举法的问题进

行了长时间的讨论。现行的国会选举制度本来就是站不住脚的，但在这些反动派先生们看来还不够反动。保守党领袖要求制定针对有觉悟的劳动者的非常法，缩小结社的权利和享受普选权的范围。

没有必要在此详述敌人的意图，部分意图产生了一些完全愚蠢的想法。尽管这些愿望在这些年并没有变成法案，但社会民主党并不因此而放松对这些先生们的诡计的警惕。德国社会民主党在耶拿和曼海姆相当明确地宣布，它准备挫败一切侵犯国会选举权的企图，准备用一切适当的手段反对对结社权的可能侵犯。大家知道，在这些手段中，总罢工被认为是非常有效的斗争手段。

在耶拿产生的分歧在曼海姆被友好地消除了。党和工会在这个问题上的意见是一致的。德国社会民主党在耶拿进一步向德国肯定了在阿姆斯特丹由于通过荷兰决议案而确定的原则。不论是现在还是过去，无政府主义者所说的绝对总罢工是行不通的。总罢工是挫败反动派企图侵害工人阶级首要权利的阴谋的最后手段。政治总罢工是具有高度组织性和纪律性的军队的"最后手段"。经过长时间的讨论，倍倍尔的决议案在耶拿代表大会上以287票赞成、14票反对、2票弃权而获得通过。

"一、鉴于统治阶级和当局竭力阻碍工人阶级对社会的现存秩序施加合法的影响，或者在工人阶级通过它的代表在议会中施加这种影响时力图抵消之，使工人阶级软弱无力和剥夺工人阶级的政治经济权利：

代表大会认为有责任宣布，利用一切可能的手段，反对对人权和公民权的任何侵犯，始终不渝地要求完全平等的待遇，是整个工人阶级不容推辞的义务。

经验特别证明，执政党，甚至资产阶级左翼的大部分人都反对普遍、平等、直接和秘密的选举，它们只不过是容忍它而已。但是，一旦它们认为这种选举方式对它们的统治有威胁，它们就会设法废除它或加以限制。出于对工人阶级可能在邦议会中产生影响的恐惧，它们便对在各个邦（普鲁士等）扩大普遍、平等、直接和秘密选举的做法进行抵制并对本来就落后的选举法加以限制。

例如，野心勃勃而又无耻的资产阶级和狭隘的小资产阶级在萨克森和所谓的汉堡和吕贝克共和国对选举权进行限制，这完全是侵权行为；还有，资产阶级政党的议员提议限制德国各邦（巴登、萨克森、萨克森—迈宁根）和各地区（基尔、德累斯顿、菲尔特、开姆尼茨等）的市镇选举权。

但是，鉴于普遍、平等、直接和秘密的选举是共同体政治蓬勃发展的条件，正如充分的结社自由是工人阶级经济复兴的条件一样；

还鉴于，工人阶级成员不断增多，它的智慧，它为全民族的经济和社会生活提供的劳动，以及它为国家的军事防御所作出的物质的和肉体的牺牲，工人阶级已成为现代社会的主要因素。因此，工人阶级不仅应当要求保持、而且应当像社会党纲领中提出的那样，要求扩大一切代议机构的普遍、平等、直接和秘密的选举权以及保证联合的充分自由。

因此，代表大会特别声明，如果出现破坏普遍、平等、直接和秘密的选举权或者侵犯联合的权利的情况，整个工人阶级有义务采取一切适当的手段进行自卫。

在这种情况下，代表大会认为，为了避免这类针对工人阶级的犯罪行为，或者为了争取工人阶级解放的基本权利，群众最大限度地停止工作是最有效的手段之一。

但是，为使利用这一斗争手段成为可能，而且使之尽可能成为最有效的斗争手段，最大限度地发展工人阶级的政治和行业组织，通过工人报刊、口头和书面的宣传不断地对群众进行教育是绝对必要的。

这种宣传，应当阐明工人阶级的政治权利，尤其是普遍、平等、直接和秘密的选举权以及联合的自由的重要性和必要性，应当指出国家和社会的阶级性质以及统治阶级和当局利用它们独占的政治权力每日每时对工人阶级滥施淫威的现象。

所有党员，当在他们的行业中有一个工会组织，或者可以成立一个工会组织时，都应当参加工会组织并竭尽全力为实现它的目标而奋斗；反之亦然，每一个有觉悟的工会成员有义务参加本阶级的政治组织——社会民主党，并从事传播社会主义报刊的工作。

二、代表大会责成指导委员会出版一本阐述本决议的各个要点的小册子。该小册子应当在整个德国工人阶级当中散发。"

就普鲁士、萨克森和汉堡发生的选举权事件，党的某些机构曾提出疑问，目前面临的是否是耶拿决议所预见的情况？是否应当在这些邦宣布政治性总罢工？各主管部门对此问题作了否定的回答。

在普鲁士和汉堡，人们同意总罢工。在萨克森，只有少数人赞成政治性总罢工，在为此而召开的一次会议上，大多数人不赞成这样做。这种形势，以及使科隆工会代表大会的决议和耶拿党代表大会一致起来的必要性，导致人们在1906年的曼海姆代表大会上以386票对5票通过了如下决议：

一

社会党代表大会确认耶拿代表大会关于总罢工的决议，并且在证实科隆代表大会的决议和耶拿代表大会的决议之间没有根本矛盾之后，认为关于科隆代表大会决议的讨论已彻底结束。

代表大会再次特别恳切地要求重视那些促进党的组织发展、促进党的报刊传播、促进党内同志加入工会和工会会员加入党的组织的决议。

一旦党的领导机关认为有必要组织群众性的政治罢工，它将同工会总委员会联系并采取一切物质措施，使行动获得成功。

二

工会是在资产阶级社会环境中争取改善工人阶级状况的必不可少的组织。就其重要性而言，它不亚于社会主义民主党，它的任务是为振兴工人阶级和在政治领域争取与其他阶级平等的权利而斗争，但除了这项近期任务之外，还要为把工人阶级从各种各样的压迫和剥削之下解放出来，为废除雇佣劳动制、为在一切人社会平等亦即社会主义社会的基础上建立生产和交换的制度而斗争，这也是具有阶级感情的工会工人所应实现的目标。因此，这两个组织在它们的斗争中要经常彼此统一意见和合作。

在同时涉及工会利益和社会民主党利益的行动中，这两个组织的中央领导机构应当彼此统一意见，以产生一种共同的动力。

但是，为了保证党和工会在思想和行动上的一致（这对于无产阶级的胜利前进是必不可少的），使工会运动接受社会民主党的思想是绝对必要的。因此，每个党员有义务为此而努力。

关于政治性罢工的讨论使罗莎·卢森堡被判处两个月监禁，借口是她在耶拿所作的报告，法官说她企图煽动暴力行动。

这样的判决在普鲁士德国并不罕见。尤其最近一个时期这样的判决较多，因为检察院和法官们不了解社会主义这个概念，他们以为只要一提光荣的俄国革命，这个运动就会在普鲁士引起反响。这令人吃惊地表明，在普鲁士德国是如何尊重言论自由的。如果说无产阶级还没有为了争取选举权而在德国各邦使用极端的斗争手段，部分原因是由于帝国成立以后，各邦议会的重要性降低了。对外政策、海关和关税政策、军备政策、殖民地政策和海军等问题——这一切都属于帝国的职权范围，都由国会讨论。尽管如此，各邦议会仍然保留着广泛的权利。工厂视察、警察、学校和宗教问题及其他问题都由各邦按法律程序解决。为此，德国社会民主党多年来曾通过种种办法，试图对各邦的政策施加影响。在某些邦成功了，但是在实行三个等级制度的普鲁士这个最大的邦，我们还未能进入议会。实际上，等级制度是以钱柜为特征的。富豪们组成第一等级，富裕的人构成第二等级。因此，这两个等级有能力压倒第三等级的全体选民，因为议员不是由每一个等级选举，而是由三个等级选举，但实际上是由前两个等级选举，它们一贯能够确保优势。在大多数情况下，第三等级不起任何作用。统计数字就是证据。在1903年进行的普鲁士邦议会选举中，社会民主党获得了160万张选票，但是它没有一个议员。在此期间，三个等级的普鲁士议会修改了充满腐朽特征的议会选举法。在某些大城市，增加了议员的名额，实行了新的选举方法。在1908年的选举中，第一批社会党人有可能进入普鲁士议会，以便向容克贵族们宣布，无产阶级对于他们的政策所造成的状况感到愤慨。普鲁士是德国反动势力的中心。1906年在柏林进行的部分议员改选中，在第三选区有一个社会党人首次进入第二轮选举。在第一轮投票时，1112名社会民主党的选举人面对着的是1117名自由党人和211名反犹太主义者。在第二轮选举中，自由党人以1370票获胜。在此，必须指出，这是间接选举，也就是说，全体选民指定其他选举人，再由这些选举人选举议员。1904年，普鲁士议会举行会议，专门讨论普鲁士的政策。有143名议员参加了会议。党的领导机构出版了一定数量的小册子，以便进行代表大会指定同志们做的竞选鼓动工作。1906年1月21日、3月18日和5月1日在普鲁士举行了大规模示威，要求直接和秘密的普选权。当时的政治气氛很浓。俄国人民正在进行反对专制主义的斗争。在奥地利也爆发了大规模的争取直接和秘密的普选权的示威运动。而在普鲁士也开展了要求进行同样改革的运动，这使统治阶级的许多阶层感到恐惧。早在1904年12月，普鲁士议会就宣布反对在街上举行任何示威游行。尽管如此，充满恐惧的房东们仍然可以看到流血革命的幽灵在每一个街头巷尾出现。这种未经准备的运动促使被剥夺了权利的普鲁士公民去参加集会，并将集会变成强有力的示威，它仍然可以对统治阶级产生强烈影响。我们在普鲁士散发的600万张传单深入到最小的村庄。传单的结尾号召参加1月24日举行的集会。这一天正是圣彼得堡大屠杀纪念日。政府采取了措施，它下令张贴布告，提醒居民不要违反关于暴动和骚乱的法律条款。士兵已不准离开兵营。许多城市的警察配备了新式手枪，他们的军刀被磨得锃亮，以防万一。许多城市的银行和工业企业都配备了特种武装警卫。在驻防的城市中，列车整日不熄火，以便在需要时向邻近的工业中心运送部队。正直的资产者以为灾难已经临近。1月21日是社会主义纪律的胜利。破坏分子希望看到的社会党人遭到速射小步枪屠杀的情况几乎没有出现。1月21日再次证明，没有哪一个国家的阶级对立像德国那样尖锐。在英国、法国、意大利、奥地利看来极平常的事，在德国资产者看来就成了革命的开端。1月21日还导致一些司法判决。法官和检察院在一些报刊文章中发现了号召公众进行示威的煽动暴力的宣传，因此作出了有的长达一年的监禁的判决。在普鲁士散发的传单使人们惊奇地看到普鲁士法官对公正是如何理解的。同样一张传单可导致如下互相矛盾的判决：在柏林不予起诉；在埃尔伯费尔德宣布无罪；在施塔加德和格尔利茨判处一个月甚至三个月监禁。帝国最高法院批准了这四项相互矛盾的判决。普鲁士的选举运动也使议会抛弃了它对侮辱议会的行为不予起诉的做法。普鲁士一部分社会主义报刊的编辑被投入监狱，因为他们对议会没有表现出它认为它应当受到的尊重。侮辱议会诉讼案再一次揭示了建立在钱柜基础上的选举权和根据这样的选举制度选出的立法机构制定的法令是不合逻辑的。

　　萨克森的选举运动非常令人不安。在1896年的时候，萨克森对选举权的侵犯就比南部德国严重，当时，南部各邦正在改进选举立法。萨克森政府早在1904年就公开承认，这种只能偶然使社会主义工人当选议员的矫揉造作的选举权是难以保持下去的。但萨克森未作任何努力来改变这一状况。正是由于这个原因，在1905年的议会选举之后，运动一直没有停止。1903年11月18日和19日以及12月3日，萨克森举行了大规模的示威。

　　强加的不公正现象所激起的萨克森人民不断增长的愤怒情绪，以完全原始的方式表现出来。在莱比锡、德累斯顿、普劳恩、武尔岑、开姆尼茨、茨维考和其他地方都举行了大规模的游行。在德累斯顿发生了同警察的冲突。萨克森警察当局办事神速。27名被告由于一些微不足道的过失——越过警戒线、呼喊被认为是侮辱性的口号——而总共被判处20年徒刑。在莱比锡，有人指控《莱比锡人民报》，因为它在25篇文章中煽动暴力行动和侮辱萨克森议会。责任编辑被判处21个月监禁。在"阶级斗争"和"革命化"等词汇中就可以为不安找到足够的理由。当法官自己认为这些文章有可能使读者采取暴力行动时，他们就判刑。在萨克森像在普鲁士一样，都有过因为写了一篇文章而被判处一年监禁的事例。尽管选举权有名无实，仍然有一位社会党人进入了议会。前大臣冯·麦茨施先生被迫辞职。他的继任人霍恩塔尔伯爵已经许诺将修改法律，但未来将告诉我们会出现什么情况。不管怎样，新法律不会满足工人阶级的愿望。

长期以来，在各德意志共和国即所谓的自由城市中，资产阶级对于社会民主党谈虎色变。

随着无产者人数的增多和社会民主党在加入汉撒同盟的城市的议会选举中的节节胜利，这种恐惧加重了。在不来梅，对现有选举权的侵犯得以避免，只是最贫困的人争取公民所固有的选举权的念头被打消，同时取消了资产阶级子弟必须交纳16.5马克才能要求公民权的规定。

大选时，人们从汉堡的160名市议会成员中只选出80人，而这还不算最反动的。资产者希望永久保持更大的影响。人们利用房东和公证人的特权进行舞弊，实行三级选举制。1906年1月17日下午4时，议会正打算使选举法更加不公正，这时举行了很多抗议集会。工业、商业和航运部门都停工了。被这个计划激怒了的居民强烈抗议这一企图。警察对示威者实行监视。"流氓无产阶级"利用这一意外的机会在朔彭施泰尔区制造混乱并抢劫了几家商店。司法机关的调查表明，社会民主党没有参与这一事件。在 28 名被告中，只有一人属于一个政治团体。警方利用这一事件，宣布暂时取消党和工会的结社权。新的选举方案变成了法律，尽管如此，仍有 19 名社会民主党人在 1907 年 1 月进入了市议会。在吕贝克，选举权受到限制。大约有 14500 名国会选举人被剥夺了投票权。6000 名收入在 2000 马克以上的公民竟然选出了 105 名议员！必须指出，左翼自由党人参与了这些侵犯选举权的活动。为了维持它的阶级统治，资产阶级可以把它的一切原则拿来做交易。

正当资产阶级在德国北部的普鲁士、萨克森和所谓的自由城市里侵犯选举权，正当梅克伦堡作为一个没有立宪政府的邦为它的虽不及俄国、但与土耳其并驾齐驱的光荣感到沾沾自喜的时候，南部各邦正在试图扩大选举权。巴伐利亚和巴登就是如此。在这两个邦已经取消了间接选举制。在巴伐利亚，选举人应当满 25 岁、获得公民权超过一年并已纳税。符滕堡所有年满 25 岁的公民都享有普遍、平等、直接和秘密的选举权。在斯图加特，有 6 名议员按比例代表制当选。按比例代表制，符滕堡应选出 14 名议员，因此必须将它划分为两个选区。由于这一新制度，我们获得了 15 个议席，而不是以前的 7 个议席。在平等和直接的普选制度下，我们的同志在第一次选举中就获得了 12 个议席，而在旧的间接选举制度下，他们只有 6 个议席。在黑森，选举立法早已成为现实，我们在那里有 7 名议员。社会民主党在各议会中的议员人数总共为 128 名，即汉诺威 19 名，不来梅 17 名，符滕堡 15 名，巴伐利亚 12 名，巴登 12 名，鲁道尔施塔特 7 名，黑森 7 名，迈宁根 7 名，罗伊斯（新系）6 名，奥尔登堡 4 名，安哈尔特 3 名，萨克森 1 名，罗伊斯（老系）1 名。1906 年的议员人数为 115 名。我们在 8 个邦的议会中还没有议员，这些邦的选举运动正在如火如荼地进行。

四、工会与党

德国工会定期就它的工作和人员迅速增长的情况发表专门报告，工会会员的增长完全超出了人们的预料。请参阅这些文件。德国工会与党的关系不像比利时那样密切。以普鲁士为首的各个邦的反动立法机构禁止工会直接照搬党的政策，因为工会还要接纳妇女和青少年。尽管如此，工会几乎无一例外地充满了亲密无间的个人团结所激发的社会主义精神。特别是自从曼海姆代表大会消除了在对科隆工会代表大会和耶拿党代表大会关于政治性总罢工的决议的解释上的分歧以后，党和工会在一切涉及有觉悟的工人阶级的这两个方面的问题上，都努力采取统一步骤。社会民主党在任何时候都支持工会运动，因为反对资产阶级的工会斗争应当是统一的。在德国，除了加入工会总委员会的全国性的大行业联合会之外，还有一些地方性组织。在实施反社会党人法时期，地方性组织是工会组织的适当形式，因为它更善于躲避立法机构设下的圈套。因此，地方性组织逐步取代了全国性组织，力量不断壮大。曼海姆代表大会原则上主张建立全国性组织。大会通过了如下决议：

"代表大会责成党的领导机构同工会总委员会达成一致意见，从现在起直至下一届代表大会，设法按照吕贝克决议的精神解决这个问题，而不要考虑已提上议程的有关地方工会问题的建议。"

吕贝克决议指出：

"工人阶级在政治和工会领域进行的斗争要求将有关组织中的一切力量集中成为一个统一体。"

希望能够说服仍然拥护地方制的德国有觉悟的工会会员加入到统一

的组织中来。

五一节的庆祝活动是由党和工会联合会组织的，因此，党的地方组织和地方工会卡特尔也都赞成。根据历次国际代表大会的决议，党和工会成功地在各地逐步引进了庆祝五一节的最佳形式，即停止工作。

五、市镇中的社会民主党

在德国，社会民主党人进入的市镇越来越多。目前，德国有2000多名社会党市镇议员。在各个邦的大部分较大的市镇，社会民主党人代表着工人阶级的利益。在已建立起工业的农村地区也是如此。在这里没有必要描述德国有多少种市镇法律。只是在极个别的地方才有带有某些民主味道的市镇选举法。在德国几乎所有的邦都有等级选举法，阻止工人阶级获得多数。在许多市镇制定的市镇选举法更加恶劣，因为资产阶级害怕代表群众利益的社会民主党市镇议员积极工作，损害他们的利益。在德国最大的联邦会议，即普鲁士联邦会议中，由议会制定的三级市镇选举法阻止社会民主党获得它应有的影响。一些同志为人数众多的市镇议员创办了机关刊物《市镇实践》，就市镇生活中的一切问题发表有教育意义的文章，这个刊物成了社会民主党讨论市镇政策的机关刊物。为了保证这个机关刊物的存在并改进它的工作，1906年4月1日由党加以接管。某些省级组织和邦代表团将《市镇实践》寄发给各区的市镇议员，费用由党支付。1904年在不来梅举行的党代表大会上，社会民主党再次讨论了市镇政策问题，通过了市镇纲领作为市镇议员的指南。纲领是这样写的：

"目前情况下，市镇是满足居住于某一特定地区居民需要的行政机构；同时，它又是邦政府的附属机构。从这两种职权来看，市镇将服从我们社会和我国政治生活中阶级组织所固有的倾向，它将按照统治阶级的利益和为了统治阶级所追求的目的而从事行政管理活动。只有通过消除阶级统治才能建立民主的市镇组织，才能为从事为所有人谋福利的行政活动开辟道路。市镇活动的规模，一方面由居住在同一市镇的居民的社会生活需要决定，并在更高一级的行政机构的范围内决定；另一方面，由地区之间相互依存的关系决定。

与目前制定的有利于统治阶级的宪法和受统治阶级的利益支配的市镇行政管理法相反，社会民主党希望按照下列原则对市镇的法律和行政进行改造：

1. 市镇的管理只从属于法律和法庭。据此原则：

（1）根据居民共同体的原则成立选举团；废除财产的一切特权；实行一院制；通过普遍、平等、直接和秘密的选举组成市镇代议机构。

（2）限制邦对市镇不接受不合法的行政法规的权利的监督权；由普通法庭审理这些法规的合法性；取消邦的官员限制市镇自主权的行政权力。

2. 市镇税收应当由邦法律作出大致规定。

市镇需要的开支来源如下：

（1）由邦向公共卫生、教育、社会救济机构和道路修建公司提供津贴。

（2）对邦征收的所得税、财产税和继承税的附加税。凡是邦没有征收这种税的地方，市镇有权规定征收所得、财产和继承市镇特别税。

（3）地租递增税。

3. 市镇行政管理应遵循下列原则：

（1）对完成市镇的使命所必需的各种机构的组织和经营由市镇自行处理。这尤其是指市镇间的交通运输、垄断性的经营活动（照明、动力、取暖、有轨电车等）和公共卫生机构（清洁、食品、人体卫生、防病、丧葬）、民众教育（图书馆、阅览室等）、住房。

（2）一切卫生和民众教育机构应遵循无偿使用的原则，其余的，将根据使用市镇设施的民众阶级的经济力量决定收费的性质和标准。

4. 在市镇的工人政策方面，建议市镇进行如下改革：

（1）作为市镇政策的集中体现，组织劳动事务所，负责照管工人统计、劳动市场、失业、资料和监督市镇行政当局的政治和社会管理情况；在市镇和市镇让与的私人企业的劳动合同和供应合同中载入工资条款，取消罢工条款；采取严厉措施以防求情者，特别是利用在市镇代表机关中担任公职的人在招标、验收市政工程和交货过程中给市镇利益造成损失。

（2）成立工人委员会以便代表市镇工人的利益制定劳动条例，规定劳动条件，同工人委员会和市镇工人工会组织商议，按照工会规定的工资标准确定工资，按照工龄确定工资类别和等级，实行八小时工作日、工资照发的休假制度，设立受法律保护的养老金和孤儿寡妇保险金，同样，把医疗、养老和工伤事故保险扩大到市镇的全体工人，市镇工人和职员享有充分的结社权利。

代表大会要求社会党议员根据这些原则进行工作。

由于每个单独的市镇能力有限，进行上述改革可能有困难，因此建立市镇联合会是可取的。"

在图林根、萨克森和黑森当选的市镇长官不能就职，因为政府拒绝批准对他们的任命，根据国家法律的规定，在大多数邦批准是必不可少的。当奥芬巴赫市议会中的社会民主党多数选举一位社会民主党人任无报酬的陪审官时，黑森政府批准了，这是唯一的一次例外。自由党反动分子几乎发狂了。他们抗议政府在黑森议会两院中的态度。通常，黑森政府是拒绝批准在小市镇中任命社会党人当长官的。

六、组织与鼓动

正像党在阿姆斯特丹代表大会上的报告中所作的结论那样，由于我国的反动立法，社会民主党的组织结构不够严密。在每个选区都有一个或几个值得信任的人当领导，他们在每年的年会之后都重新当选，他们的任务是在党的指导委员会（它在每年的年会上改选一次）的同意下处理党的事务。当1899年禁止政治团体互相建立联系的帝国立法被废除的时候，人们感到有必要加强联系，应当把地方组织联合起来，使党建立在更加集中的基础上。人们建议学习大工会的榜样（它们在德国设有分会，分会的工作统一调节），建立一个全德社会民主党组织。这种严格的集中被筹备委员会否决了，理由是时机不成熟。1904年的不来梅代表大会向该筹备委员会派去了来自全国各区的23名受委托人，他们的任务是在耶拿代表大会之前三个月拿出一个新的组织方案。在整个德国统一交纳党费的建议也被否决。否决的理由是德国各个地方的形势差异太大。

然而，人们作出了这样的决定：中央财政最少可以得到向各地区交纳的普通党费的20%。新的章程适应了已有的条件。组织划分为各邦组织——区组织——选区组织。各选区还和指导委员会建立了直接联系。下面是耶拿组织章程中的最重要规定：

"凡承认党纲的原则，在经济上长期帮助党的人均被视为已加入本党。

凡有严重损害党纲基本原则的行为或因可耻行为而犯罪的人不得加入本党。

对于党、指导委员会、监督委员会或每个单独的同志来说，凡因死亡、放弃党员资格或被开除出党的前党员，都丧失了他作为党员所应享有的一切权利。

帝国每一个选区的组织的基础是社会民主党联合会，所有居住在某一选区的同志除特殊情况者外，均应参加该联合会。如果选区包括很多市镇，那么在所有条件许可的地方，都可以建立社会民主党联合会地方小组。

社会民主党联合会集中成为各区、各邦的组织，它们可以自主地——但须按照党的章程——处理党的事务。这些章程应提交给党的指导委员会，它们不能与党的整个组织章程相抵触。地方委员会必须向指导委员会报告它们的任命情况。

规定党费的权力交给各区和各邦组织。各选区必须向中央财政交纳至少20%的党费收入。遇有需要，或选区组织另有他用时，指导委员会有权放弃选区组织应交纳的党费的80%以上。

各社会民主党联合会的主席应在每次年度代表大会之后选举产生，他们每年应在 7 月 15 日以前向指导委员会提交报告。报告应包括以下内容：所进行的宣传工作的性质及发展情况，选区各小组成员的人数，党员交纳党费的金额，收入总额，各选区自己支配的钱的使用情况。

在无产阶级妇女当中的系统的宣传工作由值得信赖的妇女去做，如果可能，她们在各地应在征得党的决策机构的同意下委任。

代表大会是党的最高代表机构，下列人员可以参加代表大会：

（1）由国会各选区委派的代表，但是每一个选区的代表不得超过 3 人。如果在各选区选出的代表中没有妇女，该选区可以由妇女的专门会议来代表；

（2）议会党团成员；

（3）指导委员会和监督委员会成员。

议会党团成员只是在一切议会问题上有表决权，就像指导委员会在一切有关党的行政管理方面的问题上有表决权一样。

每年举行一次代表大会，由指导委员会组织和召集。

代表大会的任务是：

（1）批准关于指导委员会和监督委员会以及国会议员的活动的报告；

（2）决定指导委员会设在何处；

（3）选举指导委员会和监督委员会；

（4）通过关于党的组织和与党的生活有关的一切问题的决议；

（5）通过关于提交的议案的决议。

指导委员会成员的报酬由代表大会确定。指导委员会由 2 名主席、1 名司库、1 名书记和 2 名助理组成，他们有权互相替换。

主席、司库和秘书通过投票选举，在一轮投票中获绝对多数票即当选。当没有一位候选人得到绝对多数票时，将在两个得票最多的候选人之间进行第二轮选举；如两人仍不分高低则通过抽签决定。

2 名助理由监督委员会任命。

指导委员会负责党的事务，监督党的机构在原则问题上的立场。

指导委员会负责解决各选区、各区和各邦的组织之间在提名国会议员候选人问题上可能出现的分歧。

为了监督指导委员会，代表大会任命一个九人监督委员会作为受理对指导委员会提出的申诉的上诉机构。"

当情况越来越清楚地表明，在党内和各选区内事务日益增多，已不能作为额外工作来做时，党在各地任命了带薪的区书记。到1907年初，有28位带薪的在职书记。他们的任务是加强组织工作和分发党的报刊。区书记经常帮助本区新成立的分支机构进行领导工作并对它们进行监督。由于工作量增加，大部分大城市都为它们的区任命了书记。党的这一新的组织形式在财政上也增强了党的力量。党要实现新的计划同样也需要花很多钱。在选举期间，除了定期交纳的党费和报刊业的盈余以外，党还得到一部分捐助，这都是为了满足不断增长的需求。当爆发大规模的工会斗争时（例如1905年春在鲁尔地区发生的矿工罢工），党筹集的资金增加到277874.71马克。在为俄国专制制度的受害者进行募捐时，共收到33.9万马克，这笔款已交给俄国各社会党。为支持杜马选举，党募捐到2.5万马克，并已交给各社会民主党。最后，党每年还分担布鲁塞尔社会党国际局的费用2500法郎。

近几年，**社会主义妇女运动**也获得了巨大发展。在大多数邦，禁止妇女参加社会民主党小组，她们被剥夺了一切政治权利。不管怎样，在普鲁士，三年来她们可以在一定范围内旁听讨论。社会党妇女通常在公众集会上谈论政治问题。她们的组织工作由可靠的妇女负责，这些妇女每年经过选举产生。可靠妇女的数量1904年为100人，1905年为190人，1906年为325人。她们除了举办公开的报告会以外，还组织以文化教育为目的的朗诵会和讨论会。从1904年7月1日起，在柏林有一位挣工资的雇员成了德国值得信赖的妇女，她就是柏林菩提树大街3号的女公民奥蒂莉·巴德尔。妇女运动的发展使妇女机关报《平等报》的订户增多。该报1904年有1.1万个订户，1905年有2.3万个订户，

1906年有4.6万个订户，1907年有6万个订户。《平等报》进行了改组。为了教育妇女和促进儿童教育，《平等报》轮流为妇女和儿童增辟了副刊。工会运动也得到了妇女组织以各种方式提供的支持。过去没有受到经常推动的女仆运动在纽伦堡开展起来之后已经得到顺利的发展。最后，在某些城市成立了儿童保护委员会。

近几年，德国青年工人运动已经站稳脚跟。由于德国南部比较自由的立法，青年近卫军可以更好地在南部扩大活动领域。德国南部的青年近卫军在曼海姆（青年工人联盟就设在这个城市）代表大会之后举行了一次大会。出席这次会议的有81位代表，主要讨论了与青年有关的酗酒和军国主义这两个重要问题。根据青年工人机关报《青年近卫军》的财务报告，该报的发行量已达4000份。在德国北部，青年工人组织不关心党的政策，它所关心的只是教育问题，尤其是保护学徒工使他们免遭可耻的剥削。尽管青年工人的活动范围有限，也不能不遭受迫害。在普鲁士的柯尼斯堡，一位青年同志由于成立了一个学徒工组织被判处六个星期监禁和由于侮辱罪被判处三个月监禁。这位青年同志患有结核病，缓刑的要求也被拒绝。他被逮捕了，因为他没有自动投案。他在1906年的圣诞之夜被投入监狱。

曼海姆代表大会讨论了**社会主义与人民教育**问题。

大会通过的决议指出："党应当支持父母的教育工作。为此，它将在报刊上给予大众教育组织以必要和经常的关注，并出版适合儿童阅读的社会主义书籍。"

决议还指出："社会民主党有责任不断注意提高自己党员的一般修养，首先是通过系统地传播科学社会主义原理提高他们的理论修养。我们初步考虑的措施是：创办工人学校并在可能的情况下改善它的条件；组织系统的讲座；组织朗诵会和讨论会；如果可能，将收费晚会改为报告会；传播科学社会主义书籍，在报刊上阐述各种理论问题。

在党内，应当通过在节日期间出版书籍或有插图的出版物，通过出版名家的版画作品和出版具有艺术价值的娱乐性文艺作品，通过举办音乐会、讲座、集体参观博物馆等，通过报告会和报刊文章，通过适当地组织节日活动，启发和提高艺术观念。

一个七人教育委员会是这个组织的领导核心，它的带薪书记在柏林。该委员会制订报告会的计划和教学大纲并辅之以相应的文学课，对教育和艺术的定式提出建议，招聘演讲人和艺术家，它以各种方式努力完成它担负的任务。教育委员会每年由指导委员会和监督委员会选举产生。受指导委员会监督的管理机构的行政费用由党负担。凡是教育委员会采取的需要党提供资金的措施必须得到指导委员会的批准。

社会民主党把向走出学校大门的无产阶级青年灌输社会主义思想，使他们做好积极和自觉地参加争取解放的斗争的思想准备，作为一项迫切而重要的义务。

通过出版定期的机关报，对走出校门的青年进行社会主义教育的努力还将得到知识分子的帮助。该机关报将系统地阐述科学社会主义理论，在使青年获得普遍的智力发展时，把他们培养成性格坚强的人。"

教育委员会于1906年9月在柏林成立。

1906年的秋天，在柏林开办了一所进修学校，为党培养编辑和干部。候选人是由各个邦提名的。在候选人名单中选定了30位同志和1位女公民。学员的生活由党供给，有家庭的学员，他们的家庭还可以享受资助，课程持续半年。第一期课程由于12月13日国会被解散而中断。教师和学员都投身到斗争中去了。2月7日，第二轮选举结束后两天，党校复课。每天有五个课时。下午有两小时劳动。星期六下午学员没有课。

教学内容如下：

（1）工人权利。社会立法。家庭权利。宪法。

(2) 口头和书面交换意见，报刊出版技术。

(3) 经济史。国民政治经济学。

(4) 刑法，司法诉讼程序，免刑。

(5) 历史唯物主义，社会理论。

(6) 各政党的政治史。

(7) 工会运动，合作运动，市镇政策。

教师和学员在工作中的情绪非常饱满，使我们对未来产生了美好的希望。

为了更好地培养党内从事讲演的同志，指导委员会从1906年7月1日起出版《社会民主党通讯》，免费寄送给从事宣传工作的2500位同志。在这个通讯中，我们驳斥敌人的攻击，纠正敌人对社会民主党人和机构的新旧诽谤。社会民主党的宣传武器库还在诸如争取普选权运动和反对普鲁士在学校中灌输教权主义的计划的运动中向宣传者提供专门性的小册子。我们还出版了一系列社会主义宣传小册子，内容包括反对统治阶级的工具——国家——的极为丰富的资料。前进出版社出版了一整套有关市镇政策的小册子和一套工人卫生丛书以及大量专门出版物。前进出版社的营业额1903年为24.6万马克，1904年为34.7万马克，1905年为466827马克，1906年为440283马克。党的迪茨出版社继续出版《国际丛书》，并且为了对同志们进行理论教育，出版了一套新的社会主义科学著作。德国社会民主党的学术机关报《新时代》订户增加到7600个。这是一个很好的变化，它证明党内想接受理论教育的愿望是多么强烈。我们要特别注意通过勤奋的宣传使这一方面取得硕果。尽管已取得了这些进步，但我们对有组织的同志的理论教育仍不满足。根据提交给曼海姆代表大会的报告，社会主义报刊拥有837790个订户，我们的政治组织中有成员40万人。订户和政治组织的成员人数以前就已增长，在国会选举期间和之后尤其如此。党的印刷厂实行了八小时工作日，改善了工作条件，这是资产阶级大印刷厂望尘莫及的。除了学术杂志《新时代》周刊以外，1907年初在德国还发行了77种社会主义报刊，其中有65种日报，1种半周刊，6种周刊，2种半月刊和3种月刊。另外还有1种《新世界》家庭周报，该周报发行40万份，成为党的许多报刊的补充。另外，我们还有两种讽刺性报刊，其中的《实话报》发行量为22.7万份。

社会民主党在卡托维兹创办了1份机关报，以便向波兰工人进行宣传。

长期以来，我们和波兰同志在他们与德国党之间的关系问题上存在分歧。但在组织形式方面的分歧已经消除。协议是在经德国代表大会和波兰社会党卡托维兹代表大会批准的下述基础上达成的：

(1) **组织**。德意志帝国的波兰社会民主党人组成自治组织，其任务是在德国的波兰居民中继续进行组织和鼓动工作。波兰人组织是德国党的组成部分。它明确地承认德国社会民主党的纲领和决策机构，它也把德国代表大会视为党的最高决策机关。参加德国代表大会的代表团根据德国的组织章程任命。允许在有党组织的地方成立支部。

(2) **报刊**。波兰文报刊受指导委员会和波兰组织代表大会的监督。根据组织章程第23条的规定，德国指导委员会对党的报刊的原则立场有完全的监督权。在卡托维兹出版的《工人报》是居住在德意志帝国的所有波兰同志的正式机关报。为了既能对编辑部门又能对行政部门实行经常的监督，成立报刊委员会。该报刊委员会有一名委员由德国指导委员会任命。

国会议员候选人由选区会议提名，会议由选区内的同志或他们的代表组成。如果一个选区内的同志对某一人选意见不一，波兰党的指导委员会和全党指导委员会应立即协商，达成一致。

党的组织活动和鼓动活动受到了当局的各种破坏。它设置种种障碍以阻止政治运动和工会运动的发展。它利用各种机会，假借执行法律和法规之名，给我们制造麻烦，这些麻烦对受害者是十分不利的。根据年度判决报告，德国有觉悟的劳动者所遭受的惩罚如下：

1904 年：43 年零 2 个月监禁，21552 马克罚款。
1905 年：2 年零 3 个月教养，65 年零 7 个月零 2 周监禁，15400 马克罚款。
1906 年：2 年零 4 个月教养，66 年零 1 个月监禁，24861 马克罚款。

对出版罪和罢工罪所判的重刑在一定意义上讲是争取普选权示威之后的诉讼案的结果，是继纽伦堡和特别是布雷斯劳关闭工厂之后的煽动诉讼案以及像柯尼斯堡这样的国际性诉讼案的结果。在像莱比锡、布雷斯劳、马格德堡等司法部门对我们特别严厉的城市（4 月 19 日，在布雷斯劳一个警察砍伤了在门厅中的一个平静的工人的手，该工人当时没能发现作案人），我党的报刊和组织取得了特别巨大的进步。这些判决对孤立的宣传者个人来说是沉重的打击，但却给组织带来好处，它们为我们的事业起了鼓动作用，它们使党的力量在斗争中得到加强。在拯救世界的社会主义取得胜利和结束阶级统治以前，党是不会休息的。

瑞士社会民主党的报告

根据我党章程（1901年）规定，党由最老的全国性工人政治中心组织——**瑞士格吕特利联盟**（1908年它将庆祝成立70周年）、各州**工人联合会**、不属于党的某个州联合会的**工人联盟**和**地方社团**以及**单独的社团**所组成，但单独的社团代表党的条件是在它们所在的州内不存在党的地方支部。

到1906年底，党员人数为20337人。自从党成立以来，党员人数没有增加，而是在减少。幸运的是，这与实际情况并不相符。因为自1904年以来，人们建立了许多新的组织。我们复杂的组织系统、频繁的社会斗争、在更狭小的领域里为地方的和州一级的党作出的巨大牺牲都在消耗工人所交纳的党费。因此，尽管党只要求每个党员交纳20生丁的党费，但人们还是不肯报告党员的精确人数，从而不必向全国党交纳太多的钱。除了这些原因以外，我们的组织还是一个不稳定的机构，因为它的财源很有限。近几年，工会和合作组织取得了非凡的发展。它们已经把政治行动挤到了次要地位，但越来越多的迹象表明这一策略将改变。认为在拥有全民公决和法律提案权的国家中，政治力量是我们向越来越厚颜无耻的反动派进行斗争的主要武器这一思想迅速发展起来。由于地方和州一级政党的发展和巩固，我们最终将为一个有影响的全国性政党打下基础。值得注意的是，我们有3个语言区，这是影响全国性政党发展的严重障碍。这一段时间由于无政府主义的影响，这些地区的组织工作很困难，几乎没有取得什么成果。

如果把这一切因素都考虑进去,人们就不会对我们的现状不满意了。在1904年11月20日的代表大会上,格吕特利联盟书记处改为全国书记处。它的任务是在格吕特利联盟和党之间建立联系,将所有与此有关的问题写成年度报告,领导政治组织和在党组织内部举办尽可能多的报告会。在苏黎世召开的代表大会也一下子就通过了阐述党的理论和近期改革的新纲领(见瑞士格吕特利联盟出版物,第17—20页)。对于我们来说,1905年也是繁忙和动荡的一年。在政治事件中首推10月29日国民院选举中的舞弊事件。国民院共有167名议员,在属于工党的6名议员中有4人被取消资格(在国务委员会中,我们一个议员也没有),真正原因是他们明确表示完全代表劳动阶级的利益,这无疑对我们"自由的阿尔卑斯共和国"具有很大意义。故意使产业工人选举权名存实亡的选举制度极大地便利了选举中的舞弊行为。社会民主党的议员却被认为应对无政府主义者(反军国主义联盟、"直接行动"组织)的行为负责,为频繁的经济斗争负责。资本家的自由派报刊首先发难,它们大讲"工人报刊的煽动性文章"和"社会民主党及其议员在国会会场里狂妄自大的表现"。在49个选区中的24个选区和22个州中的12个州,我们提出了候选人,他们获得大约7万张选票。我们估计我们能得到大约25个议席。在苏黎世,我们的同志在第一选区成绩斐然(9份委托书)。社会民主党人的选票达到了1.1万张(即增加大约4000张)。第一位当选的资产者获得15400张选票。我们在第二选区获得3052张选票,在第三选区获得5745张选票。换言之,我们在苏黎世州享有7个议席。在第五选区(伯尔尼高地),选票从1441张增加到4258张;在埃默河谷,从17张增加到548张;在上阿尔高、湖泊地区、卢塞恩、索洛图恩、泰辛、诺因堡、日内瓦、阿彭策尔、圣加尔,我们各享有1个议席;在瓦特州和巴勒州,我们各有2个议席;在伯尔尼州有4个议席。在阿尔高州,以前提名的3位候选人尽管没有任何宣传手段，尽管"独立报刊"拒绝为工人候选人刊登不伤害他人的公报，但他们仍然获得大约2500张选票。巴勒城也取得硕果，公民布吕斯特兰胜利地进入第二轮选举，而弗赖编辑获得将近4200张选票。在圣加尔，自由党人使用了一切手段，以200票的多数击败了我们的候选人。在索洛图恩州，由于一系列不幸的事情，我们本来抱有希望的席位没有到手。在第12选区（卢塞恩）进行的无结果的选举导致了激烈的斗争；在保守派和社会主义者结成联盟后，自由党候选人仅以200票的优势获胜。这一胜利在很大程度上受到反对派报刊的欢迎，但它们的看法也是复杂的，这一胜利也给工人运动以更大的推动。1905年正值格吕特利280个支部庆祝节日之际，在洛桑举行了党的一般性代表大会，大会讨论了大学教师洛特马尔博士提出的关于修改义务法的建议，然后审议了医疗和事故保险方案、工场法以及一系列党的内部事务。大会决定按市镇召开会议，召开一次特别代表大会讨论军事问题，会议已于1906年2月举行。与此有关的决议如下：

"（1）瑞士议会党同意各国社会党的观点，要求取消文明人民之间一切形式的战争和一切战争手段。

它主张通过仲裁解决国际争端。

（2）只要在中欧人民之间还没有实现这一目标，社会党就同意建立民兵，其专属的任务应当是保卫国家，反对任何外部侵略。

（3）社会党抗议在罢工中使用民兵。

其实，这一类滥用权力的行为在这几年已经出现过，社会党要求保证此类事情不再重现。

如果军事改组方案中没有关于这方面的具体保证措施，那么它将坚决反对这一方案。

只要还没有提供这种保证，它将建议士兵们，每当有人命令他们攻击举行罢工的工人，每当有人命令他们把枪口对准工人时拒绝服从命令。在这类情况下如果可能的话，社会党将为其本人或其家庭担负拒服兵役带来的经济后果。为此，它将同行业组织接洽。

另外，社会党认为防止部队受到利用的最好保证是进行政治和工会宣传，行使选举权，以提高社会主义在市镇和国家中的影响。

通过特别捐助建立抵制基金，用以援助那些在罢工中拒绝服从命令的士兵。

(4) 社会党主张在对所有人实行义务兵役制的基础上，建立一种符合民主制度、与法律面前公民人人平等的原则相一致的军事组织。

它要求削减军备开支，反对一切非国防所必需的开支。"

我们在国民院中的议员尽其所能始终为工人阶级讲话，直到他们代表人民的资格被取消。他们在国民院中对政治警察的斗争和他们在讨论工商部报告（1905年）时的大无畏态度值得特别提倡，在这一报告中，工人积极分子被说成是制造动乱和蛊惑人心的人，是危害工业、破坏劳动乐趣的人，工人罢工所造成的威胁被认为和消耗等同。

就国民银行法和有名的莱克斯·西尔维斯雷特利事件，我党组织了两次公民投票来反对国家的立法（争取了3万个签名）。前者保证私人资本赢得巨大利益，而我们40年来提出的建立国民银行的要求则被无限期地推迟。后者对"颂扬"无政府主义的有害行为——这种行为在法律上既没有解释，也没有规定——的言论进行惩罚，办法是把瑞士和外国的自由主义者交给联邦当局的持钺卫兵。由于工人对政治不关心，这两次公民投票没有受到重视。我们只征得了2.8万个签名。由瑞士消费合作社联盟和某些商会发起的第三次公民投票运动得到了我党的大力支持。我们行使了人民否决权（57500个签名），但在表决时，我们被大多数否决。我们所预言的食品价格上涨从此全面出现。最后，我党支持由民主党人就联邦法律提出的关于利用瑞士水利的倡议，这个倡议有将近11万选民签字。由苏黎世和索洛图恩州提出的关于在联邦宪法中加进立法提案权的建议已由国民院提交给联邦委员会。

同往常一样，社会政策和工人保护立法困难重重。规定星期六和节日前夕5点钟关闭工场的小小的法律是这几年取得的唯一重要的成果。然而众多的例外已使这项法律面目全非。在许多大型企业，企业家实行了周末休息制。关于医疗和事故保险问题始终处于谈判阶段，为进行谈判，前一阶段又提交了一项内容贫乏的新方案。我们一贯强烈要求对工场法进行的修正几乎没有进展。相反，新的军事组织工作却快马加鞭，它每年在国家预算中占4500万法郎。由于工人的愿望在讨论中已经落空，党也就别无选择，只有号召工人参加反对工场法的公民投票。新的民法典也已提交联邦委员会讨论。在这一方面，人们也不关心商业、运输业、工业和小工业工人的利益，根本不对社会民主党委员会的建议多加考虑。如果新修改的义务法、还有劳动契约条例不写进新的民法中，那么，我党将不接受新民法。

在我党的地方和州一级组织中工作很活跃。我们已经拥有6种日报，9种党的机关报，它们每周出版2—3期。由于工人代表的人数在各个行政机构中不断增加，一系列州立工人保护法（学徒工法、女工法）已是面目一新。在苏黎世、伯尔尼、巴塞尔、比安城和其他许多工业地区，我们的同志通过选举和投票，已经或者接近于形成多数派。进入市镇议会的同志增加。历届政府所采取的有利于资本主义、而不利于为其生存而斗争的无产阶级的措施越来越清楚地将两个阶级区分开来，而即将通过的特别法（尤其是罢工法）为工会组织带来了数千名会员。

五一节庆祝活动的规模日益扩大。1905年和1906年，有85个市镇以游行、罢工和集会的形式庆祝这一国际节日。党免费分发了6万份宣言。鉴于我们的手段，几乎各地的工作都很好，有理由希望地方和州一级组织的壮大将为整个党带来好处。书记在他的两年任期内作了130场报告，其中大部分是在农村作的。

工会组织也取得了很大进步。瑞士行业工会联合会有将近5万名会员。还有大约3万名有组织的工人（包括铁路工人和运输工人）仍未加入工会。行业统计表明，每1000名工人中只有120人被组织起来，鉴于此，还有很多工作要做。有24个工会机构从事行业组织内部建设和人员发展工作；一个新设立的机构"妇女先锋"积极深入到女工队伍中；26名常设和地方工会书记为工人阶级服务；企业主们几乎全部组织起来，企图削弱工人组织的力量，但只是枉费心机；集体合同增多（主要是印刷工人合同）；缩短工作时间也取得进展。

同样，合作组织也取得了巨大的发展。"消费同盟"有大约15万成员，他们分别属于230个合作社，《人民消费报》有10万名读者。总社的营业总额达到1000万，各合作社的营业总额为5400万。尽管遭到攻击，合作组织还是在向前发展。主要趋势——即通过立法不断限制工会权利的做法——给了我们很大的帮助。总之，我们要用主要的武器即政治武器来健全我们的三种组织形式。

在"自由瑞士"的最"自由"的一个州，一位正直勇敢的社会民主党的编辑被驱逐，一位"反军国主义者"被判处8个月监禁，我们要同那些和我们一样被剥夺了生活欢乐、幸福、艺术、敏感性和意识的兄弟姐妹们一道进行斗争。但是我们知道，进步将是缓慢的，群众的不觉醒仍然给社会主义的太阳遮上一层阴云，尽管如此，我们仍然将我们整个的生命维系于无产阶级的理想，即人类的理想。

让我们从国内到国际一步一步地前进吧。各民族的曙光正在升起。

M. 费恩德里希
1907年2月8日于比安

保加利亚社会民主党的报告

一

我国有 400 多万人,是一个农业国,80% 的人从事农业,而农村小土地占有者又在农业人口中占绝大多数。

农业工人的人数虽有显著增加,但相对而言还是很少。大农业,即大规模耕作,尤其是大地产也有增长,但是,它在我国农村生活中还没有发挥主导作用。因此,中小型耕作业(农业)依然是粮食及其他农产品出口的主要来源。

尽管土地耕作进行过一些改良试验,但它仍然很原始。只是在大的耕作区(农业),尤其是在黑海沿岸,人们才能看到应用现代农业科技成果的趋势。

总的来讲,农村资产阶级和城市资产阶级构成我国占主导地位的大多数,它们使国家具有小资产阶级国家的特色,然而这个小资产阶级已经受到欧洲资本主义的严重冲击。作为大部分人口衣食主要来源的农业小生产,已经完全成为商品生产。自给自足的农业生产的痕迹已很少见。鉴于国家和市镇的所有捐税及一切收购活动均以货币支付,我国的中小农业生产者——且不说大规模经营者——几乎专门为市场而生产。

另一方面,城市人口尽管不断增加,但就全国而言仍是少数,主要由小手工业者和农业生产者、小商人和其他几乎过着无产阶级生活的小业主构成。主要从事中小型织机制造的工人人口还比较少，但由于其本身的发展和小手工业者、小商人及破产农民的增加，工人人数的增长非常迅速。大工业仍然处于襁褓之中。那里的工人力量主要来自农村地区，一般为妇女和儿童。目前，与农业有关的纺织、卷烟、制糖、面粉、啤酒工业等发展迅速。索非亚、菲利普波利斯、斯利文、瓦尔纳、布尔加斯、鲁丘克和加布罗沃目前是我国年轻的工业和我国商业的最重要的中心。家庭工业也有所发展，主要是在巴尔干山脉地区的小城市中得到了发展，这些城市过去曾经是很发达的手工业生产中心。

国家尽其所能，大力发展国内资本主义大工业。我国有鼓励民族工业发展的专门法律，它给予工业家很多优惠和便利。关税政策的制定也以这一目的为依据。最近，政府终于废除了从奥斯曼帝国继承下来的所谓"规定基督教徒或外侨权利的协定"。这些协定一直严重束缚着我们国家，阻碍它的独立发展。国家还签署了一些贸易及关税协定，它们对于发展中的大工业和贸易起了很大的保护作用。我国的铁路政策具有重要意义。国家作出一切努力使铁路网遍布全国各地，并改善其他交通道路，总之，使一切交通路线现代化。除维也纳—索非亚—君士坦丁堡这条连接西欧和我国的铁路线以外，我们还有一条贯穿北保加利亚、衔接索非亚和黑海重要港口瓦尔纳的大动脉及另外一条贯穿南保加利亚、衔接索非亚和布尔加斯（同样是黑海良港）的铁路线。目前正在兴建若干条新铁路线，其他新铁路线正在设计之中，不久也将开始建设。其中最为重要的一条是穿越巴尔干山脉的铁路线，它将从多瑙河畔的君士坦丁堡到海港城市德德阿加奇，把保加利亚南北连接起来。

有一条已建成的铁路线也同样很重要，它将来要把索非亚和白海以及亚得里亚海连接起来。

由于国家采取的令人鼓舞的保护主义政策，人们进行了认真的尝试，以开采国内的天然矿产资源。我国煤炭蕴藏丰富，尽管其生成年代不太久远，但它很适合工业利用。各种金属，诸如铜、铅、银、铁、锰等也很丰富。如果说在我国有什么东西阻碍采矿业的发展，那就是缺乏资本。为此，人们已经作了一些努力。另外，大商业以及信贷银行、出口银行都在不断地、迅速地发展。不论在我国经济生活中还是在政治生活中，大商人、工业家、高利贷者、企业家和各种"唯利是图的工商业者"都扮演着重要角色。今天他们是欧洲资本主义的先锋，构成我国的资本主义资产阶级。

总之，我们这个由于重要历史原因而在发展方面落后的小国正始终不渝地朝着资本主义国家的方向发展。目前它正处于资本原始积累的时期，试图迅速而轻易地发财——通过粗暴地剥夺靠小生产谋生的广大群众的所有权，掠夺目前在我国仍很重要的市镇财产、尤其是掠夺国家的财产——构成了为数众多的资产阶级小集团生存和斗争的根本原因，并给整个国家的政治生活打上了深深的烙印。目前，资本主义在我国起着主要的破坏作用。它摧毁旧的生产和交换的方式和方法，以令人惊异的速度把城乡工人群众手中的财富转移到新兴资产阶级手里，为新的资本主义生产方式和交换方式的发展准备必要的条件。

国家在这一社会进程中起了很大作用，它尽其所能来适应资本主义发展的需要和新兴资本主义资产阶级的利益。

我国实行完全的中央集权制。它有一个相对庞大的官僚机构和一支与国力相比相当庞大，拥有最现代化破坏手段的现役军队。

显然，这种状况使很多西欧人把我国称为东欧的日本。我国资本主义资产阶级的民族主义狂热和小资产阶级在马其顿问题上的民族主义狂热（解放马其顿，将其归并于保加利亚在我国已成为民族"理想"，为此理想，人们付出了巨大的代价），对我国军国主义的发展起了推波助澜的作用。然而事实上，保加利亚资本主义资产阶级以这个理想为幌子，干着掠夺广大群众的勾当。

在政治方面，我国实行的是君主立宪制，由王储担任行政首脑。立法权由普通国民议会代表，国民议会经由普遍、平等、直接和秘密的选举产生。凡年满21岁的保加利亚公民都有选举权。除了普通的国民议会以外，还有一个大国民议会，它也是按普通国民议会的方式选举产生的，但它与前者的区别在于：它在每1万居民中选举1名议员，而普通国民议会则在每2万居民中选出1名议员。

我国宪法专门规定了出版、言论、集会和结社自由。当然，这丝毫不妨碍我国政府比其他没有用组织法专门规定这些自由的更先进的国家更经常、更随便地践踏这些自由。之所以如此，是因为我国不发达和社会分化不严重，因此没有组织良好的政党。

领导保加利亚的是一些政治小集团，由于它们的软弱和缺乏与群众的联系，不得不求助于君主政体的仁慈。一般来讲，这些政党不是从下面得到选民的信任而执政，而是从上面得到国家元首的信任而执政。国家元首从各政党领袖中挑选大臣。各政党进行选举，产生议会，毫无疑问，议会中的多数都是它们的支持者和党徒。因此，不是议会任命大臣，而是大臣挑选议员、组成议会。在这种情况下，王储及其政权在我国占有举足轻重的地位，它们对我国的对内对外政策的性质和方向常常具有决定性的影响。当然，这种重大影响并不违背资本主义资产阶级的利益。

事实上，为了能够自由地、不受阻挠地剥夺广大群众的所有权，为了致富和巩固自己的经济和政治权力，资产阶级必然需要一个稳定的盟友。它在王族政权中找到了这样的盟友，而后者迫于形势也需要资本主义资产阶级的支持。

正如众所周知的那样，由于1877—1878年的俄土战争，我国获得了独立的政治生命。这场战争对于我国具有重大的历史意义；其结果是使保加利亚从苏丹的桎梏下解放出来。保加利亚的解放不仅起到了政治革命作用，而且更重要的是起到了社会革命的作用。它清除了我国封建主义的最后残余，因此，君主专制政权一旦在解放了的保加利亚确立之后，就只能去寻求新兴资产阶级、新国家的庞大官僚体制和现代化军队的支持。因此，一方面由于缺乏君主政体可以依靠的封建残余，另一方面又由于缺乏对真正的议会制政府感兴趣的、组织良好的社会阶级和政党，君主政体在保加利亚得到了自由的活动范围，并与资本主义资产阶级两厢情愿地分享政权及其利益。所以，随着时间的推移，尤其是随着工人运动的出现，它们之间的关系愈加密切。今天，君主政体在我国依靠的是新兴资本主义资产阶级、拥有官僚体制的国家及其强大的军队。

这样，我们就可以明白，为什么君主政体对于开发"国家资源"和扩充"国家军队"非常关心，而以自己的政党和政府为代表的资本主义资产阶级则迫不及待地要巩固"国家王朝"和恢复"王权的威望"。今天，君主政体和资本主义资产阶级正共同努力，以便互相支援，在我国奴役广大人民群众，尤其是消灭"社会邪恶"——社会主义和方兴未艾的工人运动。君主政体和资本主义资产阶级感到，它们的利益正受到每天都出现和变得愈来愈大的"红色幽灵"的威胁，因此，它们采取一切必要措施，以便消除危险。在结社权、罢工和出版方面，我们已经有了非常法，这是阶级矛盾的明显迹象。

在我国，资本主义资产阶级与工人阶级利益之间的对立已经出现，而且还相当尖锐。目前的特点是，君主政体和资本主义资产阶级的反动的、反工人的政策得到了整个资产阶级（不论是执政的还是在野的）的完全同情和支持。然而，在我国更有特点、更有趣的现象是，以反对派资产阶级政党为代表的在野的资产阶级最近成立了一个联盟，它完全支持政府搞的反对工人解放运动和反对社会主义的反动运动，同时它又试图利用工人对这项严厉政策的不满情绪来推翻政府。但是，最有特色并且值得外国同志注意的是，所谓"宽广"社会主义者——我们把他们看做是披着社会主义外衣的小资产阶级倾向的派别——参加了在野的资产阶级小集团联盟，该联盟的唯一目的是推翻政府。由于他们经常在外国社会主义报刊上发表文章，由于他们参加了国际局，这些同志给很多西方人造成一种印象，好像他们代表的是社会党，而且是保加利亚最强大的党。

然而，这个"社会党"却加入了由在野的资产阶级小集团组成的这个著名的联盟，这一事实在我国只能证明，它是一个资产阶级小团体，热衷于"更新"和"调和"那些随着资本主义和工人运动的发展而在我国不可避免地出现的过激行动和矛盾，它已经变成资本主义资产阶级手中的驯服工具，它当前的主要目的只不过是要阻止工人的解放运动，使工人放弃阶级斗争。另一个小资产阶级派别——所谓激进民主党人——也扮演了资本主义资产阶级手中驯服工具的角色。他们与"宽广"社会主义者的区别在于，他们更彻底，他们不把自己称为社会主义者。他们也加入了小资产阶级反对派联盟，他们所担负的任务是在正向资本主义迈进的保加利亚"调和"过激行动和矛盾。

反对社会主义和工人运动的斗争是我们当前这个时期的特点。在这个斗争中人们使用了两种办法：一种是利用严厉的法律；另一种是进行欺骗和腐蚀。整个资产阶级都拥护第一种办法。不过，反对派在利用这种办法的消极结果的同时，更倾向于利用第二种办法，以便吸引有不满情绪的工人，腐蚀他们，并使他们脱离以我党和追随我党的工会为代表的有觉悟的工人阶级所进行的独立斗争。总之，我国的资本主义资产阶级由于在其经济和政治发展道路上遇到了方兴未艾的工人运动的初次严重反抗，所以想竭尽全力来摧毁这一运动，使之失去进攻性。那么达到这一目的的最好办法就是恐怖、严厉的法律、诡计和腐蚀。

我们党正是不得不在这种情况下进行活动的。

二

资本主义和社会主义是从外国传入我国的。从保加利亚脱离封闭和封建的奥斯曼帝国之日起,外国商品和随之而来的欧洲文明便在我国找到了适宜的场所。因此,从保加利亚作为经济和政治统一体存在之初,它便不可改变地走上了迅速发展资本主义的道路。但是像任何时候一样,当一个国家所出现的新的经济和政治形态不是该国缓慢和稳定发展的结果,而是对外国形态的模仿和抄袭时,资本主义突然闯入保加利亚给我国的整个社会机构带来了强烈和深刻的震撼。一时间,保加利亚经历了迅速的破坏过程,其表现为,原有的经济关系迅速瓦解,旧的生产和交换形式迅速改变。这一极为迅速的破坏过程将大批人赶出生产和交换领域。他们由于在别处找不到工作,便拼命涌向刚刚成立的国家机构及军队、行政、司法等部门。幸好,国家在初期需要大量工作人员。因此,它可以接受一部分人。其余的人则转向省和市的行政部门和自由职业以及随着国家的社会和政治新生活的产生而产生的其他部门。这样,在一定程度上缓解了由于资本主义突然引进我国而造成的后果。但这一过程还远没有停止,它在继续发挥它的破坏作用,使失业人数越来越多。随着时间的推移,没有专门职业的人数变得相当可观,又由于生产或贸易根本不可能给他们提供工作的机会,所以,这些人便投身于政治,成为新成立政党的干部,开始在国家的政治生活中发挥重要作用。

是**社会主义者**最先指出这一破坏过程,并且对此进行了**解释**。在我国,社会主义者最先指出了"邪恶"的根源,这种"邪恶"已经使小资产阶级的空想理论家牢骚满腹,并留恋"旧日的美好时光",那时,每个人都有自己的一小块土地,有自己的小职业,在土耳其苏丹的庇护下,可以幸福地生活。但是,社会主义者并不局限于只分析"邪恶"

的根源。他们更进一步指出了在保加利亚开始的这一过程的客观结果。他们指出，国家刚刚走上资本主义的发展道路，资本主义的发展不仅将把我国改造成资本主义现代化国家，而且将使资本主义走向它的反面，这是不可避免的。社会主义者指出，动摇国家的破坏过程是历史的必然，是保加利亚未来经济和社会进步的先决条件。他们认为，资本主义将动摇并摧毁旧的生产和交换形态，剥夺广大劳动群众的资本、工具和土地，而将它们集中在少数人手中，即集中在最有权势、最富有的人手中。通过这一过程，资本主义将为发展资本主义的现代化生产和交换创造必不可少的条件，从此，生产和交换将以雇佣劳动和对那些被刚刚闯入的资本主义剥夺了工具和其他生产资料而沦为**无产者**的人的剥削为基础，无产者是以生产资料集体所有制为基础的新社会秩序的代表。

不言而喻，这些"异国的"和"危险的"思想在小资产阶级思想家看来就像一枚炸弹，并在他们和"新人"，即社会主义者之间引起了一场激烈的论战。在这场斗争中，社会主义终于在我国站住了脚。它甚至还取得了这场斗争的胜利，因为它为保加利亚发生的事情作出了不容置疑的解释；这一解释既不能被否定，也不能被轻视；它深深地打动了广大劳动群众；它震撼着思想活跃的人。

像一切落后的人民中常有的情形那样，在我国最先接受社会主义思想的人，大部分来自小资产阶级，他们是一些小学教师、大学生，甚至还有中学生。我们的第一批社会主义者吸取社会主义思想的主要来源是俄国的社会主义著作，当然是秘密出版的著作。普列汉诺夫同志可以被天经地义地称为保加利亚社会主义之父。他对保加利亚社会主义者的影响过去是、将来仍然是巨大的。保加利亚的社会主义者都看不懂欧洲的著作，尤其是德国的著作，他们只能从俄国的著作，尤其是普列汉诺夫的著作中学习社会主义。这可以从保加利亚语和俄语相近以及在解放农奴的初期俄国文学对一般保加利亚人的巨大而深刻的影响中找到答案。

当然，俄国的社会主义思想在其初期既不够明确，也不够成熟；它包含了不少从外国混杂进来的成分。这和俄国文学的情形类似，它在初期也包含了外国的混合物。但是随着时间的推移，在我们的共同导师马克思和恩格斯以及实践的影响下，社会主义思想更加明确、更加成熟了。这还应当归功于在较短时期内在保加利亚出现的社会主义著作（大量译著）所产生的巨大影响。在经历了资产阶级著作的普遍贫乏状况以后，社会主义著作正在产生较大影响，即使对于资产阶级知识分子而言也是如此。社会主义思想的成熟，还受到社会主义者之间的论战的强烈影响。在社会主义运动兴起之初，保加利亚社会主义者之间在我国的一些问题以及社会民主党的策略上产生了激烈的争论，最终出现了正式分裂。一部分人认为，为了在解放斗争中变得强大，社会民主党应当依靠强大的工人行业组织，这种思想本身是正确的；他们提出，社会民主党人在投身政治斗争之前，应当首先进行经济斗争，将工人组织成行业联合会。分裂以后，支持这些思想的人组成了"社会民主联盟"，被称为"联盟派"。而另一部分人则组成了"社会民主工党"，被称为"护党派"。他们承认，应当依靠强大的工人行业联合会作为有效斗争的必要条件，但他们同时又强调，为了这种斗争，一定不能把无产阶级的经济斗争和政治斗争割裂开来，更不能把它们对立起来，经济斗争和政治斗争是无产阶级为解放自己而进行的同一斗争的两个方面；政治斗争非但不会妨碍经济斗争，不会使工人难以组成行业联合会，相反地，它恰恰会促进联合会的进步和繁荣。因此他们主张，社会民主党人应当组成政党，参加政治斗争并努力设法把工人集中到工会中去，同时使他们懂得工人阶级的总体利益和理想。尽管如此，这场争论只是把社会主义者分裂为两个对立的阵营，根本没有产生确有实际意义的结果。而且，结果也只能如此。"联盟派"关于必须首先把工人组织成行业联合会，然后开始政治斗争的观点遇到的我国社会生活的现实是：当时没有需要加以组织的工人，或者更确切地说，当时只有很少的工人，而他们又被淹没被在小资产阶级的汪洋大海之中。因此，尽管"联盟派"大谈特谈行业联合会，但他们事实上只成立了唯一的一个行业协会。

此外，"联盟派"和"护党派"之间的斗争并不长久。在不断增强的政治上的反动势力的压力下，这两个阵营结束了争斗，并成立了一个共同的组织，他们称之为"社会民主工党"。至此，保加利亚社会主义运动的第一阶段，即社会主义在我国立足的阶段结束了。

社会主义运动发展的第二个阶段同样以分裂而告终，这个阶段的特点是，运动范围扩大到几乎令人难以置信的地步，与这类运动的固有条件根本不相符。这个刚刚由于"联盟派"和"护党派"的联合——这是不自然的联合，因为他们是貌合神离——而成立的党，在经过一个很短的停滞阶段以后，小组和党员数量便开始发展和壮大起来。有一段时间是保加利亚社会主义运动发展过程中最关键的时刻，当时我党有75个地方组织和3000多名党员，但其中只有大约200人称得上是社会民主党人。我党这种不自然的发展，可以从广为人知的斯坦博洛夫垮台之后继之而来的斯托伊洛夫政府末期所发生的某些事件中找到答案。当时，斯坦博洛夫政府得到了西欧的赞赏和支持，它以肆无忌惮地迫害亲俄分子和在后期迫害社会主义者而著称，它成为新兴的资本主义资产阶级朝着"民族生存"、"民族独立"迈出的第一步。这届政府还同俄国的企图——对年轻的公国实行绝对托管，使它与西欧的任何影响和文明隔绝，把它维持在与土耳其相似的地位上，使它为实现其征服计划服务——进行了不断的斗争。这些企图根本没有实现，但是，对于保加利亚本身来讲，持续多年的紧张局势、内部骚乱、迫害和专制却给国家打下了深深的烙印。不仅资本主义，而且随之产生的官僚主义、尤其是军国主义都从中获益匪浅。但是，斯坦博洛夫政府终归不能为资产阶级所容忍。资产阶级最终意识到，该政府在同俄国的斗争中已耗尽国力，已经不具备"正常扩大"资产阶级在它的统治下早已聚集起来的财富的必要条件了。因此，它认为有必要同俄国签订和约，以便在保加利亚本国实现和平。而斐迪南亲王呢，他早就在等待机会解除他的首相职务，他也赞同这样的解决办法。再者，俄国政府也准备罢战言和。总而言之，斯坦博洛夫政府应当退出舞台，这尤其是那些曾经从中获得过最大好处的人——资本家、商人、企业家、高利贷者等——所期望的。该政府的垮台受到了普遍的欢迎。但是，正如我们所指出的，该政府对国家生活的影响十分强烈和深刻，其影响至今仍能让人感受到。到了斯托伊洛夫政府的后期（总的来说，它只是前一届政府的继续而已），前届政府的影响最严重，在经济和财政方面尤为如此。

在1897年和1898年间出现了经济危机的最初征兆，这场危机对年轻的社会主义运动产生了决定性的影响。我们要马上指出，我们所说的"经济危机"并不是袭击了高度工业化国家、并明显地证明这些国家的生产力已显然同现存经济关系发生矛盾的经济危机；恰恰相反，这是一场由于生产力发展不足而在资本主义仍然弱小的国家中发生的经济危机。在这场危机中，农业首当其冲，而由于农业是商业和工业的支柱，所以商业和工业也受到了打击。

正如我们在报告的第一部分中所指出的那样，资本主义闯入我国以及我国边境对外国商品的开放，为我国农村经济带来了一场真正的革命；农村经济变成了交换经济。斯坦博洛夫政府以及随之而来的斯托伊洛夫政府都大大地强化了这一倾向。我们的农业种植者开始几乎专门为市场而生产。农业种植者除了负担沉重的、而且不断增加的赋税之外，还要满足高利贷者的要求，再加上他们自己不断增长的需要，这一切都极大地刺激了农业生产者对金钱的欲望。为此，农业生产者要么扩大耕地面积（这是不可能的，因为缺少资金），要么通过更合理的耕作提高自己土地的生产能力，这也是不可能的事情，因为这一改革也需要他们所缺少的资金,尤其是因为他们受着农民的愚昧无知和保守思想的束缚。因此,我们的农业生产者使用原始的工具,被迫对土地、森林和其他农村经济资源进行掠夺性开采。结果只能是可耕地急剧变得贫瘠,森林遭破坏。总之,直接或间接养活我国大约4/5人口的主要资源枯竭了。斯托伊洛夫政府的最后三年水灾严重,农业歉收,大大减少了农业种植者和国家财政的收入。特别是小麦价格在欧洲市场急剧下跌之后,危机更加尖锐和令人痛苦。这是对农村人口的最新的沉重打击,引起了商业和工业的停滞;同时,也为手工业者和农业种植者的运动创造了条件,这些运动在我国的政治生活中发挥了重要作用。这是由于经济危机在广大小农业种植者、商人和手工业者中间引起了极大的不满情绪,这种情绪不断向广度和深度发展。这一危机也给政党、尤其是给资产阶级思想家带来了不安。他们从各个方面寻找国家突然遇到困难的原因。在这个问题上,社会主义者也发挥了重要作用。他们不仅指出了经济危机产生的原因,而且还指出了可能摆脱危机的方法。原因应当从国家落后、资本主义还不发达这方面来找,因为早期资本主义与其说在创造,不如说在破坏。

社会主义者认为,摆脱危机的出路在于发展资本主义、发展工业。他们说,我们既然已经走上资本主义道路,就不能后退,应当坚持走这一条道路,应当尽一切努力发展生产力、发展新的生产和交换的形式,它们迟早必将代替已经过时的旧形式。

然而,不满情绪日益在城乡劳动群众中蔓延。斯托伊洛夫垮台之后,政权落入了"古尔丹分子"(我们是这样称呼保加利亚的一个自由派小集团的)之手,他们在斯托伊洛夫执政时网罗了一大批心怀不满的人,其中大部分是属于小资产阶级的失去社会地位和迷途的人。这时的不满已经成为普遍的抗议活动。自从这个小集团掌握政权以来,不平等、暴力和掠夺等现象就层出不穷。为了哪怕是稍微"恢复"一点已完全不平衡的国家财政，该集团控制的政府开始征收什一税。什一税是一种以实物支付、非常不受农业种植者欢迎的土地税。

政府的这一"强硬措施"引起了农业生产者的普遍愤怒，他们在反对派的支持和政府恐怖活动的刺激下，终于公开反叛了，当然，反叛被用武力镇压下去了。

在由于城乡小资产阶级的不满而引起的运动中，社会主义者所发挥的作用是很特殊的，而这一运动的后果对于保加利亚年轻的社会主义运动尤为重要。正如我们已经指出的那样，社会主义者积极地参加了关于经济危机原因的讨论。他们的大胆批评，他们在既反对斯坦博洛夫和斯托伊洛夫政府、又反对"古尔丹分子"的"鞑靼式"统治的斗争中所表现出的勇气，为自己赢得了小资产阶级和小资产阶级知识分子的强烈同情。他们把社会主义者视为"新人"、"典范"，这些人没有犯过其他先后执政并对一切自食其力的人表现出明显敌意的政党所犯的任何错误。人们乐于参加社会主义者的会议和集会，认真听取他们热情洋溢的讲话，并热烈欢迎社会主义演说家揭露上述政党垮台的原因，猛烈抨击当政者。总之，社会主义者在小资产阶级当中的威望迅速提高。而且他们的威望还随着小资产阶级不满情绪的增长而增长。

然而，这迅速取得的"成就"对于保加利亚社会主义者和年轻的社会主义运动是非常有害的。实际上，这些成就只是表面上的成就：它们只是一个天大的错觉。社会主义者之所以在小资产阶级当中取得了成就，这是因为他们越来越不再是社会主义者，因为社会党在**口头上**声称是无产阶级的阶级组织，但**实际上**已越来越蜕变为纯粹的激进党，它专门反映在生活中受到严重损害的小资产阶级的不满情绪。这是对于党在**没有开展工人运动**的情况下得以取得很大成就、党员人数得以增加的唯一解释。在3000多名党员中，绝大多数是小私有者和知识分子，而其中又以小学教师、职员、大学生和中学生居多。工人还很少意识到自己的阶级利益，他们在党内只是极少数，完全为大批涌入党内的非无产者所压倒，他们日益改变着无产阶级阶级组织的性质，使它转向小资产阶级的乌托邦，转向毫无成果的激进主义。

当然，鉴于党的复杂成分和对于社会主义思想还不熟悉，它不可能走得太远，或迟或早，党必将经历一次决定性的危机。党内一小部分真正的社会民主党人对此有十分清醒的认识。他们看到，党在背离其固有的基础——工人阶级，陷入小资产阶级之中，并受到不择手段向上爬的知识分子的控制以后，是如何像塞尔维亚和罗马尼亚的社会党那样蜕化变质的。由于塞尔维亚和罗马尼亚小资产阶级的情况几乎完全一样，这些政党不仅蜕化变质，而且完全消亡了，以后又过了许多年，随着这些国家工人运动的出现，它们才获得新生。

遗憾的是，党内这一小部分社会民主党人无法使误入歧途的党摆脱错误路线，他们无力使党接受任何社会民主党所固有的观点和策略。

毫无疑问，长期以来，不论在报刊上还是在党的代表大会上，他们的意见都没有受到任何反对而被接受了。历次代表大会都以绝对多数通过由社会民主党人提出的决议，但这一切的效果却不好：通过的决议成了一纸空文。总之，党处在一种虚假和朦胧的状态中。通过代表大会，它在口头上表现出一副社会党的样子，急不可待地从其他欧洲社会党那里抄来一些**外部**特征和形式，但是，它在实际行动中赋予这些形式的意义与社会主义是不相干的；同样，社会主义与小资产阶级的乌托邦以及庸俗政客的所作所为也是毫不相干的。党走的是一条什么样的道路，人们可以从它在选举中取得的成就来评价。1895年斯坦博洛夫倒台以后，党参加了选举并赢得了2个议席。党的这一"成就"是在一个选区取得的，该选区的大部分居民是**土耳其族**农民，他们的文化水平相当低。在这个选区，**党没有留下任何组织的痕迹**便取得了胜利！在这以后的选举中，即在斯托伊洛夫内阁时期，党在完全是农民的一个选区取得了2

个议席，这次仍然没有任何组织的痕迹。

从那以后到1899年斯托伊洛夫垮台，党在农民和小所有者占多数的3个选区取得了6个议席。只是在其中的一个选区，有一批弱小的组织萌芽。在1900年的选举中，党原有的议席都丧失了，只是在一个叫斯利文的工商业小城市取得1个议席，党在这个城市有一个非常弱小的组织。但即使在这个城市，也是靠小所有者的选票才获胜的。1902年，社会主义者在城乡小资产阶级中的威望已达到顶点，党在选举中获得了8个议席，共获得3万多张选票。然而正是通过这次选举，结束了党在小资产阶级中迅速取得"成就"和"胜利"的阶段。不久以后在党的队伍内部发生的事情很明显地说明，党的力量是很成问题的，曾经使很多社会主义者忘乎所以的迅速取得"成就"和"胜利"的时期，只不过是一个充满有害后果的狂想时期。党最终为这些狂想付出了**分裂**的代价，或者更确切地说，为了保护党作为无产阶级**阶级组织**的未来，为了保护作为**阶级**运动的新兴工人运动的未来，党付出了沉痛的**截肢**的代价。

总之，保加利亚社会党所遇到的问题是任何进行斗争的年轻的社会党在落后的、不具备任何有利于工人运动的发展条件（具备这种条件是任何社会党的坚实基础）的国家中都容易遇到的问题。如果从党员人数上看，那么保加利亚社会党在很短的时间内便从一个宣传小组变成为一个比较重要的政党。由于建党以后国内出现了特殊情况，党被卷入了政治斗争的旋涡，并以最积极的方式投入了斗争。当然，这本身并不是坏事：作为政党，党当时自然应该、而且始终应该尽可能积极地参加政治斗争。这也是它直至今天还在其力所能及的范围内所做的事情。然而，我们党的特点是，它参加政治斗争**依靠的不是尚未充分显示力量的工人运动**，而是**依靠一部分小资产阶级和小资产阶级知识分子的同情**。因此，它在行动上代表的不是无产阶级的阶级利益，而是小资产阶级的利益。这一点尤其在党的宣传和鼓动中得到了充分的表现。只要党仍然只是代表一个人数很少的小组，它的主要注意力便会集中在宣传社会主义上面。但是，它越是投身到斗争当中去，宣传也就会越被置于次要地位，甚至会不知不觉地被关于最低要求的鼓动所代替；何况这里说的还不是所有的要求，而只是符合小资产阶级的暂时愿望的要求。这样，鼓动便失去了同宣传的有机联系，而党为此所作的一切努力只不过庸俗地迎合了小资产阶级之所好。除了关于社会主义的豪言壮语之外，作为无产者解放运动的理论和实践的社会主义几乎无踪无影了。换句话说，我党社会主义者的行动满足了小资产阶级的愿望，而社会党不知不觉地变成了激进民主党。它保留下来的只有社会主义的名称和纲领，而就是这个纲领也不过是德国社会民主党纲领的拙劣翻版而已。

我们曾指出，党的为数不多的社会民主党人对于党走的弯路是清楚的，他们甚至连续数年为此进行斗争。在报刊、会议和代表大会上，他们不断地指出并强调社会主义的原则和策略，强调他们进行批评的必要性，指出党不考虑其本身的问题和目标而沿着所谓"宽广"行动的道路往下滑将会给运动带来的严重危险。但是，尽管所有这些努力丝毫没有遇到公开的反对，甚至于还正式得到支持，但是它无法对广大党员产生有益的影响："宽广"行动，即在小资产阶级中间迅速取得成就和在立法机构中取得席位的倾向，诱惑了几乎所有的人，而党则不自觉地、几乎是命中注定地走向了蜕化变质的道路。危险是明显的。但是，随着时间的推移，当"宽广"行动开始被视为一种理论，当社会主义的原则和策略不仅开始被怀疑为党的生活和问题中的所谓"狭隘"观念，并且被否认，说它们根本不适合保加利亚的社会状况的时候，这种危险就更明显了。某些知识分子成为"宽广"行动的理论家，他们一心要在我国政治生活中扮演主要的和喧嚣的角色。他们认为严格社会主义的行动太"狭隘"；他们希望把社会党变成一个能够包容从事生产的社会阶层的一切"健全分子"、旨在国内建立"平等"、"自由"和"公积金"的"人民"党。换言之,"宽广"行动的理论家们希望把党变成激进民主党,事实上已几乎使它变成了这样一个党。他们只不过是使在党内趋于主导地位的实践上升为理论。"宽广"行动的理论家们不过是党在小资产阶级以及国家的落后的经济和社会状态的影响下所经历的不自觉的过程的多少有点自觉的代言人罢了。"宽广"行动的理论家们用来反对旧的"紧密"和"僵化"的社会主义的新的"宽广"社会主义,其实只是一种加进了西欧"修正主义"论据的、靠不住的小资产阶级乌托邦。打着"宽广"社会主义的招牌、被吹捧为"社会主义理论与实践"的最新成就的"阶级合作",完全是为换取表面的和暂时的成绩而放弃运动的最终目标的一种抽象概念,是涉及私有制、尤其是小私有制问题的模棱两可的答案。然而事实上,这只是小资产阶级所经历的特殊时期在意识形态上的反映。使国家遭受巨大损失、把城乡小所有者压得喘不过气来的经济危机将他们推向了社会主义,推向了社会党。这样,社会党就应当在反对占统治地位的资产阶级的斗争中宣传社会主义,依靠无产阶级,并从无产阶级的阶级利益出发利用一切准备反对资产阶级的群众。但是,社会党显得没有能力发挥这一重要作用。它甚至反其道而行之。它非但没有利用小资产阶级,最后反而被小资产阶级控制了。它非但没有领导小资产阶级,反而成了小资产阶级的走卒。这首先是由于没有一个有组织、有觉悟、有相当数量的无产阶级。遗憾的是,党当时缺少的正是这样的无产阶级。党成了小资产阶级的俘虏;因此,它只能去适应小资产阶级的倾向和愿望。"宽广"的社会主义正是社会主义在落后国家中对小私有者的暂时爱好的庸俗适应。被"宽广"社会主义吹捧为进步"杠杆"的"阶级合作",只是小资产阶级中间状态在理论和实践上的表现形式,是小资产阶级无力明确、坚定和彻底地推行其阶级政策,无力作为阶级对剥夺其所有权的人独立进行斗争的表现形式。为了获得表面的成绩和维护眼前利益而无视和放弃社会主义的最终目标,这在理论上和实践上说明生存受到威胁的小资产阶级目光短浅、见解庸俗,它感兴趣的不是天空中飞翔的仙鹤,而是唾手可得的烤鸽子。在私有制、特别是小私有制问题上模棱两可的态度,只不过适应了小资产阶级坚持要保存过时的生产方式和交换方式并使之永存的反动狂热。

不出所料,"宽广"社会主义的出现在党内引起了激烈的争论,争论变得日益尖锐,甚至还要延续许多年而无法取得令人信服的结果。这是因为"宽广"社会主义的理论家们采用了一种处理争论问题的独特方法。不管尽了多大的努力提出的原则问题,在"宽广"社会主义的代表无力保持应有的理论水平的情况下,这些努力总是徒劳无益。当然,结果不仅为正常讨论有争议的问题设置了障碍,而且也为个人之间的摩擦准备了条件。我们可能看到这场争论变成人身攻击。为了不使事态发展到这个地步,代表大会作出决定,"宽广"社会主义的代表必须出版一本明确、彻底地阐述其思想的小册子。党等待了整整两年,这本小册子才出版。它出版之后,人们看到的不是对"修正了的社会主义"观点的明确而彻底的阐述,而是已经发表过的文章的再版。在这些文章中,"宽广"社会主义的代表人物之一扬·萨克佐夫第一次对在保加利亚的社会条件下实行"正统的社会主义"的可能性表示了他的"疑虑"。对许多社会主义者来说已经很明显,"宽广"社会主义的代表故意回避对原则问题进行开诚布公的辩论,他们追求与党在反省自身行动的道路上应达到的目标不同的目标。但在普列文召开的一次党的代表大会上,当社会民主党人提出一个决议案,提醒大家注意党所走过的弯路和党正朝着资产阶级激进主义逐步发展,明确而果断地指出党如果还想继续作为一个无产阶级的政党所应走的道路的时候,"宽广"社会主义的代表的奇特态度表现得尤为明显。决议案列举了中央委员会应当采取的部分切实可行的措施，以使在愈益觉醒的工人中进行的宣传更有成效，也为了提高党员的理论水平。这个决议案被大会以绝对多数通过，同时责成中央委员会严格监督党的组织和党员遵守这一决议。只有几个"宽广"社会主义的代表表示反对，而且他们反对的不是决议的实质性东西——他们不能走得那么远，而是说决议"不合时宜"和"不现实"。他们这样做的结果只不过更加暴露了他们的目的，即企图阻止党不用费太大的力气、不付出巨大的代价而摆脱小资产阶级乌托邦这一绝境的努力和走社会主义道路。事实也正是如此，该决议案通过以后，"宽广"社会主义的代表便开始在党内公开制造混乱。于是在特尔诺沃召开的下一次代表大会再次强调了该决议，并要求全体党员遵守它。然而，长期以来，对于"宽广"社会主义的代表来说，代表大会的决议完全没有权威。但他们还是清楚地看到，在党内人们开始醒悟，人们不会半途而废，党不久将摆脱"宽广"社会主义。在党内，尤其是在工人方面，越来越频繁地有人大声疾呼，指责党走上了一条"宽广"行动的道路，被小资产阶级纠缠住，完全忽略了自己的主要任务，即在工人中间宣传社会主义和在阶级斗争的旗帜下把他们组织起来。这些指责是有根据的。的确，保加利亚的工人党已经完全抛弃了工人，而把全部精力都耗费在清理小资产阶级的糊涂账上了。越来越多的指责成为"宽广"社会主义的代表的凶兆，这些人要么转向"紧密"社会主义，支持党摆脱小资产阶级影响的倾向；要么尽早挑起一场分裂，从而可以拉走一部分出于这样或那样的原因还没有弄清争论的问题、一直摆脱不了现在被称为"宽广"社会主义的旧错误的党员。"宽广"社会主义的代表挑选了第二条道路，这是很自然的。当时，在小资产者当中人们对政治的兴趣很浓厚，自然，乌托邦和各种空想就更深地扎根于社会主义的"宽广"概念的代表人物的头脑中了。另一方面，当时也正是西方，尤其是法国"修正主义"甚嚣尘上之时。这一切对保加利亚的"修正主义者"起了鼓舞作用，使他们表现出决心和勇气，因为"正统社会主义的教条"显然已经不时兴，而信奉"宽广"社会主义的党员可以认为，他们无须遵守党的纪律，无须履行他们对党的义务。在特尔诺沃代表大会上，他们试图用我们认为不值得称道的手段来夺取中央委员会和党的中央机关报的权力。他们遭到了失败。他们当中只有两个人被选进了中央委员会，其中一个纯粹是出于人道原因才被委任担负书记处的工作，这是党内有报酬的职务。经历了这次失败，特别是经历了夺取中央机关报的权力的徒劳的尝试之后，"宽广"社会主义的代表人物发起了一场公开的战斗，他们不是反对"紧密"社会主义，而是反对所有处在党的领导岗位上、在党内有一定威望的人。我们不愿意描述这一用太东方化的手段进行的运动。它使"宽广"社会主义的代表人物得以把希望不仅寄托在党员和工人的不觉悟和无知上面，而且，尤其寄托在他们没有文化上面，这一点在像保加利亚这样的落后国家里很容易得到解释。这样，"宽广"社会主义的代表人物在党内制造了一种令人窒息的气氛，使一切共同工作无法进行，对此，一切稍微有点自尊心的人都无法容忍。党只有避开"宽广"社会主义者才能从事工作。这既是由于他们在党的组织内采取的态度，也是由于他们的朋友在议会党团、甚至在议会里的态度而迫不得已采取的办法。党多次对他们，尤其是他们的首领扬·萨克佐夫在议会中的发言表示愤怒。情况已经很明显，在党内进一步容忍"宽广"社会主义会给保加利亚的社会主义带来更大的危害。分裂在前所未闻的愤慨和激昂情绪中发生了。真是怪事！那些以自己的行动和观点极力促使党分裂的人，竟敢对整整三年来竭尽全力避免分裂、尽量使冲突在党内解决，以便使观念得到更新、经验更加丰富的党能够继续其在保加利亚从事统一、教育和组织工人运动的使命的社会民主党人倒打一耙。这些责难者创办了一家报纸《团结报》，它实际上只起了扩大两个阵营之间的鸿沟的作用，因为在它的版面上，一般都是对"紧密"社会主义者的人身诽谤。然而,"宽广"社会主义的代表人物并不能吸引广大党员:大部分跟他们走的人是小资产者、小所有者、知识分子,尤其是大学生。党在所有的大中心保存了优秀的积极分子。仅在索非亚就有许多曾受拥护"宽广"社会主义的大学生的影响、新近组织起来的工人接受党的领导,与党共命运。

社会党在保加利亚的分裂,其本身即使再令人遗憾,实际上对于党是一件好事。它没有削弱党,反而进一步增强了党的力量。党因此而摆脱了过去由于党的软弱而没有得到改造的异己分子,甚至敌对分子,这和西方各强大的社会党内发生的情形是一样的。但值得指出的最重要的一点是,正当党内小资产阶级空想主义者被清除出党时,小资产阶级恰好抛弃了社会主义,这是特有的巧合。原因是,国家当时进入了发展的新时期,进入了经济繁荣的时期,这重新燃起了小资产阶级的希望,促使他们大批地置身于政府的庇护之下。小资产阶级已经开始忘记经济危机带来的痛苦。它不再需要社会主义了。

"宽广"社会主义者脱离党以后建立了另一个组织,但保留了党过去的名称,即"社会民主工党"。显而易见,他们很注意名称。从那以后他们所做的和仍在做着的一切与社会主义毫不相干,除非把社会主义的词句看做是社会主义。但小资产阶级没有上这种社会主义的当,尽管这种社会主义对小资产阶级已没有任何可怕之处了。在"宽广"社会主义者的党组建后不久进行的选举中,小资产阶级立刻显示了这一点。"宽广"社会主义者因此有机会相信,他们曾经寄予厚望的小资产阶级已将他们完全抛弃。他们作为党的存在本身也因此成为问题。他们不会存在很久,他们只有几百名小所有者、小学教师、大学生和一小部分工人。另外,"宽广"社会主义的主要支持者——小资产阶级和小资产阶级知识分子——受到有利的生产形势和政府慷慨施舍的引诱,对政治和政治斗争越来越不感兴趣,他们要重新"干自己的事情"。

同样，也是由于这一时期国家经济繁荣，人们发现工人不积极。在这种情况下，"宽广"社会主义的代表人物没有其他办法，只好到社会民主党人已经开展工作的地方去，即到工人当中去。他们在工人当中的行动其实只是一种竞争：建立工人协会不是为了同老板作斗争，而是为了同现存的社会主义工会作斗争。他们今天仍然是这样干的，而他们使用的方法和资产阶级政党通常使用的方法毫无二致。

然而，他们在工人中的这一行动（按照他们过去的观点，这属于"紧密"行动，但他们还是一度违背自己的意志和愿望而被迫采取它），始终未能满足他们进行"宽广"和轰轰烈烈的行动的强烈愿望。他们不是把工人看做他们党的**主要**成分，而只是**次要**成分。他们的任务不是组织和教育工人进行无产阶级的解放斗争，而是把他们变成"民主政治"的附庸，而他们则感到自己是"民主政治"的组成部分。这既可以从他们的一般观念和目标中得到解释，也可以从下述事实中得到解释，即相对而言，今天我国的工人数量还很少，因此还不适应可以使他们在国内发挥"巨大作用"的"宽广"和轰轰烈烈的行动计划。由于这个原因，尽管他们极力装出非常关注工人命运的样子，但他们还是无法掩盖，他们把主要希望寄托在小资产阶级身上。正如我们已经指出的那样，小资产阶级在我国占大多数，他们具有实行"宽广"和轰轰烈烈但却徒劳无益的政策的一切有利条件。在这方面，"宽广"社会主义者的党正在步几年前蜕化变质的前保加利亚社会党的后尘。如果把这个党为了乞求加入国际局而小心翼翼地保留的名称去掉，不论从其主要观点看，还是从其政治手法看，"宽广"社会主义者的党都是一个激进民主党。它与两年前由旧民主党和"宽广"社会主义者党的变节者在保加利亚建立的激进民主党的唯一区别，是它不彻底，言行前后不一致。工人成分在该党的队伍中代表性很差，不发挥任何作用，这种情况不仅是由于人数少，而且最主要的是由于缺少文化。

不论从人数上看还是从文化程度的高低上看,该党中占统治地位的成分主要由知识分子,尤其是由小学教师和大学生以及小所有者构成。主要是这个成分给"宽广"社会主义者的党打下了小资产阶级的观点和愿望的烙印,并使之成为政客的党。最近,这一点表现得更为明显,这是因为该党加入了所谓的"爱国集团"。这个集团由以"民族党"这一最反动的小集团为首的各资产阶级反对派小集团组成,它的目的是要推翻内阁,而内阁通过其坚决、明确和彻底地推行的阶级政策,使这些小集团在贪求财富、投机和日益强大的资本主义资产阶级那里失去一切信任。"宽广"社会主义者加入"爱国集团"在我国引起了强烈反响。整个资产阶级反对派以不加掩饰的满意心情,通过其报刊声称,"宽广"社会主义者终于摆脱了"空论家"的"教条",成为思想开阔的政治家。不言而喻,资产阶级反对派完全有理由感到欣喜,因为,政府提出的一切反工人法案在议会匆忙表决后,资产阶级反对派马上可以指出,在这次对工人阶级进行的粗暴侵犯中,它有盟友,这些盟友至今仍竭力要世人相信,他们是保加利亚"真正"的社会主义者,他们的策略,即同资产阶级"共同行动"的策略,对工人最有利。

"宽广"社会主义者加入由各资产阶级反对派小集团组成的"爱国集团"只不过是"阶级合作"理论的实际表现,这是名为小资产阶级社会主义的"宽广"社会主义合乎逻辑的结果。通过"宽广"社会主义者多少年来梦寐以求的这一"宽广"行动,"共同行动"的党实际上已经证明,它事实上已完全放弃了"空论家"的"教条",何况它也从未相信过这些"教条",并旗帜鲜明地转入保加利亚资产阶级小集团阵营了。如果说在资本主义高度发达的国家,错误只会暂时推迟无产阶级的胜利进军,但是在像保加利亚这样的落后国家,错误却会带来巨大的损害,对于仍处于形成和组织初期的工人阶级来说是非常有害的,甚至是致命的。

在清除了"宽广"社会主义者以后，党需要在宣传和鼓动方面进行有效的工作。它要着手解决已经提出来的一些问题，通过团结和纪律加强党的队伍，通过口头和报刊，尽可能合理和有步骤地组织社会主义的宣传和鼓动，确定它对新兴的工人行业运动的态度。尽管有各种各样的困难和障碍，党终于圆满地解决了这些问题。由于同"宽广"社会主义进行的三年争论在党内大大掀起了对理论问题的兴趣，广大党员的理论水平有了相当大的提高，因此，一旦需要解决出现的问题时，经验的益处便显示出来了。我们对党的纲领进行了重大修订，结果，按照党的原则，对最低纲领作了较大修改。一切为机会主义敞开大门的、过时的和不确切的地方都被删除了。党的章程也作了较大的变动，更确切地确定党的中央机构的权限、地方组织和党员个人的义务，决定对党员的行为进行更严格的监督。但是，党员的理论水平尤其表现在关于党和工人行业运动的关系的讨论中，表现在关于该运动本身的性质的辩论中。为此，党一致通过了如下原则作为今后实践的基础：鉴于工人行业运动只是无产阶级总的解放运动的**一部分**，只是在资本主义社会范围内为改善工作条件所进行的阶级斗争的一个**方面**，党认为，在被看做是作为阶级的无产阶级总体利益代表的社会民主党和被看做是同一无产阶级的不同类别的行业利益代表的工人行业组织之间，应当具有密切的**思想和组织联系**，因为，只有这样，才能在全体有组织的无产阶级的观念和行动上确立和加强**统一**，这对于实现社会主义、废除雇佣劳动制是最可靠的保证。因此，党坚决否定了行业联合会的所谓"中立"，因为"中立"必将导致集体本位主义，或"直接行动"的浪漫主义。党认为，行业联合会应当建立在阶级斗争的基础之上，换句话说，它们应当以作为阶级的无产阶级的整体利益为基础，为捍卫工人的行业利益而斗争，因为只有这样，它们在各行各业为改善工作条件而进行的努力才能取得有利于工人的长久的成果，并使之成为整个无产阶级的宝贵收获。因而党认为，在行业联合会内部，必须经常地、系统地努力传播社会主义思想和关于行业斗争问题的社会主义观念，并使人们相信，作为同一个阶级的组织，行业联合会应当同社会党携手前进，并在其领导下参加整个无产阶级的解放斗争。行业联合会本身并不是目的，而是一种手段。无产阶级的共同的最终目的使它们同社会党联系在一起，使它们成为整个无产阶级解放运动的一个组成部分，而这一**最终目**的就是从雇佣劳动制中解放出来。

从上面提到的这些条件（3年前在我国建立的行业工会总同盟也接受了这些条件）出发，党过去和现在都在尽最大的努力同新近发展起来的工人行业运动建立联系，再说，工人行业运动的组织和巩固也要归功于党。党与同盟之间思想上的联系表现在，行业工会始终支持党为捍卫作为阶级的无产阶级的整体利益而进行的斗争。联结党和工人行业工会的有机纽带是：（1）包括党的中央委员会委员和工会联盟委员的**工人总委员会**；（2）包括党的地方组织的委员会委员和当地工会会员（每个工会2名）的**工人地方委员会**（卡特尔）。这些委员会的任务是统一和领导行业运动，并监督执行**党和行业工会总同盟**为捍卫工人在全国或各地的总体利益而共同作出的决定。在我国党和行业工会之间正是建立了这种形式的有机联系。我们的经验尽管不多，但它向我们表明，这样建立起来的联系成功地协调了党和工会的行动，也不妨碍它们在各自的领域里的努力。

宣传和鼓动，尤其是通过报刊进行宣传和鼓动的问题耗费了党最多的精力。正如我们已经指出的那样，保加利亚社会主义者拥有较丰富的社会主义译著。

但是，党的实际行动越增多，越是介入劳资之间在行业领域或在政治生活中出现的纠纷，党就越是感到需要当前的著作对国内社会生活的各种现象进行阐述。党的机关报《工人报》不能完全满足这一需要，而我们的学术杂志《新时代》也不能满足需要。必须借助于书籍，党将自己根据宣传和鼓动的需要而出版书籍。为此目的，党建立了一家出版社。这一切引起了从事翻译和出版工作的某些知识分子的不满。他们反对建立一定秩序和在宣传鼓动方面采取有步骤的行动的普遍愿望。他们为此提出了一些奇谈怪论，但说穿了还是知识分子的众所周知的小资产阶级个人主义，他们不能服从无产阶级的一致性和纪律性。无产阶级的一致性和纪律性要求出于对阶级义务的认识而自愿为整体利益牺牲个人利益。为此而引起的争论非常尖锐，自称为"自由派"的个人主义代表人物陷入了极端，连他们自己也认为，他们已经根本不可能留在党内。他们退出了党。几个月之后，他们对工人运动完全失去了影响。尽管我们的敌人，尤其是"宽广"社会主义党以不大光彩的手段利用了这个插曲，但这没有给党造成任何损害。宣传和鼓动通过书面的方式进行，并继续改进。在这方面，我们的出版社为党做了许多事情，它不仅负责出版书籍，而且还出版党的各种机关报。党的机关报《工人报》有 2500 个订户，学术杂志《新时代》的订户也已达到 1200 个。今年，出版社出版的一套日历发行了 1.8 万—2 万册。另外，书店还出版了 2 套**工人丛书**，其中一套为一般宣传性质的小册子，另一套是具有现实性的小册子。这套**丛书**受到了工人的欢迎。

这些小册子中的一本，即有关各行业的法律的那一本发行了 8000 册。这在党的历史上是前所未有的。人们可以根据中央委员会 1906 年的报告中所包含的数字来判断党的宣传和鼓动工作所取得的进展。在这一年里，党召集了 418 次公众集会，有 35007 人参加；发行了 105 份呼吁书和 48375 份其他宣传品、2811 本小册子、18596 册**通俗红色日历**。另外，党召开了 431 次各地方组织委员会会议，196 次工人地方委员会（卡特尔）会议和 409 次党小组会议。为了教育党员和工会工人，党组织了 250 次报告会，听众达 12006 人。还组织了 415 场文艺晚会，有

37965 人参加。党的图书馆出借的图书达 8274 册。

  在组织方面，党已经并继续取得不断的进展。1906 年，党有 32 个支部，1234 名正式党员；此刻，即到本年第三季度末，支部增加到 42 个，正式党员达到 1796 名。党的支部的总收入为 20456 法郎，而支出为 19776 法郎。中央委员会的收入为 4095 法郎，支出为 3817 法郎。

  工人工会总同盟刚刚成立 3 年，它的发展也是很大的。同盟包括 56 个行业工会，2181 名交纳会费的会员，其中有 81 名妇女。行业工会中有 27 个劳动密集行业的工会，会员 817 人；7 个鞋匠工会，会员 198 人；6 个裁缝工会，会员 285 人；2 个面包工人工会，会员 53 人；2 个冶金工人工会，会员 185 人；2 个烟草工人工会，会员 55 人；1 个邮电员工工会，会员 305 人；1 个铁路工人工会，会员 90 人；1 个纺织工业工人工会，会员 130 人；1 个陶瓷工业工人工会，会员 23 人；1 个矿132 会，会员 100 人；1 个商业雇员工会，会员 33 人；1 个印刷工人工会，会员 90 人。这些工会拥有库存现金总数为 1 万法郎。1906 年，同盟的收入为 5860 法郎，支出为 3986 法郎。目前，同盟委员会关心的主要问题是，为了实行更有效的领导和提高工作能力而对工会进行集中。当然，同盟每天都遇到很大的障碍，这主要是由"宽广"社会主义者建立的同盟所设置的，他们用各种手段来破坏我们的工会。我们的同盟尽管同邻国的各种工人组织建立了关系，尽管途经我国的外国工人都找同盟帮忙并接受同盟的帮助，但同盟没有加入国际工会书记处。它之所以还没有提出加入国际书记处的要求，是因为它不愿意在能够积极分享加入书记处的工会彼此互相提供的服务之前让别人说三道四。

  另外，同盟委员会准备在近期采取必要步骤加入书记处。目前，同盟拥有 5 家行业机关报，它们是印刷业工人的《印刷工人报》，发行量为 500 份；铁路工人的《铁路工人报》，发行量为 1000 份；《邮电员工报》，发行量也是 1000 份。

党和拥有500多名成员的社会民主主义小学教师组织也有联系。该组织的机关报《小学教师之光报》印刷1200份，在小学教师界传播越来越广。他们当中的多数人仍然摇摆不定，并继续用民主乌托邦自欺欺人。

我们希望，我们的外国同志通过我们的以上报告能对我们这个小国的社会主义和行业运动的状况有一个正确的认识。这个运动仍然很弱小。鉴于保加利亚的条件，它也只能如此。我国工人的大部分在各个行业中工作。作为社会主义运动主要成分的工业无产阶级的人数还很少。它在我国还没有发挥未来（不太遥远的未来）给它安排的决定性作用。资本主义，还有大工业和大商业正在我们这个落后的国家壮大和发展。因此，我们可以沉着而充满信心地面对未来。但在此期间，由于我们在前面刚刚指出的原因，我们要更加谦虚，将我们的全部精力投入到宣传和组织工作中去，坚持阶级斗争，并为此目的，利用国家社会生活（尽管它还很不发达）中出现的一切事件。

换句话说，我们坚持走这条道路。这条道路是那些宣扬"宽广"而轰轰烈烈的但却是无效的行动的人认为是过于**漫长**、不能满足政客们野心的道路，但它却是最短的道路，因为这是走向社会主义胜利的唯一可靠而稳妥的道路。

代表保加利亚社会民主党中央委员会
书记　**格·基尔科夫**

保加利亚社会民主工党的报告

在本报告开始时,请允许我们重复一下这一尽人皆知的事实:保加利亚社会民主工党是在对社会主义发展不利的条件下被召唤来采取行动和进行斗争的。确实,我国正朝着资本主义大步前进,但是资本主义的创造力还没有发展到足以产生强大的工业人口、产生代表现代社会主义运动杠杆的、人数众多而密集的无产阶级的程度。我国的工厂数量仍然有限,而且这些工厂中有大量妇女和儿童。在各个行业,工人分散在小车间里,没有固定的工作,工资菲薄,这一切都阻碍着组织工人的工作,阻碍对他们进行无产阶级政治教育。另一方面,保加利亚社会主义者分裂成两个或三个敌对的派别,它们互相攻讦,互相败坏声誉,这对社会主义行动来说又是一个障碍。社会主义者到处争吵,这必然对不明真相的工人产生有害的影响,因为争吵会使人困惑,在思想上造成混乱。尽管有这些障碍和不利条件,我们仍然取得了缓慢但却稳步的进展。我党党员人数逐渐增多,我们的工会和合作社数量每年都有增加,它们的活动范围也在扩大。

党员人数的增长。人们从我党以往的报告中得知,保加利亚社会党在1902年举行特尔诺沃代表大会时(分裂以前),有党员2005人。1903年初(分裂前两个月),由于严格执行了党的规章制度,党员人数下降到1700人。分裂以后,我们经历了至少一年的过渡阶段,这一时期新形成的每个派别的拥护者人数不详。当时还有中立的组织,还有从各个派别中脱离出来的人。只是到了旧扎戈拉代表大会时（1904年7月末），我们才确切地知道了拥护我们的人数。派代表参加大会的有29个地方组织，它们拥有897名交纳党费的党员。在召开卡赞勒克代表大会时（1905年），地方组织为35个，党员为952名。在1906年8月召开瓦尔纳代表大会时，我党有36个组织，交纳党费的党员1014名。这一数字不包括我们的工会和合作社的成员。尽管这些工会和合作社是由我党建立和领导的，但它们是自治组织。

党的活动。在阿姆斯特丹代表大会以后，党参加的选举非常有限，这首先是因为，从那时以来，我们只经历了部分立法选举和市政选举。在立法选举中，我们在哈斯科沃提出了一位候选人，他获得了786张选票。我们参加了市政选举的城市只有卡赞勒克、瓦尔纳、哈斯科沃、扬博尔、索非亚，在那些地方我们的候选人都取得了几百张选票。其实，这样参加选举是不严肃的，因为我们不能按照法律的要求，提出足够数量的候选人。

在这同一时期，党在行业工人、学习小组、体操协会、合作社等中加强了宣传工作。下表是我党近三年来召开的会议的统计，它清楚地表明了党的活动情况：

	委员会会议	同盟会议	公开集会或群众大会	晚会和演出
1903—1904年	367	316	101	80
1904—1905年	426	329	171	124
1905—1906年	478	408	163	133
合计	1271	1053	435	337

党的活动还表现在**五一节的游行中**。"劳动的节日"在保加利亚工人中已相当深入人心了,他们通过会议、白天或晚上的联欢会,或者通过上街游行纪念这一日子,游行时队伍前面打着红旗,播放着乐曲。去年五一节,我们在普罗夫迪夫、鲁丘克、瓦尔纳、扬博尔、加布罗沃、旧扎戈拉进行了这样的游行。但组织得最好、规模最大的是索非亚的游行,有2500名工人参加。

另外一个行动应当记在我们党的功劳簿上。这就是它两年来为反对《行业协会法》,为开创劳动保护立法而进行的斗争。应该看到,我国几乎完全没有这样的法律。根据官方材料,根据商业大臣本人透露的情况,1904年在保加利亚现有的300多家现代化工厂和车间里工作的人员中,有3/4是妇女和儿童。

像所有保加利亚工人的劳动一样,他们的劳动也受到沉重的剥削。童工每天的工资为20—30生丁,妇女每天的工资为50—80生丁。人们强迫这些不幸的人在常常是无法描述的条件下工作14—16小时甚至更长时间,以换取这点菲薄的工资。而国家也不打算进行干涉。直到1904年,我国统治者为了顾全面子,才愿意做一些有利于劳动者的事情。他们在国民议会通过了"**关于女工和童工的法律**"。这项法律充满了相互矛盾、相互抵消的条款,但尽管如此,它还是给劳动者带来了有益的结果。它禁止不满10岁的儿童工作,将女工的工作时间缩短为10小时,将10—15岁儿童的工作时间缩短为8小时。但是,在投票通过这项法律时,它的制定者根本不打算去执行它。他们不设立专门的监察员来监督该法律的执行,而将这一重要的职务委托给一些临时委员会,而这些委员会是由一些既无闲暇又无愿望去完成这一任务的官僚组成。当然,法律规定了工人组织在每一个委员会中有权委派一名代表,但工人却很少能够行使这一权利。而且,当这些极少的工人代表要求执行法律时,他们不仅遭到了工厂主的反对,而且遭到政府本身的反对。政府对法律作了明显地与通过的法律条文相抵触的错误解释。再者，政府剥夺工人代表单独行动，即独自视察工厂和车间并指出违法行为的权利。政府的这一做法等于摒弃了该法律，因为监察委员会的其他委员（官僚先生们）不愿为法律的执行做任何事情。

我国统治者反工人的政策尤其表现在制定和执行**行业协会法**上。行业协会法是一部倒退和荒谬的法律，它没有给予行会师傅任何实质性的东西，却非常令人恼火地适用于工人。事实上，它以严厉的罚款强迫工人参加工厂主协会，向协会交纳会费及一系列捐税，却不给予他们任何权利。工人不能参加磋商会议，也不能表决，甚至也不能发言。他们只有交钱和屈从于工厂主。

我们党集中全部力量来抗议这一极不公正的法律，并要求制定劳动保护法。1904年，一份有6000人签名的请愿书交给了国民议会。工人在请愿书中要求：（1）**调查劳动条件**；（2）**制定保护女工和童工的法律**；（3）**制定每周休息的法律**；（4）**设立劳资调解委员会**；（5）**成立免费劳动介绍所**；（6）**设立工人视察员**。1905年12月12—25日，在索非亚国民议会前面爆发了工人示威，有6000多名工人参加。我国的统治者们大为震惊，工人力量的这种大规模的显示是他们始料未及的。商业大臣竭力安抚示威者的代表，他声明政府正在认真研究工人的要求，关于工人的行业法不久将进行修订，而在修订之前要停止实行，最后，关于女工和童工的法律将严格地实施。在这位大臣的所有这些许诺中，只有一件事得到兑现：取消工人向工厂主协会交纳会费的义务，但保留工人参加这些协会的义务。

第二年，运动开展得更好。10月15—28日，在国民议会开会的那些日子，工人通过举行一系列抗议集会而发出了信号。在这些集会上任命的、成员来自保加利亚各地的庞大代表团来到议长和责任内阁面前，向他们递交了陈述保加利亚工人要求的请愿书。这一次，政府企图用模棱两可的回答来搪塞。显而易见，政府什么也不会做，什么也不愿意做。因此，工人代表在索非亚的一次工人集会上汇报了自己执行使命的情况以后，发表了致保加利亚工人阶级的宣言。在宣言中，他们汇报了他们活动的结果，并要求所有劳动者用一切可能的手段，对政府的整个反社会政策进行无情的和不断的斗争，直至工人的要求得到满足为止。

从那以后，斗争继续进行并日益激烈，因为政府不但远没有满足工人的任何要求，反而竭力给工人运动设置各种障碍。最近，它在刑法中又加进了一条修正案，这条修正案以其针对罢工的严厉措施，事实上取消了罢工的权利。

工会运动。尽管条件不利，保加利亚无产阶级正在觉醒并组织起来。在1899年以前，保加利亚还没有工会组织，而现在仅**自由工会联盟**就下属有50多个工会，它们都受我党的影响。而且，正像下表所显示的那样，这一数字在不断增加：

1904年7月1日	我们有工会22个	1188名会员
1905年7月1日	我们有工会32个	1594名会员
1906年7月1日	我们有工会43个	1970名会员

另外，还有大约11个新成立的工会和500名会员将正式加入联盟。这样，我们的工会今年将达到54个，会员将近2400人或2500人。

我们工会数量的增加是与工会的活动同步进行的。在最近两年中，（1904—1905年和1905—1906年）我们举行了1545次工会委员会会议、238次工会公开集会和638次工会之间的公开集会。

工会经费的使用情况是工会活力的又一表现。近两年，工会经费的使用情况如下：

	收入	支出	现金储备
1903—1904 年	—	—	13228.99 法郎
1904—1905 年	16581.38	17200.37	12610.99 法郎
1905—1906 年	18973.41	18594.82	12989.40 法郎
合计	35554.79	35795.19	

收入的主要部分来自会员交纳的会费。1904—1905 年，会费收入为 13372.32 法郎，1905—1906 年为 15118.81 法郎。其余的来自晚会、剧场演出的收入和各种捐助。同一时期，为救济工人、失业者或病人，共支出 7691.53 法郎，为罢工者支出 11605.79 法郎。

罢工。在这两年中，罢工 46 次，有 1906 人参加，其中妇女 22 人。这些罢工持续了 652 天，损失 37256 个工作日或者 75996 法郎的工资。在这些罢工中，共有 1059 人参加的 23 次罢工获得了完全的胜利，共有 642 人参加的 11 次罢工以部分胜利而告终，另外 12 次罢工失败了。在那些最重要的罢工中，应当指出以下几次罢工：索非亚印刷工人的罢工（264 名工人参加），这次罢工持续了 52 天（1905 年 1 月 17—3 月 10 日）并取得了胜利，罢工的目的是在索非亚各印刷厂中实行一般工资标准；有 130 名工人参加的索非亚制革工人的罢工；在索非亚、布尔加斯和瓦尔纳发生的、有 450 人参加的军械库和铁路仓库国家工人的罢工，这次罢工在年初（1906 年）宣布开始并很快取得了胜利；索非亚制鞋工人（350 人）的罢工经过两个月（1906 年 3—4 月）的英勇斗争也取得了胜利；同时在加布罗沃爆发的制革工人的罢工也持续了整整两个月，但它在工厂主的联合抵抗下失败了；扬博尔的面包工人罢工也取得了胜利；索非亚有轨电车职工的罢工（180人）8月3（16）[①] 日宣布开始，经过11天的斗争，取得了胜利。最后，我们还要谈谈保加利亚铁路工人的总罢工，尽管由于它是在1907年的头几天发生的，已经超出了要回顾的时期。它是保加利亚工人运动中最引人注目的事件。12月20日（旧历）晚6点整，3400人像一个人一样同时停止了工作。这一坚决行动震惊了全国。大家都很了解保加利亚铁路工人的工作条件十分恶劣，如人员不足、工作时间特别长而工资菲薄，但大家没有想到这些工人有足够的勇气和团结精神去进行一场了不起的斗争，以反对国家这样一个强大的老板。尤其是大家都还记得，铁路雇员中只有一小部分人加入了工会。但是，难以置信和没有料到的事竟变成了事实。在42天中，这些勇敢无畏的人面对军队和警察的粗暴和野蛮行径毫不示弱，除极个别的人以外，他们没有想到过要投降。他们得到了整个保加利亚无产阶级的同情和支持，因此罢工取得了胜利。罢工者重返原先的岗位，司法诉讼撤回了，工资增加了，劳务以后由一个联合委员会调整。过去给工人找麻烦的高级官员被撤换了，不再使用撒拉逊人。尽管国家有种种手段，但政府在罢工期间无法在保加利亚的铁路上恢复正常和足够的运输工作。

合作运动。我国的合作运动和工会运动一样年轻。第一个社会主义合作社于1890年在扬博尔建立。

这是一个名叫"工人"的工人面包房。另一个名叫"友爱"的食品杂货合作社于1900年在卡赞勒克建立。目前，我们有10个合作社，它们由党领导（在扬博尔和索非亚的两个面包房；在索非亚和瓦尔纳的两家

[①] 括号内为俄国旧历日期，下同。——编者注

饭馆；在卡赞勒克、扬博尔、旧扎戈拉、哈斯科沃、普罗夫迪夫和下克雷门纳的6家食品杂货店），总共有将近4万法郎的资本，集中了大约2000个家庭。它们的年营业额达34万法郎。卡赞勒克和扬博尔的合作社最大。前者成立6年来完成营业额30.2万法郎，实现纯利16500法郎，其中相当一部分用于社会主义宣传。此外它还设立了一笔救济基金和建立了一个工人图书馆，它为当地的工人组织提供了一个宽敞的活动场所。

我党报刊。我们只有一种政治报纸《工人斗争》，这是党的中央机关报。它由萨卡索夫同志领导，每周在索非亚出版两期，发行2300份。我们还有一种政治和文学月刊《新社会》，在索非亚出版，由克利什图·斯坦切夫同志领导。它已进入第二个年头，发行量为1200份。仍是在这位同志的领导下，在索非亚还出版了一种小型月刊《青年劳动者》，发行量为2000份。正像它的名称所表示的那样，这份月刊专门面向工人。在我们上次报告中提到的原有的杂志《共同事业》和《劳动》已停刊。最后，我们还有两种专业报纸（工会机关报）：《保加利亚印刷工人报》，每个月出版两期，发行量400份；《保卫铁路工人报》，每月三期，发行量900份。由于铁路工人工会实行统一和宣布罢工，该报暂时停刊，由面向所有铁路工人的报纸《铁路工人斗争报》代替。

在报刊中，还应当提一下本年发行了15000册的《工人年鉴》和由党的出版社出版发行了几千册的一系列宣传和学习的小册子，其中有考茨基的著作《伦理学和唯物史观》，考茨基、弗·梅林、罗莎·卢森堡的文集《三次革命》，王德威尔得的《资本主义制度》，饶勒斯的几个讲话。最后，在我们的社会主义出版物中，还有萨卡索夫同志的主要著作《恺撒政体还是民主政体》。

党的预算。中央委员会的预算1904—1905年为4668.50法郎，1905—1906年为5250法郎，1906—1907年为7361.59法郎。最主要的收入来源有：党员交纳的党费（这部分占1/3），《工人年鉴》的收入以及合作社和党的书店的捐助。去年，报刊的预算高达12210法郎。正是报刊的预算连续三年出现赤字，使党负了债。但今年的情况很好，报刊开始完全自己弥补自己的开支，债务逐步减轻。

我们与其他派别的关系。由于保加利亚存在三个社会主义派别，我们不能不在本报告的结尾部分讲一讲我们同它们的关系。

大家知道，保加利亚社会党于1903年分裂。出现了两个名称有些古怪的社会主义派别：**"紧密社会主义者"**和**"宽广社会主义者"**，而在这两个派别之间爆发了一场骨肉相残的战争。不幸的是，这场极大地损害着无产阶级事业的冲突一直延续至今。

我们当时是不愿意分裂的。我们曾经长期斗争（主要通过我们的专门报纸《团结报》）反对可能出现的分裂，而且我们指出了分裂将会给社会主义运动带来的严重后果。但我们的努力无济于事；对党的这一打击是预先策划好了的。在策略问题上的一些无足轻重的分歧，一些过去和现在在其他国家的同一个社会党内可以圆满解决的分歧，被我们另一派的同志断然夸大，视为原则分歧并当做分裂的借口。为此，有人甚至造谣诽谤。他们对我们的社会主义资格提出异议。他们把我们称为小资产阶级政客，而在鲁丘克召开（1903年）的另一派的代表大会上，他们把构成党的多数的我们开除出党！

因此，我们被迫把分裂看做是既成事实。但是，我们对社会主义力量统一起来的希望从来没有放弃过，为达到此目的所做的努力从来没有停止过，我们通过宣传和代表大会始终希望这种状况迟早会改变。事情的发展不久即证明了我们的期望是正当的，然而是通过一种与我们所预料的方式有些相悖的方式来证明的。社会主义第一次发生分裂以后两年，在与我们对立的阵营中又发生了新的分裂。所谓"紧密"社会主义者分裂成两个新的派别，这次称为"保守派"和"自由派"。不久，"自由派"对我们的态度发生了变化。他们首先把我们看做社会主义者，并承认我们的宣传和行动方式与他们没有区别。我们的关系很快得到改善，双方日益接近。我们坦诚友好的行动和我们党瓦尔纳代表大会（1906年8月）就此问题通过的议事日程大大促进了双方的接近。按照这个议程，代表大会强调了我党历次代表大会的决议并再次声明，各社会主义派别的统一是绝对必要的，是无产阶级和社会主义事业取得成功必不可少的条件，与此相反的活动将是犯罪，将是对社会主义的背叛。同时，代表大会委托委员会采取行动，使各社会主义派别密切关系。在这种情况下，代表大会还声明，可能要同社会党国际局联系，请求国际局给予帮助。与此同时，代表大会建议"和一切非敌对的社会主义派别采取共同行动"。不久，两个社会主义派别的接近成为事实。去年由我们党重新发起的反对行业协会法和要求制定劳动立法的运动，导致我们同"自由派"中央委员会进行谈判，此次运动在很大程度上是共同行动。

出现在议会和政府面前的代表团由两个派别的代表组成。代表团的声明由两个中央委员会（我们的和"自由派"的中央委员会）签署。一旦走上了共同行动的道路，我们就不能半途而废，而应当合乎逻辑地进一步走下去。在这种情况下，工人斗争不再是一时的行动，而成为不断的运动，成为一个过程，而社会主义的两个派别实现更持久联合的想法便应运而生。目前我们正在进行谈判，以便在阿姆斯特丹和伦敦国际社会党代表大会确定的原则基础上实现彻底的统一。当然，在"自由派"中间，有反对立即统一的意见。有的人以一些无聊的借口希望推迟统一，例如，有一种借口声称，应当征求"保守派"的同意。但是，很明显，"自由派"中的大多数人支持立即统一的观点，因此我们可以说，保加利亚无产阶级欢呼这一令人高兴的统一的时刻已为期不远了，它将把保加利亚有组织工人的3/4集中成一个无产阶级整体。

现在只有"保守派"仍然顽固地走着一条明显错误的道路。它继续对我们——我们和"自由派"——的社会主义资格提出异议，它把反对我们的一切行动（包括我们工会的罢工）看做是自己的义务。但这种反工人的行为是非常令人反感的，对工人阶级本身是非常有害的，这种行为是不会有什么结果的。因此，可以指望，两个派别的统一将对仍处于"保守派"队伍中的工人，同样也对该派别本身产生有益的影响。

正因为保加利亚工人和社会主义力量的统一是符合人心和必需的，所以在全国有一股反对社会主义者和进步分子的残暴的反动势力在猖狂活动。铁路工人的总罢工、大学生及工人反对斐迪南亲王的示威激怒了我国的统治者，并成为他们采取一系列严厉措施的借口。铁路工人被实行军事管制；大学被关闭，大学生被粗暴地驱散，其中一部分被关在兵营里；已存在12年的小学教师工会联盟被解散，它的10万多法郎的基金将被没收。针对小学教师和工人，针对社会主义者的越来越反动的法律，正每天由议会中的盲目多数通过。他们通过修改国民教育法，禁止小学教师加入任何政党或工会，而且还允许随时解雇他们。第二条法律禁止国家和市镇雇员结社并解散现有的协会。第三条法律硬说工人工会有颠覆的"意图"，命令它们解散。最后，关于合作社的特别法禁止合作社同党发生任何联系。而正当议会在制定这些法律的时候，一些由政府豢养的黑帮在警察和军队的保护下，在保加利亚的所有城市，甚至在首都猖狂活动，它们骚扰抢劫、袭击公民，用武力禁止任何群众大会和公开集会。在普罗夫迪夫（菲利普波利斯）、斯坦尼马卡、哈斯科沃的社会主义者俱乐部已被这些流氓洗劫和捣毁。

一场巨大的斗争已摆在我们面前，正是为了这一斗争，人们应当祝愿我国的工人和社会主义力量迅速统一起来。

代表社会民主工党中央委员会
党的书记　C. 波兹维利耶夫
1907年2月4日于索非亚

塞尔维亚社会民主工党的报告

塞尔维亚真正的工人运动始于 20 世纪初。工业的显著发展只是近几年的事。建立在阶级觉悟基础上的现代工人运动不可能迅速发展。

一开始只有一个工人协会,确切地说,该协会具有民众大学的性质。当我们在 1901 年成立了几个工会组织,当这些组织表现出一种生命力时(这是当时的政府所不能容忍的),人们从各个方面竭力扼杀我们的生存。还必须指出,我们是在政治上最动乱的时期,在个人专制政府统治国家的时期起步的。这一可憎的反动派导致了 1903 年 3 月 23 日的示威游行,这次示威游行是由高等学校的民主学生宣布的,但实际上是由贝尔格莱德的工人阶级领导的。政府用武力镇压运动,因此示威以流血的方式结束,出现了伤亡。政府转过来又去打击现存的组织,它竭尽全力企图从道义上破坏运动,并把它拉到自己这边来,但政府很不廉洁,它的企图没有得逞。

3 月 23 日发生政变以后,出现了一个不符合宪法的政府,工人阶级的唯一代表《工人报》被迫停刊。

5 月 29 日,这个可憎的政府垮台了,政治形势也随之发生了变化。我们着手以工人教育协会的形式(可以说这是"流行病")成立了工人联合会。结果于 1903 年 7 月 20 日召开了工人代表大会,在这次代表大会上成立了"塞尔维亚社会民主党",同时通过了爱尔福特纲领。代表大会只能讨论那些最重要的问题,如参加定于 9 月 8 日举行的议会选举。塞尔维亚无产阶级就这样加入了国际社会主义运动。

我们刚刚完成新组织所必需的工作就开始了竞选斗争。我们只在几个有组织存在的地区挑选和提出了候选人。

尽管纳税选举制度规定，只有交纳15法郎税款的工人才有选举权，我们仍然成功地在克拉古耶瓦茨获得了1个议席。这是塞尔维亚无产阶级第一次独自在政治舞台上进行斗争，它赢得了2548张选票。

1904年，党着手在所有大城市建立组织。这样，过去许多从事政治活动的民众大学便消失了。

1904年举行的第二次代表大会有好几个议题，其中主要议题是：报刊，参加选举和五一节。对于第一个问题，我们坚持德累斯顿代表大会的决议。关于参加选举，我们通过了一个在选举中不允许任何妥协、只允许党的力量参加选举的决议。关于五一节问题，我们通过了一项已被历次国际代表大会通过的决议。

1905年对于我们来说是斗争的一年。这一年一开始就举行了一次声援俄国革命的群众大会，这也是整个一年中反对关于行业工会法律草案的一系列群众大会中的第一个。此后开始了议会选举（1905年6月10日），我们应当参加这次选举。在这一斗争中，我们失去了在克拉古耶瓦茨的议席，但却赢得了更多的选票和另外两个议席，一个在贝尔格莱德，另一个在皮罗特。党在这次选举中获得2608张选票。

选举结束后，党以全力重新投入反对行业法律草案的斗争。许多会议都通过了一项坚决的原则性决议，它已被转交给议会。当民主激进派资产阶级政府不顾工人的一致抗议，仍然坚持把这项反动的法案列入议会议事日程时，贝尔格莱德的工人组织以示威游行来回答这一挑战，它们要求撤回该法案。

现在的旧激进党政府再次准备修改这一法案。但是，工人组织将再次进行斗争，它们将作出必要努力以阻止这一阴谋得逞。

1906年1月15日举行了市镇选举。由于市镇选举法以比例代表制为基础，所以我们第一次参加了市镇选举，我们在贝尔格莱德提出了9名候选人（总共45名），在克拉古耶瓦茨提出了5名（总共30名），在沙巴茨提出了3名（总共30名）。

1906年6月11日进行了议会选举。在这次选举中，我们在10个城市提出了15名候选人。尽管得票数略有增加，我们还是失掉了在贝尔格莱德和皮罗特的两个议席。但这一次我们又重新获得了克拉古耶瓦茨的议席。我们在这些选举中共获选票3133张。

选举斗争刚一结束，党的委员会立即决定开展争取普选权运动。1906年7月9日，我们发表了宣言。斗争正在继续，我们希望它获得成功。

1905年在贝尔格莱德举行的代表大会决定，劳动者在5月1日这一天停止工作来庆祝五一节。在此之前，我们都是在5月的第一个星期日举行游行示威的。1906年举行了第一次五一节示威游行，这次示威游行超出了我们的预料，它向我们证明，运动已经具有稳固的基础，它的发展是健康的。

我们党的工作是在议会中扩大力量。目前，党暂且只有一名议员，这使我们不能指望取得大的成果。直至目前，我们的行动是有限的。我们只在那些大中心参加了选举。不公正的选区划分、警察的镇压和我国选举中明目张胆的舞弊行为，是造成我们在议会中只有一名议员的原因。但首先应当把造成这一状况的责任归咎于纳税选举制度，这个制度是造成只有很少工人有选举权的原因。

在塞尔维亚，没有社会立法。在一些地方确实有一些有利于工人阶级的单独的法律规定，但政府很少执行这些规定，即使在国家企业中也是如此。这一点从各个蜕化的资产阶级政党无力使人重视改革这一事实中就可以得到解释。即使是通过了一部具有一定民主性质的纲领的新成立不久的激进党也根本不打算实行改革，原因是该党选民中的大多数是小农和属于中间阶级的人，即属于保守成分。尤其在我国，农民是不会支持工人改革的。

只是到了去年，政府才开始制定关于工人保险的法律草案。草案实际上是否真能维护工人的利益，我们不得而知。我们正期待着，但没有很大的信心。

劳动时间无法确切地确定，因为我们没有可靠的统计数字。有组织的工人经过自己的斗争在不同的行业争取到了如下的工作日：火柴男女工人，8小时；雪茄烟工人，8小时半；印刷工人，8小时45分；装订工人，9小时半；油漆工人，9小时45分；裁缝，10小时；纺织工人，10小时；冶金工人，10小时半；木工，10小时半；制鞋工人，11小时。

劳动时间由合同或按通常标准确定。为了说明这一点的重要性，我们在此提醒一下，几年前人们经常被迫工作16小时。

党和工会运动是一致的。在每一次行动中，我们都并肩战斗，我们为使团结更加牢固而努力。

党在全国有23个地方组织，党员总数为1400人。

塞尔维亚在经济方面很落后。工业才刚刚开始起飞。在贝尔格莱德以外的地区，运动有所发展，那些地方有好几家工场，但很少能见到工厂。整个塞尔维亚正处于实实在在的经济大变革状态之中，在不远的将来，许多情况将发生变化。换言之，有利于我们运动发展的坚实基础正在形成。

来自政府的迫害和警察的挑衅并没有停止。有人已经试图（根据市警察局长和政府的指令）阻止我们进行罢工并驱散集会。尽管我们党自成立以来需要克服许多困难，尽管它还不具备所必需的因素，尽管斗争接踵而来，我们的报纸《工人报》还是站住脚了。它的发行量为4600份，它今后的出版也已有了保证。党在外省克拉古耶瓦茨也有一个机关报《工人报》，它的发行量为1600份。关于社会主义著作，党在最近出版了一套通俗科学丛书。

如果说塞尔维亚不是一个工业国家，那么社会民主党在这个国家有足够的基础也是确实的。我们将放眼未来，怀着能够克服一切困难的希望继续斗争，因为党正准备为无产阶级的事业、为整个人类的事业进行新的战斗。

代表塞尔维亚社会民主工党

米兰·斯托亚诺维奇

匈牙利社会民主党的报告

近三年来，匈牙利社会民主党的发展是非常激动人心的。如果用一句话来概括这一过程的特点，可以这样讲：自1903年以来，社会民主党从一个被罪恶警察的间谍活动制服的、遭到社会摒弃的密谋者集团变成为一个在任何事件中都不可忽视的、强大而令人生畏的政党。在这一时期中，整个匈牙利政治生活都革命化了，一切政治关系和议会关系都发生了根本性变革，曾常常受到人们惊奇地注视并被看做是真正力量的阶级议会在道义上完全崩溃了。工人运动正是在这个时期获得了极大的加强。

确定党在近几年政治动荡中的策略并不总是一件容易的事。过去，各资产阶级集团为了夺取它们在阶级议会中的权力而激烈争斗，现在它们都来求助于过去被人看不起并被剥夺了权利的广大人民群众，都转向了数百万工人，让他们为自己的政治私利服务。在破坏国家达两年之久的立宪危机发生之前、危机过程中和危机之后，社会民主党始终态度明朗地表明了以下原则："一切深孚众望和自称专门代表心怀不满的人民的政党，尤其是反对党，都必须在**实现普遍和秘密选举**的问题上表态，应当无情地、以极端的手段反对那些拒不表态或态度暧昧的政党。"我们党遵守这一原则，它迫使反对党联盟的代表在普选权问题上明确表明了态度，它还成功地把这一问题列入了1905年宣传工作的中心。1905年从政治上讲是关键的一年，反对党联盟获得了巨大而惊人的胜利，这在很大程度上是由于我们不断进行的宣传迫使反对派候选人采取了支持改革选举制度的态度。大部分当选的候选人（413 名当中有 214 名）在这方面承担了义务。但是，当反对派联盟取得多数以后，尽管它们曾经信誓旦旦地许下诺言，可它们却根本不愿意再听别人讲普选权问题了。它热衷于讨论法律问题，它要求没有出路的全国让步，它为专制制度推波助澜。1905 年 6 月 19 日，费耶尔瓦里男爵当了大臣会议主席，任命了一届所谓"过渡"政府。政府的统治使这一时期充满了政治动荡。

政府在议会中得不到支持，于是推迟了议会会议的召开。因此，联盟在省和自治市这些由某些最有钱的地主组成可靠多数的匈牙利地方行政机构中消极抵抗。这些自治地方组织的领导人由于无力与政府对抗，便迁怒于不受任何保护的无产阶级。他们经常禁止工人集会，不断找工人工会的麻烦。当一个行业代表团来到内政大臣 M. 克里什托菲处抗议这些暴力行为时，后者直言不讳地宣称拥护普选权，他还说政府把实现这一改革看做是自己工作的基本点和目的。

从这时起，我们党在全国组织了争取普选权的狂热而激烈的宣传运动。喜欢装出反对政府专制、保护宪政的样子的反对党联盟心情沮丧。它要么支持我国整个工人阶级的策略，要么相反。在这两者之间它必须作出抉择。它只有老老实实地实现选举制度的改革，社会民主党才会全力以赴地帮助它夺取政权。但是，联盟不愿意采取这样坦率的态度。因此，在凡是反对党敢于露面的场合，我们党就对它发起激烈的反对运动，揭穿这些假革命者的伪装。党在这一时期充分显示了它的能力。爱国者先生们的最令人愤慨的诽谤也无济于事。工人阶级坚信社会主义，1905 年 9 月 10 日的非常代表大会**批准了党的策略**。

9 月 15 日，在议会前举行了声势浩大的示威游行，有 10 万无产者参加，他们默默无言但态度严肃，以此向联盟提出严重警告，因为联盟执行委员会再次宣布反对普选权。示威者声明，他们不愿意看到数百万劳动者的权利继续长期被人剥夺并且对这样的做法不作惩罚。12 月 19

日，尽管反对党联盟徒劳无益地进行了抗议，议会会议还是被延期了，因此，内政大臣M.克里什托菲公布了关于实施普选权的计划。众议院和大贵族院通过不信任案以后，政府提出辞职，但辞呈未被接受。1906年2月19日，议会在人民普遍漠不关心的情况下被解散。

在1906年4月最初几天，人们都期待着"专制制度的公开崩溃"。全国都"怀着爱国的愤怒心情"盼望出现议会开不成的可能性，但人们看起来不是太惊恐。某些报刊甚至希望了解即将宣布"可怕的新制度"诞生的宣言。但突然，人们获悉，协议正在通过谈判达成。和解实现了。联盟的领袖们一个个轮流去维也纳旅行（4月9日），回来后都变成了大臣。以联盟为主建立起来的过渡政府使形势变得明朗了，但是，联盟必须暂且放弃它自己的需求，必须批准紧急拨款，尤其是前两年的预算，还要完成选举制度的改革。联盟应当尽可能地以克里什托菲的计划为基础，但无论如何，对选举权的限制不能比费耶尔瓦里政府提出的限制还多。

这一点是协议的基础，1906年5月22日国王的演说证明了这一点，演说中讲到：

"鉴于我们目前立宪生活的发展，我国政府的重要任务是给予社会所有阶级以政治权利和使整个民族参与政治生活。为此目的，必须根据现代民主思想的需要和保存匈牙利国家民族特性的要求，制订关于自由实行普选的计划。大贵族先生们和众议员先生们，这是我国政府要努力完成的任务。因此，政府认为，这是一个必须首先尽快予以解决，既不能回避、也不能被其他事情耽误的问题。"

在谈到紧迫问题时，国王的演说还提到了一般预算的估计、限额的表决和公共支出的确定。

大家满意地接受了这一解决办法。

社会民主党本来可以怀着特别高兴的心情欢迎这些事件,因为它们表明社会民主党的策略是正确的。外国人也怀有同样的心情。

然而,我们却无法对政府抱巨大的信任。我们首先依靠的是有组织、有觉悟的工人阶级的力量,而且我们已经隐约看到了新的斗争。1906年的选举已经迫在眉睫。我们党应当通过积极的宣传,提高它在竞选中的影响。它相信,新一届议会将关心普选权问题。党投入了战斗。

我们党在101个选区提出了候选人。我们宣言的标题是:**告匈牙利人民**。它概述了政治形势和社会主义纲领。它以4种语言出版,发行了50万份。我们在数千次公开集会上传播了社会主义的不可动摇的真理。在第一轮投票中,没有一个资产阶级候选人敢于反对立即实施普选权。在第二轮投票中,我们的同志在许多地方帮助那些宣布忠于政治平等原则的候选人获得了胜利。

在多数选区,人们选举的是由"民族领袖"弗朗索瓦·科苏特在**正式文件**中推荐的候选人,因此人们可以非常恰当地称这个议会为**指定的议会**。

议会和政府日益暴露出它们的真实意图。通过大臣们的讲话和报刊的声明可以看出,它们打算要么歪曲普选权,要么放弃普选权。

1906年6月3日党的代表会议和6月4—5日党的代表大会一致声明,为了捍卫集会和结社的自由,它们将不惜宣布政治总罢工。

如果匈牙利有组织的工人阶级确信资产阶级议会不愿意给予它普选权,它也将使用这一武器。

这一坚决态度打击了政府,使它感到更不舒服。因为这一态度向公众表明,只有守纪律的、政治上受到教育的工人阶级才能真正阻止联盟做坏事;这一态度也说明了联盟几个月来在报刊上和议会中对社会民主党发起的诽谤和欺骗运动。

面对联盟扮演的不光彩的角色，政府的这一策略也不能阻止失望情绪的产生和滋长。尽管没有哪届政府腐败到不可收拾的地步，但不满的人一下子增加了许多。今天，整个国家都确信，国家权力在经济和政治大变革的前夜被一个政治上无能的利益集团篡夺了。另外，联盟竭力想使新政权在自重的人们眼中失去信誉。在政府内部，公开的、肆无忌惮的反动派正越来越猖獗。政府甚至直言不讳地说，它只打算保护大地主的利益。国民政府司法大臣悍然没收了工人报刊。1906年7月11日，众议员布罗迪就没收农业工人报纸《世界自由报》一事向司法大臣提出质询，波洛尼先生公开声称，当涉及"国家利益"时，他的检察官们将日夜履行他们的职责。就是这位波洛尼先生，他在几个月前还说过，没收了报纸的持铍卫士政府理当受到"剑刺"。除了极个别的人外，议会热烈欢迎大臣的回答。

10月间，我们党在全国100多个城市举行了群众集会讨论政府的社会政策和普选权。继这些大会之后，100多封城市请愿书送交了议会。在请愿书中，签名者抗议联盟的侵犯行为，指出它竟然以一项被称做"施舍法"的医疗保险法，剥夺了工人在互助会中3/4的代表权，而只给他们规定一种双方人数相等的代表制。请愿者还声明，普选权问题不能再拖延，如果拖延政府将对此负责。

在此期间，奥地利的争取普选权运动继续胜利发展。这一问题已经搞垮了两届内阁，克服了比匈牙利还多的困难。在那里人们战胜了上议院的反对，而到了1906年12月21日，上议院也以多数票通过实施普选权。正当奥地利因此而为其政治生活打下了新的基础的时候，资产阶级国家宪法的保护人却继续到处散布谣言。

他们口口声声地说实现选举改革是他们的纲领的要点，然而却不断寻找各种手段来使这个计划遭到失败，或至少使之掺假变质。他们沉湎于吹嘘宪法保证，而自从他们上台以来，他们想方设法把国家变成了一座大监狱。他们的目的在于摧毁有组织、有觉悟的工人阶级的力量。匈牙利行政当局的宪兵从未像新时代这样不受约束,我们的组织从未像今天这样遭受疯狂的"强盗行为"的破坏,自由一词也从未像在联盟统治下这样可耻地被人利用。1906年11月9日,新时代的内政大臣、"一位自由之友"公布了一项法令,对中央工人联盟省级团体的成立作出了"规定",根据这一法令,各省总督建立起了真正的恐怖制度,他们拒绝同意工会的成立,还援引新的规定,宣布解散已存在多年的团体。

但还不止这些!目前他们正在议会中讨论一项关于农业工人的法律草案,该草案批准地主进行体罚的权利,企图完全恢复"太古时代"的封建制度。在这次辩论中,多数派出色地暴露了其农民党的性质,它免除了地主对劳动者承担的一切义务,却增加了有关罢工和其他规定的内容,以便把无产阶级束缚在农业资本主义的桎梏中。还是这个政府准备通过一项有关铁路的计划,这个计划事实上将取消工人罢工的权利。为反对这两个草案,我们党在全国展开了积极的宣传工作。

政府已经越过了上升阶段。由于它拒绝实行选举改革,它面前只有一条路:"苟延残喘"。经普选产生的奥地利议会举行会议以后,匈牙利内阁的局面难以保持。匈牙利政治生活进入危机阶段,只有普选权才能结束危机。为了扭转这一混乱局面,社会党应当发挥重要作用,它必须进行一场严峻的斗争。希望它能完成自己的任务。

党和工会组织的发展情况

由于制定了倒退的立法,可以说匈牙利已经没有真正的工人政治组织了。但是,已经接受现代观点的工会几乎全部属于社会民主党,并且按其人数向党交纳会费。因此,从行业联合会中有组织的工人人数的增长可以看出党的队伍在扩大。

通过下列数字可以清楚地看出，匈牙利工人运动发展异常迅速：

在现代工会中有组织的产业工人

	人数	占产业工人总数的比率
1901年12月31日	9999	2.39
1902年12月31日	15270	3.65
1903年12月31日	41138	9.84
1904年12月31日	53169	12.72
1905年12月31日	71173	15.07
1906年12月31日	129332	30.94

除了产业工人组织以外，在吸收社会党人的工作中，农业工人是一支重要的后备力量。农业组织在匈牙利还成立不久。只是到了1905年底，农业工会联盟的章程才被批准。尽管受到了来自农民党和公共行政机关的难以想象的迫害，工人组织仍然取得了令人惊异的进展。今天，它拥有大约5万名会员和近600个地方团体。

从近几年党的收入方面也可看到党的发展。从1904年3月31日—1905年3月31日，党共收入193735克朗①。1905年4月1日，匈牙利党的中央机关报《人民之声报》改为日报，因此，无法很好地把以后几年的总收入拿来同前几年相比较。从1905年3月—1906年3月，收入大约为25.8万克朗；从1906年3月—1907年3月，收入大约为36.1万克朗。

党费收入1904—1905年为3535克朗，1905—1906年约为1.3万克朗，1906—1907年约为2.7万克朗。增长是巨大的。

---

① 1克朗等1.05法郎。

为了扩充组织和改进宣传，我们在那些最重要的省城建立了**党的书记处**。目前已建立 15 个，所有的书记处都各尽其职。全国划分成若干宣传区，宣传区又划分成若干省，省包括了当地所有的地方团体。

在匈牙利，社会民主党不按**民族**划分。只有一个中央代表大会和一个党的领导机构。但是，为了在非匈牙利工人中加强宣传，我们于 1906 年为每个民族成立了组织委员会。匈牙利的德意志社会民主党人将于 1907 年 6 月举行一次全国代表会议，他们在整个运动中起着重大作用。不可否认，按照民族区域进行的宣传和组织工作出现了越来越分散的倾向，而且这种倾向还将继续发展下去。

党的报刊也有进展，它主要由下列报刊构成：

用匈牙利文出版的中央机关报《人民之声报》，每日 1 号；

用德文出版的中央机关报《人民之声报》，每周 1 号；

《社会主义》（学术杂志），每月 2 期；

《瑙吉瓦劳德工人报》，每周 1 号；

《工人报》，佩奇，每周 1 号；

《科洛斯堡工人报》，每月 1 号；

《特兰西瓦尼亚工人报》，科洛斯堡，每月 1 号；

《友爱》，松博特海伊，每周 1 号；

《匈牙利西部人民之声报》，波索尼，每周 1 号；

《人民意志报》，泰梅什堡，半月刊；

《斯洛伐克工人革新和前进报》（斯洛伐克文），每月 1 号；

《客观真理报》（罗马尼亚文），每周 1 号；

《人民之声报》（塞尔维亚文），大贝兹克雷克，每周 1 号。

匈牙利社会民主党书记　尤金·霍罗维茨
1907 年 6 月 8 日于布达佩斯

捷克斯洛伐克社会民主工党的报告

捷克斯洛伐克工人党充分利用了自阿姆斯特丹代表大会以来的这段时间，以造福于无产阶级。经过不懈的努力，捷克斯洛伐克工人党在经济生活、社会生活以及政治领域取得了显著的成就。与其他国家更幸运的兄弟们相比，捷克斯洛伐克工人的斗争要艰苦得多（前者的社会斗争要简单一些，因此也就比较明确），所以这些进步就更值得重视。捷克斯洛伐克工人同资产阶级及其政府进行斗争，不仅是为了争取自己的民主的和社会的解放，而且还为了争取人的根本权利。

捷克斯洛伐克工人阶级在三个主要战场上进行斗争。它不仅要为争取公民平等和社会公正，而且还要为争取民族平等，为在政治生活中发挥作用而斗争。它面临的是一个由外国人以及不仅进行经济剥削，而且是民族敌人的老板统治的国家，这个敌人不仅要它在体力和脑力方面作出牺牲，而且要它放弃自己的国籍。讲自己的语言和用母语培养子女的权利也被德意志老板或犹太老板拒绝。

意识到自己的阶级利益的捷克斯洛伐克工人正是为了反抗这种地地道道的奴役才自然地进行自卫的，也正因为如此，它才被剥削者和其他敌人指责为"民族主义者"，甚至被指责为沙文主义者，国内外用德文出版的资产阶级报刊不断地重复这一辱骂。

对我们的斗争所作的这些歪曲，不仅使别人对捷克工人领导的社会民主运动一无所知，而且使那些对进步倾向抱有好感的人产生厌恶情绪，甚至产生强烈的敌对情绪。当捷克工人加入社会民主党组织和国际时，这些人几乎要求他们放弃民族自治权、放弃民族文化，并同意在精神上依附于另一个民族，而为了反抗这个民族的统治，整个捷克民族已经进行了数个世纪的激烈斗争。这一狭隘观点直接与社会主义民族原则相矛盾，受到了捷克斯洛伐克社会民主党的批驳。捷克斯洛伐克社会民主党坚信，社会主义不能剥夺任何人朝着每一个方向自由发展的权利。这个观点是社会主义共同纲领的最好武器，这个纲领的第一条是这样写的："**奥地利社会民主党希望不分民族、种族和性别，把全体人民从经济依附、政治压迫和智力衰退的枷锁中解放出来。**"往后还写道："**奥地利社会民主党是一个国际党；它谴责民族特权以及种族、性别、财产或继承的特权……它为使无产阶级在政治生活的一切领域发挥尽可能大的作用而斗争。**"

如果说这些原则有意义，那就是它们直接要求捷克社会民主党进行强有力的自卫，反对资本家及其国家，因为它们除了进行经济压迫和政治压迫外，还实行文化统治，就是说，对工人实行彻底奴役。

尽管形势非常不利，但捷克社会民主党通过最近三年的不懈努力，终于大大地加强了政治组织和工会组织，它终于能够举足轻重地参与确定政治事件的发展趋势，并从奥地利政府那里争取到了普遍和平等的选举权。

1905年7月23日，在布拉格举行了捷克和德意志社会民主党联合会议，目的是商讨为了获得波希米亚州议会普选权而采取强有力的行动的方法。会议决定，如果工人的正当要求得不到满足就宣布政治总罢工。这次会议不仅很快就激起了波希米亚无产阶级的热情，而且也激起了摩拉维亚整个无产阶级的热情，然后火焰又从这些地方燃到了奥地利所有的州。

在这一大规模骚动的压力下，奥地利议会于1905年10月6日宣布赞成普选权。

1905年10月10日，波希米亚州议会举行会议。那一天，布拉格及其周围的工人阶级宣布进行24小时政治总罢工。一支由10万人组成的队伍前面打着红旗，向议会进发，要求公民权。工人派出的代表团得到许诺，工人的愿望将得到满足。这第一次政治罢工取得了真正的胜利，因为政府本打算在波希米亚州特权议会中只给第四选民团增加18个议席，后来却急忙增加到36席。然而，由于德国资产阶级的阻挠，州议会的工作陷入瘫痪。

继布拉格之后，还有布尔诺和其他城市。在布尔诺，在临时调来应付意外情况的军队的保护下，人们决定对市议会作出新的选举规定：在151个议席中只给工人21个议席，更为严重的是，这些新议席属于一个总选民团。

然而，人们在国会中进行了一些尝试以争取普遍和平等的选举权。不久，这一活动的规模就超出了大家的预料。

大约在1905年10月末，当社会民主党共同代表大会在奥地利召开时，传来了俄国革命获得胜利的消息。本来就认为必须为普选权而斗争的与会者听到这一消息更是欢欣鼓舞。他们迫不及待地返回自己的国家筹备总罢工，以便争取普选权。前些时候，特别是匈牙利大臣克里什托菲发表了只有实施普遍和平等的选举权才能巩固匈牙利的讲话以后，维也纳政府声称，这个办法是行不通的，因为实施平等的选举权势必导致在奥地利也这样做。政府是不会同意这种改革的！

党的代表大会以后，在维也纳的索菲娅大厅举行了盛大的群众集会。会上，奥地利各民族的代表都呼吁为争取普选权而采取强有力的行动。会后进行了示威游行，但不幸的是，游行出现了流血的结局。当游行队伍到达霍夫堡皇宫时，徒步和骑马的警察一齐向手无寸铁的群众进攻，有50多名示威者受伤。

布拉格的全体工人阶级在射击岛举行了一次庄严的大会，抗议这一卑劣的袭击。会后，警察再次袭击了参加集会并返回家中的人，制造了一场真正的屠杀。第二天，11月5日星期日，在温采尔广场举行了声势浩大的示威游行，队伍前面打着红旗，示威结束时没有出现任何意外。但是，当工人回家时，在格拉本附近又受到了挥舞着马刀和手枪的警察的袭击，1人被打死，400人受伤，600多人被捕。这一血腥的袭击事件发生以后，整个资产阶级也站到了工人一边。剧院的演出、音乐会和其他娱乐活动在星期日全都停止了，以示抗议。学校被关闭了，以便用来安顿匆忙调到布拉格的一支军队。步兵和骑兵分队不停地在市内街道上巡逻，似乎已经爆发了一场真正的内战。但工人们并不感到恐惧。相反，骚乱波及面越来越广。警察不断地进行挑衅，随意逮捕人。星期一晚上，社会民主党领导机关在街上张贴声明，要求工人停止示威游行，因为目的已完全达到，只是这时才重新恢复了平静。

利用这一暂时到来的平静，我们建立新的组织，并为在国会召开的那一天举行政治总罢工做准备。

政府让步了。11月4日的流血事件刚刚结束，政府就通过报刊宣布，将以最积极的态度研究选举权问题。布拉格游行以后，政府报纸写道，政府将在国会召开的那一天发表一项声明，并就平等的选举权问题作出保证。

11月28日终于临近。这历史性的一天对于奥地利的社会民主运动将是永远值得纪念的，它将证明社会民主运动的成熟和它的精神力量。整个奥地利响彻工人群众钢铁般的脚步声。政治总罢工爆发了并完全实现了自己的目标，在波希米亚尤其如此。而且捷克社会民主党还吸引了整个资产阶级参加。人们不仅关闭了所有机构、工厂和车间,而且还关闭了饭馆和咖啡馆,只有药房继续营业。农业无产阶级也加入了总罢工的行列,农场全部停工。示威期间,人们在布拉格市政厅的阳台上宣传总罢工的意义,同时欢呼俄国革命的胜利。这是在现代工人运动中出现的第一次这样彻底的总罢工。当数十万示威者在维也纳国会前行进时,大臣会议主席高奇以政府的名义声明,1906年2月底将提出一项实行普遍平等的选举的法案。1906年2月23日,这一法案果真提出来了,并且,经过长时间的斗争以后,于同年12月由国会通过。选举法没有给予平等和完全的权利,它在社会和民族方面还有很多不公正的地方,因为,如果按规定整个奥地利平均每49676名居民可以推选1名议员的话,那么德意志人每39363人就有1名议员,而捷克人每55658人才有1名议员。再者,规定定居满一年者才有选举权,妇女被完全排除在外。但尽管如此,与旧选举法相比,选举改革仍然是一个重大的进步。它取消了封建贵族和资本家的特权,并使奥地利摆脱了选民团这种有害制度。现在,劳动者应当争取州议会和市镇的平等选举权。

在为争取普选权而斗争的同时,党还进行了一场大规模的鼓动,**反对再次提高关税及其后果——生活必需品涨价**。通过这一斗争,它吸引了居民中其他的阶层。

在社会政策方面我们还获得了某些改善。根据工人多年来的要求,政府在1904年12月的纲领中向国会提出了养老和工伤事故保险改革方案和关于残废抚恤金、关于寡妇和孤儿补助金法律的补充规定。这个纲领并没有多大的价值,但社会民主党的工人代表将负责推动这一重大问题的进展。

党还不懈地在其他方面进行努力。出于对无产阶级胜利的恐惧,资本家向罗马教权主义者寻求保护,他们逐渐把学校完全交给了教士。党为了反对学校的教会化进行了卓有成效的鼓动,结果,要求儿童经常去教堂参加宗教仪式并惩罚非国教教徒家长的法规被迫废除。教权主义者在妇女中进行煽动,企图把对婚姻立法的迫切改革扼杀在萌芽状态中。但他们没有得逞。因此,我们党充分利用这一机会向人民群众传播进步原则。

今年11月在信奉天主教的摩拉维亚举行的州议会选举的结果表明,社会主义已深深扎根于捷克人民中。在第一轮投票时,总选民团投给捷克斯洛伐克社会民主党人的票为79964张,而投给其他捷克资产阶级政党的票为131687张,有5名议员当选。在进行第二轮投票时,14个选民团中的8个投给社会民主党人的票有79985张。

在波希米亚,捷克社会民主党人在特权选民团补充选举中获得多数,从而阻止了**公开的反动派**的当选。同样,在工人一直被排斥在外的市镇议会选举中,社会民主党人的得票数也有增长。我们的同志还成功地争取到了很多乡镇的第三选民团。在工人机构,尤其是工人保险组织、医疗基金会、劳资调解委员会的选举中,社会民主党候选人总是获胜。因此,人们有充分的理由可以断言,只有社会民主党是工人阶级的真正代表。

党利用这一飞跃发展的机会加强其政治组织和工会组织。1904年我们只有442个政治组织,而现在有1517个,共10万多名成员,他们按照规定履行党员的义务。我们党拥有的社会民主团体如下:**政治团体**——73个;**工会团体**——58个组织和1351个地方协会及出纳处;**互助会、学习和体育俱乐部**——268个;**体操协会**——124个。总共近14万名会员。

下表可以表明工会组织的特殊发展:

年份	工会会员	学习小组和其他团体成员	总计
1897	5230	1872	7102
1898	8284	5503	13787
1899	11744	8012	19756
1900	13146	9587	22723
1901	13820	8935	22755
1902	12948	8074	21022
1903	15188	5731	20919
1904	17078	4104	21182
1905	20790	3721	29511
1906	52514	2457	60971

工会组织增长了100%。

此表只包括加入**布拉格工会委员会**的会员。然而,大多数组织起来并加入工会的捷克工人都属于**维也纳工会委员会**。捷克工会委员会有16名书记和代表,或地方上"值得信赖的人",他们负责在捷克工人中从事组织和鼓动工作。1906年,他们组织了1087次报告会;在2251个案件中,他们提供了无偿的法律援助;在119个案件中,他们无偿地帮助打官司。委员会及其书记还向波希米亚工人保险机构提出720次申诉。捷克工会委员会还曾出面97次干预工资纠纷,其中64起纠纷以有利于工人的方式得到解决。

最近几年,**妇女运动**相对地也有发展,但还无法与男子运动的发展相比。妇女没有单独成立政治组织或工会组织。尽管她们被剥夺了政治权利,但她们还是在大规模的示威中以及在竞选鼓动中勇敢地支持我们。女佣组织取得了令人满意的进展。

社会主义青年组织蓬勃发展。当然，它有自主的中央委员会以及鼓动委员会，还成立了地方团体，但它完全处于捷克社会民主党的领导之下。该组织还有自己的机关刊物。这个组织首先热衷于对工业学校进行改革（将晚上的课换到白天上）。其次，它有步骤地进行鼓动，反对军国主义。青年人参加这项活动通常都是在社会主义者的领导下通过抽签来决定的。这样做的结果可以避免情绪过于激昂、吵吵嚷嚷和弄出丢脸的事。今天，还是这些民兵，身穿丧服和黑色外衣进行示威。队伍中的乐队演奏着丧礼进行曲，引起了巨大的轰动，起到了极大的鼓动作用。尽管当局禁止这些示威活动并对示威者进行迫害，但青年们并没有被吓倒，他们继续用自己认为合适的有效方法抗议军国主义。

工人体操团体是独立于社会主义青年的一部分。目前，有124个这样的团体，会员7440人，它们有一个专门的机关报。

一个新的组织，即具有阶级斗争觉悟的农业工人阶级的组织，加入了无产阶级大军的行列。这个团体已有数千成员，也拥有一个机关报。农民党进行的激烈的反社会民主党的宣传促使越来越多的农业工人加入我们的行列。

下面列举一些数字，它们足以证明捷克同志在各地的工作是多么紧张。在最近两年中（1905年和1906年），他们在波希米亚组织了22038次群众大会、公开集会和党的会议；在摩拉维亚6268次；在西里西亚346次；在下奥地利109次。总计集会30660次，其中有318次被禁止或驱散。

当然，党的这样大量的活动所带来的结果还有巨大的迫害。在上述地区，有3159名捷克社会民主党人受到当局的迫害，其中2748人被监禁或拘留，总刑期为102年9个月29天，罚款达8806克朗。

党的报刊也有了很大的发展，共计有18种政治性刊物，其中有3种日报，其余为半周刊或周刊。党拥有30种专业报刊，1种学术杂志，

1种反教权主义的、带插图的诙谐文学刊物，1种体操专刊。在上述时期，被没收的有186种政治性报刊，26种专业报刊及其他刊物。

编辑们被追究55次，被判刑31次，刑期为6个月27天，罚款785克朗38赫勒。

党的出版社发行了总数为349930册图书和小册子，其中134250册为年鉴。

捷克斯洛伐克社会民主党在向社会党国际递交本报告时确信，它已经竭尽全力为无产阶级的解放而工作。它不错过任何一个表达社会主义思想的机会，并根据国际社会民主党纲领中的规定，保持和维护觉悟了的无产阶级的利益。

捷克斯洛伐克社会民主党在非常有利的条件下参加了1907年的立法选举斗争。

它实现了在1906年布拉格圣诞节代表大会上所许下的诺言。它已拥有1517个政治组织，99098名成员，13万多名工会会员和1953个行业组织；所有这些积极分子的行动都得到了51种政治刊物和工会刊物的支持。

决定胜负的那一天，有10万名社会民主党的鼓动员在他们的岗位上。选举取得了辉煌的结果。如果我们不算捷克社会民主党人投给维也纳和波希米亚北部德国社会民主党人的选票的话，捷克社会民主党候选人在总共108个捷克选区中获得了399287张选票，在24个选区中获胜。

波希米亚的情况是：获选票277520张，17个议席；摩拉维亚获选票101524张，5个议席；西里西亚获选票20243张，2个议席。

在第一轮投票中，捷克社会民主党人获得22个议席，在52个选区举行了第二轮选举，但在第二轮选举中只获得了2个议席。第二轮选举的成绩是接受党的态度的结果，党以最坚决的方式拒绝任何妥协，因此迫使资产阶级结成联盟。在第二轮选举中党提出的唯一口号是："在任何地方、任何情况下反对教权主义者。"

自由资产阶级以"一致反对社会民主党人"为口号，肆无忌惮地与教权主义者勾结在一起。

党对此结果感到满意，并认为，在各个组织中近期内要完成的巨大任务，是进行真正的社会主义传播和教育工作。

安东·涅梅茨
弗兰茨·苏古普
1907年2月于布拉格

关于智利工人运动的报告

在智利，工人政党于1887年3月20日成立，名称是**民主党**。直至近几年，**社会党国际局**的存在才开始被人知道，由于各种原因，民主党没有和国际局建立关系。但是今天，**智利民主党**加入国际社会主义的队伍已成为大家的希望了。

党纲发表在《无产阶级报》上，已决定送给国际局图书馆。如果说这些章程在有关阶级斗争方面写得不够明确、赶不上潮流的话，这是由于党是由一部分智利无产者在保守的气氛中建立的，还由于这些无产者的知识水平（这是他们的生活环境造成的）使他们无法写得更好。另外，还应当考虑这一事实，即智利有一部民主宪法，它宣布：

出版自由，出版方面的违法行为只能由经过当事人抽签决定的陪审团审判。

结社和集会自由，无须事先通知。

直接选举众议员、参议员和市政府委员。另外，市政府收支预算的表决和其他与全体市民有关的事宜提交选民代表大会处理。

这一切因素在一定程度上延缓了真正的阶级斗争观的传播。

民主党的总书记处设在智利圣地亚哥普拉特路485号人民宫。我们党的正式报纸《改革报》也设在这里。由于"政治罪"被判处18个月监禁之后，我当时不得不离开智利，流亡到阿根廷共和国，因为当时牺牲我的自由被认为不合时宜。

回顾一些有关这个国家民主制方面的细节将是有益的。

弗朗西斯科·毕尔巴鄂大约在1850年第一个通过报刊和讲台宣传平均主义思想，主张根据当时的形势，进行尽可能自由的社会改革。为了传播自己的原则，毕尔巴鄂成立了一个社团，叫做**平等社**。他被当做亵渎神明的人而受到起诉，被革除教门，被罚款——然而他始终信奉上帝——最后被驱逐出国。在这以前，陪审团判处他1000比索（当时折合5000法郎多一点）罚款，通过上街募捐的办法，这些钱由人民付了。

30年后，毕尔巴鄂播下的种子由一些手工业工人和知识分子来收获了。为了继续社会改革的事业，他们结成了**共和学派**，并创立了一份名为《理性》的刊物。

1887年，**民主党**在首都成立。当时有60名党员……从第二天起，资产阶级报刊就把该党的创始人称为罪犯和无政府主义者。

这一小部分人办事果断，他们开展了大规模的运动以激起公众舆论的热情，并把与人民有关的社会问题提交给民众大会。

由于他们的努力，关于国民卫队的法律经过修改而变得更加民主。

不久以后，有轨电车公司将二等车票由2.5分提高到3分。党认为有义务反对提高劳动者乘坐的交通工具的价格。它鼓动社会舆论。人民响应它的号召，举行了大规模的抗议集会。公民委员会在公司领导和市政当局之间奔波，以便能使票价降到原来的水平。

干预无效。1888年4月29日，党组织了另一次抗议集会，但人民已压抑不住愤怒的情绪，他们来到首都各郊区，焚烧了在路上行驶的将近1/4的有轨电车。在这以后没有过几天，公司便按照要求降低了票价。党的指导委员会的15名成员被捕入狱，7人被关押了43天，后来他们被释放，不再追究了。

焚烧有轨电车时，军队、警察与人民发生了冲突，一大批人受伤。

党以比过去更大的热情继续进行宣传运动，有数百名无产者加入党组织，壮大了它的力量。

1891年革命时，党遭受了第一次失败：它分裂成两派，一派站在政府一边，另一派尽管基本上也是资产阶级的，但它具有纯粹的革命思想，声明赞成革命。革命付出了1万多人的生命代价，党也被解散了。但不久以后就开始了重建工作。

　　1894年，党获得了第一个政治胜利。杰出的社会主义者、律师安赫尔·瓜雷略在瓦尔帕莱索当选，是他第一个提议改变党的名称，用"**社会主义**"来代替"**民主**"的。1897年，他再次当选。同年，工人党获得了一个辉煌胜利，这就是阿特米奥·古铁雷斯在选举中获胜，此后他又数次当选，在议会中任职9年。

　　党当时有2名议员。

　　同时，它还在瓦尔帕莱索市议会获得5个议席，这样，党在该议会占据多数。它执掌权力达三年之久，建立了5个民主学校，它们都成为活跃的宣传中心。

　　阿特米奥·古铁雷斯于1900年在圣地亚哥再次当选，但瓜雷略则由于党内的不和而在瓦尔帕莱索失利。不过，党在智利南部城市康塞普西翁使马拉基亚斯·孔查公民在选举中获胜，他强烈反对义务兵役制草案，并几乎将该草案推翻。因此，党始终有2名议员。

　　1901年，经过补缺选举，我们有了第三位议员弗朗西斯科·兰达博士，他是在圣地亚哥当选的。

　　1903年，选民再次选举阿特米奥·古铁雷斯（圣地亚哥）、马拉基亚斯·孔查（康塞普西翁）为议员，安赫尔·瓜雷略在瓦尔帕莱索获得了议席，那里的民主党人选出5位市议员，再次在市议会中占据多数。

　　1906年，党在安托法加斯塔、瓦尔帕莱索、康塞普西翁、马耶科、考廷和瓦尔迪维亚有6位候选人当选。但是由于资产阶级的阴谋和舞弊，在安托法加斯塔、马耶科、考廷的当选者被取消资格，并为资产阶级候选人所代替。

这一次当选的市议员增加到 80 名，在五六个城市，民主党人占绝对多数，他们无须和其他政党结盟就可以执政。

在 1903 年的选举中，我们获得了 1.2 万张选票，而 1906 年是 1.8 万张。智利人口大约是 400 万。

党有 100 多个团体，分散在全国的 100 多个地区。

它拥有下列日报和周报，我给你们寄去其中的几份，我希望它们出现在斯图加特报刊陈列室里：

日报：圣地亚哥的《改革报》，安托法加斯塔的《先锋报》，康塞普西翁的《工业报》和塔尔塔尔的《工人之声报》。

在伊基克，《工人报》两天出 1 号。

半周刊：塔尔卡瓦诺的《正义报》和托科皮亚的《无产者报》。

周刊：奥瓦耶的《理性报》，安托法加斯塔的《社会自由报》，圣地亚哥的女权主义机关刊物《晨曲报》，科金博的《劳动报》，比尼亚德尔马的《保卫报》和查尼亚拉尔的《责任报》。

一般说来，这些报刊的编辑忠实地反映了工人群众的文化修养。印刷厂为工人协会所有。

除了以上提到的报纸以外，我们还有下列期刊：

《土地与自由》，卡萨布兰卡；

《劳动》，伊基克，188 页；

《保卫者》，塔尔塔尔，45 页；

《防卫》，科罗内尔，32 页；

《民主》，新帝国镇；

《星》，圣哈希耶；

《新生》，伦戈；

《讨论》，奇廉。

6—8年来，在党内形成了一派，他们为改变党的名称和正式采纳社会主义的策略和原则而斗争。这一派日益壮大，他们完全有希望在短期内实现他们的目的。

至于无政府主义者，他们在我国进展不大。他们还无法创办一份持久的刊物，也没有建立一个可以维持下去的团体。

我希望国际局给智利党的书记处寄去加入国际社会党所必需的基本原则和条件。智利民主党可能派代表参加斯图加特代表大会以后的国际代表大会。

由于移民问题列入了斯图加特代表大会的议程，我不认为在此就这个问题讲一些细节是无益的。就我而言，我完全可以向你们证实法里尼亚·德蓬塔·阿雷纳斯在其1月8日写给你们的信中所讲的话，该信发表在《国际局书记处2—3月报告》上。

我从1905年9月—1906年4月几乎走遍了整个共和国，我发现这里劳动力很丰富，在北部地区（开采硝石、有矿藏的村庄）和中部的大城市尤为如此。另外，大批工人自发地从阿根廷共和国、玻利维亚和秘鲁向我国移民，这主要发生在有大量工作的时期。

智利资本家不搞劳动密集的工程。民族资产阶级不愿意直接致力于工业或商业领域，而喜欢从事金融投机和高利贷活动。公共工程不多，因此不需要外国劳动力。

目前，工人代表大会正对每个地区的工人流动情况进行统计，了解每个行业劳动力余缺的情况，这样做的目的是便利和调整对工人的调动。

目前，智利的货币很不值钱，通常1比索值13个便士（1.30法郎到1.50法郎），因此，一个每天挣3比索的工人只挣得39便士（3.90法郎到4.00法郎）。**日平均工资在**3—5比索之间，这些钱不够支付生活费用。

确实，智利工人嗜酒，但工人组织的发展已经使这种陋习明显减少。在工人团体活动最频繁的中心城市，这一结果尤其显著。

我认为国际有责任进行宣传，反对政府把外国劳动力吸引到本国来的企图。

还有另外一个重要因素必须考虑：这就是警察、军队和海军缺少兵源。四五年来，由于人员不足，军队和海军的干部队伍已完全无法得到充实。一部分工人拒服兵役，这些人的数量很大，因为他们是觉悟的反军国主义者，另一些人是出于经济原因：士兵每个月只能得到25个智利皮阿斯特。①

就警察而言，在各地，尤其是工人骚动最严重的地方，情况更糟。在有些城市，例如，安托法加斯塔、托科皮亚等，我自己发现，执行警察勤务所需的人员连1/3都招不够。上司不断派遣一些局长去招募那些不了解情况的人担任警务工作，但是当他们刚刚招募到一批人，便有一些人开了小差，因此总是有空缺。

智利十分丰富的劳动力只是构成资本主义的后备力量和给资产阶级提供士兵。

当前，工人正经历一个组织和教育的时期。它在牢固的基础上建立自己的政治和工会组织，创办大量报刊。他们可以不遇到很多障碍而做到这一切，因为在目前情况下，资产阶级已失去进一步剥削工人的有效手段。

不难理解，外国劳动力来到市场上将阻碍这一解放行动，并使之完全停顿下来，因为这为资产阶级提供了剥削对象。

---

① 大家可以看一下3月20日刊登在布宜诺斯艾利斯《先锋报》上的如下电文：智利圣地亚哥3月14日电。"人们把最近一次征募20岁的新兵入伍工作看做是一次真正的失败。总共只有20%的新兵在兵营里报到。"

因此，国际有责任同智利工人的解放事业合作，尽一切可能，阻止由政府煽动的向智利移民的现象。

有必要将这些情况告知欧洲和亚洲的工人报刊。政府恰恰试图主要在亚洲雇佣劳动力，它公开声称，它无论如何将坚持从中国和日本移民，因为这些工人更顺从、更便宜。

路易斯·E. 雷卡瓦伦·S.
布宜诺斯艾利斯，防卫大街888号
1907年5月

意大利社会党的报告

首先讲一讲党的组织。

1900年,刮过一股反动风以后,党拥有546个支部,19194名党员;1902年,1074个支部,37778名党员;1903年,1236个支部,42451名党员;1904年,1330个支部,45800名党员;1905年,1258个支部,43925名党员;1906年,1249个支部,41264名党员。

上述数字不包括一些在外国工作的意大利社会党支部(1906年为18个)。同样,也不包括移居瑞士、北美和南美的意大利社会主义者,他们组成了特殊的独立的党。

党组织的地理分布情况(不包括外国支部)如下表所示:

地区		居民	支部	党员	支部总数	党员总数
意大利北部	1. 皮埃蒙特	3317401	183	6169		
	2. 利古里亚	1077473	51	1486		
	3. 伦巴第	4282728	173	5599		
	4. 威尼斯	3134467	74	2070		
	5. 艾米利亚	2445035	367	12667	848	27991

(续表)

地区		居民	支部	党员	支部总数	党员总数
意大利中部	6. 托斯卡纳	2549142	149	4539		
	7. 马尔凯	1060755	59	1458		
	8. 翁布里亚	667210	31	869		
	9. 拉齐奥	1196909	19	937		
	10. 阿布鲁齐	1441551	18	447	276	8250
意大利南部	11. 坎帕尼亚	3160448	19	481		
	12. 巴西利卡塔	490705	9	196		
	13. 普利亚	1959668	30	559		
	14. 卡拉布里亚	1370208	10	157	68	1393
岛屿	15. 西西里	3529799	32	679		
	16. 撒丁	791759	5	102	37	781
					1229	38415

党员是以个人身份入党的。1904 年做过一次统计，从统计结果看，党员成分大致如下：**工人**占 25%—30%；**土地劳动者**占 15%—20%；**佃农和手工业者（自由工人）、自由职业者、商贩、大学生、产业主和工业家**占 50%—60%。不过在这些人中，大部分是手工业者和自由职业者。

由于每名党员每年交纳 60 生丁的党费，中央金库大约有 25000 里拉的收入，这些收入用来弥补政治和行政书记处、领导机构开会以及宣传员、宣传补贴等方面的开支。

关于**经济组织、工会活动和专业报刊**的情况，我们另外再谈。

夺取公共权力

在1892年（党成立的那一年）的政治大选中，我们获得了2.6万张选票，6个议席。

在1895年的选举中，获得7.6万张选票，10个议席。

1897年，获得13.5万张选票，16个议席。

1900年，获得17.5万张选票，32个议席。

1904年，获得32万张选票，28个议席。

1900年的选举是和各人民党（民主党、激进党、共和党）结成联盟进行的，我们只计算了社会党候选人获得的选票，我们投给其他党候选人的选票与其他党投给我党候选人的选票相抵消。

在1904年的选举中，在第一轮投票时，我们党只赢得1个议席。在整个选举中，我们保住了18个议席，失去14个议席，但新获得9个议席。议会党团保留了27位议员。不久以后，由于辞职，我们失去了布德里奥（罗马涅）的席位；由于议员去世，我们丧失了蒙塔尼亚纳（威尼斯）的席位。但是，经过以后的选举，我们在皮埃蒙特的瓦朗斯和西西里的夏卡赢得了席位。

在社会党议会党团集体辞职的危机突然发生之后举行的选举中，我们丧失了4个议席，但最近通过联合竞选，我们重新获得了在大选中丧失的佛罗伦萨第三区的议席和维罗纳的议席。目前，议会党团由25名议员组成（整个议会有508名议员）。尽管1904年的选举使我们在议会中的力量削弱了，但它大大地增加了我们的选民力量。在将近150万选民中，我们获得了32万张选票，占总票数的1/5强。换句话说，即使是在意大利现行的选举权受到限制的选举制度下，按照这个比例估计，社会党在508名议员中至少应当有100名。

在夺取市镇议会和省议会权力方面，我们无法向你们提供同样确切的资料。我们知道在许多村镇和一些小城市，行政权在社会党人或与社会党人结盟的各人民党手里，它们形成了最强大的集团。但在意大利北部的几乎所有市镇里，在意大利中部的很多市镇里，在意大利南部和岛屿上的一些市镇里，在几乎全部大城市里，以及在很多中等城市里，社会党人在市镇议会中居于少数。

我们丧失了雷焦艾米利亚的市议会，保住了圣雷莫的市议会，赢得了亚历山德里亚的市议会。

党在很多省议会中是少数派。在曼托瓦省议会和雷焦艾米利亚省议会中，社会党人少数派与保守党人多数派在数量上几乎相差无几。

党的领导机构希望能够在短期内进行一次统计，以便把准确的资料提供给下一届国际代表大会。

报　刊

党的正式中央机关报是根据代表大会的决定、由同志们捐助而于1896年在罗马出版的日报《前进报》。该报目前每天发行大约3万份，有1万个订户。它由恩里科·费里领导。

除了《前进报》之外，社会主义者还在整个意大利和国外意大利侨民中心散发许多不受党控制的同志和团体出版的期刊。这些期刊有：由屠拉梯领导的、已在米兰出版15年的半月刊《社会评论》；由工会团体领导的、已在罗马出版2年的半月刊《社会变化》；小型月刊《大众文化》，出版它的目的在于普及科学知识，它已在克雷马出版1年；《驴》是带彩色插图的讽刺性周刊，专门进行反教权主义的宣传，发行量为6.4万份，它由波德雷卡和加兰塔拉领导，自1893年以来由蒙吉尼在罗马出版；《永远前进》是面向地位卑微的人和基督教教士的社会主义周刊，由莫尔加利和保罗尼领导，9年来由蒙吉尼在罗马出版，发行量为1万份；《种子》是初级小型宣传半月刊，带插图，在罗马出版，它由保罗尼领导，每份售价1生丁，发行量为3万份，遇有骚动、选举、五一节，该刊有时发行10万份（不久以前，比利时的同志们创办了一种类似的刊物）；《和平》是由巴尔塔利尼在杰尼斯出版的反军国主义周刊；《社会主义青年》周刊是工会派别中青年成员的机关刊物，在罗马出版；《青年近卫军》半月刊是青年社会主义者的机关刊物，在雷焦艾米利亚出版；《劳工联盟》周刊是劳工联盟的机关刊物，在都灵出版，领导人是里戈拉。所有的行业联合会都有自己的机关刊物。发行量最大的是铁路员工、建筑工人、炼钢工人、邮电职工和国家雇员的报刊。

还有大量的只限于在一个地区、一个省、一个选区或一个市镇发行的报刊。

4种日报是：雷焦艾米利亚的《正义报》，曼托瓦的《曼托瓦省》，这是党的财产，直接由组织控制；米兰的《时代报》和热那亚的《劳动报》，由出版公司出版。人们准备把都灵的《人民呼声》改成日报。

伦巴第区有10种周刊和1种半周刊（在科莫）。

皮埃蒙特区有12种周刊和1种半周刊（在比耶拉）。

威尼斯区有7种周刊。人们曾尝试先在维罗纳、然后在威尼斯出版日报，但是被迫停刊。

艾米利亚省有13种周刊。现在人们试图把《拉韦纳之声》改成半周刊。

利古里亚区有5种周刊。

托斯卡纳区有9种周刊。

翁布里亚区有4种周刊。

阿布鲁齐区有3种周刊。

坎帕尼亚区有 3 种周刊。

普利亚区有 3 种周刊。

巴西利卡塔区有 2 种周刊。

卡拉布里亚区有 3 种周刊。

西西里岛有 6 种周刊。

撒丁岛有 1 种周刊。

所有这些地方报刊都由党的地方组织控制。

发行量最大的机关刊物是：雷焦艾米利亚的《正义报》，它非常有名，因为它的宣传卓有成效；那不勒斯的《宣传报》，以其勇敢而成功地反对秘密团体的行为而闻名；都灵的《人民呼声》。

在国外的意大利人也办了很多报刊。例如：瑞士的《劳动者》；北美的《无产者》；巴西的《前进报》；尼斯的《救赎报》；在奥属意大利领土特伦托和的里雅斯特，已经加入奥地利社会党的同志创办了 2 份意大利文日报。

党不再经营出版社。过去经营出版社也不兴旺，它已由蒙吉尼接收了，他是最大的社会主义书籍出版商。他和其他出版商（罗马的皮凯托、佛罗伦萨的内尔比尼、巴勒莫的桑德龙等）出版许多宣传小册子。蒙吉尼出版了一套非常重要的著作：全文翻译的马克思、恩格斯、拉萨尔、梅林等人的全部著作。

《社会评论》经常就一些特殊问题出版一些饶有趣味的小册子。

总之，可以肯定地说，对于一个文盲比例高的国家而言，社会主义报刊很发达。

历史概述

1872 年，人们采用无政府主义派别的方法在罗马组织了**国际意大**

利联合会。它对直到那时都信奉马志尼的思想、对政治问题毫无兴趣的工人群众进行了鼓动。

它多次密谋起义。但到了1878年，由于失势的巴枯宁主义者与马隆主义者和马克思主义者之间的冲突不断加深，再加上反动势力的破坏，该组织四分五裂。

1880年，国际主义者接受了参与政府、逐步夺取权力的原则，他们与许多马克思主义新信徒一道，试图成立**意大利社会党**。但这一努力没有达到预期的目的。

1882年，选举权扩大以后，在一些工人的倡议下，在米兰成立了工人党，该党"绝对疏远一切政治党派和宗教党派"，吸收了许多劳动者协会，它的宗旨是为了唯一的权利，即生存权，从一个行业到另一个行业组织无产阶级团体，并把它们紧密地联合起来。

工人党针对国家和资本制定了行动纲领。针对国家，它要求："罢工自由的权利，普选权，教育自由，国民军，市镇自治，单一累进税，取消祭礼预算"，并宣布各国人民都是兄弟。针对资本，党建议组成有机联合的抵抗同盟、工人协会、信贷、生产和消费合作社、职业介绍所；它还要求分享利润，由市镇建设工人住宅，将市政工程委托给劳动者协会。由于有了这样的纲领，工人党成功地建立了第一批抵抗协会并使许多在互助协会中组织起来的工人团体在政治上摆脱了民主党的控制。

但在1888年，由于社会主义者和行会主义者突然不和，党被解散。

有此期间的几年里，工人协会（大部分是互助性质的）在意大利召开了几次代表大会，任何人，甚至那些与工人阶级不相干的人都可以参加。在这些代表大会上，各种资产阶级民主党派、马志尼主义者、行会主义者、社会主义者和无政府主义者相互攻讦。

1891年，在米兰召开的第七届代表大会上，人们讨论并以大多数票通过了关于基本确认社会主义思想的议程。**意大利劳动党**宣布成立，城市和农村的所有男女劳动者协会都可以加入劳动党，不管这些劳动者是受雇用的、领取薪金的还是独立的，只要他们不是剥削者，不指挥他人的劳动就行。

马志尼主义者和民主主义者加入了新成立的党。

社会主义者、行会主义者和无政府主义者参加了 1892 年在热那亚举行的代表大会，但是社会主义者和其他人之间的深刻分歧从第一次会议上就表现出来了，结果许多社会主义者退出会议，另外举行了一次代表大会，会上成立了**意大利社会党**。从此，**劳动党**名存实亡。它的一部分党员成为无政府主义社会主义者。大部分人则加入了新的**社会党**。

在议会中已经有 3 名社会党议员，他们组成党的议会党团。

社会党第二次代表大会（1893 年于雷焦艾米利亚）规定，在议会与选举、政治与行政等方面的策略上采取绝不妥协的方针。

由于西西里与卢尼贾纳地区发生骚乱后实行了非常法，反动势力反对社会主义的活动猖獗，第三次**代表大会**（1894 年于帕尔马）秘密举行。大会确认了不妥协原则，但在政治选举中出现第二轮选举时例外。为了不使新成立的无产阶级组织暴露在企图以解散、戒严、没收、军事法庭等手段将它们取缔的反动势力面前，决定不再按**协会**而以**个人**名义入党。

甚至在反动的风暴刮过以后，这一组织形式也仍然保留下来了，因为按协会加入会妨碍无产阶级经济组织的统一，会疏远很多不过问政治的劳动者或者赞成激进的、共和的或无政府主义的民主人士。

第四次**代表大会**（1896 年于佛罗伦萨）肯定了帕尔马代表大会采取的策略，通过了政治和行政的**最低纲领**草案。

第五次**代表大会**（1897 年于博洛尼亚）肯定了在政治和市镇选举策略中的不妥协性，但同时也允许在**特殊情况**下有例外。

现在我们该讲一下 1898 年的事件了。由于农业歉收、征收小麦进口税和面粉入市税、面包价格大幅度上涨以及由于在非洲进行的不走运的经营活动而引起的普遍经济困难，在意大利南部和中部爆发了大规模的骚乱。随后，骚乱又扩展到意大利北部，成为更加敏感的政治问题。在枪杀和"冲击修道院"之后，炮声在米兰的街道上回响。反动派甚至比 1894—1895 年时还猖狂，迫使党和各人民党结成联盟，以捍卫基本的自由。联盟在行政选举中取得了很好的成绩，从而产生了**第六次代表大会**（1900 年于罗马）的决议，会上多数人赞成在选举策略中实行地方自治。在各选区表示抗议的对被军事法庭判刑的议员的选举，在联盟的努力下变成了全民投票。由社会党人倡议的、整个极左翼都参加的阻挠议会讨论关于非常法草案的活动获得了胜利。政府的失败以及 1901 年各人民党在政治选举中获得的真正胜利使立宪民主党人和其他左翼团体上台执政，它们在劳资斗争中制定了尊重自由和中立的纲领，这是继维护结社权的热那亚总罢工获胜和一个无政府主义者刺杀安贝尔国王以后的又一胜利。

政府的命运取决于社会党议会党团的态度：社会党人有 30 个议席，其他左翼党团有 60 个议席。社会党人的选票加上期望重新执政的强大而反动的反对派的选票可以轻而易举地推翻政府。

但是，特别是在农村，出现了大规模的组织和罢工运动，社会党议会党团认为有必要通过支持左翼政府（即使发生了第一次屠杀无产者，即屠杀贝拉·费拉雷塞的事件，这是一系列屠杀中的第一次），以确保组织工作和罢工的自由，争取政府保持中立立场。

罢工尤其使大部分的农业无产者的状况有了明显改善。但是，社会党人所奉行的支持政府的政策在党内引起了充满仇恨的论战和深刻的分裂。

根据一种不太恰当的分类方法，议会选举策略中的"不妥协派"

被称为**革命派**，而"妥协派"则被称为**改良派**。但是，事实上争论的焦点不在赞成还是反对改革上，而是在改革的不同方法上。

在**伊莫拉代表大会**（1902年第七次代表大会）上，议会选举策略上的改革派或"自治论者"获得了胜利。他们的胜利巩固了党的统一。

继之而来的是分裂、变化和政治危机的两年。两年中，自由派政府陷入了机会主义，陷入了同地方上的"秘密团体"、寄生性产业中的"唯利是图的工商业者"和反动政党的妥协之中。这一切使党内危机更加严重。

所有社会党人在反对乔利蒂的**政府转化论**时是一致的，后者企图在要求一些激进派和一名社会党人加入政府（他的企图由于遭到这位社会党人的拒绝而失败）以后，转而采取针对极左派的集中制。

争论由选举策略和议会策略扩展到社会主义行动的整个方法上，它使改革派和革命派沿着各自的片面的前提越走越远，纠纷已无法避免。

但另一方面，所有"不妥协派"和"妥协派"都没有从改良主义滑向可能主义，从革命主义滑向无政府主义。

现在，我们谈一谈第八次**代表大会**（1904年于博洛尼亚），会上出现了有争议的四种不同的议程：

1. 中右翼：**统一的妥协派**，确认党的反君主主义的性质，宣布社会党人加入政权机构是不能接受的，断言有必要进行改革，同时也要利用与其他阶级在行动上的暂时配合。

2. 中左翼：**统一的不妥协派**，宣布支持政府、加入政府机构是和阶级斗争的方法水火不相容的，承认有必要进行改革。

3. 极右翼：**改良派**，宣布党应当利用现有的机构，除非这些机构已成为前进道路上的直接障碍因而必须努力使之发生变化；另外，党也可以给政府以支持。

4. 极左翼：**革命派**，宣布在资产阶级制度下，不论何种改良活动，即使当它是在无产者的压力下决定、并部分地有益于劳动者的，都不能动摇资本主义生产的根本结构。因此，应当允许对资产阶级政府进行改革，而不同它进行任何合作。该议程最后还确定有必要真诚明确地宣布共和。

对**改良派**和**革命派**提出的两个议程进行的表决（由于大多数**妥协分子**和**不妥协分子**弃权），使得对后两派提出的议程的表决需要进行第二轮投票。**改良派**投票赞成**妥协派**的议程，而**革命派**则投票赞成**不妥协派**的议程。后者以 16304 票对 14844 票获通过，有 200 人弃权。

从 1904 年至今（1907 年 6 月 15 日）

博洛尼亚代表大会（1904 年 4 月 8 日）以后，社会党有了一些活力。

乔利蒂内阁的地位日益衰弱。它被迫同意对海运业进行调查，这样，《前进报》不顾法庭已经对贝托洛大臣本人作出的判决而掀起的反对这个行政部门的运动便获得了胜利，贝托洛被迫辞职。① 内阁被迫接受了对铁路进行赎买和国有化的原则，这一原则的实施产生了一些弊端。由于这一事件与政府的意图相去甚远，因而它对此没有准备。相反，它在国内实行的是一种自相矛盾的政策，因此逐渐地使所有人都不高兴。《前进报》还披露了俄国人在意大利当局的庇护下，在罗马进行间谍活动一事，这是对政府的狠狠一击。

1904 年 9 月 5 日，在撒丁岛卡利亚里塔诺矿区的布杰鲁发生了大屠

---

① 《前进报》领导人恩里科·费里议员被判处 10 个月的监禁，逮捕令早已宣布，但政府不敢执行，这样又造成了一个新的丑闻的范例，因为全国确认《前进报》的运动是正义的。

杀，消息传来，劳动者掀起了大规模的抗议活动。这是三年来发生的一系列屠杀无产者事件中的第 10 次。

一段时间以来，特别是在意大利南部和岛屿地区，屠杀事件周期性地不断发生。到这一天为止，仅普利亚区的莱切省一省三年中就发生了 12 起枪杀事件。另外，在征兵工作中，莱切省免服兵役者的比例最高——76%，原因是营养不良。

南部和岛屿各省的文盲比例也是最高的。

从各方面——经济、政治——来看，意大利南部和岛屿可以被认为是落后地区。这些地区的无产阶级和贫困的小资产阶级既贫穷又悲伤，既受压迫又遭勒索，他们在中世纪的**悲惨死亡**和现代的**悲惨生存**之间徘徊。公用事业不足，道路、水源、学校缺乏。令这些头脑灵活、想象力丰富的居民忧愁的不仅仅是这些困难。实际上，除了一些地方以外，南方的代表是地方秘密团体的奴仆或首领：各届政府、几乎所有各届政府为了收买这些议员的选票，都向他们出卖行政长官之职，即向南部和岛屿各省派驻负责保护秘密团体的官员，使秘密团体成员和他们所保护的人可以为所欲为，他们违反选举法、行政法，甚至违反习惯法都可以不受惩罚。

这些不幸的省份中的公民，依其是否愿意承认占统治地位的**秘密团体**的权威并对之俯首帖耳而定，可以凌驾于法律之上或处于法律之下。法律面前人人平等是不存在的。相反，法律根本不存在。

这并不是说这里的居民比其他地方的居民更不老实，但是，迫于形势且由于政府的怯懦，老实的那一部分人往往要受不老实的那一部分人的欺压。

社会党通过卓有成效的巨大努力，在意大利南部的一些地区吹起了一股被人们称之为"新生活的微风"。一些组织，更确切地说，一些劳动者同盟成立了，它们迫不及待地要在经济斗争的领域大胆地干一场，以摆脱使人愚钝、颓丧的最可怕的悲惨境遇。

由于条件落后，罢工时时发生，它们成为防卫和改革的唯一武器。由于每年移居国外的人都有增加，当地人口减少，原来仅比牲畜强一点的工资和工作条件（10 小时工作，在乡下还要走 4—5 公里路，只付 30 个生丁的工钱）有了明显改善。

但是，工作条件的改善给小私有者带来了巨大的损失，而那些大私有者则有自保的办法：他们利用大量储备的荞麦面，更有甚者，利用快速、可靠的武器——他们随心所欲地支配的市镇行政机关——来剥削农民。

农业工人希望阻止撒拉逊人干出背叛的事，同时进行示威，反对忠实于秘密团体的市镇当局狂征暴敛。为了保护市镇官员，省长调来了军队。示威者群情激昂，义愤填膺，投掷了石块，警察和士兵的步枪，有时还有私有者的步枪一齐开火，进行回击。人群中一触即发的愤怒常常是在居心叵测的资产者的赞同下被人故意挑拨起来的，**以便给那些不驯服的奴隶以"血的教训"**。

在多次屠杀事件中，军队只有一人死亡，几个人受伤，而无产阶级中有**数百人伤亡**，因为它始终手无寸铁。

然而，进行屠杀的刽子手们总是被资产阶级法庭无罪释放，受到政府的表扬和奖励。

这种不受惩罚的保证，这种"立功的证明"，怂恿那些罪犯（在官员和武装力量的民兵中，在军官和士兵中也有这样的人）去从事地地道道的犯罪活动。另外，为了一些发生在兵营里的事，由于被迫开往陌生的地方去对付陌生的人，由于有些居民有好斗的名声，最后，由于受到被贫困所困扰的人群的威胁时产生的恐惧心理，士兵们一向沉不住气，对待他们就像对待可怕的敌人一样。

1904 年的总罢工

意大利无产阶级曾试图利用各种抗议形式（包括进行总罢工的威胁）对不处罚进行屠杀的直接和间接责任者的挑衅性行为（有时是真正的圈套）作出反应，但毫无结果。当他们听到布杰鲁的矿工遭到屠杀的消息以后，奋起反抗了。

1904 年 9 月 12 日在米兰举行了庄严的群众大会，会上人们呼吁进行总罢工。

党的领导机构召开紧急会议，认为必须为总罢工在组织上做更充分的准备，要求无产阶级严阵以待，以后只要再听到新的屠杀消息即宣布总罢工。

新的消息很快就传来了。9 月 13 日，在西西里的卡斯特卢乔，一伙宪兵无视宪法规定的结社自由和住宅不受侵犯，闯入农民同盟总部，当时该同盟正以和平方式开会，讨论问题。宪兵企图没收文件和登记簿，逮捕书记；盟员们激烈反抗，士兵们向他们开火。他们还在外面开枪，追捕逃跑的人。

（这一伙"英雄"直至 15 日仍逍遥法外，后来他们被法庭宣告无罪。）

15 日，党的中央委员会通过党的机关报《前进报》下令举行总罢工，当时米兰已经宣布罢工。抗议性总罢工在一些市镇持续了 48 小时，在其他市镇持续了 24 小时，而在一些工业城市坚持了 3 天。罢工在米兰持续了 5 天。宣布罢工和恢复工作都由庄严的群众大会讨论决定。政府在塞斯特里等不少地方试图用新的屠杀来扼杀刚刚出现的运动，但它适得其反，更激发了人们的不满，更确切地说，它面临着一场巷战，它宁愿弃之不顾。它将部队和武装力量撤回到兵营中，部署在领导机关和金融机构里。

由于一些没有加入组织的人也参加了总罢工，所以无法对罢工人数作统计。人们认为总罢工获得了极大的成功，在900个市镇中几乎获得了完全胜利，这些市镇包括所有的大城市。尤其在罗马，人们的激情出乎意料。在成立了组织的农业地区，罢工也扩展到了那里。

除了由国家管理的铁路和公共部门的员工以外，整个工人阶级都参加了这一运动，人们在既庄重又威严的平静气氛中在公共场所举行示威，没有发生一起偷盗事件！

惊恐万状的资产阶级一连数日忍受着恐怖的折磨。只是当危险已经过去，令人生畏的大火灾的余烬已经冷却时，它才摆出一副英勇无畏的姿态。

警察乱抓了一些同志，以便向资产阶级迟到的愤怒献上几条赎罪的生命。

小资产阶级始终处于铁砧和铁锤之间，他们时而是资本主义贪欲的牺牲者，时而被无产阶级的行动吓得向后退缩，他们以自己的蝇头小利和恐怖情绪为晴雨表，一会儿民主，一会儿反动。他们由于几块门窗玻璃被打碎而倒向了反动势力。

各地突然出现的反动势力策划着破坏自由的方案。

大　选

政府明白了它错误地选择了时机去干轻举妄动的事，促使一向易于激动的劳动者阶级维护它自身的行动自由。

另一方面，1900年为反对反动势力而选出的议会并没有为政府接近教权派和明显反动的势力的政治蓝图提供坚实的基础，甚至还出现了严重的政府危机，因为很多保守党人对国家在如此严重的事件面前无所作为感到不满。因此，政府认为这是选举新议会的天赐良机。它希望利用国内的情绪，利用总罢工引起的激烈矛盾，利用总罢工在社会党人（共和派和激进派）之间引起的分歧。

罢工是在议会休会期间结束的，但极左翼开会决定，要求议会召开紧急会议。

它宣布乔利蒂政府与**文明国家不相称**。乔利蒂政府的回答是，向国王提出要求，并获准解散议会，同时于1904年11月6日和13日召开选民会。

这个决定使我们措手不及，当时我们的队伍不团结，正在就总罢工问题争吵不休。有的人主张在48小时后下令停止罢工。有的人同意这一主张，另一些人则反对这一主张。还有的人支持总罢工的理论，把它看做是抗议的非常手段，而另一些人则主张相反的理论，认为总罢工是争取改革的正常手段。

大家都指责对方是背叛。

工联主义

总罢工的高温在党内革命派和极端派的土壤里孕育了工联主义的胚芽。

有一种新理论与法国"索列尔主义者"的理论相似，反对社会党人的"政治主义"，主张将社会党的政治职能移交给工人同盟（改称工会），它认为，社会党已没有存在的必要，因为它除了真正的无产者以外，还包括其他阶级的代表。这些手工业者、小私有者、自由职业者和职员与雇佣劳动者没有共同的利益，从经济学的观点看，他们是剥削者。知识分子的作用是反对国家，它之所以反对国家，不是因为国家是资产阶级的，而只是因为它是国家。

上述理论想把国家的一切职能都交给工会，它要将国家**架空**。

它反对社会党人的立法活动，反对法律对劳资关系的干预。当它只是比较明确地反对议会时，它接受工会在公共权力机关中有直接代表的观念。一般说来，它希望人们只限于进行宣传和起否定作用。它宣称无产者针对资本和国家进行改革的最佳手段是无产阶级的直接行动，而这一策略的最高形式是总罢工。

它反对实行市镇所有化和国有化，因为它声称生产资料国有化是空想，它更**倾向于**由工会直接剥夺生产的技术手段，即所有权将转归工会。

我们曾说这是一种**新**理论。确实，意大利工联主义是构想社会转变的一种特殊方式，这不是工会组织的概念，尽管人们可能错误地以为是这样。

意大利社会党曾亲自教导新生的运动要像**同盟、行业联合会、生产、劳动和消费合作社**以及**劳工协会**那样遵守纪律。它对工会组织的发展和工会行动及实现工会组织的愿望非常重视并投入了极大的精力。意大利的社会主义运动与工会运动紧密联系在一起。除了某些地方因受条件的限制有所例外，社会主义者一般都居于工会的领导层中。社会主义者促使工会接受阶级政策并且不断地协调纯粹的政治行动，使纯粹的政治行动成为工会的行动。

在同工会组织的关系中，社会党的策略是一种尝试性的策略。

在外省，无产者运动不够发达，为了遵守权力下放和分工的积极原则，社会党和工会组织只是因必要的自主权而分立，但它们实际上形成一个单一的、完整的、形式多样的机体。

意大利的工联主义理论并非来自工会，因此，它再一次体现了被工联主义称为"政治主义"的政治手段。它反对社会党或社会党某些派别的政治失误。

纯理论性的意大利工联主义刚一出现即分为好几个派别，它们在工人反对国家的行动方面，或者在关于党以及关于其他政党等方面都有不同的判断。

一部分人否认社会党还有什么作用——但他们仍然留在党内。另一部分人承认，在无产者的运动成熟之前，党仍应发挥作用。

工联主义者责备社会党人相信公共权力机关，相信改革，相信他们所谓的**寂静主义**的事业。

总罢工使反无产阶级的力量重新结盟以维护资产阶级的各种利益这个例子，使工联主义者抓住机会说，只有直接行动才能真正威胁资产阶级的利益，给它们造成损害。因此，直接行动才是无产阶级的革命行动。

但这件事被更先进的省份，特别是雷焦艾米利亚的榜样所推翻。在举行总罢工之前很长时间内，人们在那里结成了一个包括形形色色的资产阶级在内的、代表一切非无产阶级利益的集团，名叫**大部队**。这是一个由无神论者和教权主义者、贵族和小商人、工人和工业家、犹太人和教士组成的集团。为什么？恰恰是因为，社会党人依靠强大和完善的工会组织，运用被工联主义者指责的方法，给资产阶级的利益造成了更大的损害，使无产阶级争取到更多的面包和更为有利的斗争地位。这一切表明，旨在从特殊情况中推断出普遍规律的方法是多么错误。

教权派参加选举

教权派第一次正式参加了政治选举，支持反社会主义的候选人。

从1870年至今，根据庇护九世的命令（利奥十三世和庇护十世都确认了这一命令），禁止天主教徒、教士或在俗教徒参加政治选举，以抗议将梵蒂冈并入意大利新帝国。

早在某些部分选举中，出于对社会主义的恐惧，只有那些加入了不妥协的教权党的教士或在俗教徒才弃权；而在行政选举中，所有的教权派分子与君主主义者和无神论者结成联盟，使社会党人屡遭失败。

从1902年开始，在农业和工业中出现的几乎都是旨在争取改善工资和劳动条件的广泛的罢工运动，经济组织的增多，还有最近这次总罢工，这一切都威胁到资产阶级的利益，使教权派资产阶级和自由派资产阶级下决心在共同的危险面前握手言和、互相帮助。

教权派资产阶级由于更直接地受到没有预料到的农民骚乱的打击，被迫放弃了在选举中弃权以示抗议的做法。

党的政治理想和宗教理想，以及党的利益都为阶级利益作出了牺牲。在社会党人获胜或受到社会党人威胁的选区，教皇免除天主教徒遵守"不参加选举"这条教规。

社会党人的失败

如果说社会党候选人在以往的选举中获得了来自手工业者、小资产阶级和属于自由职业的人士的大量同情票，那么对总罢工的回忆把这些人推向了其他党派。在第一轮投票中，与相当明显地反对总罢工的共和派和激进派结盟是不可能的；而在第二轮投票时，这些党派中的资产阶级和小资产阶级选民没有投社会党人的票。

由于这些因素，由于大臣会议主席乔利蒂这位有名的善于在选举中耍花招的人组织的运动（他为集中反社会主义力量打着"既不要反动也不要革命"的旗号，通过一切舞弊和恐吓选民的手段，甚至容许已被法庭判决的罪犯临时佩带武器以支持所谓秩序派的候选人），必须承认，我们在1904年11月的大选中遭到了失败，其结果超出了人们合情合理的预料。

我们保住了18个议席，丧失了14个，赢得了9个。但是，我们获得了32万张选票，几乎是以往选举中所获选票的两倍，占选票总数的近1/5。无产阶级投给**社会党**的选票明显增加了。

教权派的政策

乔利蒂在他亲手组成的新议会中，有一个反社会主义的强大多数，其教权派特点很显著，他们当中有相当多唯利是图的工商业者。

新议会开幕时（1904年11月30日）国王发表了演说。他闭口不谈上次演说（新国王的第一次演说）中曾明确阐述的赞成离婚和对现存立法机构进行改造的理由，认可了意大利政治的新领导：君主政体与罗马教廷结盟。

但是，劳动者阶级的另一次运动不久便打破了内阁的安宁。

铁路工人阻挠议案通过

旨在实现铁路国有化的法律草案把职工的罢工看做是犯罪行为。1905年2月底，职工们以阻挠议案通过的办法作为回答，他们以严格遵守规章为手段，打乱营业活动。内阁由于无力对付铁路工人的这一独特的抵抗手段，以大臣会议主席身体状况不佳为由提出辞职。草案流产，阻挠议案通过的活动也停止了。

铁路工人罢工

由福尔蒂斯组织的新内阁的政治方针与上一届没有区别，它就铁路问题提出了一项新的草案。这个草案宣布铁路工人是公务员。就其效果而言，这个提法与罢工是犯罪行为的说法如出一辙。

为了抗议这一新的企图，为了获得相当于数百万国家支出那样的实质性的改善，铁路工人于1905年4月16日宣布罢工。

社会党议员向罢工中央委员会建议把经济要求简化为一些更小的建议，但占多数的工联主义领导人否定了这一建议。议员们因此退出该委员会，只限于以议会行动来支持运动。工联主义者以此为理由，指责社会党议会党团，而赞扬直接行动的方法。尽管还是这些昔日的铁路工人，但由于有社会党及其议员的合作，他们仅以罢工相威胁就获得了胜利。

政府采取了克制态度，不做任何违反罢工自由的事，但它在抵抗。政府只限于在暗中支持撒拉逊人（不顾法律条文的规定），他们又得到了铁路罢工工人中变节分子的帮助，因此使各公司恢复了营业。

经过5天的罢工，罢工者在得到明确的不受处罚的许诺、罢工几天的工资照发的答复以后复工了。社会党议员由于受到某些工联主义者铁路工人的不信任声明的烦扰，尽管进行了顽强的反对，政府仍然使法律获得通过。罢工在福贾导致了屠杀。铁路工人现在是公务员了，因此他们的罢工构成犯罪行为。

国际团结

为了争取释放高尔基，党组织了声援俄国革命的庄严的示威游行。1905年4月24日，示威游行气势恢弘地在整个意大利成功地进行。

的里雅斯特会议

一段时间以来，军国主义分子和陆军与海军的投机分子的欲望被奥地利某家报纸的反意大利宣传运动诱发了，意大利某家报刊也掀起反奥地利运动给予回击。已被君主政权禁止的领土收复主义博得了政府的同情。有关双方火上浇油，窥伺猎物：数百万新的军事拨款。甚至有一段时间，意大利有人公开声称，必须立即进行准备以抵御奥地利的军事入侵。

这或者是一个真正的危险，或者是唯利是图的工商业者或军国主义者的阴谋，不论是哪一种情况，不论在意大利还是在奥地利，都应当作出有力的反应。

意大利社会党作出了反应。它不怕触发真诚的爱国者和爱国主义宣扬者的愤怒。1904年3月，它倡议与奥地利社会党人举行会议。

会议于1905年5月21日和22日在的里雅斯特举行。通过发布会议举行的消息，通过在会上进行的论战，我们成功地使气球泄了气。会议通过了意大利社会党领导机构的决议。决议要求两国无产阶级反对军国主义者的挑衅，并保证支持奥地利社会党人为特伦蒂诺实行自治而进行的鼓动和为保护奥地利的民族特点而进行的斗争。这样，意大利和奥地利社会党人便决定了无产阶级对外政策的第一个行动。

军事拨款

像经常会出现的情况那样，当战争危险消失的时候，就剩下爱国运动的真正理由了：要求增加特别军费开支。

正大光明是意大利军事政治领导人所不具备的品德。事实上，从1870年至今，军事预算开支始终在增长，耗费了新增加的所有入市税和捐税及所有由于国家财政好转而带来的收入，阻止了国家经济的发展。这些增加部分总是先用于特别支出以进行急需的改善，而后才用于正常支出。

尽管社会党人为减少非生产性开支进行了不懈的斗争，但福尔蒂斯内阁在奥地利反意大利和意大利反奥地利的阴谋的帮助下，成功地使议会批准了 1.32 亿进口**特别**军事拨款。甚至此刻，当我们写这份报告时，我们还在议会和国内进行鼓动，反对在以前拨款的基础上增加数亿特别军费开支的新要求。

社会党人与共济会

党调转枪口，对准共济会。政府首脑是共济会会员，与教权派做交易。一些报刊和政治家属于共济会，它们宣扬唯利是图的军国主义观点。前公共教育大臣纳西先生是共济会会员，他被迫逃离意大利，被人向法官提出控告，我们的比索拉蒂同志勇敢地在议会中和报刊上传播了这些控告。因《前进报》掀起反对前海军大臣贝托洛先生的运动而向它发出逮捕令的法官是共济会会员。金融界和不劳而获的工业界的某些头面人物是共济会会员。很多候选人是共济会会员，他们寻求神甫的支持，由于有了这种合作，他们在选举中打败了社会党人。与意大利共济会势不两立的态度在党的领导机构于 1905 年 7 月决定进行的全党公决中得到确定。通过投票——在 37921 名登记投票的人中，9163 票赞成，1175 票反对——决定，社会党人不能同时参加共济会和社会党。

全党公决的结果没有在党内得到很好的实施。但是，作为补偿，共济会改变了它的政策。它采取了明确反教权主义、更为民主、更为诚实的态度。

反军国主义宣传

针对频繁传来的屠杀消息，青年社会党人在应征入伍者和士兵中间进行了活跃的反军国主义宣传。早已被预备役军人成功的示威游行吓得惊慌失措的政府和资产阶级唆使俯首帖耳的法官竭力压制青年人的宣传，这些人通过热闹的示威游行向士兵阐述自己的观点，并向他们散发传单。

争取普选权

意大利的政治生活变得有些死气沉沉。无产阶级组织正经历一个沉思的阶段。人们将很多时间耗费在空洞无用的讨论上。所有党派都分裂了，并感到困惑。为使国家活跃起来，党的领导机构和议会党团于1905年12月组织了一次争取普选权的鼓动。

说真的，从无产阶级的思想觉悟来看，争取普选权的条件还不成熟。无产阶级妇女迈出了第一步。意大利半数以上的男性无产阶级是文盲，几乎完全与政治生活隔绝。外省的文盲比例低一些，尽管选举法有缺陷和障碍，但是那里有组织的男性无产阶级如果愿意，可以经过审查获得选举权，而普选权将给予一切未加入组织的人以选举权。

由于这一原因，还由于突然发生的一些事件，争取普选权的鼓动没有获得结果。

议会策略在党内导致危机

在营养不良的西西里人的另一个地区格拉米凯莱发生的屠杀和铁路的清理导致了严重的骚乱。对与西班牙的酒类贸易采取的妥协办法引起了由于生产过剩而陷于贫困的意大利南部产酒地区的不满，这个情况使形势进一步恶化了。这次骚乱导致了在陶里萨诺的屠杀。内阁在议会中遭受挫折；人们试图保留以教权主义者蒂托尼为首的内阁，但不久，由于其自身的失误和联合起来的反对派的灵活策略，内阁最终被击败。

新内阁于1906年2月1日组成。阁员为中右翼人士，有激进派领袖萨基和另外两名激进派人士；有共和派的潘塔诺，他在1900年阻挠议会通过议案的运动中是骁勇的斗士之一。内阁由索尼诺先生主持，他是1900年试图反对立法活动的主谋，以后的事件又使他成为改革派。

新内阁的另一个特点是几乎所有正副大臣都为人正直和具有专门技能（这些品质在当今意大利执政者身上是不多见的），它提出了一项广泛的改革计划：取消对报纸的禁令；由国家振兴初级学校；提供1200万用做工人疾病和伤残保险金；设立一笔金额为5000万的基金，以便通过向劳动合作社贷款在国内进行垦殖，在南方免除捐税和数额很小的捐助，提供农业贷款。内阁还宣布在短期内改革地方税制，制定一些劳动保护法和成立劳工部。

唯利是图的工商业者、教权主义者和意大利政界中腐朽并使人腐化堕落的那一部分人反对正直的、进行改革的资产阶级政府的这一尝试。如果没有整个极左翼的支持，内阁将垮台。它也难以在乔利蒂"向国家呼吁"之后这样短的时间内就得到国王解散议会的决定。

《前进报》以其反乔利蒂和福尔蒂斯内阁的热情，极力地促使内阁出现危机，使其朝着组成索尼诺—萨基—潘塔诺内阁的方向发展，声称社会党人将以"善意的不信任感"对待新内阁，根据情况支持或反对内阁，但不管怎样都反对希望重新夺取中央权力的教权派和唯利是图的工商业者的党团。不妥协分子、革命者和工联主义者攻击社会党议会党团和《前进报》的策略。

工联主义者在米兰召开紧急会议，他们反对议会党团和《前进报》的做法，他们企图控制这家报纸，并宣布解除恩里科·费里的社长职务，因为他不遵守博洛尼亚代表大会的不妥协决议。

工联主义者、革命者和不妥协分子构成多数的党的领导机构发表了一项宣言，反对议员和《前进报》抗拒博洛尼亚的表决结果。他们断言，内阁维护的改革表明，资产阶级的力量已经加强，资产阶级的统治手段已臻于完善。

议会党团也回敬一项宣言，它在宣言中肯定党的领导机构的新自治。它在向全党呼吁时宣称，一项反对内阁的表决，"阻碍在结束党团曾与之斗争的停滞和有害的局面方面、在开创一种对更明确地划分相互斗争的社会利益较少敌视的未来局面方面进行合作，这将意味着背叛无产阶级当前的具体利益"。

社会党议员的态度恰恰是向反对派建议不要挑起议会表决。内阁着手行动。它废除了查封报刊的禁令，命令军队不要干预农民侵占土地、确认有争议的公民权（公民权被大所有者篡夺是意大利中部骚乱连绵不断的原因）。经过调查以便统计宗教团体的数目之后，它提出了国内垦殖的法律草案和建立劳动视察制度的法案（议会表面上赞成，但秘密投票时否决了这些法案，使政府遭受了第一次失败）。

政府否决了极左翼提出的由议会控制秘密经费的建议，但不再使用这些经费去贿赂报刊和收买议员。它在几次竞选中保持中立，甚至不提出政府的候选人。它拒绝给予议员以任何个人特权。它采取的态度与唯利是图的工商业者和秘密政治团体的拥护者的行为相反。由于这些原因，对这个虽然保守，但正直、眼界比较开阔、有现代意识的政府的仇恨猖獗一时。

1905年的总罢工与社会党议员的辞职

难以忍受的贫困导致了示威游行，在莱切又发生了新的屠杀，使得政府在同社会党人的关系中的中立立场受到指责。社会党人提出了一项法律草案，以便确定屠杀的责任，保证进行司法干预，完全纠正错误。

中央工会书记处于 1906 年 5 月，以**会员投票**的方式，征求各地方工会的意见，看看为抗议屠杀而再次宣布总罢工是否适宜。

大多数地方工会认为有必要为制定某些法律规定而进行活动，但反对罢工。少数工会中有弃权的，也有赞成罢工的。

中央书记处辞职。

几天以后，棉纺厂发生的一场意想不到的罢工在都灵引起了声援性总罢工。出现了一些吵吵嚷嚷的事，但没有过分之举。尽管如此，仍然发生了新的屠杀。

群情激愤了。

在都灵，人们无法列举在南部造成频繁屠杀的特殊条件来辩解。社会党议会党团要求紧急讨论它提出的关于屠杀的法律草案，政府和议会反对。1906 年 5 月 11 日，社会党议员提出集体辞职，并向全国呼吁。

与此同时，在博洛尼亚、米兰、费拉拉、安科纳、里窝那，其后又在罗马和其他中心城市，人们宣布进行总罢工。罢工者关闭了工厂、商店和店铺之后，发生了好几起严重事件。

资产者不像 1904 年那样恐慌，他们试图让志愿警察作滑稽表演，让他们去对付罢工。更惊恐不安的社会成员打算利用这一形势，但没有造成什么严重后果。

罢工没有成功。三天以后，各地的罢工停止了，在大、中、小资产阶级以及没有什么觉悟的手工业者中间留下了对无产阶级的深深的仇恨。一切党派都反对社会党人，而社会党人内部也发生了争吵。

唯利是图的工商业者和教权主义者执政

由于社会党议员辞职，索尼诺、萨基和潘塔诺内阁处于少数，它打算一有机会便提出辞职，而不去模仿乔利蒂的见风驶舵本领，后者在每次出现波动时，总是去寻求新的方向和新的多数。

人们原以为国王会决定解散议会，但他更乐于不经议会表决而任命乔利蒂。因此，乔利蒂与教权主义者蒂托尼一道组成了新内阁。他采用各种手段，阻止辞职的社会党议员再次当选，社会党议员中有4人落选了。

1906年6月底，对海军调查委员会报告的讨论以专门的正式文件的形式确认了对《前进报》的更严厉的指责。或许是由于曾任调查委员会成员的社会党前议员诺弗里在议会中缺席，或许是由于所有极左翼党团被三个党派（社会党、共和党、激进党）的内部分歧和茫然失措搞得厌倦不堪，这一事件最终成为一场以爱国主义的名义挽救负有责任的个人的可怜的闹剧。

整体论者

各种倾向的论战吞没了社会党，使它陷入瘫痪。人们一度放弃了对社会主义原则的宣传。当出现严重问题时，无产阶级打不起精神。组织工作毫无生气，甚至退步，失败接踵而来。

社会党人之间的分歧使布德里奥选区落入教权主义者手中。这个选区是社会党几年来少有的几个真正稳固的选区之一。在那里更换候选人也无济于事，选民们支持原则，但不支持代表这些原则的人。

社会党人的整个活动都用来进行空洞的讨论和相互指责。党内的两个极端派别在各自的报刊上唇枪舌剑，同时又一道攻击中间派。它们就像三个分开和对立的党一样乞求分裂。

《前进报》继续表示反对分裂，主张党既不应当向右转，也不应当向左转，当然也不应当将极左和极右两派排斥在外，它们应当在党的统一、争论自由和少数人服从多数人意见的原则下，对党内活动中不可避免的失误和可能存在的恶习起纠正作用。但是，一段时间以来，纪律已不起任何作用。争论自由被极端派变成了与多数人的坚决行动相对立的少数人的行动自由。

在党内，特别在真正的劳动者中间，对这一种令人难以容忍的状况不满的大有人在。《前进报》和《永远前进报》（这是"卑贱者和实践者的报纸"，是在有组织的卑贱者和地位最低下的劳动者中间传播很广的机关报）曾多次指出这种不满情绪。直至代表大会召开前夕，它们都在进行一场反对这两种极端倾向的运动，它们宣传名为"整体论"的这样一种方法的根本原则。

为使各国的同志们能够更好地了解在意大利社会党中已经发生和正在发生的事件，更由于整体论者目前处在党的领导机构中，所以我们认为必须概述一下整体论思想的主要观点。

针对"改良派"的观点，"整体论者"认为，党应当保持其反君主制的性质，认为由于通过和其他党派妥协而寻求蝇头小利，无产阶级的斗争性和使社会主义的直接行动与资产阶级改良派政党的行动区分开来的特征已减弱，这样便把最高纲领降低为遥远的假说，其结果是忽略对最高纲领的潜在的确认。这一方法对打破平庸宁静的示威游行持反对态度，它变选举和议会活动为这样一种体制，在这种体制下，人们放弃一切可能打破暂时平衡的行动，以使勾结在一起的敌人的利益发生对立，给他们制造麻烦。人们最终使党的特殊行动服从于这种体制的机遇，并把两者联系起来。人们接受了合作。

针对"工联主义革命者"的观点，"整体论者"认为，倾向于把社会主义几乎只当成是最高纲领的代名词、声称无产阶级状况的改善与现存社会组织是不可调和的直接行动的方法，必然导致蔑视改革、蔑视夺取公共权力机关、蔑视循序渐进的观点，使无产阶级习惯于把社会主义设想成一场灾难的结果，习惯于只信奉暴力。这个方法抹杀了社会党区别于无政府主义党派的性质。

至于纯粹的工联主义者的观点（我们已经讲过他们的理论），**整体论者**以社会主义与之相对立，不论从方法还是从目的上讲，社会主义与工联主义都有深刻的区别。

有了这些前提，就容易理解为什么既不能把**整体论**看做是等同于，也不能把它看做是类似于建立在模棱两可的或者将誓不两立的分子或**改良主义**与**工联主义**这两种方法融合在党的统一体中的基础上的**改良主义的翻版**。

整体论者承认被错误地称为"**改良主义的**"（他们称为"**可能派的**"）方法与"**工联主义者的革命的**"方法是根本不相容的。

但是，这一看法并不能使他们肯定有立即分裂党的必要，原因是：

1. 党内的大多数人既不支持改良主义，也不支持工联主义。

2. 社会党党内并非只有两种倾向，根据演变和折中的程度，党内还有许多或多或少有些不可调和的倾向。

3. 要分裂，首先必须搞清楚各种相互对立的观点，而现在只有党内的"**知识分子**"心中有数，群众只是不自觉地附和他们。

4. 因此，在"改良主义者"和"工联主义者"中间，由于社会主义教育不够，出现了各种方法，这些方法的出现与经过客观的研究而作出的选择完全无关。例如，出于对暴力事件的反应，出于当地的条件，出于个人的厌恶或同情，还有许多劳动者，他们事实上既不是改良主义者，也不是工联主义者，他们的具体表现与空论家们的抽象的理论有很大区别。

5. 如果分裂，将人为地使党朝着两种极端的方法发展。

6. 另外，有多少种倾向就分裂成多少个团体，彼此又多少有些相似，这会体现出可能成为发达机体的特点的不相似性。但在这种情况下，分裂是由人为地在经济和精神落后的国家预见发达的社会主义这一大错误所造成的。

整体论也并非一味地主张统一论。

整体论是一种"方法",由于它把各种倾向看做是对众多片面原则的合乎逻辑的夸张,它在每一种倾向中,或者更确切地说,在每一种倾向的行动中寻找并承认由于修正社会主义行动的缺点和不足的需要而产生的好的和可以接受的部分。为此,它采纳每一种倾向中对它有益的东西,它将这些东西融合,而不是从理论上预见未来的变化是否会表明这些东西是错误的。它摒弃并主张将那些经过融合作用而变得不可调和的倾向排斥于党外。整体论者赞成改良,但反对改良主义;赞成工会,但反对工联主义。

整体论者主要从数量和质量上壮大党和无产者组织的力量,他们反对改良主义者和工联主义者。他们的方法未免操之过急,因为它建立在一种不切实际的预先作出的假定之上:**社会主义无产阶级的强大和成熟**。

的确,空论家们没有意识到,当他们制定理论时,他们忘记了在智力方面仍然落后的群众。因此,意大利社会主义几乎代表着一个机体,其大脑的发育与身体和肢体的发育极不相称。

整体论者在代表大会上的胜利

整体论者日益增多,他们召开会议并向意大利社会党人发表了一份宣言。宣言得到了很多人的支持,包括《前进报》及其社长恩里科·费里的支持。

整体论者吸收了两个中间派,因为绝大部分不妥协分子赞成他们的议事日程。

这样,从对议事日程的第一次投票开始,第九次代表大会(1906 年

9月7日—10日在罗马举行）上的整体论者联盟与结为一体的改良主义者和工联主义者相比就占了上风。

经过三天讨论（在讨论中，工联主义者和改良主义者指责整体论者态度暧昧，使混乱继续下去），改良主义者决定对整体论者的提案进行表决。在共计34083票中，整体论者获得了26047票，5278票赞成工联主义者的议程，1101票赞成绝对不妥协派的议程，757票弃权。

下面是整体论者提案的全文：

社会党的一般原则如下：生产资料社会化的最终目的，阶级斗争的方法和社会主义在资产阶级社会内部的变化是循序渐进的观点。

为此目的，社会党使用合法的手段，但当统治阶级不允许它使用合法手段时，不排除使用暴力。

社会党开展实际的行动，目的是：

为了社会主义的最终目的，在实际上和形式上通过宣传、通过统一的具体行动发展社会主义的一般原则；

把发展各种形式的——抵抗的、合作的和互助的——经济组织看做是它的最大任务，迫使当局制定一项劳动立法，它将包括并普及经济组织已取得的部分成果，还要符合无产阶级组织决议的精神；

以民主的市镇化和国有化的形式扩大集体的财产；

通过争得政治自由，提高无产阶级的文化水平；通过反对税制和政治、行政秘密团体的斗争，通过发展国家的经济，改善社会环境；

甚至以总罢工为压力，争取满足无产阶级的最大要求；

在国家目前情况下，鉴于君主制正逐步教权化，要加强反教权主义的和反君主制的宣传，加强反对军国主义的宣传，以便用社会主义观点教育意大利青年，挫败统治阶级利用军队作为镇压无产阶级的工具的企图；

因此，党为放弃对一般原则的宣传而惋惜；

它拒绝：

与当局合作的义务；

与那些和自己有些相似的党派尤其是与那些因目前明确宣布的最终目的超过联盟本身的暂时目的而和自己分道扬镳的党派有步骤地结盟；

过多地和只考虑不一定是无产阶级利益的局部利益或者违背国家总利益的局部利益；

接受形式上是，或者像是君主制政府承诺的任何法令；

它还拒绝：

频繁或过多地利用总罢工；

坚持呼吁使用妨碍和中断无产阶级组织的实际工作的暴力；

赞扬不与议会斗争结合，而是导致威信扫地的直接行动；

意味着威信扫地，或者拒绝社会立法和否定社会主义国家的反国家前提；

把不是手工劳动者的社会党人清除出党的倾向；

把被废除的私有财产转让给工会的观点。

党认为更迫切地需要增强自身的力量，迅速改善无产阶级和社会的状况，这要求协调一致的纪律性。为此，它提醒全体同志注意必须进行有益的活动，它谴责过火的论战，同时给予最充分的讨论自由，它要求少数人尊重多数人的决定。

关于选举和议会的策略，党决定：

（1）在竞选中，不妥协是原则，妥协是例外；

（2）议会党团不能给予政府领导以支持，但是，如果出现特殊情况，当它认为有必要违反此规定时，它必须和党的领导机构举行全体会议并服从与会同志多数人的表决结果。为此，党的新领导机构人数应当增多一些，并由代表大会任命。领导机构还应包括那些最强大的经济组织的同志。

代表大会以后

领导机构过去由9人组成，仅仅通过政治投票或地区投票任命，现在由35位同志组成，代表了所有地区、所有的无产者组织和社会主活动的形式以及最重要的行业联合会，其中有很多工人和农民，他们都是宣传者和组织者。

领导机构常务委员会设在罗马，成员有《前进报》社长和议会党团的代表以及其他7位同志。领导机构一般每年举行两次全体会议，**劳工联合会**委员会的委员可以列席会议。

新的领导机构关心宣传和直接的组织工作，以增强党的力量，从中得到最大的好处，而不是通过喧闹的示威和频繁的游行调动党的积极性。它尝试通过使其行动健康化和试行新的联合会的形式，来消除争论，减少其危害性。

在对一份由一些党员出版、以批评和阻碍党的事业为目的的日报进行有力干预的过程中，新的领导机构的所作所为是合乎逻辑的。该报得到了一项来路不明、同时又很可疑的基金的资助。另外，它日益使争吵变得激烈。

领导机构拨了一笔资金，在南部和岛屿省份设立了专职书记，它委任了三个宣传员担任这一工作，其中一人专门负责工会的宣传和行动。

它通过党的代表的帮助、它自己的补助金和同志们的捐助，介入无产者的一切大规模运动，例如，商船队的罢工，阿真塔诺的农民罢工和抵制特尔尼的钢铁厂关闭工厂。它密切关注和帮助无产阶级最近一个时期通过一系列的罢工在各个地区和各个行业所表现出来的明显的觉醒。

它曾支持青年社会党人为反对抽签而举行的反军国主义游行，而且它目前正试图对被过火的论战搞得迷失了方向的青年运动进行教育，各种倾向最近已使青年联合会走向分裂，一部分人愿意同**社会党**一道工作，另一部分人打算反对它。

党参加了反教权主义的斗争，这场斗争是在殉难者乔尔丹诺·布鲁诺周年纪念时，以一次大规模的示威游行开始的。但是，目前的反教权主义不能与资产阶级雅各宾主义混为一谈，因而不能掩盖阶级对立的意识，因为给资产阶级利益构成威胁的无产阶级的阶级行动恰恰来源于目前的教权派政治领导。

党的领导机构和**劳工联合会及社会党议会党团**召集了多次会议，以协调这些组织的行动，增强议会工作的活力。经与联合会和党团取得一致意见，我们制定了最为迫切的社会法律纲要，并且宣布制定关于每周休息一次和取消面包房夜班的法律是可能的。党的领导机构召开了一次由社会党人管理的市镇和代表党或无产阶级组织的市镇议员与省议员的全国会议，以讨论地方政治问题和设立专门的咨询书记处。

领导机构还提议设立固定基金，以建立议会书记处，因为意大利议员没有津贴。

领导机构支持将党的支部与最发达省份的各种经济组织结盟的倡议。

经与**议会党团**和**劳工联合会**取得一致意见，它正在议会和各地筹备反对增加特殊军费开支的新要求的运动。

领导机构在党内传播这样的思想，即有必要不断地加强政治行动和尽管开展不久但却充满希望的工会行动之间的联系，准备未来的政治选举，使议会党团中也能有技术人员和工人的代表。

领导机构认为已经圆满地完成了代表大会交给它的任务，它为同志们提供了一个运用他们的精力、为共同的目标而团结奋斗的广阔的实验场所，它高兴地看到，到目前为止，不论在党内还是在工人组织内，通过观察事实和考察登记册，人们发现对自身力量又有了新的信心，活动又明显活跃。人们可以从中看到美好的未来。

代表领导机构常务委员会
弗朗西斯科·保罗尼

关于意大利工会运动的报告

在意大利无产阶级和其他国家的无产阶级之间，除了社会主义团结的联系以外，还有由意大利经济中的一种特殊现象产生的后果所带来的一层联系，即**工人移民**。

最新的统计研究表明，每年有 27 万意大利工人临时移民到欧洲中部国家。每一个移民在外国滞留大约 6 个月，而另外平均每年有 35 万人永久性地离开意大利，定居大洋彼岸的国家。

这一大趋势还将持续若干年，因为人们没有理由指望经济状况会迅速改善，这种经济状况导致了今天对所有外国市场都产生影响的这些移民运动。因此，移民政策目前对于工会和社会主义民主力量具有十分重大的意义。

这就是为什么**意大利社会党**要向那些有意大利移民的国家的同志们提交一份关于半岛上工会运动的倾向和力量的详细报告的原因。

在意大利运动的早期，即**复兴时期**建立的第一批互助会向我们展示了目前的职业组织的雏形。从 1860—1870 年，也就是说在世俗政权垮台和彻底实现国家统一以前，出现了 433 个有共和倾向的协会。它们全都打上了它们所在地区人口较少、经济非常落后、生活与世隔绝的烙印。这些协会集中了各种类型的劳动者：普通雇佣工人和手工业工人，以及小商贩。

在某些较大的中心城市，工业的迅速发展使劳动者与生产工具脱离，互助会迅速失去它作为医疗和养老救济组织的纯粹防卫性质，而采取了表达工人要求的斗争态度。一种和数世纪以前把同一市镇的成员集中在一个紧密的团体中的需求相似的需求冲动，使互助会成员产生了愈来愈不可抑制的相互接近、互助友爱的想法。因此人们看到一些团体，例如，**米兰工会**或者**佛罗伦萨手工业工人兄弟会**，尝试成立全国行会分会组织，并建立了77个包括4993名成员的协会。

马志尼进行了相同的尝试，**意大利工人协会友爱公约**获得了良好的结果。这位伟大的鼓动家在去世前不久，于1870年建立的协会存在到1880年，它的结构更紧密、更协调，更适于同人道主义感伤主义的乌托邦和过分迷恋社会和谐的行为进行斗争。

然而，工人继续受到新兴工业的残酷剥削。无止境地延长的劳动时间和难以糊口的菲薄工资为国际主义宣传和社会主义思想的胜利提供了有利的条件。

1874年，在印刷工人中成立了第一个全国性工人联合会，不久又成立了另外两个联合会，即手套工人联合会和面包工人联合会。

到了1880年，工业活动进一步加强，而选举权扩大到所有工人，极大地扩展了政治活动的范围。整个选民人数由50万增加到了250万。

罢工不断增多，甚至科莫和比耶拉的织布工人都卷入了罢工的浪潮，他们为废除刑法中针对工人结社的规定做准备。

意大利北部的大量工人要求向资产阶级国家开展政治和经济斗争，他们于1882年成立了**意大利工人党**。该党所主张的社会主义充满无政府主义和工团主义的思想。

工人运动开始拥有政治核心。宣传扩大到了农村，尤其是波河河谷一带。**行业同盟**在工人党内形成并加强，并为成立带有1890—1900年时期的特点的工人抵抗组织**劳工协会**打下了基础。1891年，这些仿照巴黎劳动介绍所成立的地方工会和各种产业工人混合支部式的组织只有3—4个。到1893年，当它们举行第一次代表大会时，它们已达到13

个,共有大约4万名会员。有的由市政当局资助,所有团体都要求会员每年交纳50生丁—2法郎会费。

1894年,以克里斯皮为首的反动势力阻止工人组织的发展。所有的同盟(它们几乎全部加入了社会党)都被解散,有些协会的市政资助被停止了。但是到了1895年,运动再度兴起,而且来势更猛、更稳健,恢复了20个劳工协会和7个全国性行业联合会,另外还有十几种专业报纸为社会主义报刊助威。

1898年5月,又兴起了一股新的猛烈的反动势力,它同时攻击政治组织和经济组织,使得合作社和互助会丧失了活力。这一情况一直延续到1900年。由于议会中阻挠议案通过的活动获得成功,尊重结社、集会和罢工权利的政策得以制定。最近10年,无产阶级的组织主要在行业部门得到了发展。工人和农民结成了联盟、劳工协会以及省、地区和全国性的行业联合会。1902年,意大利向斯图加特国际工会代表会议派去了代表50万意大利工会会员的代表。

工业和农业方面的罢工由1860—1880年间的平均每年35次增加到1881年的45次,1882年的49次,1883年的76次,1901年的1671次。罢工几乎总是以无产阶级组织的胜利而告结束,因为资产阶级毫无防备,不作抵抗。有80个劳工协会以及许多行业联合会成立。北方省份的工业主义部分地传到了南方的某些省。很快,劳工协会这种地方性组织已不能满足指导工会政策的需要。搞工业成为全国性的活动。因此全国性行业联合会越来越多。意大利劳工协会和行业联合会开始为权限问题争吵。劳工协会意大利联合会(斯图加特代表会议以后改名为抵抗中央书记处)成为劳工协会和行业联合会的共同的中心。

然而,通常由社会党内部争执引起的激烈冲突困扰着工会组织。而且,另一方面,资本家阶级为了进攻和防守也在加紧组织起来。1901—1902年间,关闭工厂代替了罢工,工人失败代替了胜利。

1903—1904 年，资本家成功地消除了劳动者在前两年，即在意大利工人运动的黄金时代所取得的大部分成果。

　　1904 年 9 月的总罢工是一场大规模的抗议活动，抗议对警察代理人和军队军官粗暴镇压工人运动的行为一贯不予惩罚的做法。这次总罢工通过民众奋起这种可贵的自发性也表现出了无产阶级的弱点，它还不能胜任夺取经济权力和政治权力所要求的缓慢、经常和持久的渗透工作。

　　劳工协会和行业联合会的第一次代表大会于 1905 年 1 月在热那亚举行。归根到底，这只是受到无政府主义者和共和党人支持的改良派和革命派社会党人之间的一系列争吵而已。事实上，就最高劳工委员会和总罢工问题发表了两种对立的意见以后，大会就散伙了，而未能任命抵抗中央书记处指导委员会。从此以后，指导委员会便丧失了任何影响，甚至连 1906 年有组织的工人力量的统计数字也搞不出来。更有甚者，同国际工会书记处的联系全部中断。

　　今天，幸运的是，我们正处于全面复兴时期。在经济组织内部，社会主义各派之间的对比已不那么强烈，在**社会党**代表大会（1906 年 10 月）上和无产阶级经济组织于同年 9 月 29—10 月 1 日在米兰召开的代表大会上，强烈地表现出反工联主义的情绪。

　　正是在这次工人代表大会上产生了**劳工总联合会**，以取代抵抗中央书记处，仅仅几个月时间，就有 15 万工人加入了该**联合会**。

　　无法准确估计团结在联合会周围的力量，但它的生命从此有了保证，而且在米兰代表大会上，一批为数不多的追随少数派的协会也已经决定加入新组织。

　　联合会在都灵设有**全国委员会和理事会**，由社会党人组成，他们在历次政治代表大会上或者支持改良主义者，或者支持整体论者。它的机关刊物《工人联合会》周刊由前工人议员里纳尔多·里戈拉领导。

在意大利，工会组织的力量也在缓慢地但却不断地增强。它作为阶级组织所提出的目标也越来越多。

最近，**劳工总联合会、全国合作社同盟**与**意大利互助会联合会**达成谅解，要以三种传统形式，为无产阶级运动的共同目标进行宣传。

在包括1379个生产、劳动或消费合作社的合作社同盟的9名经理中，有7人是社会党人；包括867个互助会的**互助会联合会**也在社会党人、共和党人和民主党人手中。从现在起在很长时间内，人们大概无法把这些力量当做真正的社会主义大军来依靠，但是如果说热那亚、雷焦艾米利亚、都灵和里窝那的最大的合作团体已经走上阶级斗争的战场却是实实在在的。热那亚和雷焦艾米利亚的两家社会主义日报由合作社资助，而玻璃工人在和他们老板的辛迪加进行艰苦斗争以后所成立的大型**联合工人玻璃厂**充满了社会主义精神，它至今有5个规模巨大的合作机构，有成员1338人，资本45万法郎。

意大利合作组织有两个特点：一个是短工工人的合作社，另一个是集体租约工人的合作社。由于有了这样的组织，农村雇佣劳动者变成了集体耕种租地的合作生产者。这两种合作组织成为某些省份中社会主义运动的核心，从此，那些省份的选区又转向了社会党。

我们对意大利劳工协会和全国行业联合会中工会组织的概述是以全国劳工局的资料和我们自己迅速收集到的资料为依据的，而**劳工总联合会**的统计数字只有到年底时才能公布。

但是，如果不考虑许多雇员组织执行工人工会政策的倾向，那么，人们便无法评价意大利的整个无产阶级运动。例如，**意大利男女小学教师全国联盟**有成员3.5万人，其理事会的大部分成员是社会党人，而雇员联合会也多次表示同情工人运动。

由于缺乏统计数字，无法比较详细地说明这些组织的财政状况，直至最近几年，它们的账目管理仍很混乱。

根据对1903年提交给意大利最大的协会米兰劳工协会的结算报告的研究，下面列出参加该组织的48个工会（代表20413名会员）的收支情况：

  收入   328056.30里拉
  支出   326247.76里拉

支出分列如下：

  失业救济   41244.16法郎
  罢工救济   33340.33法郎
  声援救济   21579.12法郎
  医疗救济   72013.60法郎
  学徒工外出补助 1568.94法郎
  职业训练班补贴
  和宣传事业费   853.60法郎

  拥有107210名会员的18个全国性联合会的总预算为：收入890381法郎，支出716186法郎。在这个总额中，制酒工人联合合作社的收入占430152法郎，支出占403128法郎。

  毫无疑问，意大利的工会会费总额比起德国或英国要少得多。因此，意大利工会不可能经常举行长时间的罢工，或者很好地组织宣传或发送专业报刊。

  工人工会（劳工协会、全国联合会或地方同盟）每年平均给予通常身兼书记、主编和宣传员三职的人的工资不会超过1600法郎。但是，不要忘记，意大利无产阶级素来不喜欢有条不紊的工作，而且他们的工资很低。

根据统计总局的最新研究，可以确定1871—1903年某些产业部门每小时的平均工资如下：1871年，0.171法郎；1880年，0.221法郎；1890年，0.253法郎；1900年，0.260法郎；1903年，0.265法郎。

慈善协会于1903年在米兰进行的更为系统的调查表明，在接受米兰公司调查的280519名工人中，有165305人是真正有工作的。其中的122397人告诉了他们的工资额，这样，我们可以确定，在接受调查的人中，有71.45%的男工（62201人）的日工资为1—3法郎，有91.31%的女工（41389人）的日工资在1—1.5法郎之间。

根据这些材料，通过计算被调查的46867个工人家庭的收入，我们发现，其中的33625个家庭（占71.74%）的年收入为721—1825法郎。这些家庭中125809人（占总人数的75.10%）的日收入低于1法郎；其余的55744人（占24.90%）的日收入为1.2—1.5法郎。

没有任何一个工会组织与政党保持公开的联系，但是专业报刊（有大约50种报纸，其中大部分具有明显的社会主义倾向），像最大的劳工协会和行业联合会一样，几乎全部掌握在社会党人手中。一些工人小团体由共和党人或无政府主义者领导，但是它们的观点在劳工协会和行业联合会中根本没有市场。劳工总联合会的主任可以参加社会党领导机构的会议。在争取改革税制、实现社会立法、反对军国主义和反对教权主义等大运动中它们是团结一致的。

上述事实证明，在工会运动内部已经有了社会主义觉悟，随着无产者当权人数的增多，其广度可能还会扩大，活力可能还会增强。

像其他地方一样，意大利的行业组织也尝试建立专门机构，以增强它们的进攻和防卫能力。因此某些劳工协会开办了职业介绍所，它们附属于米兰劳工协会中央局。几个月来，它们得到了**慈善协会**的有力资助。**慈善协会**是由一位欧文信徒建立的社会救济机构，拥有资金1300

万，目前它几乎完全由社会党人管理。**慈善协会**还向工会失业救济基金提供资助，占会费收入总额的50%。它还资助一个劳工局，该局受工会组织控制，下辖一个用来扩大意大利工人阶级与阿尔卑斯山另一边工会组织的联系的翻译与情报局。最后，它还组织了一个临时移民局，该局理事会的部分成员由最直接、最经常地与移民前往国家的工会发生关系的工人工会来任命。

在一些大工业中心，工人团体为工伤事故的受害人成立了咨询与救济局。

这就是意大利无产阶级经济组织的演变以及它的力量的现状。通过在痛苦的经验中学习，通过积累自己和别人的经验，意大利劳动者正在改进他们抵抗资产阶级的武器，并为他们的工会成果注入蓬勃的政治生机。但是，如果说他们在建立一个完全的经济组织方面与社会党人竞争，他们却在自命不凡的"直接行动"和屈服于一个政党之间保持着等距离。

最后是我们的专业报刊一览表：《制革工人报》；《制帽工人报》；《化学制品工人报》；《建筑报》；《铁路职员论坛报》；《煤气职员报》；《护士报》；《联盟报》（职员与伙计的机关报）；《木工报》；《印刷工人报》；《石印工人报》；《海员报》；《冶金工人报》；《面包工人觉醒报》；《联盟报》（公职人员机关报）；《纺织工业报》；《陶瓷工人报》；《酒瓶报》；《白玻璃报》；《劳工联合会报》；《邮电职工联盟报》；《裁缝报》；《窗玻璃报》；《有轨电车职工报》（罗马）；《有轨电车职工报》（米兰）；《铸工报》。

报告人 安焦洛·卡布里尼
1907年4月于罗马

瑞典社会民主工党的报告

在我们上一次递交给阿姆斯特丹代表大会的报告中，我们简要地叙述了瑞典工人运动的情况，一个拥有 5.5 万名交纳党费的党员的**政党**，从其于 1881 年并不引人注目地登上政治舞台到 1904 年，通过示威性总罢工，于 1902 年最终将普选权列入了国家政治的议事日程。它拥有 3 种日报和 10 余种其他报纸，总发行量为 7 万份。即使在纳税选举制度下，它在 1902 年仍然动员了大约 1 万名选民（总数为 18 万人），使 4 位社会民主党议员当选；对于大多数工会来说，**全国工会联合会**是和政党没有区别的，它拥有 25 个全国性协会，有会员 4.2 万人（而且还有 2 万名加入工会的工人准备参加联合会），它自 1898 年成立以来，就在反对联合起来的工厂主的伟大斗争中成功地表现出自己的牢固和坚韧不拔的力量（工厂主枉费心机地反对由于工会十几年来不断扩大的斗争所导致的工资的大幅度提高）。（参看：《工人社会主义组织》第 429—453 页）

近三年来，我国工人运动以更快的速度发展。简要地回顾一下自 1904 年以来瑞典所发生的政治和社会事件，将使外国同志了解我们目前的形势。

我国国内政治中的主要问题是**选举改革**问题。我们可以回顾一下 1904 年时的情形。众议院以微弱多数否决了保守党政府提出的议案。该议案建议众议院实行所谓普选制和比例代表制，而丝毫不触动富豪寡头政治的真正堡垒参议院。在瑞典，由参议院决定预算，当参、众两院意见不一致时，参议院和众议院一起像一个单一的议会那样进行表决。显然，只在议会中部分地实行比例代表制不过是保守党的一种不正当的手腕而已，其如意算盘是拥有目前几乎完全由社会党人管理的1300万资金。优势得到持久的保证，因为参议员的150票总可以压倒由230人组成的众议院中自由派或激进派多数。因而我们就看到了这一奇特的景象：所谓普选制的议案得到了所有过去反对选举改革的人的支持，但却遭到了自由—激进党人和社会党人的激烈反对。而且，后者甚至越来越反对政治选举中的比例选举原则。

1905年，政府再一次试图通过其议案，但没有取得什么结果。在1905年新的选举前夕，众议院中的多数不敢无视全国舆论。我们党在1905年2月在一次公民投票后召开的**第六次代表大会**上，否决了在当时形势下举行新的政治总罢工的建议，而决定将这一极端武器保留到工会运动自由可能遭到攻击时使用，党认为它已相当有效地以不同的方式反映了工人的呼声。确实，在1905年5月，迫切的问题已不再是选举议案，它没有这个运气，而是威胁到铁路、煤气、电力等部门的工人，有时还威胁到农业工人的**罢工自由**的一项法律草案。毫无疑问，面对这个并非由人民选出的议会的挑衅，瑞典工人阶级将以规模非常庞大的自发的总罢工来回答。值得庆幸的是，众议院中的社会党议员说服了某些此时对局势的严重性还一无所知的中间党议员，因此，政府的议案以两票之差，即110票对112票，被否决了。瑞典资产阶级社会与工人组织之间发生大规模冲突的危险暂时消除。有迹象表明，1908年在同一场所还将重新出现这一危险。

这一场大的社会斗争刚刚得以避免，另一场对于我国工会运动具有决定意义的斗争又爆发了。**钢铁工人**和其他几个协会于1904年加入了**联合会**。1905年，联合会有30个协会，8.2万名会员。当时这是一股真正的力量，但这也是组成**工厂联盟**的大钢铁工业家为保护雇主以前的

"权利"进行决定性一击的理由。1903年的一场斗争遗留下一些没有解决的原则性分歧。人们进行了谈判,但没有结果,因为雇主不愿意为达到一定年龄和经过几年学徒的工人规定**最低**工资。他们以一些不正当的借口,总是拖延**最低**工资问题。1905年5月,一些工厂决定罢工,而**工厂联盟**则于6月10日以关闭工厂作为回答,事情涉及97家工厂,1.8万名工人。政府调解无效。一些有影响的人士向工厂联盟的领导人发出呼吁:正当挪威于1905年6月7日撕毁了与瑞典合并的契约,正当"民族归顺"成为一句口号的时候,要发扬爱国主义。但这个呼吁也不起作用。对于这些伟大的资本主义"爱国者"而言,社会利益高于国家利益,因此,在两国人民要分离的危急的几个月中,这场工人与雇主之间的社会战争一直在继续。最后,到了10月份,雇主们厌倦了。新的调解被接受,11月13日达成休战协议,工人提出的要求得到了满足:关于工作条件的集体合同和根据地区情况规定的**最低**工资最终导致这一大工业中大部分工人的年薪增加100多克朗(1克朗等于1.4法郎)。但是,在1905年,这一斗争使联合会付出了90万克朗的资助金,其中70万克朗的耗费是由于关闭工厂造成的。这笔资助金大部分是由会员提供的,在整个斗争期间,他们定期每周交纳1克朗。其余的钱来自尚未加入联合会的协会的自愿捐助,或者来自邻国工会工人的自愿捐助:丹麦捐献了13.3万克朗;全国上下正猛烈抨击瑞典领导人的挪威捐献了5.6万克朗;在德国,在美洲和其他地方,都体现出了工人的国际团结精神。瑞典联合会的财政状况非常好,结果,罢工结束以后,中央金库的资金比这场大规模斗争以前多得多。不言而喻,这些钱再多也说明不了在这场斗争中给予工人的全部资助。每一个参加斗争的协会都尽力帮助其会员。联合会的作用,就是根据详细制定的规定,当孤立的协会的力量开始枯竭时提供足够的帮助。1905年雇主关闭工厂使参加斗争的4个协会和联合会总共耗费大约300万克朗。完全成功地经受住了这样的考验，这个情况比任何漂亮的空话都更好地证明了瑞典工人阶级建立的工会组织的活力和效率。

我们注意到，1905年**瑞典**和**挪威**的分离丝毫没有割断两国工人之间的阶级团结和友爱。2月份举行的党的代表大会有挪威代表参加，大会通过了一项议程，支持关于各国人民享有自决权的一般社会主义学说，声明挪威人民有自由决定自己的事情的绝对权利。代表大会以有力的措辞，谴责瑞典政府对挪威采取的政策。它预言，这将导致彻底的破裂，将断绝两国人民之间的联系，并且作出许诺，如果出现这种情况，它将尽一切努力，阻止一切可能导致疯狂和罪恶的民族主义的好战计划。

这些悲观的预言简直太有根据了。瑞典议会议长博斯特伦先生由于采取了从原来的许诺退缩的政策，已经使挪威的所有政党联合起来采取共同行动。甚至瑞典议会提出就联合条约举行新的谈判也无济于事，挪威议会**一致**要求，作为表示真诚的保证，国王应批准建立独立的挪威执政府的法律。国王考虑到多数瑞典人的意见，予以拒绝，因此危机发生。瑞典的《社会民主党人》写道："奥斯卡国王，挪威摆脱了您的统治。"显然，挪威国王既无法控制意见一致的议会，也无法违背全体臣民的意愿而任命挪威的新大臣。他甚至就没有去做这个尝试，他留在了斯德哥尔摩。于是，议会在1905年6月7日采取了行动。它宣布，由于国王不再组织内阁，他自愿放弃自己的职权。同时，瑞典的联盟也被解散。议会作为挪威人民的代表，任命原内阁行使临时政府的职能。至此，木已成舟。挪威全国上下终于感到自由和完全独立自主了。

直至最后一刻，瑞典人还以为挪威人不过在嘴上说说而已。挪威人勇敢和坚定的行动燃起了民族主义情绪。保守党人叫喊道：瑞典国王在挪威被革职，这是对瑞典的侮辱。很多自由党人也随声附和。而社会党则与此相反，重申了它在2月份所作的许诺。它发表了一项声明，劝说工人为了和平，为了承认自由的挪威人民的权利而进行示威。尽管民族主义报刊对社会主义者"无祖国"进行了威胁和谩骂，6月16日在斯德哥尔摩还是举行了第一次这种性质的大规模示威游行。各地的工人都坚定不移，在困难的情况下表现出真诚的国际友爱精神和对和平、自由和正义的热爱。

在整个危机演变过程中，瑞典社会民主党坚持了这样一条行为准则：首先阻止自相残杀的罪恶战争。国王和内阁可能由于发现某些列强对挪威抱有强烈的同情感，不久决定采取温和的解决方式。社会党人立即表示支持国王的政策，而反对资产阶级沙文主义的政策。这样，在一段时间内，人们看到了这样一种奇特景象：社会党人和王室主张和平，而过分激动的资产阶级则要求动员军队，两院中的沙文主义者则不断给友好协商解决设置障碍。然而，具有理性的论点逐渐出现了。人们承认，一个处于深刻分裂的国家甚至不可能实现其正当的要求。在一定条件下承认新秩序，这本身是挪威可以接受的，在这一点上人们找到了共同点。但这也表明，在最终解决斯堪的纳维亚联盟问题时，不能忽视瑞典的利益。这些条件最后被确定为：在挪威举行全民投票；规定两国间建立中立区的仲裁条约；拆除挪威在这一区域内的某些要塞（那里没有瑞典的要塞）。议会中的社会党人认为不必反对这些要求，因为看来它们对于和平的未来和两国人民之间持久的良好关系都是保证。在这种情况下，我们的大多数挪威社会党朋友也同意这一看法。但是，当议会不顾和平解决的最高目标，为执行这些决定而拨款1亿时，瑞典社会党议员表示抗议。和我们一道反对这一危险拨款的只有一个人，这就是瑞典民主党领袖、杰出的激进派议员阿道夫·赫丁，他在议会的最后一次讲话中反对拨款。几个星期之后，他去世了。

为实现这一计划，组成了联合内阁。参议院保守党领袖伦德伯格先生任委员会主席，但自由党领袖斯塔夫先生也进入了委员会。经过在卡尔斯塔德（那里决裂的危险已迫在眉睫，后果不堪设想）进行的艰难的谈判，最终与挪威代表达成协议。危机过去了，分离没有流一滴血就结束了，真正的文明取得了一次胜利。对于瑞典社会民主党而言，由于它在民族主义的骚动中既采取了坚决和勇敢的态度，又没有忽视正当的民族感情，为顺利解决这场对于两国人民来讲可能是灾难性的冲突作出了巨大贡献，这是巨大的光荣。事实上，尤其对瑞典来说，这场冲突可能成为对未来而言更自由、更富有成果的新变化的开端。

尽管民族主义者仍在进行嚣张的煽动，但1905年9月的**议会大选**对自由、激进的左翼政党有利，左翼曾抵制选举改革的欺骗政策，基本上主张和平解决联合危机。"自由归顺党"的力量加强了，在总共230个议席中占了107个。但社会民主**工党**的进步更为明显。激进派的大部分胜利是由社会主义工人的选票争来的，由于他们发现自己的人根本没有机会取胜，便转而支持激进派候选人，反对反动分子。在27个选区，工党这一次提出了社会党候选人，结果有13人当选议员（经过1906年的补缺选举增加到15人），获得选票共2.6万张。1902年社会党人的选票大约为1万张；1905年（投给激进党人的票也算在内）大约为3万—4万张（投票者总数为21.3万人）。在1903—1905年的议会里，我们有4名议员，而在目前的议会中，我们有15名议员。这种特殊地位类似自由派和右翼之间的天平的指针，它增强了我党在议会中的影响，这种作为强大的工会运动代言人的影响得到普遍的承认。

在我们的社会民主党议员中，有4人是在斯德哥尔摩当选的（公民**亚·布兰亭**和联合会主席、公民H. **林德奎斯特**在党的老堡垒——斯德哥尔摩第五区；钢铁工人协会可信赖的人、公民E. **布隆贝格**在斯德哥尔摩第三区；运输工人协会可信赖的人、公民**查尔斯·林德利**在斯德哥尔摩第一区）。瑞典南部的斯卡尼亚一地就向议会派去6名社会党人，其中 3 人来自马尔默（瓦工们信赖的人、公民 N. **佩尔松**，大型报纸《**劳动报**》主编、公民 A. **尼尔松**，市镇小学教师、公民 V. **吕登**），1 人来自于斯塔德市（公民**托尔松**，以前是制鞋工人），1 人来自赫尔辛堡市（公民**克里斯蒂厄恩松**，曾当过印刷工人、记者），另 1 人来自马尔默附近的农村选区（公民**林德贝里**，油漆工人）。其他当选者代表瑞典中部和北部工业区：公民**克罗普**，技师，来自埃斯基尔斯蒂纳；公民 V. **拉松**，技师，来自韦斯特拉斯市；公民 B. **埃里克松**，也是技师，来自贝格斯拉根的工矿选区；公民**莱克塞尔**，瓦工，来自耶夫勒市附近的工业选区；还有公民**卡尔松**，曾当过矿工，来自包括北极圈内拉玻尼亚大矿区的选区。

选举中的左倾倾向非常明显，结果国王认为有必要让激进派掌权。1905 年 11 月，一个**左翼内阁**成立，由律师、斯德哥尔摩激进派议员斯塔夫先生领导，斯德哥尔摩的另外两个激进党人也加入了内阁：争取普选权人民运动前组织者贝里斯特伦先生和任公共教育部长的小学教师 Fr. 贝里先生（他也是以坚定稳健的激进派而著称）。经历过一连串或多或少是公开反动的内阁以后，由深孚众望的人执政，这甚至在社会党人中间也被看做是民主力量的伟大胜利，它为迅速的进步开辟了广阔的前景。在选举改革这一迫切问题中，新内阁的纲领是所谓的普选权（但又用一些小人物难以达到的条件作为限制），根据社会党的法案，这一纲领有一定改进，完全取消了比例代表制，这样选民们便彻底抛弃了各保守党派所主张的这种片面的、不诚实的想法。

但这还根本不是社会党人提出的民主的解决办法。社会党人在 1906 年的议会会议上曾提出了自己的法案：**全体公民无条件的普遍选举权**。这个法案在众议院甚至获得了 67 票。但我们的议员并不认为在自己的法案被否决后，必须反对后来把瑞典选民总数由 40 万增加到 100 万的改革。因此，在 1906 年 5 月，他们支持自由派政府的法案，由于有了这一支持，政府获得了134票，有94票反对。

　　这是社会党人对自由派政府的最后一次支持。工人对执政的瑞典自由党的信任已经彻底动摇。军事拨款不断增加，有的自由党大臣要求为他们在野时曾激烈反对的支出拨款。被一家反动报刊不择手段地、强烈地指责为与"社会公敌"社会民主党人勾结的自由派内阁愿意向参议院提出保证，使它的选举改革法案在参议院获得通过。因此，斯塔夫先生用模棱两可的措辞在参议院许诺制定一项关于工会的法律（他曾把工会称做"国中之国"）。不过这是以后的事了。但是，这位"争取思想和言论自由"的大学生协会（该协会在瑞典很有名，它对1882年以来舆论的转变起了很大作用）的创始人，提出了一项对带有反军国主义倾向和无政府主义倾向的报刊和言论加以治罪，反对"颂扬罪行"等等的法律草案。该法案尽管作了某些保留，但具有深刻的反动思想，当然被右翼视为意外的收获，在议会也获得了通过。大多数自由党人也追随政府，违背他们自己的原则。毫无疑问，社会党人激烈反对瑞典的这些"邪恶法律"，正如我们所预言的那样，它们导致了极其可怕的审判。

　　然而，执政的自由党人白白地牺牲了他们的根本原则，并在他们和瑞典工人之间掘下了一条鸿沟。工人极为反对残暴和贪婪的军国主义，它作为国家独立支柱的价值非常令人怀疑。我国"权利平等"的两院制的华丽外表比以往任何时候都更显得光彩照人。仇视自由派大臣、把他们看做暴发户的右翼党派又联合在一个新的纲领之下：**两院**实行比例代表制。的确，在它们的所谓"帕博达法案"中，在参议院实行比例代表制只不过是个玩笑。它们的目的根本不是进行选举改革，而仅仅是推翻内阁。当众议院以134票对94票通过斯塔夫法案时，参议院以126票对18票否决了这一法案，并以118票对26票通过了帕博达法案。内阁因此请求国王呼吁选民对这两个法案进行裁决，但国王和王子根本不同意。他们建立了一种完全特殊的代议制，即把众议员和参议员的表决票加在一起计算，帕博达的法案自然获得了多数。国王和王子还宣称，永远不能解散一个曾经通过政府法案的众议院！面对这些赤裸裸的诡辩，自由派大臣们只好辞职，右翼洋洋得意地掌握了政权，林德曼和帕博达先生及其同伙组成了新内阁。

社会党对令人失望的内阁并不表示惋惜，更不愿意向公然违背人民意愿的参议院的老朽们屈服。但是，经过1906年发生的那些事件，我们似乎明白了，选举改革如果不去触动自以为与人民选出的众议院对国家命运有同样影响力的参议院，那么这种选举改革是远远不够的。按照逻辑，选举改革应当扩大为**对宪法进行真正的修改**，使参议院无法破坏民主进程。为此，我们立即发表了一份宣言，以制定新运动的要点，号召工人做好准备，为了更高、更庄严和更宏伟的目标，通过"**打倒参议院！**""**男子和妇女的真正普选权万岁！**"的呐喊，而作出崇高的努力。不仅社会主义的平等原则要求充实妇女权利方面的行动纲领，而且芬兰争取妇女选举权的胜利第一次在瑞典妇女中间掀起了争取自身政治权利的规模不小的运动。争取妇女选举权的团体在各地建立，拟定了一份要求妇女选举权的请愿书，至1906年底，在请愿书上签名的瑞典妇女有14.3万人。因此，党内也一致认为，由于形势已经把争取工人选举权的斗争变为争取彻底改革政治组织和市镇组织的运动，应尽一切努力，使妇女不致被排斥在民主新瑞典之外。

1906年的夏季和秋季，在我们广阔的国土上，工人们热烈欢迎《六月宣言》中发表的社会党的**修改**纲领。到了11月，党的中央委员会和议员又起草了另一份宣言。宣言详细阐述了建立真正民主的新政体的要求，但无论如何，这个新政体在我国宪政的漫长的历史链条中是一种演变而不是决裂。因此，参议院被保留下来，但它应当像在法国一样，由民主市镇普选产生。它有权推迟但无权阻止由众议院所表达的至高无上的人民的意志。妇女将到处享有选举权和被选举权。

社会党人的这一举动不可否认地给其他政党留下了印象。令人遗憾的是，自由派的首领们原地踏步不前，却还自以为得计：仍然是1906年的政府法案，没有任何新东西，参议院原封不动，它甚至把他们本人也给赶了出去！但右翼很快就意识到，如果什么都不做，社会党人提出的修改要求将成为国内唯一真正得人心的口号，而且，由于在1902年曾经被迫违心地接受了普选权的原则，几年之后还将被迫接受彻底修改的原则。但首先，比例选举制的后果迫使右翼作为改良政党而进行最后一次努力。当然，右翼的地位是不稳的。像以往历届政府一样只提出一个表面的改革方案必然会遭到众议院的否决，因为自由党人和社会党人一致反对这样做，而且选民也将支持否决的做法。因此，右翼冒着垮台的危险，被迫提出一个至少和自由派的方案一样民主的方案。但实际上，它必须拿出**更多**的东西才能弥补我们在前面指出的、由右翼自己创造的比例选举制这一精心安排的不得人心之处。

一个保守党被迫比选举改革的拥护者走得更远这一奇特的现象，为1907年议会会议事件提供了答案。林德曼—帕博达的保守党政府提出了改革法案，这在右翼人士眼中是对政体的一次真正的修改，这一法案可能会根本改变两院的面目，尤其是瑞典的市镇体制。该法案提出的众议院普选权扩大的范围与自由党的法案一样（大约为100万选民而不是40万）。但变化最大的是参议院。参议院仍像过去一样由省议会（和大城市的市议会）选出，但省、市议会则不仅像现在这样，将由那些以几百票、甚至以5000票（在农村）对穷人的寥寥几票而占压倒优势的富人选出，而且还要根据最大限度为40票的比例进行选举。当然，从平等原则出发，这个比例仍然令人愤慨，但无论如何，这是市镇政权有利于工人和中产阶级的巨大和实实在在的变化。因此，在各地的政治和市镇选举中，比例制将使少数派也有几位代表：在参议院是工人和民主派少数派，在众议院是保守派资产阶级少数派。

针对这一法案，社会民主党人以法律草案的形式提出了他们的修改要求。他们猛烈抨击在市镇选举中沿用反民主的比例制，抨击众议院普选权扩大的范围太窄，不给妇女提供选举权和保持参、众两院政治上的平等。自由党人落在后面，他们不是支持某一个要求（这在特定情况下，将迫使右翼在民主的道路上更前进一步），而是重新提出他们1906年的法案，并集中全力攻击比例代表制为"别出心裁"，说它在瑞典"行不通"。结果，这样的政策只能加剧社会民主党人和自由党人之间的分裂。

某些自由党人由于害怕一旦解散众议院，社会党人会得到太多的好处，又受到林德曼法案中市镇改革的引诱，他们反倒更乐于接受保守党人的建议，最后也赞成在民主的道路上再迈进一步只会对社会党人有利的说法。作为他们变节的代价，他们还要求作出一个重大的让步。参议员们由于太富了，过去一直不领薪水，他们今后将像普通众议员一样也领薪水，而参议院选举权的纳税额将下降为3000克朗的年收入。他们希望通过这些调整，使一直被资本主义大资本家阶级、官僚阶级和封建主独家占有的参议院，也向被工人议员赶出众议院的中产阶级、农民和小公务员开放。林德曼先生只能接受而别无其他选择。塔尔贝里说，由于这一修正，他将在众议院取得多数，而不管这一多数是多么微弱，否则，他将和右翼一起垮台。

自然，参议院激烈地反对上述让步。在参议员们看来，林德曼的法案为比例代表制付出的代价太高。塔尔贝里的修正案被称为可耻的自杀。一位参议员说道："古老的参议院之船是否因此会被自己的船员沉入水底？"但右翼没有其他选择。他们也曾试图向一年前被轻蔑地否决掉的自由派纲领求救，但这样的态度转变险些导致该党的精神毁灭和彻底崩溃。因此应当顺其自然。林德曼先生使倔犟的参议员们一步一步地走向投降。在参议院以80票对65票同意屈服后，众议院以122票对

105票接受了建议。社会民主党人和大部分自由党人投了反对票；自由派右翼和形形色色的保守党人投票赞成。但是，反对派由于缺少共同纲领，无论过去还是现在它的地位都受到了削弱，而自由党人还不愿意放弃其过时的纲领，尽管1906年5月时的134票多数在1907年5月时已经变为102票的少数。另外，社会党人的崭新修改纲领在众议院获得了社会党人和激进派投的64票。

不久的将来会表明，我国最大的政治问题的这一"解决办法"是否能得到选民的批准。总之，从历史的角度看，林德曼的方案只是朝着社会党人提出的修改宪政的方向迈出的第一步。然而，在结束瑞典选举问题之前，必须承认，政治复仇女神于1907年5月完成了非凡的业绩。我国的统治阶级本可以在1901年降低一部分获得选举权的纳税额。但它们不愿意这样做。1902年，迫于已发展到抗议性总罢工的人民运动的压力，它们还是原则上同意了普选权，尽管仍以各种"担保"作为限制。1904年和1905年，它们徒然地竭尽全力让人们接受在众议院实行比例选举制，而让反动势力独揽"权利平等"的参议院的大权。1906年，右翼有一次机会（这也是最后一次机会）获得该党确实可以接受的解决办法：只是大量增加众议院的选民，而不是其他什么改变。但由于害怕新选民的"激进主义"，右翼没有勇气这样做。现在，到了1907年，右翼自己提出了这种"令人震惊"的解决办法，这在几年以前，谁都会认为是不可能的。众议院实行所谓的"普选权"，参议院多少向小人物，甚至社会主义工人开放，阔佬们的市镇专制政体明显削弱（尽管民主政治的完全胜利还有待争取），妇女在所有市镇机构中有被选举权——可能到1908年，妇女已经有选举权了（这是由右翼自己提出来的），因为自由党人终于在表面上同意了。在整个改革方案中，比例选举的办法及其未知的结果可能会给不景气的行会带来生气！如果说这不是社会主义工人所要求的东西，但它毕竟是国家政治和市镇组织的根本性变化。这将使我党有可能以一种和现在完全不同的方式提高自己的身价。如果1908年的选举使已取得的成果得到进一步肯定，新制度就将在1910年实行。有一些可能多多少少血气方刚的同志，已经在希望看到经过第一次选举出现一个由五十几个众议员和十几个，甚至二十几个参议员组成的社会民主党议会党团。

当人们对内阁的意图还一无所知的时候，为反对倒退的法案而进行可能的政治罢工的宣传是必不可少的。内阁的法案公布了，中央委员会还在党内组织了一次赞成还是反对1904年全党公决（见上一次的报告）已经拒绝了的那类罢工的全党公决。1907年大多数投票人**赞成**罢工。不过，4月份召开的一次党的非常代表大会决定根本不使用这一极端手段。尽管表决的结果是这样，但群众的真实思想状况是并不赞成进行一场没有把握、但肯定激烈并会导致工厂主报复的斗争。事实上，很明显，一个严肃的修改了的法案，尽管从民主的观点来看还不够，也不能为这样的斗争提供坚实的基础。

然而，在瑞典还有一个很活跃、调门很高的小团体，它主张**工联主义**意义上的总罢工，还致力于反军国主义、反宗教和反议会宣传。在1905年的代表大会上，人们曾期望在这方面进行决战，因为当时我们的青年社会党人对党的领导机构的攻击越来越猛烈，并越来越具有人身攻击的性质。令人遗憾的是，代表大会由于有这种倾向的代表的温和策略而犯了错误，它没有对过去的争端作出裁决。人们曾希望不对纲领作原则性修改而予以通过（其中宣布宗教信仰是个人私事，坚持民主防卫制度、生产资料相继社会化和各种劳动保护法律），希望赞成议会和民主策略的一系列决议足以使那些有无政府主义倾向的同志重新回到共同的道路上来。这些希望没有实现。一些具有公开的无政府主义倾向的刊物像资产阶级团体一样猛烈地攻击党的主张和党内人士，要求人们承认它们是"社会主义"的，甚至是"马克思主义的"和革命的社会主义的唯一真正代表。在瑞典，这种观点的捍卫者、早在瑞典社会主义工人运动之初就企图把运动引向无政府主义的欣克·贝耶格伦先生，在他所办的小报《火焰》上掀起了反对"资产阶级化"的工人党的有组织的运动，谩骂社会民主党人是"改良的骗子"，号召进行社会总罢工，用一切手段甚至向莫斯特、莱因斯多尔夫等英雄人物赞美直接行动。由于这些奇怪的"同志"的行为越来越有损于党的声誉（警方说，已经有一些青年人似乎卷入了由芬兰"革命"罪犯策划的阴谋抢劫**俄国**银行的事件），中央委员会于 1906 年 11 月决定采取决定性步骤，将两家《青年社会党人》报刊的编辑贝耶格伦和施勒德**开除**出党，直至 1908 年代表大会作出最终决定，原因是他们"系统地攻击党的纲领、策略和信赖的人"。由于采取这类措施的正式权利还不明确，因此中央委员会号召全党投票公决。各地进行了热烈的讨论，对于有无必要暂缓执行的看法分歧很大。不过，2 万人投票支持中央委员会，反对中央委员会的提议的人有 8000 多一点。

人们可能会感到奇怪，少数派怎么会有那么多人。显而易见的是，一部分持有这种观点的人根本就不属于社会民主党。但原因还是在于党的组织本身，党组织仍然像运动初期一样，工会通过多数赞成即可加入党。当然，以这样的方式加入党往往只是表明对工人政策的同情，但这些新党员却缺乏社会主义知识。近几年来工会运动和党的运动的巨大发展，也使对于新党员的教育工作越来越困难。不过，党在这方面有一个很好的助手，这就是**社会民主青年**组织（不要把它们和青年社会党人组织混为一谈）。**社会民主青年联合会**目前有 2 万名会员，他们和青年社会党人竞相进行反军国主义宣传，但他们抛弃了其他人的反爱国主义的明显的荒诞行为。该运动的最大作用是通过报告会、小册子，尤其是通过我们在马尔默的年轻同志 P. 阿尔宾·汉松主编的月刊《前进》从事宣传教育工作。作为党的先锋队，这个以青年为主力军的骨干组织可以做很多工作，尽管在党和完全摆脱了党的控制的特殊联合会之间可能存在着发生冲突的危险。

在1905年的代表大会上，人们就**赞成**还是**反对**党和工会在组织上分离的问题展开过热烈的讨论。最后以132票对40票决定**维持原状**。不过，党内开展的反对各种无政府主义社会主义倾向的斗争，使一大批人转而主张建立一个与正式持中立态度，但与社会民主党合作，并由于环境使然始终受社会主义思想支配的工会分离的纯政治组织。由于赞成两个组织联合的最有力的论据——缺乏普选权——几乎被1907年5月的一系列事件所推翻，可以预料，建立新的党组织的问题将在1908年的代表大会上被再次列入议事日程，并有获得通过的可能。

最后，为了完整地说明瑞典工人运动在动荡和大飞跃时期的情况，我们还要指出，党的**报刊**发行量近三年**增加了一倍**；我们很高兴能够于1906年5月在斯德哥尔摩人民宫友好地接待我们的朋友**俄国社会民主党**人在那里举行他们的联合代表大会；我们于1906年11月6日在瑞典各地庆祝由我党老党员、公民奥古斯特·帕尔姆在瑞典召开的第一次社会党代表会议**25周年**；每年参加**五一节**庆祝游行的群众不断增多；我们建立了**工人运动档案**，由理学博士、公民博尔格主持；党对各种民众教育活动越来越关心；斯德哥尔摩人民宫中的**工人图书馆**成为全国民众图书馆中最大的一个馆（馆长是市议员、公民 Fr. 尼尔松）；人们向我们提供了几名**国家仲裁人**，目的是防止工厂主和工人之间的冲突，或者至少可以提议举行谈判；最后，工厂主和工业家的非常广泛的组织正在形成并实行联合。

在结束本报告之前，再列举几个补充数字：

（1）**社会民主工党**

1889年有大约8000名党员；1990年有大约4.5万名党员。

地方组织或工人公社：

日期	数目	人数
1904年1月1日	95	54552
1905年1月1日	112	64835
1906年1月1日	137	69181
1907年1月1日	170	101929

最大的工人公社是斯德哥尔摩工人公社（2.5万名社员）、马尔默工人公社（1.3万名社员）、哥德堡工人公社（8000名社员）等公社。

党费收入（1906年）为5.2万克朗（7万法郎）。销售宣传小册子的收入增加了2000克朗，销售圣诞节和五一节报刊的收入增加了3000克朗。这些收入都用于宣传、发行小册子、帮助新创办的党报和行政等方面的支出。从1901年起，公民C.G.T.维克曼一直是党的财务主管和总书记。

地方上的宣传工作主要由工人公社进行，它们也组成省级大区，以提高它们的行动力量。

（2）全国工会联合会

情况如下：

日期	协会	工会	会员
1900年	22	741	46000
1904年1月1日	25	880	47000
1905年1月1日	30	1173	81693
1906年1月1日	30	1291	86635
1907年1月31日	30	1726	144395

1904年的大发展首先是由于一些协会、尤其是钢铁工人加入联合会。1906年的巨大飞跃则是由于1904年伟大斗争的胜利而出现的相对

平静的一年带来的结果（见上文）。

在**联合会**以外，还有印刷工人、铁路员工（近几年发展很快，会员达到2万人）、邮电职工和农业工人协会（目前瑞典各地都开展了这一重要运动，该运动首先由斯卡尼亚农村的工人发起）。参加工会的工人总数1904年时估计为8万人左右，现在估计有**将近20万人**，其中大约有1.5万名妇女。

与这支为争取更公正地分配自己的劳动成果而形成的大军相比，还有数千工人（大部分是保守的宗教派别的成员）迎合工厂主和资产阶级政党的愿望，组成了所谓**"瑞典工人协会"**这个**"黄色"**联合会。他们显得可怜而又可鄙。确实，这些随时准备背叛工人共同事业的人在冲突中常常发挥一定的作用。但是，尽管敌人的这些或多或少自觉的同盟军在前进道路上设置了障碍，真正的工人运动始终在继续前进。

关于工会联合会的**财政能力**，我们已经讲过用300**万**克朗对付1905年关闭工厂那场大的斗争。在比较正常的1904年，30个联合会的总收入是135万克朗，而支出是108.5万克朗；单是**钢铁工人**联合会的收入就达35万克朗，其中30万克朗来自1.8万名会员的会费；**石匠联合会**（3000名会员）曾发生严重纠纷，它的总收入为25万克朗（其中15万来自协会），而支出也是巨大的；**干重活的人**（1.7万人）收入为15万克朗，支出为13万克朗；木工（7000人）收入为10万克朗，支出为8万克朗；等等。1905年1月1日，这些联合会的库存总金额为70万克朗。还要指出，**联合会**在1906年曾支出15.8万克朗，其中8000克朗用于国外，而没有要求会员捐助。

下面是近几年由于罢工或关闭工厂而**损失的工作日**：1903年，50万个；1904年，45万个；1905年，250万个；1906年，44.5万个。

（3）社会党的政治刊物和工会刊物

6种日报：《社会民主党人》，斯德哥尔摩；《劳动报》，马尔默；

《新时代报》，哥德堡；《工人日报》，耶夫勒；《东哥得兰人民报》，北雪平；《兰斯克鲁纳信使报》，兰斯克鲁纳。总发行量将近9万份。

（1904年有3种日报，发行量约为3.5万份。）

每周出版3—4次的报纸有：《新社会》，松兹瓦尔；《厄勒布鲁信使报》，厄勒布鲁；《斯莫兰人民报》，延雪平；《人民报》，埃斯基尔斯蒂纳；《布莱金厄人民报》，卡尔斯克鲁纳；《北极光》，吕勒奥。这些报纸的发行量总数约为4万份。

（1904年有5种报纸，发行量约为1.5万份。）

每周出版2次的有：《吕瑟希尔信使报》，吕瑟希尔；《曙光》，于斯塔德。总发行量约为8000份。

周刊有：《人民报》，斯德哥尔摩；《韦姆兰人民报》，卡尔斯塔德；《鞭子》（讽刺性刊物），斯德哥尔摩。总发行量约为1.8万份。

总计16种政治性刊物（1种讽刺性刊物），发行量约为15.6万份。

社会主义政治性报刊在1893年有大约1万个订户，1900年有3万个订户，而1904年，12种报刊的发行量将近7万份。

行会的社会主义刊物有25种，其读者不下15万人。大部分刊物是月刊，甚至是季刊，印刷工人和铁路工人出版的行会刊物是周刊。

自1904年以来，人民之家有了相当大的发展。它们的数量已经超过30个，其经济价值估计超过300万克朗。的确，仅斯德哥尔摩的**人民之家**就耗资100万克朗，而新建的赫尔辛堡大**人民之家**也耗资近50万克朗。

还有大约20个**人民公园**，其中马尔默人民公园始终是最为宏伟的、无与伦比的。

由于运动不断向深度和广度发展，它也就比以往任何时候都更多地同**资产阶级司法**发生冲突。我国保护工贼的法律特别在北方大钢铁厂为争取联合的权利而进行的斗争中，造成了许多受害者。由于在瑟维克附近发生的一次打斗事件，工人总共被判处近6年强制劳动。对所谓"煽动闹事者"的审判更是令人愤慨。一些根本没有参与闹事的人至少被判处了2年强制劳动！经历了几次这样的审判之后，社会党人于1905年要求修改这一陈旧过时的法律。众议院接受了这一要求，但参议院拒绝作任何修改。斯塔夫内阁在对该法律作了一些修辞上的改动、并把它的臭名昭著的反对反军国主义宣传法塞进去以后，使修正案通过了，但这并不妨碍法官们对赫尔辛堡的几个年轻人判处1—3年的强制劳动，这几个年轻人因为一面反军国主义旗帜同警察发生了一场小小的殴斗。

另外，自由派内阁垮台以后，反军国主义法律以思想罪为名掀起了一股诉讼、查抄和审判的狂潮。这股反动狂潮愈演愈烈，以至亲自提出加重治罪的人、前大臣会议主席斯塔夫先生，自愿去给一个社会党记者当律师，这位记者由于如实地写了一本反军国主义的小册子而**被判处1年强制劳动**！现在这股狂潮没有过去那么厉害了，因为陪审员开始懂得多少尊重一点出版自由，尽管如此，几年来所有有一定影响的青年社会党人还是被当局以纯属莫须有的罪名投入监狱。例如，贝耶格伦先生被判10个月监禁，他的两个朋友分别被判处7个月和12个月监禁。其他人被判处几个月甚至几年的强制劳动。在我国，没有实行有时可以减轻司法判决的不公正的赦免。社会民主党人也未能幸免。党的一位年轻记者、公民塞·霍格伦被判处6个月监禁，因为他负责起草了一项在1905年举行的社会民主党青年近卫军代表大会上获一致通过的强烈反对针对挪威的任何战争的决议。另外，其他青年近卫军成员也被判处几个月的监禁。

关于**选举**的情况，请见上文。**市议员**的数量也有增加，但由于可耻的纳税比例制，增加人数不多。目前，我们在斯德哥尔摩有4名议员，马尔默有3名，赫尔辛堡有3名，如此等等，总共可能有三十几名。

经过许多次失败之后，**合作运动**似乎最终走上了正轨。1907年6月举行的合作代表大会指出，该运动在几乎各地都有了很大发展。合作协会目前有262个支部，4.6万名会员。1906年批发销售的商品价值200万克朗，共赢利将近4万克朗。该协会的《**合作社社员报**》发行量为1.1万份。

总而言之，瑞典的社会主义和工会工人运动，自1904年以来的几年是**进行伟大斗争和大量工作的几年**，同时也是取得辉煌胜利和前所未有地扩大我们影响的几年。如果朝着这个方向继续发展若干年，我们将不难把瑞典的整个工业工人阶级和相当一部分农业工人团结在国际社会主义的红色旗帜下，同时将他们组织成工会。工会凭借其牢固的经济实力和全体会员所具有的团结精神，可以为把人类从吃人的资本主义的桎梏中解放出来的事业作出巨大的贡献。

代表瑞典社会民主工党执行委员会
亚尔马·布兰亭
1907年6月于斯德哥尔摩

奥地利社会民主工党的报告[①]

自上一届阿姆斯特丹国际代表大会以来，奥地利**社会民主工党**经历了进行伟大斗争和取得伟大成就的时期。在上一次的报告中，我们指出，争取普选权是奥地利及其无产阶级最重要的问题。我们从1903年起便开始斗争。像1897年的选举改革一样，人们在选民团的旧宪法中加进一点民主的选举权。在有353名议员的议会中，有72名议员经普选产生，他们组成第五选民团。

这一选民团至少使无产阶级有可能向议会委派一小部分代表。但这种宪法状况的畸形也因此愈加明显。这一宪法不仅是强加给工人阶级的令人愤慨的不公正，而且成为政治上的绝路。尽管如此，不论是王权还是政府，更不用说享有特权的各资产阶级政党，都反对修改这一宪法，而社会民主党人则从来没有停止通过集会、报刊和公众游行进行宣传，要求扩大选举权。

1905年发生了一些可以带来出路的事件。匈牙利通过有损于两国的一纸条约而与奥地利合并后，爆发了严重的宪法危机。在危机过程中王权最后呼吁进行普选。而俄国革命的出现则具有更重要的意义。当时明确摆在奥地利社会民主党面前的是，如果俄国的宪法是可行的，如果在匈牙利可以讨论普选权问题，如果奥地利的议会进退两难，那就应作

---

① 如果读者想了解奥地利社会民主运动的整个发展情况，除本报告外，应再参阅捷克党专题报告、波兰党专题报告和乌克兰党专题报告。

出一种决定了。

奥地利社会民主党代表大会于1905年10月召开，其主要任务是提出争取普选权的口号。大会议事日程上的主要问题是**总罢工**。10月30日，正当大会在讨论这一问题时，刚好有人在维也纳宣布了沙皇发表立宪宣言的消息。这一消息是进行一次决定性行动的信号。当时的情景给人留下深刻的印象。代表们站起来，高唱战斗歌曲，并庄严宣誓，不管斗争结果如何，将坚持到底。当天晚上，3万多名男女工人聚集在国会和霍夫堡皇宫前面，举行盛大的示威游行。在维也纳和外省城市也接连举行了群情激昂的集会和示威游行。人群不时和警察、军队发生冲突。有很多人受伤，无产阶级的鲜血在维也纳和许多城镇流淌。在此不久以前还宣称普选权是不可能的高奇内阁让步了，在11月份，人们第一次正式获悉，在选举改革以前，将不再举行新的选举。

1905年11月28日，议会开幕。这一天被宣布为工人阶级在整个帝国进行示威游行的日子。所有工业部门都停工了。人们在各地举行集会，组织游行。在维也纳，有25万男女无产者举着红旗和他们各自的团体的旗帜，以密集的队列通过议会大厦。这一天是令人难忘的，它在整个奥地利留下了最深刻的印象。一个工人代表团向大臣会议主席和帝国国会两院议长递交了要求进行选举改革的请愿书。同日，大臣会议主席高奇男爵向众议院宣布将提出一项以完全彻底的普选权为基础的法案。这是第一个大胜利。

不过，从言论到行动，经过了许多时日。直到1906年1月，政府才提出它的法案。不出人们所料，该法案只是相对地满足了社会民主党人的要求。政府拒绝给妇女以选举权，规定选举年龄为24岁，并且必须在当地居住满一年。

即使是这样一个法案也遭到了特权阶级的反对。乡绅和资产阶级的代表人物竭尽全力反对实施普选权。我们别无选择，只有降低我们对法案的要求。尽管王权和政府已表示同意，但如果无产阶级表现出哪怕是片刻的软弱，内阁也会由于特权者的反对而后退。因此，整个奥地利斗争持续不断，每当议会或众议院一停止工作，斗志昂扬的无产阶级便给它们以刺激，促使当权者想尽办法也要实现选举改革。

1906年6月，由乡绅领导的各全国性政党所进行的强烈抵制，使社会民主党不得不认真研究，以决定是否应当进行**总罢工**。我们决定在维也纳进行一次为期三天的总罢工。各种工作准备就绪，甚至连一些细节也准备好了。只等一声令下，在12个小时之后，帝国各大工业部门都将停止工作。政府对局势的严重性非常清楚。它采取了军事措施，下命令动员军队占领火车站、工厂和市政设施。在维也纳集结了大批军队进行威胁。帝国国会特别委员会也开始认真工作。7月21日，人们同意按民族划分议席。这样，最大的困难解决了。1906年秋季，又有人企图破坏选举改革。普选权的敌人试图实行复选制，它将窃取无产阶级行动的果实。政府拿不定主意。但社会民主党通过在报刊上、在议会里以及在大街上的艰苦努力，再次排除了危险。1906年12月1日，众议院通过了该法案，1907年1月，贵族院也通过了这一法案。目的达到了。社会民主党为之作出了长期努力的事业获得了胜利。

1907年5月进行了新选举。选举结果令所有的人记忆犹新。社会民主党人过去在特权者的议会中有11个议席，这次获得了87个议席。这是一场艰苦的斗争，但斗争获得了胜利。在516个选区中，社会民主党在87个选区获胜，其中有50个德意志区，24个捷克区，5个意大利区，2个鲁塞尼亚区和6个波兰区。社会民主党人获得的选票数更有特点。在整个帝国发出的总共4599168张选票中，我们党获得了1041948张。选票具体分布如下：

	选票	议员
德意志社会民主党人	511760	50
捷克社会民主党人	399904	24
波兰社会民主党人	62993	6
鲁塞尼亚社会民主党人	28607	2
意大利社会民主党人	21551	5
斯洛文尼亚社会民主党人	13754	—
罗马尼亚社会民主党人	860	—
奥地利全国	1041948	87

把我们党和其他政党在德意志选区的选举结果作一比较就更有启发性：

政党	选票	占有效选票的百分比	议员
天主教社会党人	552135	29.9	67
社会民主党人	511760	27.4	50
教权派和保守党人	168221	9.0	29
德意志民粹主义者	146572	7.8	28
德意志农民党人	146131	7.8	19
德意志进步党人	116524	6.2	19
自由泛日耳曼主义者	71644	3.8	13
泛日耳曼主义者	19767	1.0	5
无党派候选人	11778	0.6	0
其他日耳曼人	9033	0.5	1
自由社会党人	5215	0.3	1

政党	选票	占有效选票的百分比	议员
民主党人	1990	0.1	1
总计	1760770		233

由此可见，社会民主党人在**德意志选区**居第二位。只有天主教社会党人的选票多一些，这是因为他们在工业不发达、教权主义统治的阿尔卑斯山地区占有优势的缘故。在奥地利北部工业区，社会民主党在德意志人当中是最强大的党。

在议会中，奥地利各民族的87位社会民主党人组成了单一的党团。从选民人数看，我们是最大的党。最大的议会党团有如下几个：

党团	获选票	议员
社会民主党人	1041948	87
教权派天主教社会党人联	722314	96
捷克俱乐部	600909	83
鲁塞尼亚俱乐部	562142	30
波兰俱乐部	395630	54
德意志全国联盟	292703	47
总计	3624646	397

从此，社会民主主义的无产阶级在议会有了真正的代表，它的任务是使用新武器，实现老目标。

如果说奥地利**社会民主工党**是一个具有共同纲领、共同策略、共同的执行委员会和共同的议会党团的统一机体，但它仍然是根据居民讲多种语言的奥地利的情况的需要，由不同的民族团体构成的，每一个民族团体都在很大程度上享有自治权，它们可以在共同纲领和共同制定的策略范围内进行活动和组织起来。因此，奥地利的社会民主力量就构成了一个小国际，它的策略和原则的基础是：民族自治和国际联盟。

正是这样，奥地利社会民主党组织包括了在奥地利的德意志、捷克、波兰、意大利、斯洛文尼亚和鲁塞尼亚社会民主党组织。在经济和民族发展的压力下成为必要的我们这个组织，在1897年的代表大会上产生，并被完整地保存下来了。在一个遭受民族纷争蹂躏的国家，各民族的社会主义无产阶级以亲密无间的团结精神进行着阶级斗争，组成了一支紧密团结、时刻准备战斗的大军。

每一个民族组织实行自治，是党的团结和国际谅解的保证。在奥地利，除了德意志社会民主力量以外，捷克社会民主力量在人数和组织发展上是最强大的。它在**社会党国际局**中也有自己的代表。

在此，请允许我们简单地提供一些有关德意志人的组织的数字。

衡量一个政治组织的最佳方法，是选票的数量。在上一次选举中，我们获得了511760张选票。这个组织划分为若干选区，在每一个选区和市镇都有可以信赖的人作为依靠。那些大的市镇则以城区为单位。这个组织由**党和奥地利德意志社会民主党的代表**领导，他们每两年由代表大会选举产生。德意志代表与其他民族的代表一道组成总执行委员会，因此这个执行委员会具有一定的国际性。

在**报刊**方面，奥地利德意志社会民主党拥有24种政治报刊，其中有2家日报（维也纳的《**工人报**》和格拉茨的《**工人意志报**》），3种每周出版3次的刊物，7种半周刊，11种周刊和1个半月刊。

无产阶级妇女组织特别发达。它在整个帝国有一个中央委员会，它出版一份《**女工报**》，发行量逐年增大。

徒工组织也发行一种报纸：《**青年工人报**》，该运动大有希望。

工会组织与政治组织有密切的联系。在阿姆斯特丹代表大会上，我们曾宣布，我国的全部工会——当然是各民族的工会——拥有18万名会员。到1906年底，这一数字增加到44.8万，而目前，我们估计工会会员已超过50万。在每100名工人中，平均有20名工会会员。

工会组织拥有46种德文行业报刊，总发行量为29万份；40种捷克文行业报刊，发行量为15万份；7种波兰文行业报刊，发行量为2.2万份；意大利文报纸和斯洛文尼亚文报纸各1种，发行量大约分别为600份和700份。希望详细了解这方面情况的人可以参看我们工会委员会的相当精确的年度报告。

在我国的工会运动和政治运动之间的关系中，从未出现过困难和冲突。如果在斯图加特代表大会上讨论这一问题，奥地利代表可以就谅解和共同工作为题作一篇报告。

参加斯图加特国际代表大会的奥地利德意志社会民主党人和他们的捷克、波兰、鲁塞尼亚、意大利和斯洛文尼亚同志紧密团结。奥地利的小国际——它以自治为基础，这是由语言的差别和每一个组织在本民族中从事斗争的需要所要求的——兄弟般地牢固地团结在一起，它向把各个国家、各种语言的无产者联合起来的大国际致敬，希望战斗队伍不断巩固，斗争不间断地继续进行下去，以解放工人阶级。

       书记 **斐迪南·斯卡雷特**
          维克多·阿德勒博士

奥属乌克兰社会民主党的报告

我们进行宣传和鼓动的居民属于乌克兰民族。该民族大部分居住在俄国南部,有一小部分属于奥地利,尤其是东加利西亚。我们党立足于这一地区,并在最近的选举中获得了巨大胜利。

乌克兰革命党与我们党的关系密切,它在沙皇帝国开展了卓有成效的活动。

我们于1897年成立组织。这就是规模不大的伦贝格小组。我们出版了第一期具有社会民主倾向的报纸《工人报》,这是一份半月刊。1899年秋,在东加利西亚的积极分子代表会议上终于产生了党。人们决定出版一份名叫《自由报》的中央机关报。组织在发展。1903年7月1日,在诺沃塞洛召开了兹巴拉日区及其周围农业工人和小农代表会议,以便建立政治组织的基础。这一策略使我们在最近把公民亚茨科·奥斯塔普丘克(他自己是一个农业种植者)选入了帝国国会。

党还在东加利西亚的其他地区进行宣传。由于这项工作,1903年春(3月21—23日)召开的代表会议已经有来自各地,特别是来自多沙地区的近40名代表了。1906年1月13—14日在伦贝格举行的代表大会已经有90名代表了。

除了中央机关报《自由报》(2000份)以外,我们于1906年在**切尔诺维策**(布科维纳)创办了《土地与自由周刊》;在兹巴拉日创办了一份地方报纸《红旗报》(发行量1000份),还有一些竞选期刊和宣言。我们出版的小册子如下:

达申斯基:《加利西亚战役之失败》(1901年,5000册);

维蒂克:《应如何组织罢工》(1902年,30000册);

维蒂克:《以后怎么办?》(1902年,4000册);

W. L:《无条件的普选权》(1905年,20000册);

维蒂克:《罢工时怎么办?》(1905年,20000册);

维蒂克:《我们当前的责任》(1906年,10000册);

维蒂克:《加利西亚的特殊形势》(1906年,5000册);

《彩虹》,通俗政治和科学论文选编(1907年,10印张,5000册);

《战斗》,1907年创办的月刊,至今已出版了第一期、第二期;《社会民主党人及其目标》,舍梅拉特博士著(6.5印张,3000册);《社会主义精髓》,W. 列文斯基著(2印张,5000册)。

如果说我们的出版物数量还不太多,那是由于加利西亚工业不发达造成的,因为乌克兰的人口主要从事农业,城市人口只占可怜的1%。乌克兰农民和农业工人在物质和精神两方面受着压迫。在农村的某些区,70%—80%的人是文盲。尽管如此,我们在进步。证据是,我们介入了东加利西亚农业工人和农民的大罢工。在我们有影响的地区,我们把这一自发运动变为自觉行动。我们还参加了1905—1906年争取选举改革的运动。在这个时期,我们在哈拉兹区举行了一些集会,有3万农民和农业工人参加。五一节那一天,他们在红旗的辉映下,向社会党的演说家们欢呼。我们在沙皇帝国的边境地区举行了大规模的群众集会,它们震撼了统治阶级。选举结果表明,我们的宣传取得了成果。即使在1900年的选民团制度下,尽管出现了舞弊和压迫行为,我们的米科塔·汉凯维奇同志仍在普热梅希尔区(第五选民团)获得了200票,而亲俄的候选人只获得100票,波兰人和政府的候选人超过500票。在按新办法进行的选举中,我们成绩斐然。

(1)罗曼·雅罗谢维奇博士在希维通城区获得1888票,政府候选人获 3067 票，犹太复国主义候选人获 2090 票。

（2）M. 诺瓦考斯基博士在别列扎内城区获 947 票，政府候选人获 2439 票，资产阶级激进分子获 804 票，犹太复国主义者获 1140 票。

这两位同志落选了，但必须指出的是，这些地方的选民受到舞弊行为的严重干扰，因为他们受到了暴力的威胁。

尽管我们受到执政党及一切资产阶级的、民族主义的、教权派的和反动的政党的疯狂打击，我们仍然在农村选区获得了辉煌的胜利。尽管实行三轮投票制（这是为挫败我们而强加给加利西亚的荒谬的选举办法），我们仍获得了最多选票。我们的候选人当选了。

（3）公民亚茨科·奥斯塔普丘克获得 12300 票，政府候选人获 8729 票，乌克兰民族民主党人获 6158 票。

（4）公民耶门·维蒂克获得 14343 票，政府候选人获 7192 票，亲俄派获 9677 票，乌克兰民族民主党人获 8706 票。

我们党是奥地利社会民主党的一个分支，它在该组织的代表大会上有代表权和选举权。

代表乌克兰社会民主党执行委员会

书记　　　　主席

泰奥菲尔·梅腾　　伊万·沃尔斯尼亚克

1907 年 6 月 4 日于伦贝格

奥属波兰社会民主党的报告

自阿姆斯特丹代表大会以来，加利西亚和东西里西亚波兰人的社会主义运动受到两个重大历史事件的影响，这两个事件是：**沙皇帝国境内的革命和奥地利争取选举改革的斗争**。

1905年间在俄国和俄属波兰发生的革命斗争在我们这里引起了巨大反响。我们举行了30次公众集会（不包括被禁止的集会）和数百次秘密会议，专门讨论**俄国革命**。有时，我们组织群众上街游行，例如，1905年2月我们就在克拉科夫环形广场上组织了一次游行。在游行过程中，沙皇的一幅照片被当众焚毁。警察挥舞马刀，冲向游行队伍，砍伤约12人。在冲突中，警察局长被打了耳光。除了游行以外，我们还利用鼓动文学的作品，向群众阐述边界另一侧的革命的意义。另外，我们还筹集款项，以增加我们俄属波兰兄弟的斗争基金。我们在报刊和议会中尽一切努力，保证俄国流亡者在我国领土上的避难自由，使他们免受反动派的任何迫害。

波兰社会民主党在争取奥地利帝国国会的普选权的斗争中尽了自己的责任。

为了这个问题，我们举行了300多次大型集会，其中大部分在露天举行，会后接着就是大规模游行，此外还举行了数千次小型集会。

所有的大城市和工业中心，以及许多小城市都参加了奥地利总罢工（1905年11月28日）。红旗在各大广场上空飘扬。

在克拉科夫、伦贝格、普热梅希尔、斯坦尼斯拉夫和雅罗斯拉夫，举行了真正意义上的总罢工。不仅作坊和工厂,而且有轨电车和出租车也停止了工作。在克拉科夫,连剧院也关门了。只是铁路工人及煤气、电力部门的市政工人按照党的特殊要求没有停工,因为我们要留一手。

众所周知,政府在那一天下午宣布将提出选举改革法案。斗争并没有因此而停止,加利西亚更是如此。我国的贵族保守党人和他们蛊惑人心的教权派持钺卫士竭力鼓动农村居民反对选举改革的扩大。我们接受了挑战,来到农村,甚至深入到最偏僻的村庄。在城市发生的事情又在成千的村庄重演。农村居民贫穷饥饿,深受迫害和诉讼之苦,他们将苦涩的怨恨化为对乡绅、官僚主义者和教会蛊惑人心者的强烈憎恨,使我们受到巨大鼓舞。在很多情况下由于得到了**波兰人民党**民主派小种植者的支持,我们便动员农民、家庭佣人和农业工人递交请愿书,要求平等、直接和秘密的普选权。

东加利西亚争取选举改革的鼓动之势毫不示弱。我们鲁塞尼亚的勇敢的同志们和我们一道不仅在鲁塞尼亚的激进派中,甚至在鲁塞尼亚民族主义者当中也找到了盟友,他们作为农民队伍中的成员也认识到,贵族特权的消失对他们是有利的。

在选举中,我们获得了自己劳动的果实。我们提出了30多名候选人。获得了一些议席,奥地利的总报告将向你们介绍这些情况。

但是,我们决不会被中央议会民主化足以使我国的公共生活民主化这样的幻想所愚弄。

正如我们为帝国国会的改革而战一样,我们也为在加利西亚议会选举中实施普选权而斗争。1905年10月,我们在整个加利西亚举行了公众集会,争取实现这个对我们至关重要的目的。议会所在地伦贝格的同志们领导了这个运动。为使工人做好参加决定性行动的准备,我们召开了86次秘密会议和13次公众集会。10月13日,议会开幕的那一天,我们在伦贝格举行了半天总罢工。罢工极为成功,从早晨至中午,没有一家店铺开门营业，没有一辆有轨电车开动，没有一辆可使用的车子。即使外省贵族出身的议员、伯爵和骑士也不得不步行，从火车站走到会议厅。2万人的密集队伍穿过街道，来到议会前面。陆军元帅，即议长，接见了18个城市的工人代表团。以达申斯基和鲁塞尼亚的尼古拉·汉凯维奇同志为发言人的代表团向议会递交了请愿书，要求进行选举改革。一个月以后，即1905年11月23日，在议会大厦外面发生了大规模的示威游行，游行队伍打出了红旗。公民迪阿曼德和公民胡德克代表波兰人，公民西蒙·维蒂克代表鲁塞尼亚社会民主党人发了言。与此同时，有人从议会长廊中散发出数千份传单，上面写着：**我们要求平等、直接和秘密的普选权**。有一位同志在公共讲台上发表了简短而慷慨激昂的演说。公民胡德克向伦贝格市议会表达了要求选举改革的愿望，他的建议被一致通过。

  从此，我们就没有停止过用书面和口头的宣传形式表明修改议会选举法的必要性。

  这一努力没有白费。在今年春季的短暂会议期间，我们向加利西亚议会提交了一系列扩大选举权的法案。内容最广泛的是**波兰人民党**的法案（我们党在议会中没有议员），它要求无例外地给予所有成年人平等、直接和秘密的普选权。议会将在秋季会议上作出决定。

  争取我们同样需要的市镇选举权的宣传成果不那么显著。这一立法的富豪寡头政治性质使我们在克拉科夫、伦贝格和戈尔利采这些城市中每个城市只有1名议员。

  不过，我们在争取市政府管理权方面不断获得进展。我们在伦贝格和克拉科夫劳资调解委员会中占有多数。

  我们的政治报刊由下列出版物构成：

  《前进报》，日报，克拉科夫；

  《呼声报》，日报，伦贝格；

《西里西亚劳动者》，周刊，切申；

《人权报》，周刊，农村宣传刊物，克拉科夫；

《人民之声》，用犹太方言出版的周刊，伦贝格；

妇女报纸《女工报》，作为《前进报》副刊每月出版1号；

《灯笼》丛书，每年出版9种或10种新的宣传小册子，平均发行量为8000册，每册售价6个赫勒。

另外，我们每年还发行大约7万本小册子和书籍，再加上6万张风景明信片和画像。我们非常注意发行趣味性强、装潢精美的出版物。

我们的工会运动与政治运动密切相连，发展得越来越好。区域不大，但人口稠密、工业很发达的东西里西亚自然名列前茅。1907年5月1日，加利西亚和东西里西亚有将近2.06万名工会会员，其中有1.04万矿工（大部分是西里西亚人）、4000名铁路工人、1000名冶金工人，还有印刷工人、伐木工人、建筑工人、裁缝等。从那时起，组织又获得了巨大而迅速的发展。在比亚瓦的织布工人和赫扎努夫区的矿工当中尤其如此。

我们的工会报刊包括6种杂志：矿工、铁路工人、印刷工人、冶金工人和裁缝的组织都有一种行业报纸，还有一种综合性通报《专业人员》月刊。

根据以上情况，必须看到，除了东西里西亚一些区和加利西亚西部边界的一些区以外，我们是在缺少工业的农业地区工作的。加利西亚的大多数劳动人民不是产业工人，而是农业工人，其中一部分人完全没有财产，大部分人拥有少量土地，但不足以养家糊口，因此，被迫给外国人打短工。正是在这些地区出现了数以千计被迫做短期移民的劳动者。每年春季，他们就离开家园，前往西方。他们当中的大部分人还要回来，但也有相当多的人购买几公顷土地后成为小自耕农。东加利西亚一些属于领主领地的大区被分割成小块而消失了。这些小块土地的购买者债台高筑，因为他们必须长年缴纳高利息地租。目前，加利西亚的农业经济正经历一场革命，因为相对先进的小农经营正代替半封建的、落后的大规模经营，小农经营又以一定的活力趋向于摆脱个人主义的单干制，而走上合作生产之路。但这一进步不经历痛苦和牺牲是不会实现的，其发展比较缓慢。如果不从法律方面进行干预，加快这一进程，那么，封建领地还将在西加利西亚存在50年，在东西里西亚存在一个世纪。在此期间，在加利西亚农业地区的居民，一方面还远不是典型的现代无产阶级，另一方面由于居民的贫困，这一地区不可能成为现代大工业产品的广阔市场。农业人口有限的购买力虽不是唯一的、却是加利西亚工业化发展非常缓慢（地处东北边远地区繁荣的赫扎努夫矿区除外）的主要原因之一。这也是目前我们的工会运动没有很大发展的原因之一。

在此期间，已经取得的进展造就了许多生活方式各异的人，有从事小本经营的半农民，有暂时流动的半工人；他们时而是加利西亚的农业种植者，时而是西里西亚或宾夕法尼亚的矿工，或者是芝加哥的罐头包装工人。由这样一些人构成的农业人口已不像昔日与世隔绝的农民那样难以接受社会主义思想的影响。这就是我们在加利西亚西部和克拉科夫东部农村进行宣传之所以取得成功的原因。

自阿姆斯特丹代表大会以来，我们一如既往在犹太无产者当中进行宣传。其实，犹太人在加利西亚和东西里西亚大工业无产阶级中只占很小一部分。但他们在加利西亚，特别是东西里西亚的城市和市镇中的人数却很多。他们一般都是贫穷的手工业者、家庭佣人和商业雇员。在伦贝格成立的犹太人中央委员会（各个城市的地方委员会从属于该中央委员会）领导在工人中间的宣传，并且认真考虑这些无产者所固有的文化特点和语言。我们在这方面尽了我们的责任。若干年轻的犹太同志脱离我们的队伍，并成立了"加利西亚犹太人社会民主党"，这只能归咎于他们缺乏经验和政治上不成熟。教训将告诉他们，他们走上了歧途，他们的组织将很快消失。

代表旅奥波兰社会民主党

H. 迪阿曼德

罗马尼亚社会主义政治组织和工会组织的报告

一

自罗马尼亚在伦敦代表大会上最后一次在各国社会党人中露面以来，罗马尼亚的工人运动和社会主义运动销声匿迹了。原因是多方面的，但主要原因是国家的落后的经济状况。

事实上，在过去的罗马尼亚社会主义运动中，知识分子占据主导地位，他们是教授、小学教师、学生、律师等。但那是空想理论家的运动，他们接受社会主义原则和阶级斗争的不可调和性和必要性，但是他们没有在劳资冲突中经受过考验。

由于罗马尼亚社会主义是从国外引进的，这就使它变得更为不稳固。罗马尼亚社会主义之所以产生，是由于受到某些俄国逃亡者的个人影响。他们的杰出的个人品质所产生的吸引力，尤其是俄国社会主义在道义上的一致以及思想和行动的和谐所具有的魅力，给罗马尼亚社会主义思想的发展带来巨大的、但相对来讲也是人为的推动。只有当无产阶级意识到社会主义斗争的必要性从而奋起之日，社会主义思想的存在才有保证。这一天只有随着时间的推移才能到来。在此之前，罗马尼亚的社会主义充其量不过是一种**文学思潮**。但是，由于社会主义无时不受到激励要干预生活，它被迫孤军奋战，进行一场社会主义运动。在这样的条件下，运动不能持久。知识分子对于这样一种收不到效果，反而要求他们耐心等待并作出默默牺牲的运动,很快便感到厌倦了。他们大批地脱离社会党而转入自由党,在那里,等待他们的是可靠的政治生涯和议会生涯。

在今天执政的自由党内,许多显赫的人物在七八年以前还是社会主义运动的积极分子,是社会党执行委员会委员。例如,现任公共工程大臣 V. 莫尔聪先生,议员、政府半官方刊物《民族意志》主编纳杰日杰先生便是这种情况。纳杰日杰先生曾经领导社会党中央机关报《新世界》达三年之久。在自由党内阁 3 月份执政后任命的自由党省长中,一半以上的人都曾经是社会党党员。不久之后,他们中的某些人辞去职务而去竞选议员,另一些人继续在政府中担任要职。其中有阿塔纳休先生,他曾是国际社会党人伦敦代表大会的代表。就在几天以前,他由于采取了一些专横措施造成了加拉茨的总罢工。

1899—1900 年,社会党内出现了危机。具体讲是,自由党人在这一时期采取了针对社会主义运动的极为卑鄙的行为。请看当时的情况。社会主义知识分子认识到,城市中的无产阶级人数不多,不足以建立一个巩固的社会党,因此他们转移到乡村,并在那里进行了一场争取农民权利的民主鼓动。人们成立了一些社会主义俱乐部。这样一场很温和的运动(要求参加俱乐部的农民必须服过兵役并有合法的婚姻)获得了很大成功。沃尔恰和泰莱奥尔曼两个县在短短的时间内到处都成立了农民俱乐部。但是从罗马尼亚农民所处的恶劣条件来看,他们所受到的剥削和压迫比俄国农民更深重,因此在他们当中进行的鼓动即使再合法,再温和,也还是具有真正革命行动的性质,具有旨在限制大私有者至高无上权利的政变的性质。保守党发出了警报。由大私有者、大庄园主和罗马尼亚整个金融界、商业界和工业界组成的自由党起而响应这个号召。对农民和社会党人的迫害开始了。然而,社会党人的行动毫无疑问是合法的和温和的。找不出任何一条站得住的对他们进行迫害的理由。

但自由党政府，特别是内政大臣佩雷基德先生（目前他是众议院议长），以"欺诈罪"对某些社会党鼓动员提出起诉。由自由党人组成的法庭，利用伪证，终于对邦盖雷亚努和菲克西内斯库这样的好同志和一些农民处以加辱刑。从来还没有哪一个统治阶级这样卑鄙！毫无证据、仅仅出于阶级报复心理，自由党人便将两位正直勇敢的公民判为不道德者。从这一卑鄙的事实中，人们便可以看出罗马尼亚资产阶级的精神错乱。支配着国家的富豪寡头政治制度已经彻底败坏了社会风气，其证据是，正当自由党对邦盖雷亚努和菲克西内斯库采取这种卑鄙的行动时，社会党知识分子却得出了加入自由党的结论。

曾追随原社会党的人数不多的工人队伍一分为二，大部分人转向民族主义和官方的反犹主义，并从政府那里得到了针对外籍工人的限制性法律；另外一小部分中坚力量仍忠于旗帜，数年来默默地、但不妥协地保持了社会主义传统。

1900年初，罗马尼亚政府可以骄傲的是，它利用腐蚀和迫害使罗马尼亚社会主义陷入了一片沉寂之中。从那时起，七年过去了，还是自由党政权，还是原班人马，包括前社会党人，继续执政。它过去和现在都在对工人社会主义运动采取专断措施，但却是枉费心机。这些针对我们的垂死反扑以可耻的失败而告终。政府本身通过它的代理机构宣布这里或那里举行了罢工，从而把罗马尼亚现代工人运动的活力传播到世界各个角落。

有两个主要因素促进了罗马尼亚社会主义运动的复苏，一个是**经济**因素，一个是**政治**因素。

20年前，即第一次社会主义运动兴起之初，罗马尼亚的大工业几乎是空白。在目前这场工人运动兴起之初，罗马尼亚大工业年产值达3亿法郎，拥有近5万名工人。某些工业集中的大城市已初具某种西方城市的特征。不过，大工业无产阶级参与社会主义运动尚不普遍，只有将近 1/10 的无产者组织起来。总的来讲，新的工人运动产生于中小型产业。

另一个因素在更大程度上促进了我们运动的发展，这就是**强制性行会的成立**。政府为了从表面上满足工人的要求并希望工人放弃对社会主义的宣传，决定建立工人和雇主混合行会。这种行会对于中小产业的所有工人都是强制性的。这里的中型产业主要是指雇用 30 个人的工场，后来又把工人人数增至 50 人。法律给予罗马尼亚手工业者和小业主一些优惠，这些人享受到的政治权利是罗马尼亚犹太人享受不到的。① 行会变成了小业主进行压迫和剥削的工具。为了能够工作或找人工作，甚至要具备由专门委员会颁发的特许卡和特许证。该委员会由无知和唯利是图的雇主组成。工人必须缴纳一种新税，即向行会缴纳会费。会费只是用来供养新的官僚寄生虫，这些官僚是小业主或工人中的败类。在一些城市，这些无用的官员达**数百人**。行会最终替资产阶级政党效劳。尽管有 15 万—20 万工人和小手工业者参加了行会，但只有一小部分人有选举权——这里实行的仍是纳税选举制，政府在行会中最容易找到其支持者。最后，政府在行会中安插了它的选举掮客。工人们看清了行会**既是雇主组织又是政府组织**这一双重特性，并开始抵制。去年商业部的一份通报证实，80% 的行会工人不再缴纳会费。

就是在这一基础之上开始了工联主义的宣传运动。因此，罗马尼亚工会从它成立之日起便具有鲜明的阶级特征。工会的成立体现了对雇主与工人"共处"的强烈抗议，但成立工会的更重要的原因是建立自治组织的必要性，无产阶级在举行罢工时可以依靠这些自治组织。行会没有预见到工会的出现。工会与行会之间的斗争非常激烈。工人的口号是："不给行会一个人，不给行会一文钱。"只是当整个司法机器都开

---

① 不要忘记在罗马尼亚有 35 万犹太人，都是纯粹的罗马尼亚国民，但丝毫享受不到法律保护，他们只要表现出一点点政治独立的意图，就将被驱逐。

动起来，要进行扣押时工人们才缴纳会费。这一殊死搏斗一直持续到农民起义爆发。报纸、小册子、宣传画和集会统统被利用上了。在1月份的第一个星期日，在议会复会后，罗马尼亚首都目睹了一场声势浩大的工人示威运动。1万名工人穿过布加勒斯特的主要街道，走在队伍前面的是外省的代表。**工会总委员会**的一份备忘录被交给了议长和商业大臣。这个备忘录提出了无产阶级的一切要求：普选权、工会自由、劳动保护立法。这一有步骤的斗争激怒了行会中的"流氓"，这些丧尽天良的家伙于2月份在康斯坦察组织了一场谋杀。当公民拉科夫斯基正在当地一家剧院的大厅就工会和行会问题进行演讲的时候，当地行会的黑帮手持手枪和木棍冲向演讲人。听到枪声后，惊恐的听众逃离了大厅。"流氓"们在警察的合谋下对演讲人大施淫威，他被送进了医院。这一攻击甚至在舆论界也激起了极大的愤慨。在第二个星期日，在罗马尼亚所有的大城市，包括康斯坦察在内，都举行了大规模抗议集会。行会因此而垮台。我们可以这样说，如果不是3月份爆发了农民起义，不是这一意想不到的情况使行会得以苟延残喘几日的话，行会早就消亡了。这次起义导致一个至今鲜为人知的政治反动派的出现，并且使行会恢复了一点声望。刚刚在加拉茨举行的第二届工人代表大会决定在今年秋季再次开展反对行会的运动。

二

经验告诉我们，任何社会主义运动如果没有牢固的工人组织作为基础，人员就易于流动。但是，另一方面，我们从一开始就注意避免使我们的工会运动沾染上狭隘的行会习气。**我们的工会是根据社会主义思想而成立的。**在工会章程中，我们规定工会斗争的指导原则是：**阶级斗争，国际主义**以及作为最终目的的**消灭一切人剥削人的现象。**

除了真正的工会以外，我们还成立了一些社会主义俱乐部，它们一般被称做"**工人罗马尼亚**"。在它们的章程中，除了工会的指导原则以外，还有：**政治斗争**（包括议会斗争）。因此，工会和这些俱乐部都是社会主义组织。但是，工会更主要的是经济组织，而俱乐部则更主要是政治组织。在很多场合，这两种不同类型的组织采取了一些共同行动。因为工会不可能回避与之直接有关的政治行动，因此，为争取劳动立法而开展的整个斗争都是由工会联合社会主义政治俱乐部进行的。在目前的这场危机中，工会同样采取了政治行动，因为它们在加拉茨被迫宣布实行总罢工，以维护结社和集会自由。我们不在此阐述罗马尼亚工会的全部活动。工会的活动在提交给社会党国际局的报告中已经作了阐述。在该报告中，有关于布加勒斯特的木工、鞋匠、烟草和火柴厂男女工人，邮递员和加拉茨码头工人举行大罢工的详细情况。1906 年是罢工的一年：布加勒斯特 56 次，加拉茨在 10 个月内有 13 次大罢工，还不包括布勒伊拉、雅西、坎皮纳、普洛耶什蒂等城市的罢工（这些城市都是工业或商业中心），以及在中小型产业中发生的罢工。大多数罢工获得了胜利，有的是因为雇主受到突然的打击，有的是因为繁荣时期使雇主作出让步。运动的中央机关报是《工人罗马尼亚》，这是三年前创办的。在农民起义爆发的前夕，它的发行量曾达到 4500 份。在持续一个月的起义期间，它不断被查封，使发行量暂时下降到 3500 份。布勒伊拉的同志们出版了另外一种周刊《解放》，从而将布勒伊拉、加拉茨等邻近城市和港口康斯坦察的地方运动连在一起。但是由于政府的迫害，它不得不停止发行。

我们的社会主义著作只有二十几种小册子，其中多数是国际主要理论家的译著。为了填补空白，我们成立了**社会主义出版俱乐部**，但是在这件事情上还是那样，各种起义使我们不能将出版活动扩大到所期望的规模。不过，我们的第一期月刊《社会未来》已经付印，该月刊是面向工人中的先进分子的社会主义读物。在社会主义出版俱乐部所发行的小册子中,有一种小册子值得特别关注,这就是《周年纪念宣言》,又名《40年之苦难、奴役和屈辱》,它在国王在位周年纪念日之际出版。该书为大开本,64页,作者在书中以事实和数据真实地展现了现代罗马尼亚的画面。该宣言获得了极大的成功,再版2次,售出3000册。曾轰动一时的以亵渎君主罪而进行的司法起诉最后也以失败告终,由此进一步扩大了该宣言的影响。这也说明,现政府曾企图把我们列为造反"煽动者",因为我们曾揭露了罗马尼亚令人难以置信的贫困和极端愚昧无知的状况。

三

直到目前为止,罗马尼亚一直徒有先进文明国家之虚名,它实际上是巴尔干国家中最不幸、最落后的国家。我国农民的物质条件比俄国农民更糟。在7968296公顷可耕地上,拥有100公顷以上耕地的土地所有者共占有土地3787192公顷,占全部耕地面积的47.53%。这些土地被4171人占有,即人均900公顷。而1052302个农民家庭只占有3319695公顷土地,即每个家庭3.2公顷。这里还不包括那些占有土地不足半公顷或根本无地的农民。占地10—100公顷的中等土地所有者拥有861409公顷土地,即占10.81%。而更具特征的是**农业劳动制度**。大庄园不是通过**雇用工人的自由劳动**来开发经营,而是实行一种保存了中世纪农奴制的一切特征的典型的罗马尼亚制度。农民向土地占有者或大庄园主租种土地。在瓦拉几亚,实行**实物地租和劳动地租**。农民首先向土地所有者提供产品总量的一部分,一般是1/3或1/2,同时,再根据农业契约提供一定量的劳动。因此,如果一个农民租种10公顷土地,他不仅要交什一税,而且还要另外为土地所有者耕种10公顷土地,并向他提供一部分产品,其中包括母鸡和鸡蛋。有些地主甚至使用量具来测量农民所交鸡蛋的大小,个头不够大的鸡蛋拒收。在摩尔达瓦,地租以货币计算,但农民向来用劳动支付。

这种制度带来的后果是农民被迫首先在农场主或土地所有者的土地上劳动,而他自己的农活总是要晚一点再干。所以农民土地的生产率要低100%(农民土地每公顷产900—1000公升,而地主的土地产量在1600—1800公升之间),尽管是同样的劳动者,使用的是同样的方法。罗马尼亚农民因此而双倍地附属于他们的主人,对于主人而言,他们既是**佃农**,又是**劳动者**。因此在罗马尼亚乡村中仍存在旧时代的风俗就不足为奇了。土地所有者是许多家庭的名誉家长,人们对他们那种沙俄时代特权贵族式的可耻行为已习以为常,农民既不享有人身权利,不享有自由,也不享有政治权利。根据罗马尼亚法律,农民属于第三选民团,他们只能集体选举议会173名议员中的38名议员。但是,他们是被别人像牲口一样带到投票站去的。这种制度延缓了国家的总体发展。罗马尼亚只是以其国债多而闻名,每年偿付的本息债款占整个预算支出的38.5%。在这方面,它名列前茅。罗马尼亚的税制也和其他制度一样,是反民主的。土地税的基础不是累进课税,而是累退课税。与超过10公顷的土地相比,不足10公顷的土地,每公顷要多付50%—100%的税。

为了衡量农村中的贫困状况,只要看一看很高的儿童死亡率就明白了。46%的新生儿,即将近一半的新生儿在7岁以前夭折!在1008954所农民住宅中,仅有74655所是用石块或砖块建成的,296220所是用木头建成的,583307所是用泥土建成的。目前,在罗马尼亚仍有30万人居住在茅屋中,这其实是一些在地下挖的洞穴。

由于缺少牧场,罗马尼亚不饲养奶牛,农民也没吃过肉。一个五六口之家,食物开支每天不超过50—60生丁。主要食物是玉米面,可怕的疾病"蜀黍红斑"就是这种食物引起的，目前有 30 万农民得了这种病。农民的智力教育和道德教育与其政治地位和社会地位处于同等水平。1902 年，在 2832558 名学龄儿童中只有 706508 人入学，而其余的 2126030 人都是文盲。文盲人数占总人口的 83%。如果考虑到城市中有文化的人比农村多得多的话，可以说只有 6%—8% 的农民能够识几个字。在 2.6 亿预算支出中，农村初级教育经费每年只有 600 万。而年俸和王室领地（自由党人赠送给国王的 12 个大庄园）每年给王室带来的收入高达 1000 万—1200 万法郎。

  农民智力和道德方面的落后状况在最富裕的省份尤为突出，例如泰莱奥尔曼、弗拉斯卡、多尔日、奥尔特。这些地区的大土地占有者所拥有的土地占全部可耕地的 75%—80%，这些地方的文盲人数占 88%。违法犯罪行为也大大高于其他省份的平均水平。正是在这些省份，农民起义所波及的范围最广。农民中流传的民歌民谣体现出对富翁的憎恨。在这些地区起义像饥馑一样连绵不断，就不足为奇了。不过，3 月份的那次起义比以往的起义更进了一步，因为一开始，起义就把矛头对准了摩尔达瓦犹太人农场主，从而得到了民族主义者、反犹太主义者，甚至自由党人的同情。自由党人的报刊通过有系统地反犹太人宣传，以俄罗斯方式造成了一种有利于"蹂躏犹太人的暴行"的气氛。从摩尔达瓦北部燃起的火焰立即传到了南部，继而扩展到整个摩尔达瓦，然后又传到瓦拉几亚，几天以后燃遍了整个罗马尼亚。作为强大政党被指定组织政府的自由党人摇身一变，从煽动者变成了镇压者。军队出于报复心理屠杀无辜。他们以惩戒起义为名，炮击并荡平整个村庄，屠杀另外一些村庄的村民，以阻止他们参加起义。被屠杀者估计达 9000 人。重罪法庭已经审理了一些重大案件，参加起义的农民一般都被无罪释放。这些运动使政府得以有机会大打出手，对我们进行镇压。目前，迫害仍在进行，但我们可以这样说，政府的企图已经彻底失败。

四

从一开始起义我们就曾预言,由于没有一致的行动,没有准备,没有和城市、和军队的团结,这场运动将会像扎克雷起义①一样归于失败,随之而来的将是屠杀和政治上的反动。因此,布加勒斯特中心组织**工人罗马尼亚**发表宣言,建议农民不要对人身和财产使用暴力,并在一定限度内进行**合法斗争**。同时,我们也明确指出了统治阶级的责任,并要求实行彻底的土地改革和实施普选权。在当今的罗马尼亚,取消大地主阶级的庄园,把它们分割成小块土地,是生死攸关的问题。

在致士兵的另一份呼吁书中,《**工人罗马尼亚**》编辑部提醒士兵们不要做杀害自己父兄的刽子手,而应该保持冷静的情绪,朝天放空枪。为了使我们的行动更有声势,我们从星期日即3月11(24)日开始,在主要城市召集大规模的群众集会。布加勒斯特的集会聚集了数千名工人和大批军人。在布勒伊拉,警察当局曾命令一小股士兵用枪托砸坏门窗,冲进会议大厅。所有这些集会都通过了同样的与宣言相一致的决议。就在这一天,保守党政府垮台。自由党人步保守党人的后尘,继续开枪射击,并开始了大规模的野蛮屠杀。屠杀成为现在这个卑鄙政府的永久耻辱。

尽管罗马尼亚宪法明文规定,禁止先行查封,我们的报纸仍被查封了一个半月。所有组织的积极分子都被充军,其中有一些人在兵营中被捕。布加勒斯特工会的110名铁路工人,其中包括已经**退役**或**免服兵役**的工人,被关入兵营。他们在兵营中被关了12天,不准与外界联系。

---

① 扎克雷起义是1358年法国的一次反封建农民起义,是中世纪西欧各国较大的农民起义之一。——编者注

要不是他们的妻子在陆军部大院内游行，迫使陆军部放人的话，他们可能还会被关押更长时间。在吉尔根、普洛耶什蒂和其他城市，《**工人罗马尼亚**》的经销人和记者受到搜查并遭逮捕。警察毒打了康斯坦察工会联合会书记恩奇亚·阿塔纳索夫同志。福克沙尼铁路工人工会的6名会员受到令人发指的虐待。过了一段时间，当下面的署名人之一——工会总委员会书记——被捕并被押解到福克沙尼和他们一起出庭时，庭长看到被告们流血的伤口后，蒙上眼睛离开了座位。福克沙尼发生的严刑拷打是由杜弗斯库检察官下令，由国王陛下的军队的一名中尉执行的。

每一次国内骚乱发生以后，罗马尼亚政府总是驱逐大批犹太人。大家知道，犹太人尽管是罗马尼亚公民，缴纳税金，还服兵役，但不享有任何权利。警察可以在任何场合、以任何借口将这些不幸的人赶出国境。起义以后，政府将诗人巴布·拉扎雷亚努和美国公民、商人门德尔松驱逐出境。这两人根本没有参加什么运动，他们只不过提出美国应当参加向起义遇难者不分种族和宗教信仰分发救济品的救济委员会。政府还驱逐了我们的劳普·格律恩贝格同志，他是布勒伊拉的商业职员和工会书记。政府还驱逐了出生于特兰西瓦尼亚的罗马尼亚人和外国人。为了达到这一目的，政府践踏国际公约和自己本国的宪法。我们知道，多布罗加曾是土耳其的一个省，该省在签署柏林条约以后转归于罗马尼亚统治。通过合并，该省居民全部成为罗马尼亚公民。然而，罗马尼亚政府下令将恩奇亚·阿塔纳索夫同志驱逐出境，他是在1875年，即在土耳其统治时期出生在多布罗加省的。政府目前已在策划把公民拉科夫斯基驱逐出境，尽管他出生在现在的保加利亚，但由于他是多布罗加省的居民，因此他就成为罗马尼亚公民了。作为罗马尼亚公民，他父亲数次当选为市镇参议员，而他本人，即下面的署名人也被选为总参事，他还是罗马尼亚军队预备役医生。

这还没完。

布加勒斯特的奥普兰同志仍被关在狱中，他被指控为起义的煽动者，因为在他身上找到了罗马尼亚诗人的著名诗句："**我们要土地！**"我们在普洛耶什蒂的斯特凡·乔治乌同志被关押在这一城市的一座军队监狱中达两个月之久，罪名是侮辱了一位消防队军官。但是最最野蛮的行为是政府在加拉茨罢工期间干出来的。当时有4000名大产业工人参加了罢工。为了教训加拉茨的所谓"滥用"罢工权利的工人，叛徒阿塔纳休在得到工业雇主联合会的同意后，决定下毒手。一天清晨6点钟，三名检察官和一名法官、几名警察局长、数百名宪兵和两个连轻装兵突然冲进加拉茨工会的三个工作处，撬开保险柜和壁橱，抢走现金与账簿、书籍、印章、旗帜。他们自欺欺人的借口是工会"账目不清"。针对这一挑衅行动，工会宣布总罢工。第二天，阿塔纳休市长先生非法关闭了工会，取消了集会权，甚至禁止工人串联。同时，约60名工会积极分子被捕。幸而罢工获得了胜利，当局被迫在各个方面作出让步：重新开放工会，释放被捕者，答应归还账簿和抢走的全部东西。工业家联合会先前曾决定抵制所有加入工会的工人，现在也不得不抛开它的威胁，接受所有罢工者。尽管政府已许下诺言，但为了报复，还是开始了驱逐。正当我们举行代表大会期间，每天都有2—5个外国工人被驱逐。他们几乎都出生于匈牙利，但是都在当地结了婚。而奥匈帝国的全体领事们都拒绝保护他们的同胞，这些人由于和罗马尼亚同志并肩战斗而受到不公正的迫害。

至此，我们仅列举了罗马尼亚政府的一部分专断措施。至于工人或职员因为是工会会员而被解雇，首都警察无理取闹，禁止布加勒斯特的所有房东向我们出租房屋，我们的记者遭到一连串粗暴无礼的行为和偷盗，这些事就不一一列举了。目前罗马尼亚的制度实际上是一种**野蛮的制度**。

不管怎样，我们的运动得到了迅速发展。去年举行第一次代表大会时，代表们所代表的工人人数，即工会和俱乐部的会员人数仅为4500名。而今年这一数字达到近1.2万人。但由于警察的迫害，只有8000人选派了他们的代表，并送来了报告。今年仅加拉茨一个城市，工会工人的人数在大产业中就有3500人，在中小型产业中有1000人。

在今年代表大会的决议中，我们只谈一谈关于**运动策略**的决议（关于**犹太人问题**的决议是我们代表团将在斯图加特代表大会上阐述的主题）。我们谴责一切个人主义的策略，也就是说，我们谴责工人**群众**不能采取的一切方法，如像鼓动士兵开小差，并把这看做是反对军国主义的一种斗争方法的做法。我们成立了一个11人委员会，负责为工会和我们的政治组织制定各自的章程的最后定本，准确规定这两个运动之间的关系。

最后一个可以说明目前制度的事实是，邮政总局以"损害国家安全"为由拒绝发送我们拍给**社会党国际局**的一份电报，电文是这样的：

"罗马尼亚第二届社会主义工会代表大会谨通过社会党国际局向世界无产阶级致以兄弟般的敬礼。"

然而，官方电报局却不得不给我们送来一份从国外，即从保加利亚的鲁丘克发来的电报，电文如下：

"打倒罗马尼亚的俄国专制制度。"

我们认为可以把这句严厉和公正的话作为本报告的结束语。

罗马尼亚工会总委员会书记
A. 康斯坦丁尼斯库
《工人罗马尼亚》俱乐部中央委员会委员
克·拉柯夫斯基博士

1907年7月底

芬兰社会民主党的活动

1904年发表的书记处的报告叙述了直至1902年底芬兰工人运动的活动。从那以后，我们的宣传工作是在极其困难的条件下开展的。

在1903年举行的代表大会上，党取名为**芬兰社会民主党**，并提出了新的纲领。纲领的一部分章节阐述了基本原则，这一部分是根据国际代表大会的决议撰写的；还有一部分专门阐述一般性改革；第三部分关于市镇问题；第四部分关于劳动保护；第五部分关于土地改革。关于我们党的原则的阐述一开始就被警察当局查禁了。当时仍存在的预防性新闻检查的各种条例，有时也允许在合法报刊中出现"社会民主党"的名称，但在此之前的很长时间内曾禁止这样做。同样，发表关于社会民主改革的其他文件也很困难。例如，新闻检查官员就禁止在工人报刊上发表马克思、恩格斯和拉萨尔著作的节选。警察当局时时监视着无产阶级的集会，每当人们在集会上讨论政府的法令时，警察当局便加以制止。继这种压迫之后，许多同志被预审拘留或被监禁数周。人们甚至试图通过警察手段阻止在合法基础上成立的工会组织的活动。警察局甚至禁止一切未经允许的工会集会。

在M.波布里科夫政府猖狂压迫时期，我们党还很弱小。1903年初，交纳党费的党员人数只有8300人，但到了这年年底便达到13513人。鉴于党员人数少，党的活动完全集中在思想宣传上。党需要力量，于是尽可能保存并利用它的一切鼓动手段，尽管这些手段很有限。因此，党对政府的策略是谨慎的。日常活动主要限于纲领中规定的几点内容。大家可以放手进行一般性改革的宣传,而政治上的阶级斗争则仅仅针对一部分芬兰资产阶级。在向工人揭示当今社会的弊端方面,在对民主思想进行逻辑演绎方面,探索的范围还是相当宽阔的。

我们的阶级政治斗争的矛头,尤其指向芬兰具有中世纪特征的四个等级代表制(即议会)。议会中的第一等级,即骑士和贵族受到民众憎恨,他们被看做是旧的压迫的残余。第二等级主要维护教士的利益。第三等级代表地主利益。第四等级由城市中富裕居民选出的代表组成。近年来城市选民人数约占总人口的7.2%,但随着纳税额的增加,有产者才享有选举权,在某些城市,最富的有产者1人享有10票选举权。在其他一些地方,他们可以享有更多的选举权。但是,士兵、水手、短工、佣人和一般工人根本没有选举权。因此,实际上只有2%的城市居民可以按照自己的愿望选举。当选者往往只能代表100个选民。一个典型的例子是,在一个选区,竟然只有17个选民。

我们党对这一前所未闻的不公正现象进行了坚决的揭露,每年都以更多的精力投入这场斗争。宣传活动分书面和口头两种形式。党经常组织大规模集会,在凡是有社会党人的地方于同一天召开这种集会。党在每年的5月1日都组织活动。如果天气太坏,则在室内举行集会。如果春意盎然,则在露天举行游行。集会的议程一般由指导委员会规定。议题有国际工人运动、八小时工作日、选举权以及酗酒。不过,进入6月的第一个星期日总是举行全国性的总游行。党员和对党持同情态度的广大民众举着旗帜,奏起乐曲,列队前进,聚集在城市、广场、街道、农村和边远乡镇。庄严的游行队伍缓缓通过各城市的主要街道,经过教会、官邸和农村大庄园,走向预定的红旗飘扬的会场。在会场上,人们即席发言,引吭高歌,尽情享受这美好的时节。每当在政治舞台上出现重要迹象时,通常就在最大的中心城市举行游行。党经常用这种宣传手段以吸引那些对政治运动尚未觉醒的人民的注意力。同时,也是为了抗议统治阶级滥用暴力。我们甚至在赫尔辛基（赫尔辛福斯）警察局门前抗议过芬俄警察当局的专断行径。我们党的示威策略对于选举运动起到了很好的效果，因为反对四个等级制的人数以较快速度增长。

我们党对待这种代表制度的态度引起了激烈的辩论。议会中多数资产阶级议员都维护芬兰资产阶级的权利，使之免受波布里科夫政府的侵害。这些权利也可以被无产阶级利用，因此，我们有一部分同志认为，社会民主党应该与资产阶级反对派一起反对政府，参加议会选举。这样，资产阶级分子就可以使社会党人进入所谓立法会议。我们党的另一派人则认为，人民群众中的各个阶层不会对"四个等级代表制"感兴趣，因此，议会无力同中央政府进行斗争。由于这一原因，我们的这一派朋友不重视这一策略。他们主张，首先应该在芬兰建立人民民主代表制，然后才可以实行议会反对派策略，为此，需要得到民众中多数的支持。1904年，在赫尔辛福斯非常代表大会上，这一分歧引起了激烈的辩论。代表大会决定，我国的社会民主党应当在各地采取一种与代表大会的决定相一致的共同策略。社会民主党只有在拥有发言权的资产阶级政党在选举前保证拥护普选权、取消四个等级中的两个等级的情况下才参加选举。这一决议实际上是针对整个资产阶级的，因为人们已经预先知道，这样的资产阶级政党在芬兰是不存在的，而事实也的确如此。资产阶级并不愿意按照我们的要求为民主作出牺牲。在代表大会决议的指引下，我们有机会使人民认识到，资产阶级没有民主思想。代表大会通过决议之后，党不能随意参加选举，因此，它抵制投票。抵制行动成功了，结果可以说既没有社会党的选民，也没有社会党的当选者。只有极少数人决定参加选举，并有个别党员成为候选人，他们是由资产阶级政党选出的。尽管如此，我们的弃权策略仍然启发了群众。一些人因而理解了议会选举的阶级性质，同时，为民主思想而斗争的社会党人在1904年初又有增长。交纳党费的党员人数增至16610人，其中妇女

3895人，有几千名新同志补充到原来的队伍中。

整个1905年是进行激烈选举斗争的时期。无产阶级表现出了赤胆忠心，即使在芬兰的严寒地区，我们的同志仍然在一些市镇举行了规模很大的游行。政府向议会提出了某些尚不能令人满意的、旨在使两个等级民主化的提案。但议会对这些提案既不愿意采纳，又没有勇气否决。资产阶级甚至试图隐瞒表决日期。到4月份，表决日期似乎临近。外省的社会民主党工人打算在决定性的这一天前往赫尔辛福斯，"以争取选举权"。在一些地方，人们及时得到了这一消息；但是在另一些地方，消息则到得很迟。只有一小部分人来到赫尔辛福斯。首都的工人阶级停止工作。大约3万名示威者聚集在议会前的街道上。非贵族的三个等级正在议会里就选举方案展开讨论。工人们在1904年4月14日耐心地等待了6个小时，直至夜幕降临。两个等级在许多问题上作了让步，另外两个等级决定推迟对整个问题的表决。望眼欲穿的改革因此流产。等待着的劳动者群情激昂，这种情绪又感染了芬兰整个工人阶级。4月14日被称为"耻辱日"。

在议会就选举改革进行表决以前，赫尔辛福斯的社会民主党人早已提出过警告，并告诉各个等级，如果议会不实行合法的民主化，他们将采取一种新策略。他们要求人民自己用普遍的和平均主义的选举方法选出自己的代表。当选者将组成全国制宪会议，以便为芬兰制定一部新宪章。新的人民议会应当根据普遍、直接和平等的选举权的原则，在一个单一的议院的基础上产生。这一新的方针受到了各界的热烈欢迎，它的拥护者日益增多。如果俄国形势允许的话，人们期望尽早实现这一计划。俄国的自由派运动可能在芬兰引起反响，并给社会民主党提供行动的机遇。波罗的海沿岸各省和其他地方的罢工在芬兰产生了巨大影响。经过多年斗争锻炼但尚未恢复元气的无产阶级希望得到一些积极的东西。罢工已不可避免，并于10月30日在赫尔辛福斯爆发。与此同时或稍后一点，在全国所有人口稠密的地区都爆发了罢工。甚至一部分资产阶级也支持这一运动，当然，他们是犹豫不决和居心叵测的。社会民主党领导各地的运动。我们的组织和工会中守纪律的工人在鼓动中发挥了巨大作用。罢工期间，在赫尔辛福斯组成了一个真正的罢工政府，实行分片管理。设有铁道部、商业部和工业部，甚至还有一个警察部，它就设在M.波比里科夫原来的警察局内。警察在罢工期间被取缔。每一个部门井然有序。罢工委员会提出了一些专门的要求，这些要求是：人身不可侵犯，言论、出版、集会、结社完全自由，开除M.波比里科夫时期的官员和参议院的官员，实行议会改革。社会民主党强烈要求召开全国制宪会议。资产阶级政党的成员信誓旦旦地许诺：国家将使工人获得工人所要求的一切自由，他们还答应给予普选权。但是，在关于召开制宪会议问题上存在意见分歧。资产阶级的一个派别主张议会召开会议，就解散议会和把它的权力转交给制宪会议的决议进行表决。但是罢工期间资产阶级最强的一派则要求议会按照原来的条例再召开一次会议，就关于新的议会代表制和解散议会的立法问题进行表决。各党派就这些提案争执不下。街头上的战斗大有一触即发之势。但是我们党在任何借口下都不愿意为俄国政府以"调解人"的身份介入我国事务提供机会。9月6日，罢工庄严结束。9月4日，著名的帝国宣言在罢工期间发布了。这个文件包括许多诺言。它对芬兰工人提出的一切要求都作了让步。预防性书报检查被取消。在这一新纪元的开始之际，出版享有无限自由。前参议院（政府）被判定已消亡。"强有力的政府"不复存在。但社会民主党根本不相信这春天般的繁荣景象。它为斗争组织起来了，以便随时投入新的罢工。

代表大会在坦佩雷召开。它作出决定，在新的形势下**抵制**四个等级的代表。任何社会民主党人都不得参加选举，任何社会民主党人也不得当选。在必要的情况下宣布罢工。代表大会后，党的领导机构成立了旨在筹备罢工的组织工作的中央委员会。在凡是有社会党人的地区都成立了地方委员会。罢工期间组建的**红色卫队**保存下来,并得到加强。它在城市和农村设有很多支部,成员都进行军事训练,但是没有武器。首都的资产阶级对红色卫队的训练感到恐惧,尽管社会民主党只是想让卫队在罢工期间维持秩序而已。卫队的行动和罢工的准备工作非常有用。有产阶级不得不考虑,为了安抚民众必须作出让步。我们党的前书记J. K. 卡里被要求参加政府。政府成立了一个代表委员会,其中有3名社会民主党人。委员会制订了关于新的选举立法的提案。议会在12月份召开了会议。民众中一直笼罩着极不信任的气氛。社会民主党人成功地利用这一复杂局面增强自身的力量。1905年底,我们党的党员已达45298人,其中包括9577名妇女,还有数千人对社会民主党抱有同情心。党召开了一次代表大会以讨论罢工的准备工作,并就行动方法作出决定。代表大会在赫尔辛基举行,代表党员20万人①以上。在一个拥有280万居民的国家,这是一种非常壮观的现象。在1906年的头几天中,代表大会决定宣布准备进行罢工,并制定了非常周密的罢工规则。资产阶级震惊了。人们看到,当资产阶级在他们报纸上的评论文章中看到社会民主党党员人数日益增多时,他们胆战心惊了。

人们明白了,从这时起,应该走上向民主要求作出让步的道路。等级制的维护者抛弃了他们的党。鼓吹两院制的活动家犹豫不决。反对普选权的势力不战自溃。最后,议会代表制委员会的提案出台了。

这些提案尽管仍有不足之处,但却体现了相对民主的原则。

提案在作了有利于有产阶级的某些修改后被政府接受并提交给议会。社会民主党于是在议会大厦前组织了一次新的规模巨大的示威游行。议会匆忙地、几乎原封不动地接受了参议院和政府的提案。表决于

---

① 原文如此,但从前后文来看,数字可能有误。——译者注

5月29日举行。7月20日，议会的表决在圣彼得堡被批准。1906年10月1日新法律开始生效。

根据新法律，投票权不是完全的和普遍的。一些非有产者阶层还是没有投票权。但选举人的数量却相当惊人。目前选民名单上的选举人已达1399421人。全国分为16个选区。议员人数为200个。在这16个选区中，有15个选区的199名议员是按照比例代表制选举出来的。

1906年10月，芬兰社会民主党第四次代表大会在南方城市奥卢举行，代表了462个党小组和7万名党员。代表大会通过了新的组织章程。根据这一章程，政治小组应该与选区相对应。会议制订了第一个选举计划，其中包括一些重大的改革：扩大新议会的权利；市镇选举权；工人劳动保护；保险立法；重新修订税制；改造学校以及采纳多项农业改革。在代表大会上人们还讨论了与资产阶级政党的关系问题。由于比例代表制可以使工人阶级进行不妥协的斗争，因此代表大会决定不缔结联盟。

由于我们的J.K.卡里同志已奉沙皇尼古拉二世之召加入政府，因此党还必须处理进入政府的问题。代表大会决定，党员在没有征得党的同意的条件下加入资产阶级政府，就意味着脱离社会民主党。这个一般性决定主要是针对卡里事件的，因为卡里同意加入一个不向议会负责的政府，于是他被开除了。代表大会也不允许社会党人与资产阶级报刊合作，或成为这类刊物的编辑。从俄国事件的观点来看，代表大会认为芬兰的自治没有保证，有规律的、正常的立法进展没有任何保证。因此，党有责任声明我国与俄国的解放运动休戚相关。但是，党也考虑在各种特殊情况下采取各种行动方法争取民主在芬兰彻底获得胜利的可能性。俄国当局发现，在斯韦亚堡卫戍部队的造反军人中有几名红色卫队队员。政府便利用这一事实作为借口下令全部解散这个团体的一切支部。这一决定被看做是对结社权的极大侵犯，但是代表大会仍然宣布解散红色卫队,而无须政府诉诸武力。

在芬兰的政治生活中,多年来语言问题具有十分重要的意义。在国内的社会党人中,有的讲芬兰语,有的讲瑞典语,有的讲俄语。起初,瑞典语是统治阶级的语言,而芬兰语则受到严厉的压制。经过长期斗争,芬兰语也成为行政机关和学校的语言。

然而,目前有一个相对而言很强大的资本家阶级也拥护芬兰人在语言方面的要求。另外,近年来芬兰和瑞典的压迫者利用语言问题作为斗争手段,目的是挑拨操芬兰语和瑞典语的工人之间的关系,他们期望以此来破坏这两部分工人在阶级斗争方面的合作。社会民主党试图通过下面这个提交代表大会表决的决议不让上述阴谋得逞:

"芬兰语的发展及其在教学语言、文学语言和行政语言中作用的增强,是芬兰工人阶级发展的一个重要因素。不论在文化、道德观念和经济斗争方面都是如此。它是语言和文化工具,因此应受到支持和保护。瑞典语同样也是芬兰人民复兴的手段,在传播西方文化和社会民主思想方面也具有重要意义。鉴于这个事实,代表大会宣布,希望保持瑞典语言和瑞典文化在芬兰的发展。"

在俄语问题上,代表大会宣布:"尽管压迫者们讲俄语。但俄语不应该受到仇视。在芬兰同样应允许俄语的发展和运用。在芬兰同样应传播和宣传有利于自由思想的用俄语表达的文化。应该像社会民主党所主张的那样与俄国无产阶级进行兄弟般的共同行动。"最后,这一决议使人们注意到如下事实,即只有国际社会民主党的发展和由此而导致的各国人民的兄弟情谊才能拯救语言的权利和民族。

一部分农业人口也参加了社会民主党的斗争。这部分人由小农民、佃农、仆人、短工等组成。在佃农中,"小佃农"的人数最多,1901年为67083人。这些不幸的人要支付巨额地租,他们在自己的土地和自己的家中根本谈不上安全。有这样一个例子:1906年6月,在一位男爵的要求下,芬兰法庭下令将78名"小佃农"从他们的家里、他们的土地和他们的牧场驱逐出去。1907年1月份,法庭的执法人员打碎门窗,闯进"小佃农"家里,可怜的人们在寒冷的1月无处栖身,不知道把他们的老人和病人安排到哪里去。这种骇人听闻的残忍行为使许多"小佃农"参加了我们党或向我们党靠近。在我们党的帮助下,"小佃农"于1906年在坦佩雷召开了第一届代表大会。代表着5万名"小佃农"的约400名代表出席了大会。代表大会拟定了一个纲要,为运动指明了统一的方向,这一文件以"小佃农纲领"而闻名。这一时期,该运动的中央委员会由社会民主党人组成。

其他的事实也值得一提。我们扩大了教育工作,用党的经费办了一些学习班。最近一期讲座历时13天,有160名听众参加,每日5节课。一所演讲学校晚上上课。在这里,人们学习新选举法、国民代表与政府之间的关系、芬兰的税制、政治选举与市镇选举、劳工保护立法、保险法、农业改革以及资产阶级政党的纲领。

党为了进行宣传,准备每年设立3—5名演讲人,每次社会党组织竞选时至少要有其中的一名演讲人参加。

妇女无产者组成了芬兰社会民主党妇女联盟,主要负责在女工中的宣传工作。

同样,我们还创立了一些少年小组,它们联合组成了社会联盟。小组从事少年教育工作,并尽可能地让社会民主思想渗透到教育之中。

社会民主党的著作值得一提。1905—1906年,领导委员会出版了一些小册子、报告和统计出版物。由劳动者创立或由劳动者组成的股份有限公司和合作公司出版了一些原文的或翻译的社会主义书籍。

社会民主党的报刊也同样由工人股份有限公司或合作公司出版。这些报刊如果能体现党的观点,党就赋予它们"党报"的名称,党也同样可以取消这一名称。近年来,党的报刊获得了巨大发展。1895年创办了第一份芬兰工人的报纸《工人报》，它由每周出版1号的小报发展成为每周出版6号、版面相对来讲也较大的政治报纸，目前发行量达到2万份，是芬兰所有报刊中发行量最大的报纸。1902年时，我们只有每周出版6号的报纸1份，每周出版3号的报纸2份。至1907年1月，这一统计数字变成：

每周出版6号的报纸5份；

每周出版3号的报纸8份；

每周出版2号的报纸3份。

我们还出版了1份学术月刊，1份面向女工的周刊，1份讽刺性半月刊，均为芬兰语。我们还有1份瑞典语的《工人报》，每周出版3号。

1902年，我们报刊的总发行量每周为6.35万份。至1907年1月，每周总发行量达到44.5万份左右。

1907年1月，党的集会已达到848次。讲芬兰语的社会民主党人是他们的全国联盟——工人联盟的成员，讲瑞典语的社会民主党人属于瑞典工人联盟这个全国组织，俄国工人也已经有一些社团。党的小组拥有大量活动室、图书馆和阅览室。1905年，小组拥有47家活动室，图书馆藏书14693册，阅览室有国内报纸杂志766种，国外期刊17种。小组的收入为599678芬兰马克，支出为522665芬兰马克，资产达778115芬兰马克。党拥有43个合唱队，27个音乐协会，74个辩论俱乐部，36个体操协会和5家剧院。

1905年，有43个妇女小组，3个少年社团。从此，社会民主思想的种子便在青年中找到了肥沃的土壤。第一届芬兰社会主义青年代表大会在坦佩雷举行，在代表大会上成立了全国青年联合会。

1906年，党在市镇管理机关中只有81名代表，因为市镇选举权的限制很多。城市中的阔佬们可以拥有25票，而穷人们什么权利也没有。例如，在首都，工人们单靠自己的力量连一名代表也选不出来。在

1906年的议会上，资产阶级在没有征得我们党同意，甚至违背我们党愿望的情况下任命了3名社会民主党人。1907年3月25日和26日，我们党第一次参加政治竞选，在所有实行比例代表制的选区推举了候选人。

我们党的国际关系像参加社会党国际局的其他组织一样。我们党有2名代表常驻社会党国际局。瑞典社会民主党出席我们党的代表大会。

在1905—1906年间，俄罗斯、拉脱维亚、爱沙尼亚的流亡者到我国来访较为频繁，党为了支援这些同志，接受了社会党国际局和德国社会民主党的11419.12法郎的资助。领导委员会在全国组织了募捐活动。一些在政治事件后感到需要资助的芬兰人得到了党的支援。到1907年1月底，支付旅行、为流亡者提供食宿的费用总开支为22758.30法郎。

从本报告来看，近年来我们党的发展很快，相对来讲太快了一些。这一发展的主要原因自然应该到经济因素中去寻找，但相当一部分原因应该到政治和智力状况中去寻找。芬兰资产阶级相对来讲还不发达，其社会文化水平还比较低，它还没有像其他文明国家中知识水平较高的资产阶级那样会利用自己权力范围内的各种方法与社会主义斗争，尽管它希望这样做。在漫长的岁月中，它让社会民主党一直站在了民主运动的前头。民主党人只有在社会民主与寡头政治之间作出抉择。资产阶级也从过去的错误中吸取了一些教训。它分化了，某些资产阶级派别目前正与社会民主党作斗争，奉行一种比较广泛的纲领，它们也把一些工人吸引到它们的联盟中去了；另一些派别则公开主张对社会民主党的报纸进行镇压和迫害。芬兰法庭当然对社会民主党编辑们的极轻的过失像重罪一样处以巨额罚款。一次判决便可以对工人报刊处以500—1000芬兰马克的重罚。最常见的阶级斗争的用语都要被当做罪行加以惩罚。当人们谈论某个"撒拉逊人"时，如果有人说提到的这位先生是排挤者，那么他就要受到罚款。目前芬兰的反动势力与俄国官僚关系密切。在野的资产阶级已经部分地成为拥护君主派，它日益向政府寻求支持，凭借政府的力量而与新兴的人民民主代表制度抗衡。资产阶级的这种伪善政策和改良主义政策可能暂时阻止社会民主党的发展。当然，难以预料，芬兰民主力量的人数是否还会像过去一样迅速增长。但可以肯定的是，社会主义思想已日益有力地渗透到人民群众的意识当中。从这一点可以看出，党的凝聚力增强了，这种形势使我们对未来充满希望。

爱德华·瓦尔帕斯

俄国社会革命党中央委员会的简要报告[①]

一、1905 年 10 月前的形势

俄国看来在等待最后一次冲击,以打破束缚它的力量的魔圈。在国内,君主专制政体的威信已经动摇。1904 年 7 月,萨宗诺夫扔出的炸弹终于在统治者的偏见的壁垒上炸开了一个大洞。看来,专制堡垒是可以攻破和可以摧毁的。

政府本身以斯维亚托波尔克-米尔斯基为代表已认识到了这一点,并主张为思想进步和人民意志开放自由之路。到处都可以听到人们提出的各种要求,它们表明,在俄国广大人民群众中积蓄着巨大的愤慨、对自身权利的清楚的认识和对光明未来的坚定信念。但同时,人们听到的是各种各样的声音,提出的要求也是乱七八糟的。在寻找出路,寻找巨大的自由空间的混乱中,人们看到具有不同信念的、属于不同政党的人在维护不同的利益。大家都指责那个可憎的政府,都在号召人民追随自己。

---

① 俄国社会革命党向斯图加特代表大会提交的报告全文长达 322 页,详细介绍了该党的成立、党的纲领、临时章程、全国委员会、地方组织等方面的情况。由于该报告篇幅太长,这里只刊出了该报告中中央委员会的简要报告,但它基本反映了俄国社会革命党在这一时期的情况和活动。——编者注

社会革命党深深懂得，这样一种联合不会持久，任何从语言过渡到行动的微小企图都会迅速引发潜伏着的阶级斗争，暴露出在策略上，以及在对各种问题和目标所采取的立场上的分歧。社会革命党懂得，为了使国内的各种力量能有所作为，每个反对党都应成为一个组织起来的整体，并把它们的战斗力量全部投入到事业中去。

为此目的，曾召开过两次代表会议：第一次代表会议是1904年12月在巴黎召开的。参加会议的有各革命的反对派政党。① 另一次是1905年4月在日内瓦召开的，会议团结了各社会主义的和革命的政党。② 在很大程度上正是由于这一协调行动，俄国的运动才于1905年春从群众大会和和平的政治示威过渡到公开的革命斗争。这一斗争不仅包括边疆地区（高加索、波兰、波罗的海沿岸各省和芬兰），而且也席卷了俄国本土的中心和各个州。现在，每个革命政党都可以指望其他政党同时采取行动，并开始进行坚决的斗争。

对日战争引起了人们的不满——这场战争不仅使俄国人民遭受了巨大的物质损失，而且还蒙受了种种屈辱。战争粉碎了对我国军队的实力的种种幻想。此外，普遍的苦难和23个州内的饥馑使社会革命党的宣传所播下的种子迅速开花结果。在某些地区（特别是伏尔加河沿岸，在南方农民中，以及有大工业的地区）宣传尤为活跃，各政党的活动也大大地促进了宣传工作的开展。

---

① 巴黎代表会议是根据几名芬兰反对派成员的倡议召开的，参加这个会议的有8个组织，它们是：社会革命党、波兰社会党、拉脱维亚社会民主工党、格鲁吉亚社会联邦革命党、亚美尼亚革命联盟、波兰民族同盟、芬兰积极抵抗党和解放联盟。
② 以下是参加日内瓦代表会议的各组织：社会革命党、波兰社会党、亚美尼亚革命联盟、芬兰积极抵抗党、格鲁吉亚社会联邦革命党、拉脱维亚社会民主党人同盟、白俄罗斯社会党。

人民起义的头几声惊雷就迫使沙皇发布了8月6（19）日声明。这个声明被称为"布里根宪法"。慷慨陈词立即代替了兵戎相见。"宪法"这可怜巴巴的一页废纸被狂风吹得无影无踪。人民的巨大愤怒迫使沙皇发布了10月17（30）日声明，以后又给予城市工人选举权，这在过去是连想都想不到的事情。我们不打算在这里叙述俄国革命初期的情况，只是在从社会革命党参与的角度来考虑发生的种种事件时，首先提醒人们注意这一事实，即我们党在这方面积极进行了大量的工作，这一运动从它的规模、持续时间和激烈程度上讲都是最重要的。

从那以后，党被迫转入地下，党的注意力转向扩大自己的影响和在俄国人民总运动中最重要的地区成立组织。所谓最重要的地区，就城市而言，指彼得堡和莫斯科；就地方而言，指伏尔加河沿岸的十个省，从社会主义革命运动的角度来看最为落后的中部各省，以及由于预先进行的革命宣传，已为运动打下了较好的基础，不那么死气沉沉的乌克兰和南方地区。在1903年和1904年期间，我们曾设法把大量社会主义宣传品运送到那些地方，由党的委员会负责定期分发。一些有秘密组织工作经验的党员专门投入这项工作，他们担任这些委员会的领导，致力于创建和组织新的团体，以便在总的组织计划所包括的各个地区建立尽可能密集的网络。除了党直接参加这项工作以外（它既没有力量也没有必要的资金来从事这一工作），国内最边远的角落都涌现出了一些新组织，它们依靠自己的力量，大力传播党的思想，把新的成员吸引到党这方面来。因此，党的中央机关有责任关心这些工作刚刚起步的地区，以降低运动的激烈程度来促进运动的发展。到1905年10月党可以公开抛头露面时，我们看到，这些组织起来的力量的情况如下：

领导党的各个团体的是**中央委员会**，它既是一个指导机构，也是一个执行机构。它是党纲基本原则的捍卫者，同时它允许党的理论家以口头的或书面的形式发表有助于解决悬而未决的问题的看法和观点，指出党在理论上和实践上为壮大自己的力量而应遵循的新路线。中央委员会的使命是关心党的出版事业，出版新的读物，并把它们分发给各委员会。中央委员会通过其代表监督新组织，批准它们加入党。中央委员会把党能够支配的党员派遣到各个不同的地区去，同时帮助地方委员会建立印刷所、书店、仓库等。在解决某一涉及全党的问题之前，中央委员会要发给所有的组织一份问题提纲，并根据多数人的意见，制定未来活动应遵循的行为准则。当党的活动还处于秘密状态时，中央委员会经常依靠**国外委员会**①，它在该委员会始终派有代表。这个委员会存在的目的是为了帮助在俄国的行动。

隶属于中央委员会的战斗组织在其内部事务上是自治的，但它的一切实际活动都处于中央委员会的领导下。自从俄国革命运动超出知识分子小圈子，扩展到工人群众中以来，即自从君主专制政体由于感到它的地位已岌岌可危，便和俄罗斯民族全体进步分子展开了公开斗争以来，这种组织的存在就成为必要了。

在我们考虑这一问题时，在我国的各大城市里，党已拥有了一些就其人数和影响而言都很强大的委员会。这些委员会在彼得堡和莫斯科的工人区进行宣传和组织工作，并利用那些专门为此挑选出来的积极分子，以及众多的男女大学生，这是因为各高等学校有数以百计组织起来的、拥护我们党的纲领的年轻人。为了进行宣传鼓动，这两个委员会在这一时期一直秘密地出版成千上万的声明、报纸和小册子。各大学城和几乎各省的省会都有自己的委员会。除此之外，在有大量工业或其他行业的中心城市还成立了一定数量的独立的委员会。

---

① 这个目前在国外存在的组织仍在党外，它有一个在1907年巴黎代表会议上选举产生的委员会。

省委员会[①]在全省范围内负责党的活动。因此，对于归它管辖的各个组织来说，它不仅有执行的职能，而且还有行政的职能。它的职责是促使一省的每个县都成立自己的委员会，并过问县里各乡的情况。同时，**县委员会**要努力在各乡成立委员会，或有组织的小组。这些小组负责在各村建立图书室，散发报纸和小册子，成立管理经费的机构等。此外，无论在任何情况下都要站在运动的前列，通过各种形式的抗议活动引导居民去捍卫自身的利益。乡委员会或小组要保证该乡各村都赞成党的纲领，同时在那里挑选可以加入组织的人。党与一定数量的人保持着联系的地方，我们称之为"点"。"点"上的人要努力完成党的积极分子交给他们的工作。

由于这些组织在省里迅速出现，连续不断的镇压使省委员会的委员经常发生变化，所以到目前为止，我们无法提供关于这些"点"的比较准确的统计数字，更难以提供参加了这些不同组织的活动的农民的准确人数。

工厂和城市里的工人的一般组织都属于同一类型。工厂和作坊里的工人们也拥有自己的委员会，这些委员会的代表集中起来组成了一级一级地从属于党的地方委员会的**工人委员会**。在大工业中心，我们把城市划分成区，每个区有一定数量的作坊和工厂。手工业工人和商业雇员的组织，以职业作为划分的基础。

在举行罢工、进行抵制或游行示威时，社会革命党一直努力和其他社会主义政党的组织建立联系，以确保所开展的活动取得胜利，同时避免在工人中间造成不和。在多数情况下，当涉及具体的计划时，工人们都希望采取一致行动，而不考虑政党差别。

[①] 俄国划分为叫做"省"或"州"的行政单位。我们通常称这些委员会为省委员会或州委员会。

遗憾的是,我们几乎从未能和社会民主党委员会达成这类协议。

我们的定期刊物报道了这一时期社会革命党积极参加的各次罢工、游行示威等。如果要了解有关数字,请读者去查阅这些刊物。

这一时期为党牺牲的烈士难以计数。由于经常发生逮捕和流放,而且人数很多,所以甚至在定期报刊中也无法了解全貌。受害者成千上万,尤其是自从在农民中成立社会革命党组织以来,情况更为严重。

1905年10月,党为人民群众出版了100多种小册子(总计逾百万册)。至于传单、声明和期刊(报纸和杂志),在党进行公开活动之前的几年里发行的数量就已非常巨大(杂志除外),党的零散的档案中提到的可能不足1/10。在1905年10月以前,党的大部分宣传品都是在国外印刷的。从那以后,整个出版工作就转移到了俄国。党的机关报《革命俄国报》自1902年起在国外出版4年后到第77期时停刊了。

1904—1905年期间,大量武器被秘密运进俄国,这些武器大约价值40万卢布(100万法郎左右)。

扣除购买和运送武器的费用,党的中央委员会同一时期的预算为10万卢布(26万法郎左右)。

二、1905年10月后党面临的形势

1905年,按阶级、工业类别和职业成立的各种联合会大大促进了分散力量的集中统一。在对专制制度发起的进攻中,各行各业单独地,以及在整体上都显示了自己的力量。专制制度这时则从进攻转入了防御。

这一趋势在建立**联合会**时,不仅在城市居民中,而且在广大乡村居民中,也表现出来了。这一时期可以明显地看出社会革命党原先工作的成果。在革命危机到来之前,社会革命党是唯一的、特别关心农民劳动

者的政党。经过多年的持之以恒的工作，社会革命党成功地和各省的大部分农民群众建立起了牢固的组织联系。但是，党的农民组织不得不保持秘密状态，因而不能深入到民众之中去。在俄国大革命爆发时，运动扩展开来，农民组织开始公开活动，它对越来越多的群众产生了影响。

党认识到了在宣传，尤其是在组织工作中采取一致行动的重要性，它以同情的态度对待一个有民主倾向的小组为成立**全俄农民联合会**而作的努力。在政治方面，该联合会有一个完全民主的纲领，它的土地纲领要求废除土地私有制，把土地转交给耕者。这个联合会成立于1905年8月。许多社会革命党团体在保留它们在党内的地位的同时加入了这个联合会。在农民联合会的旗帜下，农村居民的组织取得了迅速的发展，一些村民团体整个地公开加入联合会。同时，其他高一级行政单位——乡的团体也加入了联合会。在有些县，全体居民都加入了农民联合会。

沙皇政府对运动的迅速发展惶恐不安，不得不正视突然涌现的所有这些对全国有重大影响的组织。这不仅是因为它们已经组成并正在发挥作用这一事实，而且还因为人们以它们的名义散发了大量各种各样的报纸和传单。

受社会革命党影响的**俄国铁路联合会**迅速获得了相当大的发展。由这个联合会组织的铁路员工的罢工发出了政治总罢工的信号，给了专制制度以致命的打击。在得到农村劳动者的强有力的支持的无产阶级的强大压力下，专制制度退却了：作为投降的信号，尼古拉二世颁布了著名的10月17（30）日声明。

但是，由波别多诺斯采夫和普列韦培养出来的宫廷权奸以黑帮的暴行的形式在全国悄悄地准备发动反革命进攻。然而这些在极端秘密的情况下设置的血腥的圈套是和群众的总的思想情绪完全背道而驰的。在发生暴行的70个城市里，居民受到巨大的震惊。仅仅这一事实就足以说明罗曼诺夫王朝的雇佣军会干出多少谋杀事件和种种残酷的暴行来。为了反击政府的强盗行径，各地的居民都开始组织起来进行自卫。很快，在全国的一切重要中心，工人和市民的武装起来的骨干都已做好抗击这些杀人凶手的准备。政府以这些武装团体会带来所谓危险为借口（尽管这些团体的成立合情合理，并且赢得了全体居民的信任），对和平居民发起了进攻（这一次没有求助于黑帮），强行解除了这些团体的武装。这样一来，只能激起更大的愤怒，并在许多地方激发了具有鲜明特点的武装起义。这大大出乎政府的预料，它一直对广大群众的顺从深信不疑，并自以为肯定可以防止动乱。然而，起义不仅成功地组织起来了，而且还占领了许多阵地。在向政府军发起的进攻中，好几个城市和火车站落入起义者手中，政府被迫动用了大炮才把这些地方收复。不用说波兰、高加索和波罗的海沿岸各省，甚至在彼得堡、莫斯科、叶卡捷琳诺达尔、亚历山德罗夫斯克、塞瓦斯托波尔、科夫诺，在各铁路车站或东部和南部各铁路线交叉点，在军队和革命者之间都展开了浴血奋战。革命者占领了军火库和地方行政机构。在这些起义中，由于社会革命党的战斗小组事先进行了活动，对斗争比其他人准备得更充分，因此发挥了重大作用。

在进行了长期宣传和准备的地区，党的革命影响和这些小组的战斗准备到处都收到了成效。因此，伏尔加河沿岸各省，以及坦波夫、奔萨、沃罗涅日、库尔斯克和其他各省很快就投入了总的运动，并在11月和12月期间发起了有力的进攻。大地主的住宅被焚毁，专卖局酒库的酒被瓜分，地方行政长官逃之夭夭，有关当局被取而代之，地主和警察成为阶下囚。人们就这样消灭了这个令人恨之入骨的旧政权，这个使数以百万计的人长期沦为饥寒交迫的贱民的政权。在这里应当指出，与认为俄国农民生性粗野的流行的偏见相反，社会革命党可以证明，即使在1905年波尔塔瓦和哈尔科夫为土地而举行的起义期间，在20多个省里造反的农民中**没有发生过一起杀人事件**，没有发生过一起侮辱人格的事件，更不用说其他暴行了。受恢复正义和平等的思想鼓舞的人民群众追求的只是共同利益，仇恨和复仇情绪退居次要地位。

政府对农村中的运动采取了无法形容的残忍行动，这使人联想起迫害新教徒的时代。被授予全权的将军们被派往萨拉托夫、切尔尼戈夫和坦波夫等省，这些地方是革命运动的中心，也是社会革命党的活动开展得最有力的地区。

起来造反的村庄成了无情的军事镇压的牺牲品，其残暴程度和土耳其在亚美尼亚的暴行不相上下。忠于自身传统的社会革命党对践踏人的尊严的行径（我们的农民同志就是受害者）不能不予以回答。我们通过一系列恐怖行动给了专制制度的那些野蛮的家伙以沉重的打击。我们的阿纳斯塔西·比钦科同志惩罚了在萨卡罗夫省活动的前国防大臣萨哈罗夫。我们的工人同志库兹涅佐夫和卡京处决了坦波夫省副省长波格丹诺维奇；玛丽娅·斯皮里多诺娃同志打死了这位行政长官最积极的助手、黑帮的组织者、省政府参事卢热诺夫斯基。马尼亚·什科尔尼克和施派斯曼同志扔了一枚炸弹，切尔尼戈夫省总督赫沃斯托夫险些丧命。此外，社会革命党武装了它的流动战斗队，对沙皇派出的三名使节采取了行动。除了这些引起轰动的恐怖行动以外，还应指出，在1905年底和1906年初这段时间里，我们对政府中其他一些不那么显赫、但同样残忍的人也采取了一定数量的行动。

尽管发生了种种暴行和起义，1905年10月17（30）日—12月这段时间仍可被恰当地称为历史上的"自由时期"。在此期间，俄国人民通过直接行动实现了言论、出版、集会和结社的完全自由。在革命小组的保护下，到处举行了大规模的群众集会；各社会主义政党的演讲人在集会上发表讲话；定期出版物的发行可以完全不考虑新闻检查（只有少量官方和反动的出版物例外）；形形色色的行业组织和其他性质的组织大量涌现。社会主义政党，特别是社会革命党完全懂得如何利用这个时机来传播自己的观点。在这一时期，我们党成功地赢得了城乡工人群众的同情，这种同情之坚定后来得到了证明。

在许多地区，城市无产阶级成立了革命的自治政府。在彼得堡、莫斯科和其他工业中心，人们自发地选举了**工人代表委员会**，许多代表都是社会主义政党的成员。此外，两个大党——俄国社会民主工党和社会革命党——的代表始终以有发言权的代表的身份参加了委员会的讨论。同时，农民联合会的力量也大大加强了。1905年11月，在莫斯科举行了一次规模壮观的代表大会，大会通过了几项非常明确的革命决议。直接来自伏尔加河流域各省战场的社会革命党的农民党员积极参加了这次代表大会。

以后事态的发展已众所周知。政府一方面宣布改革，另一方面又组织各种暴行和镇压，因而最终失去了人民的信任。政府在犹豫了一段时间以后，又全力进行了最疯狂的反扑。工人代表委员会①、铁路联合会、农民联合会和其他联合会办事处的成员也被捕了。军事镇压愈演愈烈。作为回答，11月在莫斯科、罗斯托夫和其他几个城市爆发了新的罢工，继而转变成了武装起义。社会革命党动员了它的一切战斗力量。它的红旗，它的"土地和自由"的旗帜在各个街垒上空飘扬，并再次染上了战士们的鲜血。

不难理解，在政府和人民之间的这场战争中，社会革命党为什么会深深地卷了进去。从彼得堡到符拉迪沃斯托克，从沃洛格达到高加索，它的成员到处都在进行斗争。党根本没有时间召开代表大会或重要的会议来商讨应采取什么行动。只是到了1906年1月才召开了全俄国各组

---

① 在彼得堡对工人代表委员会委员的搜捕中，社会革命党代表、我们的同志尼古拉·阿夫克森齐耶夫和安德烈·法伊特也被捕了，并被判处流放西伯利亚。

织,甚至包括最边远地区的组织的第一届代表大会。

三、对第一届杜马和第一届杜马开会期间的策略

由于构成俄国宪法基础的各项基本法律使党不再相信第一届杜马能开展富有成果的工作,面对每天都不断发生的官僚政权的暴行——它甚至在杜马选举过程中进行镇压,社会革命党决定放弃参加选举,并在群众面前坚决揭穿政府的骗局。选举吸引了政府的全部注意力,而我们党置身选举之外,因而可以从事内部组织工作和书面宣传。1906年下半年,为了进行宣传和鼓动,党的出版物达到了空前的记录,编辑出版了20多种报纸和一定数量的周刊。十几家出版社只出版具有我们倾向的著作,这些作品在各省城和主要中心城市都有出售。不算各省重印的作品,这一时期出版了20多种原创书籍和小册子(译著除外),共计400万册。2/3的出版物是由党员散发的,他们一直抱怨缺少具有我们倾向的报纸和书籍。在同一时期,我们重建了在武装斗争期间遭到破坏的委员会。尽管迫害和逮捕一直没有停止(杜马召开的那段时间除外,在杜马存在期间,人们还是享有比较多的活动自由),许多受事件的影响转向革命的人加入了我们党的行列,并努力发挥他们的作用。大批男女积极分子前往城市和农村,解释真正的人民代表制意味着什么,并揭露沙皇在杜马这个被剥夺了一切权利的形式下所搞的代表制的虚伪性。他们向农民们预言,这个代表制必将彻底破产,并解释我们党为什么要弃权。党之所以要弃权是不想让一些党员成为议员而把人民引入歧途。人们也在谈论,如果没有人民的支持,杜马将一事无成。因而在第一届杜马期间,可以看到大量表达人们对议员的同情的信件和委托书,以及后期对政府发出的威胁。

尽管政府使用了一切手段,许多地方的民众还是选举了一些有反对

倾向，甚至有革命倾向的人。在农民中进行的选举，情况也是如此，当选的人往往都在这个时期坐过牢或者被流放过。因此，除了立宪民主党这个和平的反对派而外，杜马中有大量真正劳动者的代表，他们中间有相当多的人基本上赞成社会革命党的纲领。这样的议员有100多名，他们在杜马中组成一个他们自己的派别——劳动团。社会革命党中央委员会极为重视这个派别，尽量利用它的活动为社会主义和革命事业服务。在首届杜马期间，劳动团渐渐地越来越具有社会主义和革命的色彩，经常维护农民和工人的利益，表现出它是政府的不妥协的对手。

众所周知，应我们的邀请，劳动团曾派遣议员**阿尼金**作为代表参加了1906年7月在伦敦召开的国际社会党议员代表会议。

在第一届杜马后期，劳动团中甚至形成了一批核心人物，他们完全接受我们的纲领，并提出了一项由33名议员签署的、完全按社会革命党的精神起草的土地法草案。

因此，尽管存在种种不利的条件，为了党的宣传和组织工作的利益，我们党仍然可以利用杜马提供的讲坛。在这一时期，党的报刊如果不能说发挥了重要的作用，至少也发挥了不小的作用。中央委员会投入了一定财力，并在人员上作出了巨大努力，创办了一家日报作为自己的机关报。甚至这家报纸的政治对手都承认，它很快就成了首都各家报纸中的佼佼者。在第一届杜马存在的90天中，党的机关报四易其名（《人民事业报》、《人民信使报》、《呼声报》和《思想报》）；出版的55期报纸中有30期被查禁。尽管迫害继续不断，但即使那几十期被查禁的报纸也得到了广泛的传播，这些报纸的印数达到了4.3万份。社会革命党最有名的政论家在这家报纸上对政府的政策进行了无情的批判。此后，他们又揭露了由立宪民主党人组成的多数派所持的模棱两可的态度，同时，警告人民提防官僚制度的危险背叛，呼吁人民团结和组织起来进行革命斗争。这些报纸获得并刊登了一系列绝密文件，揭露了官僚制度玩弄的阴谋，以及中央政府直接参与组织黑帮和蹂躏犹太人的暴行的情况。社会革命党机关报的政治预言实现了：6月6日警察捣毁了该报编辑部，7月9日杜马被最厚颜无耻地解散了。

恐怖时期开始了。两届杜马之间的这个时期是政府采取疯狂的恐怖行为的时期，是蹂躏犹太人的暴行的时期，是军事镇压和滥杀无辜的时期。

四、第一届杜马解散以后的形势

党预见到各种重大事件，因而对军队工作予以高度重视，号召军队参与人民起义。但事态不以党的意志为转移，先是在斯维亚堡，接着又在喀琅施塔得发生了暴动，这就使正在准备中的协调行动遭到破坏。军队中可以依靠的那些人惨遭不幸。在血流成河和大批人遭到流放后，人民的武装被解除，人民处于没有防御的境地。但中央委员会认为有责任向工人，尤其是向农民——他们曾对杜马寄予希望，而现在他们的希望被政府无情地愚弄了——发表声明，呼吁他们全力进行反抗，甚至用武装起义来反击对他们在代表机关中的权利的践踏。中央委员会以自己，以及其他政党和政治组织的名义①表示，今后将由农民掌握起义的主动权，工人组织、军人组织、铁路组织以及其他组织可以加入农民的行列，但这些组织不能撇开农民独自行动，因为它们近来损失惨重。但农村居民曾把希望寄托在他们的议员（劳动团议员）在杜马中的活动上面，所以一直保持冷静的态度，因而他们不可能在一两天内就把情绪转

---

① 例如签署致俄国全体农民的宣言的有：杜马劳动团委员会，社会民主党杜马党团委员会，农民联合会，社会革命党中央委员会，俄国社会民主工党中央委员会和铁路联合会（参看1906年8月25日《俄国论坛报》）。

变过来，并做好斗争的准备。他们对杜马的解散感到震惊，另一方面又在忙于田间劳动（这时正是7月份）。农民们似乎感到出乎意料，有些茫然不知所措。

尽管举行了第二届杜马选举，并且召开了杜马会议，但是从这时起，分配武器和派遣组织人员的要求纷至沓来，它们来自和党的委员会保持着联系的所有农村。农村居民中凡是有觉悟的分子都懂得了应当组织起来，以深思熟虑和集中统一的行动来反对共同的敌人——官僚制度。

至于政府，则利用人民运动的短暂间歇，竭力想表明，震撼俄国的"混乱"和"动乱"并不是由人民的不满引起的，而是由追求某种目的的革命的策划者人为地挑起的。政府根据这些说法（实际上没有人相信），更加肆无忌惮地搜捕国内一切正直的人。这就导致了1907年1月出现的这种局面：地方自治机关的学校在它们的最好的教师被流放到西伯利亚去以后，有一半关了门。在发生饥荒的省份，向老百姓提供食物的组织也解散了，这些组织的负责人被抓起来了。医生、军医官以及地方自治机关的其他雇员曾经享有人的尊严，并幸运地被选为选举人，如今他们被从他们工作的省份驱逐出去，有些人还被流放到北部地区。那些得到同志们信任的农民和工人如果被警察知道了，就会受到法律追究或被从他们的选区驱逐出去而不作任何解释。在俄国从来没有发生过这样大规模的迫害，居民们从来没有被迫这样经常改变住所。监狱、派出所、各种拘留所已人满为患。囚犯们直接被送上火车，直接被放逐，甚至连让他们与亲人告别和收拾行装的时间都不给。斯托雷平专政依靠的是宪兵、警察、看守和密探。目前，他们的人数在俄国已和正规军一样多。在斯托雷平专政的7个月中，全国有30万优秀公民被杀害。

社会革命党的组织成了政府野蛮迫害的目标，而它们正是在这种条件下开展活动的。诚然，在大规模的搜查和逮捕中，党组织接二连三地整个遭到了破坏。在家里，甚至在街上，到处都在捕人。只有许多"非法分子"，也就是那些不断变换住处和护照的积极分子才能和一直要求派遣党员来进行宣传鼓动的工人和农民保持联系。面对政府的暴行和对法律及人民权利的践踏，社会革命党自然很快就不得不以恐怖行动作为回答。①

尽管存在种种困难，中央委员会在此期间仍然成功地召开了三次关于农民、工人、军队、铁路和其他问题的会议。与此同时，各地都召开了地区代表大会和地区代表会议。此后，召开这种代表大会就成了惯例。参加大会的组织非常广泛，甚至县和乡的团体也参加了。虽然经常召开代表大会和各种会议需要花费巨大的人力和财力，但党的积极分子的要求和党的同情者的要求是一致的，他们都希望这样做。尽管把同情者组织起来有种种危险和困难，但我们却可以越来越经常地得到他们的帮助。

我们认为也应当谈一下党的报刊。第一届杜马解散以后，党的报刊被迫转入地下。只是由于社会革命党的纲领和策略已深入群众心中，并得到了群众的赞同，所以各个组织的规模和力量都壮大了。此外，国内对在俄国大量传播的出版物也已适应。目前，这些出版物可以出现了，中央委员会和各地方委员会在不断地散发它们。随着公开营业的出版社和书店的关闭，地下印刷所和书库增加了。

因而，中央委员会办了一份报纸，一份党的正式机关报。为了对付警方，报纸几乎每期都要更换名字。此外，还出版了一份也不断易名的月刊和3份专门的期刊。这3份期刊每月秘密出版2次，读者对象是农

---

① 正是通过恐怖行动才制止了以下这些人的罪恶活动："明星院"首领伊纳季耶夫伯爵，军事检察长、野战协会发起人和最高首领巴甫洛夫，彼得堡警察局长冯·德尔·劳尼茨，一批省长——杀害农民的刽子手，进行镇压的别动队的头目，折磨、拷打政治犯的那些监狱的典狱长。

民和军人。我们还出版了《党的新闻》（发行0.8万—2.5万份）。工人报纸《劳动报》（发行2万—2.5万份）由彼得堡委员会主办。至于在外地，出版物的种类如此之多，它们的名称和装潢又变幻不定，以致无法得出任何统计数字。我们仍继续出版小册子，但和去年相比，数量已大为减少。

党注意到第一届杜马的经历还是在劳动者的心中打下了烙印。政府的伪善策略已被劳动者识破。社会革命党人关于第一届议会的一切预言几乎都实现了。党宣布它将参加今后的选举。至于只要现在的制度还存在，是否可能在杜马中获得些什么的问题，党不再担心今后会把俄国人民引向歧途。党宣布它将派代表参加第二届杜马，以便人们进一步了解它的原则。

五、党的壮大

在有政治自由、差别相对不大、人口较为密集的国家里进行活动的社会主义政党，根本无法想象俄国社会革命党在自己的活动中所遇到的困难及其复杂性。俄国党的活动是一种战斗，它不仅要求作出超人的努力，而且要求每时每刻都要保持高昂的斗志，要求只有经过斗争磨炼的人才具有的毅力，它还要求从觉醒的人民中源源不断地涌现的新的积极分子去替代那些消逝的人。

两年来，俄国革命在国内召唤出了大批精英，而在监狱里，在西伯利亚，在绞刑架上，他们却被无情地扼杀了。遇害的积极分子由那些尚未成熟和获得力量的人所代替。人们不仅在流血的战斗中牺牲，而且在印刷报刊、出售书籍、散发报纸和传单时，在群众大会上发表演说时，在举行报告会时，在会议上发言时，以及在组织工人、农民和青年时献出了生命。游行、罢工、抵制等都使我们付出了血的代价，导致了一些人的牺牲。一个委员会存在的时间平均为1—2个月；一份报纸存在的时间平均为1—2期。监狱和查禁吞噬了一切，而一切都需要新的力量和新的支出。在"自由时期"以后，在社会上除了少数人以外，社会主义者是仅存的能对劳动者进行哪怕是简单的教育的人了。有文化的资产阶级放弃了教育工作，一方面是因为它多少有点害怕"红色幽灵"，另一方面是因为它和政府达成了协议。出版有关社会问题和政治问题的书籍的责任只能落到社会主义政党的肩上。社会革命党出版了100种各类普及性小册子，总印数约为400万份。它还出版了几十种关于党的纲领的书籍，印数达几十万册。尽管这些书籍在印刷、销售和由党的出版社免费分发的过程中受到了政府的查禁，但仍有几本书再版了四五次。出版任何东西，把一本书或一份报纸送到读者手中的任何尝试，都会遇到重重困难，并遭到迫害。在俄国的不同地点曾同时出现数十种党的机关刊物，它们曾八九次改变自己的名称和领导人，但它们在存在了1个月、2个月或3个月后，在失去了印刷所和编辑后就销声匿迹了。当局通过行政命令的办法随意把编辑们发配到西伯利亚或北方各省去。

我们不得不重新筹集经费，找到印刷所和有能力办报的人。这就是这项工作的困难所在，虽然它是合法的，并为1905年10月17日发表的给予言论自由的声明所承认。关于在城市和农村进行的旨在组织劳动者的活动该说些什么呢？在整个俄国，如火如荼的革命运动唤醒了巨大的力量，社会主义革命者的大军前赴后继。几百名党的积极分子在城市里组织群众大会。这些群众大会有时可以聚集2000、3000、4000甚至更多的人。在罢工和武装起义的时候，个别情况下参加集会的人甚至达到1万之众。演讲人到处公开抨击政府，阐述我们党的纲领。他们不仅受到欢迎和支持，而且还成功地吸收了新成员，后者又到更远的地方去传播同样的思想。数以千计的年轻的党的追随者奔赴各地农村。农民们要求了解事实真相，接受他们完全可以听懂的社会主义宣传。这种要求如此普遍，以致宣传员到处都显得不足。

党从前在这方面所做的努力见到了成效。现在就有一些积极分子来自农民本身。农民自己召开代表大会。他们不仅讨论了为了进行革命应当采取的措施，而且还讨论了一旦沙皇政府垮台就应开始的积极而又富有成效的工作。

最近几个月来骇人听闻的镇压，使得我们有必要进行秘密活动。这迫使党加强团结，迎着种种困难和风险，在各地重新开展地下工作。但是，自从获得短暂的自由以后俄国所经历的一切，使从事地下工作的条件发生了巨大的变化，因此拿现在的情况去和过去相比是不可能的。目前，每个省会的委员会都有一个属于自己的地下印刷所，甚至某些县委员会也是如此。虽然在这些印刷所工作的人经常会遭到逮捕，但印刷所很快就会重新建立起来。此外，每个委员会都尽量使居民了解发生的事情，并向他们作必要的说明。不断有农民要求发给他们武器，以便进行自卫。尽管向他们提供武器的尝试屡遭失败，但我们还是继续不断地努力满足他们的要求。俄国农民过于善良，这妨碍了他们惩罚那些罪有应得的残暴敌人和形形色色的官吏。已经入党的和尚未组织起来的农民的人数很难统计，部分原因是：由于害怕搜查，各委员会不断地销毁党员的名单；农民的小组和组织往往完全是自发地涌现出来的，只是偶然发生的事件才暴露出它们的存在。如果要估计我们党的影响范围，以下情况可供参考：第二届杜马选举是在政府空前的压力和官方难以置信的厚颜无耻的舞弊情况下进行的，选举产生了500名议员，其中300名（包括立宪民主党人、波兰人、穆斯林和哥萨克）组成了一个右翼多数派。总之，他们坚持作为10月17日声明基础的那些原则，反对社会主义政党的各项社会方案。由200名议员组成的左翼少数派包括社会民主党党团（60人）、社会革命党党团（40人）、民粹派社会主义者（15人）、劳动团（60人），以及一些独立的激进团体的成员。在政变前夕，社会革命党党团向杜马提出了它的土地法草案，这个草案要求无须赎买土地和在平等分配享有土地的权利的条件下，对一切土地实行社会化。这个草案由 105 名议员签署，其中 3/4 是农民议员。如果考虑到社会民主党人（至少是它的议会党团）没有在这个草案上签字，社会革命党党团只有 12 名农民议员，民粹派社会主义者只有 2 名或 3 名农民议员，那么我们可以看出，各进步政治派别的农民成员都赞成我们党的土地纲领，认为它是公正的和切实可行的。

在第一届杜马期间，由劳动团议员签署的土地纲领是接近社会革命党的纲领的，但只征集到了 33 人的签名。到第二届杜马时，签名人数增加到 105 人，而这恰恰是社会革命党的土地纲领征集到的。另一方面，即使我们认为在这个草案上签名的 105 名议员只代表 1.35 亿俄国居民的 1/5，即 2700 万人的话（但杜马中所有进步农民议员都在草案上签了名），那么也可以明显地看出，俄国农民就像那些代表他们的人一样，已表明他们支持社会革命党的纲领，尽管在整个选举期间，他们所处的条件使他们根本无法作出这种选择。有许多原因可以说明为什么俄国农村居民欢迎社会革命党的思想。首先，在大部分省份里，土地一直归公社所有。其次，我们在俄罗斯农民中长期地、广泛地进行了土地社会化的宣传。最后一个原因是，在其他民族中，迄今为止，最重要的是摆脱俄国的官僚统治和实现民族自治，这些民族的社会主义政党不得不为此付出相当大的精力。在非俄罗斯农民中也一直是土地归公社所有，在高加索和伏尔加河流域（鞑靼人、楚瓦什人、沃佳基人等）就是这样，因而社会革命党的土地纲领最容易受人理解。我们现在发现，在这些民族中也有一些社会革命党的小组和委员会。拉脱维亚社会民主党联合会就一直在早已放弃公社土地所有制而主张实行小片土地私有的居民中进行活动。当这个联合会看到最近几年来拉脱维亚农民都在准备实现我们的土地纲领时，它就接受了这一纲领。

俄国工人对土地纲领的热情也并不逊色。凡是在社会革命党站稳脚跟的地方，不管政府进行什么样的迫害，总有成千的工人加入社会革命党的行列。最近两年，在彼得堡和邻近地区，到处都成立了社会革命党组织。它们出版自己的报纸，有自己的金库，派出工人进行宣传，并在其他城市建立组织。

这些努力所取得的成果是：在第二届杜马选举中，大部分工厂和作坊的工人投了社会革命党的票。只是由于选举法的荒谬——它不考虑得票的多少，而是考虑是什么样的工业企业，才使得一个社会民主党人在彼得堡取代了一个社会革命党人的位置。

大多数俄国工人来自农村，他们和农村有着千丝万缕的个人的和物质上的联系，他们如饥似渴地阅读社会革命党的宣传品，这也可以解释为什么书库和书店虽然遭到了查禁，但仍有越来越多的人流入城市。然而，能够把群众团结起来使之成为一支坚强的力量的组织者的人数不足，所以，在其他城市没有像在彼得堡、莫斯科、巴库、塞瓦斯托波尔、尼古拉耶夫、布良斯克、叶卡捷琳诺斯拉夫这些城市里那样强大的组织，虽然各省的委员会都无一例外地团结了数量不等（这是因为作坊和工厂的数目在俄国分布极不平衡）但相当可观的工人。社会革命党毫不怀疑几乎根本不可能公开从事自己的事业，如果不准备随时作出人员和财力上的牺牲，那么它在农民中产生不了什么影响。直到不久以前，由于农村警察人数较少，而且经验不足，所以对农民的宣传还是比较顺利的。

由于农民的土地运动总是伴随着血腥的镇压，由于各种各样的罢工也总是借助部队之力被镇压下去，所以在士兵和水兵中进行的关于社会革命党纲领的宣传取得了很大进展。各军种的士兵，甚至哥萨克都开始思考，并认识到他们在整个解放运动中扮演的角色多么可恶。这种怀疑和犹豫使社会革命党人得以启发数以千计的士兵的觉悟。在一切海上和陆上的起义中，在塞瓦斯托波尔、喀琅施塔得、斯维亚堡、基辅和莫斯科，部队都拒绝进行镇压。一些中心组织的党员专门在军人中从事宣传工作。在全国各地都有分支机构，有自己的中央委员会、自己的机关刊物、自己的金库、自己的宣传员和专门的组织工作人员的全俄军人联合会，就是由社会革命党建立，并得到它的支持的。但是，由于部队经常换防，因此不可能在短时期内估算出自认为是社会革命党人或对我们党持同情态度的士兵的人数。

另外一个同样引人瞩目的组织是在伏尔加河上航行的船员们成立的组织。这个拥护社会革命党的组织是在1906年成立的。它在沿岸的各大城市和各大港口都有自己的机构。它有自己的委员会、自己的报纸、自己的金库和许多图书室。它有几百名成员，对几千名工人和职员有影响。在最近的巴库大罢工中，这个组织发挥了巨大的作用。这次罢工大大改善了水手们的生活。党的影响也扩展到了强大的俄国铁路联合会，这个联合会组织了1905年10月的大罢工。

俄国铁路联合会遭到了政府最野蛮的镇压。目前，政府竭力在铁路上只安插那些和黑帮沆瀣一气的雇员。在这种情况下，联合会的生存和发展遇到了极大的困难。但即使如此，我们仍然可以看到，俄国的革命力量正以多么大的毅力在奋斗。在1906年的大罢工之后，在臭名昭著的对俄罗斯和西伯利亚铁路员工进行的大屠杀之后，政府把3万名铁路员工连同他们的家属一起抛向街头。正直的劳动者的位置被当局豢养的暗探所占据。尽管如此，铁路上和车间里的工人们在各大车站重新组织起来，并把这些组织联合成一个有自己的中央委员会、机关报和金库的整体。

六、结 论

　　关于我们的总的报告，细心的读者肯定会注意到，它是不完整的，它包括的资料往往不太协调，有的地方甚至完全是一片空白。例如，在报告中几乎没有关于坦波夫、波尔塔瓦、沃伦和波多利亚这四个省的情况，而这四个省的组织都已加入了党的总组织。此外，也没有关于像莫斯科、彼尔姆、敖德萨、尼古拉耶夫、叶卡捷琳诺斯拉夫、基辅等这些重要工业中心的情况，这些地方都有党组织在活动。甚至各地提交的报告中也存在许多空白，尤其是缺少数字，这就无法对形势得出准确的概念。同时，细心的读者不会不注意到党的活动已蓬勃开展，甚至深入到了我们这个辽阔的国家的最边远的角落。也许正是因为像赫尔松、普斯科夫、辛比尔斯克、维亚特卡这些省份远离政治中心，所以它们才能提交关于运动进展情况的详细报告。而像莫斯科和敖德萨这些地方却不可能这样做。在这些地方，战争连绵不断，警察政府不停地攻击和平公民，他们不得不像反击疯狗一样地抗击这些敌人。与15个地方有关的、并预定这次发表的文件已经遗失。有关彼得堡的文件已遗失两次。为编写本报告而采用的资料只涉及报告中提到的每个组织的一小段历史——我们不难理解，办事处的工作在战场上难以做好；不难理解，置身战场的战士们只能把确定数字和作出结论的任务交给下一代去完成。当前这一代人还难以从事这项工作，人们从下面这个事实中就可以清楚地看到这一点：你们可以在两个或三个报告里看到政府的经常迫害给社会革命党的活动带来了多少困难，但你们无论如何都看不到关于经常发生的整个委员会被摧毁，以及一批又一批委员被逮捕的情况。你们无论如何都无法知道有多少积极分子被逮捕，被监禁，被流放到西伯利亚的荒原中去。你们之所以看不到，或不知道，并非因为没有这样的人，或他们的数量微不足道。恰恰相反，这样的人超过了3万，其中半数以上在为社会革命党的事业蒙受苦难（因为这一数字包括许多因土地骚乱而被迫害的农民）。这也不是因为我们没有为这些忠实的、革命运动必不可少的同志提出申诉。不，我们之所以没有谈损失的情况，道理和一个走向胜利的士兵沉默不语一样：他目视前方，满怀豪情地凝视着前进道路上的障碍，但他没有时间，也不愿回首反顾，他已全身奔向未来。

俄国亚美尼亚社会民主工人组织的报告

　　意识到最终目标的工人党在像俄国那样一个存在专制政府的国家里或像高加索那样半开化的地区里，进行社会主义宣传和政治宣传是极为困难的。

　　有组织的工人运动在高加索，特别是在亚美尼亚人中间是一件新事物。一方面，这里经济基础薄弱，文化进步缓慢；另一方面，亚美尼亚民族主义运动力量强大，这两者始终妨碍着在亚美尼亚无产阶级中间开展有组织的工人运动。亚美尼亚资产阶级幻想通过反抗和欧洲各国宽宏大量的外交，使亚美尼亚从土耳其的统治下解放出来，这就束缚了亚美尼亚无产阶级的感情和思想，使它只知道考虑自身的利益和为自身的利益而斗争。

　　虽然可以推迟他们参加斗争的时间，推迟社会主义的不断前进，但要阻挡这一潮流是不可能的。尽管存在着几乎难以克服的困难，但近几年来，亚美尼亚社会民主党仍然取得了成功，特别是自1904年以来，在高加索的工业城市，尤其是在巴库，它牢牢地扎下了根，并且把亚美尼亚无产阶级中最优秀、最有觉悟的那些人组织起来了。

　　那么，目前亚美尼亚社会民主工人组织的状况、具体活动、它的力量的真正表现又是怎样的呢？

纲　领

1905年举行的亚美尼亚社会民主党第一次代表会议阐明和批准了该组织的纲领。在经济和政治要求方面，它和俄国社会民主工党的纲领是完全一致的。我们的纲领中有几点是从德国社会民主党的纲领中借鉴来的。

组织系统

亚美尼亚社会民主党和犹太工人组织崩得、波兰社会民主党（P. S. D.）以及拉脱维亚社会民主党的组织系统几乎是一样的。这几个组织在经过理论研究后并以实践经验为根据，多年来一直主张，整个俄罗斯帝国的无产阶级不应在高度集中的基础上，而应在广泛民主的基础上组织起来。在一个民族的整个社会结构和阶级状况与其他民族的社会结构和阶级状况不同的情况下，每一个民族的无产阶级只能在本民族地区内以单独和自治的方式组织起来。因此，整个无产阶级的各个民族组织应牢固地团结成一个大党——俄国社会民主工党——以便共同进行伟大的阶级斗争、政治斗争和经济斗争。然而，有一个时期，俄国社会民主党不愿意听到人们谈论这种方式。只是到了1906年，在第四次代表大会，即所谓统一代表大会上，他们才承认有必要采纳上述组织系统的要点。此后，犹太崩得、波兰社会民主党和拉脱维亚社会民主党才以不同组织代表的身份加入党的行列。遗憾的是亚美尼亚社会主义民主党没有同样的机缘，但它仍然希望在同样的原则条件下[1]在近期内加入党。

---

[1] 参见《新时代》第25年卷第3期第103页《联合章程》。

组织章程

1. **党员**：凡承认本组织的纲领，服从党的纪律，并用自己的行动（从思想和财政方面来看）支持组织者，均可成为亚美尼亚社会民主党的党员。

2. 本组织的合乎规定的最高机关为**代表大会**。代表大会每年由中央委员会负责召开一次。代表大会的代表由各个组织在民主的基础上选举产生。

3. **中央委员会**由代表大会选举产生，并在其权限范围内构成整个组织的最高机关。在两届代表大会召开之间，中央委员会负责党的总的领导；它监督党的决议的执行；它在和其他社会主义组织打交道时代表党；它掌握中央金库，并领导中央机关报。

4. 在大的工业城市中，党组织拥有**地方委员会**，其职责是组织和领导地方无产阶级。本着这一目的，每个地方委员会都组织鼓动员和宣传员小组，举办报告会和讨论会，散发小册子和声明，组织罢工和示威游行。在俄国，这类现象已习以为常。地方委员会要领导罢工和示威游行，并在财政上予以支持。

5. 亚美尼亚社会民主组织在国外有一个委员会，它是本组织在国外的代表，并和**社会党国际局**保持联系。它还为党完成一定数量的工作。

亚美尼亚无产阶级的政治教育

社会民主工人组织最繁重的任务就是通过教育和系统的文化学习使无产阶级成为意识到自己的阶级使命和具有坚定不移的社会主义信念的

群众。撇开禁止一切社会主义宣传的警方所设置的种种障碍不说，事实上，即使在亚美尼亚人本身当中，亚美尼亚社会民主党就有许多敌人和对手。如民族主义政党，特别是它们当中最强大的"达什纳克楚纯"（联盟党）。在亚美尼亚人和鞑靼人之间的流血的内战中，这些民族主义政党曾打算通过暴力和阴谋把社会主义运动置于死地，这些手段和警方的刁难同样野蛮，同样令人憎恶。社会民主党不仅经受住了这一困难的历史考验，而且还在它的光荣岗位上勇敢地发挥和保持了自己的作用。它不仅通过募捐从经济上支持了在大屠杀后失去工作的无产者，而且在亚美尼亚工人群众中，甚至在鞑靼人中，都毫不退却地继续从事它的教育使命。正是在这种情况下，年轻的社会民主组织在3年中把大约3000名工人——亚美尼亚无产阶级中最有觉悟、矢志投身斗争的那些人——组织起来了。

为了启发、教育和引导组织起来的无产阶级投身到政治斗争和革命斗争当中去，亚美尼亚社会民主党采用了多种多样的方法，例如：（1）以小组为单位进行系统的宣传；（2）就重大的政治问题发表声明；（3）在群众大会上进行鼓动；（4）印发通俗易懂的小册子。

在最近一个时期里，群众性集会，例如5月1日的集会，总罢工和各种政治行动，具有重要意义。在所有的工业城市里都举行过这类群众集会。仅在巴库，亚美尼亚社会民主组织的地方委员会就于1906年，特别是在竞选杜马代表期间，组织了217次群众集会，参加这些集会的工人约有24440人。会上，人们谈到了当时最重大的一些问题，例如：国家杜马，政治性罢工，亚美尼亚人和鞑靼人的内战，无产阶级的国际团结，等等。同一年，我们还组织了大量晚间讨论会和报告会。仅在巴库，地方委员会就组织了23次讨论会，参加讨论会的工人有2445人。在讨论会上，发言的人抨击了资产阶级政党。人们还在会上阐述了各种问题，例如，"亚美尼亚的民族主义政党'达什纳克楚纯'和'昂查克分子'"、"俄国的政治联盟"、"工人运动和亚美尼亚社会民主党"、"亚美尼亚人和鞑靼人的屠杀和政府的警察挑衅行为"、"经济唯物主义"等问题。

工会运动

在俄国，特别是在高加索，工会运动是一个新事物。当时在好几个工业部门和工厂里都发生过零星的反抗，但只是最近几年，在社会主义者的宣传影响和领导下，俄国的社会民主党组织才开展了有组织、有系统的经济斗争。

目前，亚美尼亚社会民主党组织在许多城市（巴库、巴统、亚历山德罗波尔）建立了工会组织，总共有2000多名有组织的工人团结在工会周围。经济斗争的主要方法就是罢工。高加索罢工的中心是富庶的工业城市巴库。1906年，巴库地方委员会组织了30多次工人罢工，罢工总计持续了200多天，并且都以胜利而告结束。

亚美尼亚社会民主党组织参加国际社会党人代表会议的情况

亚美尼亚社会民主党组织向在里加召开的全俄国社会民主党组织代表会议（1905年），向在日内瓦召开的同一些组织的代表会议，向社会党国际局会议，向在伦敦召开的各国社会党议会党团代表会议（1906年），都派出了自己的代表。

报刊和文献

从一开始，亚美尼亚社会民主党组织就认为报刊和文献是对无产阶级进行系统教育和寻求解放的最重要的手段。在反对专制统治和亚美尼亚民族主义倾向的斗争中，除了社会主义的基本问题以外，当前迫切需要解决的问题是出版报刊和文献的日常的和主要的物质手段问题。

亚美尼亚社会民主党组织的第一份机关报是《社会主义者》，1904—1906 年，先后在巴库和日内瓦出版。后来是《生活》周刊，目前，它仍在继续以《呼声报》的名称出版。这两份刊物都是在第比利斯出版的。近期内，在巴库将出版《工人日报》。印成小册子的文献大部分是从德国社会主义著作中翻译过来的，在工人阶级和其他各界群众中散发。迄今为止，我们出版了 20 多种小册子，一部分在国外出版，一部分在国内出版。

亚美尼亚社会民主党的活动得到了社会党国际局和德国社会民主党的支持。

我的介绍到此为止。当然，在这里不可能对我们的组织作全面的介绍，也不可能对它的活动的各个方面作详尽的阐述。

（本文由亚美尼亚社会民主工人组织国外委员会翻译，并盖章确认）

J. 卡格拉马尼扬

情况通报补充

到8月1日为止,社会党国际局还没有收到**波兰和立陶宛社会民主党、崩得、拉脱维亚**社会主义民主党等的报告。

我们曾打算根据芬兰社会党关于最近这次选举的结果的正式通报对芬兰的报告予以补充。尽管我们一再提醒,但它还是没有给我们寄来这份通报。因此,我们不得不从这个党的一家正式报刊《工人报》(1907年5月第16号)引用某些数字。

5月15—16日的选举结果如下:

	票数	议席
社会民主党	约33万	80
老年芬兰人党	约24.57万	57
青年芬兰人党	约12.3万	26
瑞典人民党	约11.27万	24
农民党员	约4.4万	11
基督教工人	约1.4万	2

在18名妇女议员中,有9名是社会党的代表。

反社会主义政党没有料到这一结果。青年芬兰人党曾期望获得50多个席位,老年芬兰人党曾期望至少获得80个席位。

从以下的统计数字中可以看出社会党人在各选区得票的百分比:

选区	得票的百分比	代表	推荐的候选人
尼兰	34	9	23
图尔库（南部）	27	4	17
图尔库（北部）	53	10	17
塔瓦斯特许斯（南部）	60	7	11
塔瓦斯特许斯（北部）	55	7	11
维堡（西部）	39	6	13
维堡（东部）	23	5	17
圣米歇尔	45	6	11
瓦萨（东部）	47	6	11
瓦萨（南部）	11	1	12
瓦萨（北部）	15	1	10
库奥皮奥（西部）	49	7	13
库奥皮奥（东部）	52	6	11
奥卢（南部）	36	4	13
奥卢（北部）	24	1	6
拉普马克……（多数制）	0	1	

瓦尔帕斯的报告①充分说明，这一辉煌成果的取得是由于我们党在反对博勃里科夫政权的斗争中执行了坚定而又谨慎的政策；说明人民深信，只有社会主义才能和现代文明水乳交融；说明我们的各个小组在土地问题和语言问题上采取了深得人心的态度。

---

① 见本卷第350—361页。——编者注

至于说到**美国**，人们对欧洲的同志们将要召开的斯图加特代表大会非常感兴趣，希望得到一份斯堪的纳维亚、芬兰、意大利以及其他参加了或没参加**社会党**或**社会劳动党**的组织的报告。有材料表明这些组织的活动也值得进一步了解。

希尔奎特公民最后请求我们对他的报告①予以补充。一方面，确认**西部矿工联合会**这个**世界产业工人联合会**中最牢固的工会退出了该组织；另一方面，**德莱昂—特劳特曼**派宣称，近一个时期以来，他们取得了某些进展，因而，必需取消上面提到的那一页中对加入国际的各派的估计。

有两三个国家，那里社会主义思想似乎仍未站稳脚跟。

在**希腊**，断断续续地发生了一些零星的运动、罢工和诉讼案，一些积极分子遭到了监禁，这一切表明了社会主义思想的存在。

在**墨西哥**，有几份报纸问世，但都没有存在多久。人们成立了几个协会，组织了1月22日惨案的周年纪念活动。这是为了告诉墨西哥工人，并非只有沙皇才干得出屠杀这类事情，为美国大资本主义的利益效劳的共和国当局枪杀了罢工者，他们的罪名是成立法律禁止的工会和要求增加工资，而资产阶级则拒绝了他们的要求。

在**日本**，到目前为止，社会主义似乎还没有超出由知识分子进行宣传和得到某些工人同情支持的阶段。第一个社会党已经成立十多年了。成立后，他们所遵循的策略就是为了更美好的事业而顽强奋斗。政府采取了解散和迫害这个政党的手段。1898年，积极分子成立了一个名叫社会主义协会的非政治性组织，并出版了一份报纸《平民新闻》，订户

---

① 见本卷第3—27页。——编者注

有4000。在俄日战争期间，社会党人孤军奋战，反对被胜利煽动起来的军国主义精神。这种态度的本意并不是要政府停止它的镇压政策。报纸上登载了《共产党宣言》，当局从中找到了借口，宣称我们的朋友的组织违反了宪法。于是，我们的朋友再次遭到审讯、罚款和监禁。然而，社会主义思想仍然很活跃。社会党人非常关心公共事业的经营情况，他们以最恰当的方式干预了在美国发生的反对日本工人的运动。资本主义的发展使他们认识到工会问题的重要性。1906年，党重新组建。这是一个很有利的时机，因为工人们开始意识到他们自己的利益。一些报纸和杂志相继问世。此外，他们还出版了一份日报，这份报纸存在了两个月之久。政府取缔了这家报纸，并监禁了它所能搜捕到的积极分子。但是，像以前的一切企图一样，政府的这一野蛮策略也遭到了失败。

传到我们这里的关于**中国**社会主义的消息很不明确，所以，在这里我们无法作出以事实为依据的评价。

在**巴西**，目前还没有一个真正统一的政党，只有几个地方组织。看来，由于社会主义者的成分复杂，所以至今这仍是建立一个包括各州和各种肤色的积极分子的单一的巴西政党的障碍。在圣保罗（巴西）用意大利文出版的日报《前进报》曾多次发起促成实现这一计划的活动，但迄今为止，这一光荣而必要的任务似乎尚未完成。

在**古巴岛**，有两个社会主义团体，即**社会主义工人党和国际社会主义联合会**。这两个组织合并后成立了**古巴社会党**，它申请加入社会党国际局。该党的章程符合国际社会主义的原则，但我们要等收到关于各小组人员构成的合乎章程规定的信息后才能作出决定。我们的这些同志还将出版一份名叫《社会主义者》的周刊。

在**葡萄牙**，存在着同样的联合倾向。最近，在里斯本召开了一次有主要的社会主义积极分子参加的代表会议。代表会议排除了多年来一直妨碍着组织的发展壮大的个人之间的无谓争吵和共和党的暂时令人迷惑的影响，成立了一个全国性的社会党。

关于**澳大利亚**的情况。汤姆·曼和他的朋友们发起在墨尔本召开了一次有各州所有社会主义团体参加的代表会议。这次会议是在6月15日召开的，但我们刚刚才收到会议纪要。汤姆·曼在他的报告①里，谨慎地谈到了会议的情况，但年初，在他办的那份《社会主义者》周刊的头几期里就已经宣布过关于这次会议的计划。应邀参加代表会议的有：

维多利亚州社会党；
社会主义工党（悉尼）；
社会民主联盟（悉尼）；
国际社会主义俱乐部（悉尼）；
社会主义先锋党（布里斯班）；
社会民主俱乐部（布罗肯希尔）；
社会主义宣传小组（布罗肯希尔）；
社会民主协会（卡尔古利）。

悉尼的国际社会主义俱乐部制定了一份章程草案以便提交给大会讨论。这份文件刊登在该团体的机关刊物悉尼《国际社会主义评论》上。文件包括一篇受爱尔福特纲领启发的学说性论述。文件明确赞同国际社

---

① 见本卷第58—60页。——编者注

会党人代表大会的决议，特别是巴黎和阿姆斯特丹代表大会关于社会党人加入政权机关的决议。文件特别阐述了对全党来说成立**国际澳大利亚支部**的必要性，这个支部将从属于社会党国际局。

在每位代表作了口头报告之后，大会通过了第一项决议。决议措辞如下："对于澳大利亚来说，建立一个统一的和有觉悟的社会党的时刻已经到来。"**社会主义工党**的代表希望各个小组全由他们的组织来吸收，但他们的建议未获通过。

布罗肯希尔州的代表接着提出一项决议并获通过。决议主张把美国**世界产联**章程的序言作为大会讨论的基础，还阐明了阶级斗争和成立一个有别于现有政党的独立政党的原则。新政党的名称是**澳洲社会主义者联盟**。**澳洲**一词代替了**澳大利亚**，因为新西兰社会党曾宣布，它已准备参加这个联盟，并接受符合该党章程的各项大会决议。

关于与一些非社会主义团体的关系，大会决定，任何成员都不得成为非社会主义工人团体的立法或市政候选人。

大会向美洲的社会党人发去了致敬电，通过了一项支持俄国革命的决议，并决定派遣公民维克多·克罗美尔出席斯图加特代表大会。最后，统一的党还任命了悉尼"国际社会主义俱乐部"的 H. E. 霍兰德公民为党的书记。他所在的团体几年前已加入**社会党国际局**。

由于各社会主义团体的共同努力，澳大利亚工人阶级抛弃近视的民族主义、纯国家观念和工会的改良主义，一句话，抛弃理论上的混乱、传统精神、只顾实际利益以及个人崇拜的时刻已经不远了。这个集中运动必然会引起一种反应，那就是资产阶级力量的联合。反社会主义的自由贸易派首领里德先生已蠢蠢欲动。以迪金先生为首的主张保护主义的保守派将会忘记他们和自由派的表面上的争执。在联合起来的资产阶级面前，意识到自身利益和权利的整个工人阶级将奋起反抗。未来将告诉我们沃森先生的劳动党的工联主义分子会如何同国际主义者的社会党人接近,后者已向我们宣布,他们将派一名代表参加斯图加特代表大会。

在**南非**,社会主义组织似乎正在完成我们的澳大利亚同志在同时进行的统一事业。**开普敦**有英国各政党的分支组织,其中一些组织出版了有荷兰文增刊的《开普敦社会主义者》。在**纳塔尔**,最近有3名社会民主党人当选,他们是:公民哈戈尔、康诺利和帕尔默。在43名议员中赞成劳动党纲领的有10人。在**德兰士瓦**,工会和政治组织仍然很弱小,但是那里的思想宣传工作搞得很出色。目前,议会中有37名人民党的议员,6名民族主义党人,21名进步党人,2名独立党人和3名自由劳工党人。但是,最近的选举表明,社会主义思想获得了重大进展,而且政府政策的可能的失败在今后将会产生反响。几个月前,公民W.萨瑟兰向我们宣布已成立了"南非社会主义讨论会",它的宗旨是在南非实现社会主义组织的统一,它由以下组织组成:"德兰士瓦独立工人党";约翰内斯堡的"社会主义前进联合会";约翰内斯堡的"卡尔·马克思社会主义联盟";约翰内斯堡的"俄国自由之友协会";开普敦的"社会民主联盟";德班和纳塔尔的"社会民主联盟"。

这个讨论会的第一个行动就是派代表出席斯图加特国际代表大会。

这一简短的回顾表明,从欧洲到美洲,从澳洲到非洲和亚洲,革命的思想正在萌芽。随着资本主义的发展,工人组织也在逐步发展。今天,我们可以断言,在社会主义存在的国家里,太阳**将永不**陨落。

读者将在附录中读到德曼公民关于许多国家青年组织的详细报告。在那些国家里有已加入国际的政党在活动。这份材料是根据原始文件,即每个国家的组织的责任书记的报告编写的。自然,这个报告将受到欢迎,因为这是第一次如此准确地回顾青年工人的英勇斗争。老一辈的积极分子将欣慰地看到,他们的宣传工作已结出累累硕果。

卡·胡斯曼

附　录

社会主义青年国际组织

引　言

在巴黎（1900）和阿姆斯特丹（1904）国际社会党大会期间，召开了社会主义青年国际会议，但没有取得任何持续结果。从那之后，各国工人青年社会主义组织迅速发展起来，建立一个坚实的青年国际联合会对各界来说已经成为一种较成熟的共识。1906年9月28日，德国首届社会主义青年全国代表大会在曼海姆召开，决定创建一个能够持久和始终如一地与各国社会主义工人青年进行国际联系的组织，并着手筹备斯图加特社会主义国际大会之后召开的青年国际代表会议。所有国家的青年组织被征求了意见，它们热情称赞这个倡议。由亨利·德曼任书记、路德维希·弗兰克和卡尔·李卜克内希为副书记的临时国际局成立，总部设在莱比锡。国际局接受了业已存在的德国、法国、比利时、荷兰、西班牙、瑞士、意大利（社会主义青年全国联合会和意大利社会主义青年联合会）、奥地利、波希米亚、匈牙利、保加利亚、瑞典（社会民主青年）、挪威、丹麦（社会民主青年）、英国的社会主义青年组织的加入。这些都是清一色的工人组织，符合社会主义国际局提出的加入条件，青年国际联合会基本接受了社会党国际的章程和原则。从此，社会主义青年国际局的事业蒸蒸日上，结出累累硕果。从1907年1月起，国际局出版发行了法文、德文月刊，介绍加入组织的情况和进展，月刊寄送给各国青年联合会总部和青年机关报编辑部。

社会主义国际执行局赞扬建立青年国际组织的倡议并向它提供资金支持。

青年社会主义国际决定发表这份介绍加入它的组织的情况的报告汇编，以帮助更多国家的青年和成年同志了解青年社会主义国际，因为该组织的重要性和作用经常不为人知。这份报告汇编由国际局自己撰写，主要依靠各国青年组织提供的信息。为此，还向各国青年小组寄送了详细的问卷①。由于着手这项工作时间紧迫，报告汇编的材料可能不太全面和确凿，按理应该准备得更充分更好，因为这不是国际局指导未来类似工作的临时基础依据。但也没有必要过分强调和对报告中出现的错误、缺点和遗漏进行道歉。起初，在汇编中亦准备提及敌对的青年组织（民族主义派、自由派、教权派、中立派、无政府主义派等）；然而由于这方面的信息太少，只能推迟至以后发表。对各国青年组织来说，最重要的是学习自己的对手如何扩展力量和他们的工作方法，他们的人数在许多国家远远超过我们，② 从他们身上，我们能够学到比自己预想得多的东西。未来的岁月里，我们在这方面的任务非常艰巨。

报告汇编得出的普遍结论是，最近几年在所有的资本主义国家，以社会主义为基础的青年工人组织扩展了，且增长幅度很大。根据各国自身的情况，青年工人组织具有各种不同特点，有的像荷兰和英国一样，

---

① 部分调查问卷得到非常认真细致的回复，简要列举一下提交回复的同志：奥地利，罗伯特·丹内贝格和安东·延奇克；波希米亚，艾曼纽埃尔·斯卡图拉和阿托尼姆·扎波托茨基；匈牙利，犹勒斯·奥尔帕里和巴尔纳·德国，保罗·克尔纳；荷兰，J. 波拉克；比利时，亨利·德曼；法国，F. 达尔代纳；西班牙，马丁·阿拉盖耶罗和埃拉迪奥·坎波；意大利，罗塞塔·皮塔卢加（社会主义青年全国联合会）和阿图罗·韦拉（意大利社会主义青年联合会）；保加利亚，克里斯蒂安·斯坦丘；瑞典，古斯塔夫·默勒；挪威，斯韦勒·克罗格；丹麦，卡尔·霍伊尔；英国，艾尔弗雷德·罗素；瑞士，亨利·吉斯勒。

② 1906 年，荷兰青年基督教联盟有小组 346 个，会员 8849 人；丹麦类似的组织有会员 28000 人。

单纯从事教育；有的类似奥地利从事教育与工会；有的类似比利时和意大利等，重点是教育和反对军国主义；波希米亚、德国和匈牙利等兼具教育、工会和反军国主义的特点。通过下面的统计表，能够对其人数和特点有一个大致的了解，但它未能表现出**保加利亚斗士、英国周日学校、瑞士青年俱乐部和比利时青年近卫军**等的独创性。

	教育	反军国主义	工会	成员人数
比利时	是	是	—	13000
奥地利	是	—	是	4200
匈牙利	是	是	是	700
波西米亚	是	是	是	3500
法国	是	是	—	500
德国	是	是	是	6800
瑞士	是	是	是	325
荷兰	是	—	—	450
意大利	是	是	—	5000
西班牙	是	是	—	1200
英国	是	—	—	3200
保加利亚	是	是	—	900
瑞典	是	是	—	17000
挪威	是	是	—	800
丹麦	是	是	—	1400
芬兰	是	是	—	250

共计 59225

通过浏览这些青年组织的不同特点，可以大胆地确定出现了一种普遍的趋势，这种趋势虽然进展缓慢，但不可逆转，它推动所有的青年组织朝着一个完整的具有教育、工会和反军国主义这样一个共同的模式发展。不需要其他证据，仅比利时（特别是根特）出现的涉及经济活动的趋势，荷兰播种组织为在教育行动中融入战斗角色所付出的努力，德国南部、匈牙利、瑞士和保加利亚组织在反对军国主义方面向着更加坚决和激进方向的演变，就可以说明这一点。

国际青年联合会通过与这些国家青年团体保持经常和亲密的接触，可以理智地推动这种趋势的发展。把每个国家不同派别和工作方法绝对地统一起来，或者甚至企图阻挠这些趋势的发展的想法是不切实际的，并会引发灾难性后果。尽管差异将各国组织隔开，但仍有一种伟大的希望：出现一个强有力的组织从现在起就把他们团结在一起，并且团结得越来越紧密的思想和愿望。青年组织只有一种理由和理想存在，就是他们是社会主义国际无产阶级青年。在此，面向青年们，我重复一下考茨基1903年对奥地利社会主义青年的讲话：

"今天资产阶级缺乏理想，它的青年只能在疑虑、疲惫、失望、愤世嫉俗或者粗俗和糜烂方面超越自己的前辈。相反，无产阶级是一个具有革命理想的阶级，半个世纪前青年学生们发挥的政治作用今天落到了无产阶级青年身上——他们是我们伟大事业不断年轻化的源泉，通过他们，可以最好地测量到工人阶级知识和精神的进步。"

1907年7月25日于莱比锡

比利时

比利时是一个传统的用军事手段干预经济冲突的国家。每次尚未觉醒和组织起来的工人阶级由于过度贫困进行具有现代工人运动先驱特点的反抗时，自由派和教权主义政府都试图通过屠杀来平息惊恐万状的资产阶级和恢复秩序。从19世纪中叶开始到1886年，无产阶级的斗争是与军队展开一系列长期血腥冲突的历史。最著名的是1867年一个步兵连向马谢讷和平示威的罢工工人开枪事件，成为比利时国际①支部决定持续进行鼓动的起点的1868年向沙勒罗瓦罢工工人开枪事件，以及1869年的瑟兰和博里纳日的冲突。接着，可怕的1886年来临了，饥荒和目的不明确的要求政治改革的愿望促使工业重镇埃诺和列日的工人阶级进行激烈和破坏性的反抗，特别是在政府官员对他们进行挑衅煽动之后。在1886年4月3日告示的始作俑者范德斯米森男爵将军的军事专制下，镇压更加凶狠血腥。告示的开篇写到：**使用武力无须警告**。仅在鲁镇，一梭子弹就撂倒16名罢工工人。司法裁决军队胜诉。

这些事件使刚刚成立的工人党与初期的反对军国主义宣传联系到了一起。在许多城市，社会主义小组向士兵散发传单，呼吁他们不要向罢工的工人兄弟开枪。安塞尔由于在《前进报》发表文章，恳求母亲们请求自己当兵的儿子不要向人民开枪，被根特重罪法庭判处6个月监禁。

---

① 指第一国际。——编者注

越来越多的青年加入了自发成立的工人党，工人党成立的起因就是要把人们组织起来，进行社会主义宣传，向士兵和未来的士兵进行反军国主义宣传。1886年11月1日，根特的一伙年轻人成立了新兵协会，专门从事反对军国主义宣传。不久，布鲁塞尔成立了共和近卫军。因警察对他们的反军国主义宣传进行清剿而被迫解散后不久，他们又重新组织起社会主义青年近卫军。该名称借鉴于很久以前自由与天主教青年近卫军的称谓，而后者又是参照拿破仑青年近卫军的名称而取的。

此后，安特卫普和埃诺省的拉海斯特社会主义青年人协会成立，1887年瓦隆第一个社会主义青年近卫军诞生。1887年1月，根特新兵协会在根特工人党支部的支持下，发行了首期刊物《新兵》，此后每年的发行从未间断；1887年9月首份期刊《军营》问世。布鲁塞尔社会主义青年近卫军很快效仿，在工人党地区支部的资助下，于1888年1月发行了首份期刊《新兵》。直到1893年，布鲁塞尔社会主义青年近卫军才发行了首份《军营》期刊。这四份刊物每年的发行从未断过，法语和荷兰语的《新兵》每年1月征兵抽签时发行，《军营》则在每年9月士兵入伍时发行。期刊发行圆满成功，受到士兵和工人阶级的欢迎。1889年，布鲁塞尔社会主义青年近卫军倡议召开全国青年近卫军代表大会，安特卫普、根特和拉海斯特青年近卫军代表出席了会议。1890年在征兵抽签之际，通过《新兵》、《军营》期刊和群众集会、游行的方式首次开展了全面系统的反对军国主义宣传。

政府开始对青年近卫军的积极分子白拉克、埃内斯特和莱韦克提起诉讼，并作出了几个月监禁的判决。1890年卢万召开的工人党大会一致通过德温内和布鲁塞尔社会主义青年近卫军报告中提出的结论，要求工人党小组负责创建和帮助青年近卫军。同时，大会还决定青年近卫军联合会将与成年人全国大联合会和地区联合会一同出席全国工人党代表大会。1890年6月24日，在布鲁塞尔召开了青年近卫军第二届全国代表大会，10多个小组出席了会议。不久之后，布鲁塞尔青年近卫军在接纳了部分无政府主义分子后开始衰弱，工人党总部会议决定收回《新兵》发行权，自己承担其发行工作至1895年。1891年5月10日，32个青年近卫军组织在卢万召开全国代表大会。1891年7月14日，全国青年近卫军的首期机关刊物《青年近卫军》问世，但坚持时间不长。同一时期，佛拉芒语地区的机关刊物，同时也是与青年近卫军保持联系的荷兰其他几个社会主义青年小组的机关刊物《青年近卫军》诞生。这份刊物很快也被勒令停止发行。在1890—1891年的罢工运动中，全国近卫军联合会向士兵们发送了两份宣言。1891年法语和荷兰语《新兵》发行量达到了3万份。此后，全国代表大会继续召开，宣传活动如常展开。政府当局的追捕活动从未停止。《军营》的编辑埃内斯特、米绍特、福尔克特、吉勒斯、洛金在布鲁塞尔重罪法庭被以煽动士兵抗拒命令罪指控，后被无罪释放。1895年工人党总委员会重新授权青年近卫军发行《新兵》，仅当年发行量就达到5万份。1895年《军营》的特罗克莱、福尔克特、米绍特、吉勒斯、德博克、伦斯、维尔梅被布拉班特省法庭分别处以几个月监禁。这个法庭还判处德博克和勒克6个月的监禁。同年，特罗克莱因宣传社会主义新兵问答手册被判处10个月监禁。1897年，维尔梅被指控鼓动未来的士兵如实汇报上级情况被沙勒罗瓦法庭判处6个月监禁和100法郎罚款。1901年，普雷沃因向未来士兵建议不要向工人开枪被告上布鲁日重罪法庭，后被无罪释放。继4月发生的一系列革命事件之后，1902年安特卫普的沙佩勒被处以7个月的监禁，布鲁塞尔的波尔修斯被判处6个月监禁，福尔克特被判处3年监禁。1903年，布鲁塞尔重罪法院对全国青年近卫军总委员会的5名成员德曼、克楠、范温森、贝里曼斯、勒基以在征兵抽签期间张贴侮辱军队、无视法律和煽动士兵反抗罪名提起诉讼。

为获得合法地位并参加1894年工人党率领进行的首次竞选，青年近卫军积极参加了1893年的鼓动。在1897年8月15日前，青年近卫军运动不太为人所知。这次在党的总委员会的帮助下，在布鲁塞尔集中了10万社会主义青年和劳工的反军国主义宣传活动向正在讨论重组军队的议会施加了巨大压力。魏德斯根据雅克·格填词作曲的八月十五日歌曲成为比利时社会主义青年近卫军的反战歌。

社会主义青年近卫军的出版刊物也非常丰富。除了以上提及的期刊外，全国联合会在布鲁塞尔陆续出版的月刊有：1896年7月—1897年8月的《先锋队》，这是与布鲁塞尔社会主义学生会共同发行的，后增发佛拉芒语版的副刊。《反对军国主义》从1900年7月发行至1902年3月，随后被1903年1月发行的《社会主义青年》取代，而后者在1907年1月又被《青年，就是未来》替代。1903年9月，沙勒罗瓦青年近卫军出版了《军营》的特刊《反对军国主义，支持社会主义》。1906年1月，埃诺和那慕尔省发行了首份《青年，就是未来》，刊物很受推崇并于1907年1月开始替代《社会主义青年》，成为法语版的全国机关刊物。《青年，就是未来》编排得非常出色，加上封面和插图共16页，发行量达到了6000份。根特青年近卫军为佛拉芒语区发行了年刊《新兵》和《军营》，安特卫普青年近卫军先后在1900年开学之际发行了《血税》和1901年5月1日的首期《放下武器》，由于主编沙佩勒被判处监禁6个月，《放下武器》在发行2期后停刊。最后是《播种者》，这是一本精美的16—20页插图的月刊，1904年由根特青年近卫军接管。1905年1月，《播种者》与佛拉芒语区社会主义联合会和佛拉芒语区青年近卫军共同发行的工人党机关刊物《真理》合并；《播种者》专刊成为国内和国际社会主义青年运动期刊，去年5月1日，它发表了全部由佛拉芒语区青年近卫军成员撰写的一期专刊。32页的《真理》发行量达到3000份，发挥了佛拉芒语区社会主义青年科学教育杂志的作用。1905年1月，安特卫普青年近卫军发行的《自由报》被佛拉芒语区社会主义青年认为是指导自己斗争的刊物。

法语版的《军营》和《新兵》目前的发行量分别达到 8 万份，佛拉芒语版的《军营》和《新兵》目前的发行量分别为 3.5 万份。

除了这些期刊外，还出版发行了许多法文和佛拉芒文的反对军国主义书籍和小册子，主要有：

> 韦尔梅：《血税》，布鲁塞尔，1893 年；
> 《血税》，工人党党员著，拉埃斯特尔；
> M. 特罗克莱：《社会主义新兵的信条》，列日，1896 年；
> 《重罪法庭的新兵》，布鲁塞尔，1896 年；
> 《军队的教堂》，根特，1898 年；
> A. 弗雷德里克：《社会主义青年近卫军》，根特，1898 年；
> 莱昂·弗尔内蒙：《军国主义，这就是敌人》，布鲁塞尔，1899 年；
> 内奥：《反对军国主义》，布鲁塞尔，1901 年；
> Fr. 费舍：《军国主义》，布鲁塞尔，1902 年；
> 《军营的诉讼》，根特，1904 年。

这些书籍很多都有佛拉芒语版。法语和佛拉芒语版的《新兵信条》一书正在出版中。

此外，青年近卫军还印发了无数配有反对军国主义插图的宣言、传单、布告、明信片。1906 年瓦隆青年近卫军发明了反对军国主义的自动粘贴圆卡片和漫画作为新的宣传手段，总共散发 10 多万份。

现在谈谈青年近卫军全国联合会的组织情况。这个组织很大程度上是联邦主义性质的，经验告诉我们将一个权力高度集中的庞大机构交给青年人领导是危险的。当地自治小组组成地区联合会，地区联合会加入总委员会领导的全国联合会。地区联合会每年举行一次全国大会，由每个小组派 1 名代表参加的佛拉芒、瓦隆和布拉班特 3 个地区的联合会代表团和每届大会选举的 1 位全国代表与会。自 1905 年全国代表大会收回了《军营》和《新兵》以及全国联合会发行的月刊后，总委员会的权力受到限制。与此同时，每位成员每年交纳 10 生丁的做法被取消，总委员会除了工人党每年拨给的约 500 法郎补贴和《军营》、《新兵》销售的收益外，没有其他收入来源。由于中央权力非常分散，统计每个组织的确切人数非常困难。最近一期出版的总委员会年报估计约有 121 个自治小组（瓦隆地区 62 个，佛拉芒地区 27 个，布拉班特地区 21 个，列日省 11 个），但无法提供确切的总人数。由于各级青年小组人员快速流动，交纳会费成员大约有 1.3 万人。

所有的青年近卫军都直接参与了当地和地区的工人党，青年近卫军全国联合会整体参加了工人党总委员会并派代表出席总委员会会议。

不存在联合会强迫所有小组必须统一组织建制的规定。接纳成员没有统一的年龄标准。若利蒙的青年近卫军设有一个幼儿教育班，接受低龄儿童；古叶的青年近卫军成员主要以交纳互助保险的人为主，等等。唯一的限制（理论上）是 1903 年代表大会通过的入会年龄不准超过 25 岁的规定，但允许 25 岁以前注册的青年成员可以延长至 30 岁。实际上，会员的平均年龄在 17—22 岁之间，所有的会员都属于工人阶级。对妇女加入没有任何限制。1896 年，布鲁塞尔联合会表达了希望成立妇女青年近卫军的愿望。1903 年《播种者》在青年近卫军成员中进行了一次调查，许多回复都表示支持这个想法或希望女青年直接加入青年近卫军。1905 年根特青年近卫军率先成立了由 30 多位青年女工参加的女青年社会民主协会并使之发展壮大。该组织目前有 80 多位成员；妇女小组支部会议和全体大会经常是与青年近卫军共同召开；男女两个小组联合组成学习协会，女青年学习积极性高于男青年；夏天两个组织还共同组织郊游。女青年社会民主协会每周组织两个晚上的免费缝纫课，许多工厂女工积极参与,并在那里首次接受了组织和社会主义的概念。1907 年,佛拉芒语区的勒德贝格和贝尔赫姆开始效仿这种做法。1907 年全国大会通过了根特女青年社会民主协会所作的关于女青年社会民主协会的报告,并通过以下决议:

"鉴于有必要动员女青年参加青年近卫军运动,青年近卫军有责任通过宣传,争取女青年接受成立组织的概念。

为此,可以根据当地的情况,接纳女青年为青年近卫军成员或像根特那样成立专门的女青年小组。"

小组会费一般是每周 5—10 个生丁。部分青年近卫军还将必须订阅的教育月刊费用返还给会员。

青年近卫军的活动首先自然是反对军国主义。当然,这些活动是遵循工人党的全面宣传纲领的,活动逐渐地转向加强对成员的社会主义教育。从 1902 年开始,掀起了一场加强对社会主义青年进行社会主义教育培训的运动,此前这方面工作被严重忽视。

大家都知道比利时是一个小国,没有统一的种族和文化,没有真正的国家历史传统,归纳起来就是没有爱国主义,从军事角度看,它也没有任何重要性可言,军队几乎是用来对付资本主义的内部敌人和工人运动的。

比利时军队拥有最细腻的分工。工人组成的军队既要对付外部敌人,又要尽可能地打击内部敌对势力。资产阶级军队是在需要或者应该取代工人组成的军队时用来顶替工人军队的。

每年 2 月,王国通过全社会 20 岁青年参加的抽签,招募将近一半(13000 名)适龄青年组成现役军队。不幸中签的青年只要花费 1600 法郎,就能通过政府找到一个替代者(高价购买的志愿者)。政府部门雇用了一些人员，专门负责在农村招募最贫困的农民或者城市贱民作为志愿替代者。为此，现役部队完全由清一色的工人和农民组成，由于太贫困，他们无力花 1600 法郎购买替代者。资产阶级或小资产阶级的儿子或在抽签中得到一个幸运号码，或花钱找人替代，避开服兵役，并立即加入全国公民卫队。所有那些没有参加现役部队或者用钱购找人替代服役的人都是资产阶级和小资产阶级，他们必须加入公民卫队。这是资产阶级民兵，他们每周只用几小时进行军事训练。随着社会主义宣传攻势的加强，资本主义卫队不适应保卫首都的弱点日益暴露，政府决定加强公民卫队，逐步取消市镇对它的独立管理权，加强了卫队之间各部门的联系，并给它增配了先进武器，任命部队军官担任卫队的首领并由中央政府直接管理。1902 年，公民卫队取代军队，负责处理大罢工，1902 年 4 月 18 日在全民投票选举期间举行的第二次全面大罢工中，他们表现突出，在卢万大街上 1 梭子弹打死 6 个人。

  显而易见，部队这种组织机制，尽管设计得很精细，然而也恰恰是这种精细对资产阶级政府非常不利：部队招募制度不得人心，不公引起强烈的反抗情绪以及全部由无产阶级分子组成，这一切非常容易唤醒阶级觉悟。这是军队的短板，青年近卫军的宣传瞄准的正是这一点。

  从军法规定承担义务的那一刻起，青年近卫军就开始向青年士兵进行宣传：每年 1 月和 2 月抽签开始期间进行第一次宣传，9 月和 10 月新兵入伍时展开第二次宣传。青年近卫军没有重视每年 6 月入伍审查期间的宣传可能是其不足之处。1 月和 9 月的宣传几乎是一样的。首先是 1 月在法语和荷兰语《新兵》上进行广泛宣传，尔后是通过 9 月的法语和荷兰语的《军营》进行鼓动。由于新兵的名单公开发布，非常容易获得他们的名单和地址。最常用的办法是通过邮局寄送材料，有时夹上一些宣传品和参加公众大会的邀请函或《新兵信条》的小册子。另外，很多报刊是在大街和大会期间销售的。青年近卫军上街张贴和散发含着哀伤悲愤情绪的抗议宣传品。抽签前夕，青年近卫军深入到各个市镇和村子进行宣传，举行由工人党讲演者协助的公众大会。抽签前一天，在每个重要的市镇，青年近卫军还组织有音乐伴奏的高举旗帜和抗议标语的游行，并在活动结束前召开一场宣传大会。抽签当天，所有社会主义青年办公机构下半旗。在抽签的市政府大楼前，青年近卫军向列队聚集的青年推销签名的反对军国主义的明信片。第一个到票箱抽签的青年近卫军成员一般都被委派向主持抽签的市长递交一份由多名应征者签名的反对血税的抗议书。青年近卫军还建议自己的成员不要把手伸到抽签箱里，以表达社会主义青年的反对情绪。这些抗议尽管只是个人行为，但产生了巨大的影响。现场的宪兵对他们非常粗暴，有时甚至将他们禁闭几个小时，但采取这种做法的青年没有受到惩罚。在部分工业城市，有时是悲伤的母亲代替自己的儿子前去抽签。在市镇的露天广场上，经常会有一些自发的反军国主义聚会，到处唱着社会主义和反军国主义的歌曲。这些活动以及其他的一些活动，在许多地区由于形势不同，抽签那天的气氛也不完全一样，但不管怎样，过去节庆聚会活动中展现的那种畅饮和欢快气氛消失殆尽。在很多工业市镇，可以说，没有一次活动不是针对军国主义的。

  在新兵入伍时，也会有一些类似的宣传，但规模没有这样庞大。

  应该指出纯粹的社会主义理想是青年近卫军宣传的指导思想。1896年根特青年近卫军全国大会曾经推翻了拒绝集体服兵役的宣传。除了布鲁塞尔青年近卫军有几次差点被短期性地引向无政府主义倾向外，个人主义和无政府主义在青年近卫军和工人党中从未产生过重要影响。1907年5月19—20日在根特召开的全国青年近卫军代表大会根据德曼的提议，经阿蒂尔·若尼奥提出的意见修改后，通过了关于反对军国主义的基本原则：

"1. 军国主义是为国家服务而存在的军事力量。为此，军国主义是先于和独立于资本主义的。

2. 在资本主义社会秩序中，军国主义是国家提出的，是领导阶级的服务者，为领导阶级的利益服务；它更经常具有一种重要性，对国家资本主义和资产阶级的生存条件产生巨大影响。它可能被用来对付资产阶级国外和国内的敌人。无论什么情况下，无产阶级将承担经济和人员损失。特别是在第一种情况下（战争），国际劳工的团结将中断，全球文明将告急，无产阶级成为交战行为的牺牲品。在第二种情况中（罢工和骚乱），军队将发挥替代者的作用，用来镇压屠杀劳工。为此，在资本主义社会中，社会主义政党必须与形形色色的军国主义作斗争。

3. 军国主义日益成为资产阶级国家的必要；为此，它不会早于资本主义灭亡；正是基于此，针对军国主义展开的专门行动是反对资产阶级斗争最具决定意义的手段之一。

这种专门行动包括几个方面：在议会内，坚持不懈地反对战争预算和有关的原则声明，揭露和批评与军国主义有关的丑陋行径（征兵、替代、军事法庭、虐待士兵、军营生活的不道德、腐败、将士兵作为替代品等），禁止采取与军队国家化有关的军事组织的所有措施；在议会外，在工人阶级中进行坚持原则的宣传，特别是要提高士兵阶层在服兵役前后的觉悟，这是青年近卫军肩负的首要任务。

4. 只有无产阶级关注反对军国主义；只有工人阶级政党能够毫无私心、始终不渝地进行这场斗争，工人党特别是青年近卫军的反军国主义行动应该独立进行，不与任何资产阶级政党有关联。独立性是指我们对官方、资产阶级和慈善组织或所谓和平的'中立'机构运动的态度。我们应该揭露这些企图的虚伪性，明确地指出他们的无能为力，他们运动的起源、行动手段及目标与无产者的起源、斗争手段和反军国主义目标的差别。

5. 对征兵不公和替代做法的不满、反对粗暴使用武力是我们反对军国主义的原因，我们将继续与此作斗争，并将此作为与领导阶级进行斗争和反抗的最重要手段。

抽签征兵和替代是我们进行鼓动宣传最好的办法，因为这能够激发群众反对军国主义的情绪，替代做法能够让我们更好地揭露比利时军事体制的性质。

当取消抽签征兵和替代这两项令人羞耻的议案提交议会讨论时，我们希望听到我们的议员在关于抽签的表决中，表示支持实施全民兵役制，实施1年的服役期，减少军费开支，执行军队国家化体制。

同样，社会主义议员同样应该利用自己议员的任期，努力要求取消国防委员会、维尔福德苦役营和贝弗洛训诫连。

6. 社会党没有把反对军国主义的斗争视为'个人行为'，而是把它视为全体无产'阶级'的斗争。为此，个人拒绝服兵役不是我们反对军国主义的策略。恰恰相反，我们的策略的目标是让军队脱离使用军队镇压无产阶级的政府阶层，唤醒被迫服兵役的无产阶级觉醒。

当然，新兵或士兵出于自己反对军国主义的觉悟，拒绝服从命令将得到我们的同情。我们有责任在必要时或对外国叛逃军人在我们国家寻求安全庇护时提供支持。个人抗议行为同样应被视为个人觉悟所致；我们不能企图挑唆这种行为，也不能将其作为反对军国主义行动策略的方法。

7. 我们的反军国主义宣传不是鼓动青年士兵坚持不懈地向上级造反，消极抵抗，采取任何不符合坚决服从命令、听从指挥的军人态度——当然，军营日常生活的命令不能与人类内心发出的更高级的命令和阶级觉悟相违背。

8. 士兵接受军阶一般不应该被认为与社会主义义务发生冲突，其本人也不应该这样认为。但应该提醒我们的成员存在着在新的岗位上忘记自己士兵同志的危险。

9. 各国社会主义政党和工会应该反对所有形式的战争。最有威慑力的武器是举行总罢工和拒绝参与战争动员。

全世界不同的社会主义组织应该紧急研究战争爆发时应该采取的策略，以让大家了解在同时发生冲突的国家中组织反战抵抗活动是可行的。"

大会还通过一项修正案，即接到上级要求在罢工中发挥替代作用的士兵有责任集体抗拒命令，或对此实施破坏措施。

全面系统的反军国主义宣传无法迈入军营大门。不管军国主义严重程度如何，军营的纪律非常严厉，在所有主要大国的军营里进行社会主义宣传是非常困难的。军营内，每位青年近卫军成员和入伍前接受过宣传的士兵根据自己的情况决定各自进行宣传的态度。青年近卫军与其入伍的成员继续保持联系。根据有关规定，大部分青年近卫军每月向他们提供补贴（1法郎或2法郎），如果一段时间内（一般3个月）没有向组织提供任何军营情况，青年近卫军将停止向他们发补贴。社会主义新闻媒体经常用他们提供的材料进行宣传，促进士兵状况的改善和制止滥用权力的做法。每位青年近卫军成员必须向有驻军市镇的青年近卫军提供成员入伍者名单。这样，青年近卫军能够和军营内自己的成员继续保持这种珍贵的联系。

大部分驻有军队的市镇成立了负责在军营进行宣传的社会主义士兵秘密协会。这些协会人数有时非常可观，但由于人员变化和上级严厉追查，协会经常变换名称，且难以长期存在。在规模大的具有驻军的城市中，特别是安特卫普，青年近卫军利用士兵星期日的准假日进行宣传，到街上和士兵经常光顾的场所发送报纸、社会主义文学作品，演唱和销售反对军国主义的歌曲。

进行宣传的目的是使比利时军队力量表面强大，但无力用来对付工人运动。1902年国防部长布拉森就部队面对社会主义宣传的精神状态进行的秘密调查显示，所有军官一致宣称他们不能确定自己的部队在必要的情况下，能够面对罢工工人前进。从今年开始，政府再也不敢在罢工期间让士兵一人独自上街巡逻。宪兵和公民卫队大大加强了力量（布鲁塞尔附近建立了一支宪兵飞行旅）；在1902年的大罢工期间，所有的步兵和骑兵兵团进行了调防和被禁止外出，仅由宪兵和公民卫队承担"任务"，特别是在卢万、布鲁塞尔和乌当等地。

保加利亚

保加利亚社会主义青年运动与社会党一样，都发端于学术研究。15年前，只有几个零星的由资产阶级知识分子组成的教育小组，他们讨论大部分从俄文翻译过来的有关社会主义的著作。那里笼罩着最纯洁浪漫的革命热情。第一批名为觉悟社的社会主义青年工人小组1898年在索非亚诞生，它同时又兼具知识分子健身和教育俱乐部的功能。夏天，他们举行露天郊游和报告会。冬天的夜晚，每周有三四个夜晚，有时甚至延长至凌晨，他们一起朗读、讨论马克思论社会主义的作品、达尔文主义和俄罗斯的革命文学。1900年觉悟社改名为战斗者，以突出自己斗争的特点。这个做法很快被效仿：1901年，在索非亚南区成立第二战斗者，在索非亚东北区成立了第二战斗者分部。该分部于1903年改名为第三战斗者。三个组织共有350名成员。那个时期，社会党分为"宽广派"和"紧密派"。这三个组织与"宽广派"保持联系。"紧密派"的工作是建立青年自己的组织，但一直没有取得成果，他们满足于建立俄罗斯式的学习小组。

在1904—1906年期间，又创建了索非亚第四、第五、第六战斗者，犹太人战斗者和博乔夫①战斗者。瓦尔纳、扬博尔、卡赞勒克、菲利普波利斯和杜普尼察省也成立了战斗者组织。

---

① 博乔夫是保加利亚第一个共产主义者，在反对土耳其争取民族独立的战争中牺牲。

起初，司法和警察没有试图阻止这些运动的步伐。只是近两年来进入了警察和一些多事者对此作出反应的阶段。从1907年1月起，战斗者被禁止在索非亚大街上游行。去年五一，警察驱散了试图游行的队伍。公众集会只能在警察的监视下进行，还经常被非法禁止。经常散发社会主义宣言的青年遭到拘捕。虽然，这些组织的宣传、组织和行动非常相似，但他们之间直到现在都没有经常性的组织联系。从1903年开始，第一战斗者联合会承担起联合总会的职责。1906—1907年期间，索非亚的全体战斗者选举成立一个委员会负责规范他们的教育行动。1907年7月，全国战斗者首届代表大会在索非亚召开，成立了全国联合会。

战斗者的任务：负责全体工人青年的文化和体育教育。年满17岁的成员要交纳50生丁的入会费和每月30生丁的会费；17岁以下的青年每月交纳10生丁会费；贫困的同志可免除会费。

各级组织（个别省区战斗者组织的情况不全或缺失）的情况：

第一战斗者有成员131名。职业分工：21名鞋匠、19名木匠、18名印刷工人、11名小职员、11名裁缝、12名冶炼工人、5名书籍装订工人、7名油漆工、2名铁路职工、2名店员、2名摄影师、3名咖啡馆服务员、3名电工、3名炼糖厂工人、1名教员、12名普通工人和其他人员。除2名犹太人、1名塞尔维亚人和1名匈牙利人外，其余的全都是保加利亚人。48位加入了工会。除2名裁缝外，所有的都是无产者。他们的教育程度：19位基础教育水平；61位完整的初级教育水平；16位完整的中级以下水平；1位完整的中高级水平；2位完整的正规教育水平；29位文盲。后者从未进过校门，是在战斗者学会识字和阅读的。他们中有个别人出国旅行过，懂得德语。冬天，人们组织教授德语的夜校。1907年6月1日，战斗者共有193.20法郎。全部财产（不含藏书）约800法郎。1906年的年收入为679.50法郎；开销为612法郎。

其他所有组织的精神状态和财务状况与作为例子的第一战斗者很接近。下面列举一下年满17岁以上的青年数量：第二战斗者98名成员，第三战斗者58名成员（大部分是兵工厂和铁路工人），第四战斗者90名成员（大部分是排版印刷工人和炼钢工人），第五战斗者27名成员，第六战斗者80名成员，博乔夫战斗者90名成员，扬博尔战斗者37名成员，卡赞勒克战斗者49名成员，瓦尔纳战斗者50名成员。这里统计的只是战斗者的人数，索非亚其他青年组织的成员有近200名。

一份名为《青年工人》的月刊成为青年工人教育的主要刊物，尽管它还未成为战斗者正式的机关刊物，但估计很快将正式转到战斗者名下。这是一份封面带有插图的14页的精美杂志。现在发行到第九期，销量达到1800份。

战斗者与任何政党、工会都没有正式关系，但实际上它们相互之间是有联系的。战斗者在某种程度上成为社会党和工会招募对象的学校，工人运动中最优秀的分子来自他们中间。战斗者的领导层实际上由社会党和工会掌握。相应地，战斗者也通过各种方式甚至在财政方面帮助社会党和工会。最近，第二战斗者为社会党募集经费专门举行了一个节庆活动。战斗者参加工会组织的所有的游行，包括五一大游行。

近3年来的每一年，索非亚的战斗者都举行30多次活动，散发2万多份材料，呼吁青年组织起来，支持通过罢工进行抵抗，反对当局采取反动措施和反对军国主义等。

战斗者的口号是：组织—教育—斗争。他们的教育活动主要是在冬天进行。每个战斗者内部都有一所工人青年夜校。每个小组都有一个带阅览室的活动场所，阅览室除了少量图书和小册子外，还有一些政治和工会报刊。

1906年，战斗者与社会党和工会联手，共同举行了一场反对行业法、支持妇女和儿童保护法的声势浩大的活动。一份对企业工作条件进行的调查表明，社会党和工会提供的充满智慧的意见是非常宝贵的。

　　在反对军国主义方面，战斗者与社会党的纲领策略是一致的，重点揭露军国主义是资本主义制度的结果并得到资本主义制度的支持。热血的托尔斯托因和朔波夫因个人觉悟拒绝服从命令的行为受到战争委员会处罚，这为战斗者面对类似的反军国主义行动明确自己的态度提供了一个机会："我们同情和赞赏这个人的英雄行为，但拒绝认为这是反对军国主义的有效做法。对那些无法忍受军营纪律和酷刑而逃跑的士兵，我们在自己的能力允许的范围内表示支持，但我们不愿意看到这种逃跑成为一种习惯性做法。只有铲除军国主义的基础，即政治上的君主制和经济上的剥削，我们才能战胜它！"

波希米亚

在长时间强烈阻挠工人运动发展之后，一股自由的清风重新吹向波希米亚，捷克斯洛伐克工人和知识青年又大批重新回到代表民主革命和民族运动的青年联合会，尽管它有时有些轻淡的无政府主义色彩，但实际上仍是一个杂乱无章的充满资产阶级浪漫情怀的组织。这个青年联合会是一个秘密社团，存在于1892—1894年期间，1894年布拉格法院的几次严厉判决宣告了它的终结。

工人运动的迅猛发展很快使社会党感到可能有责任创建一个工人青年社会主义组织。资产阶级民族运动非常巧妙地利用了工人青年反对德意志、犹太人和社会主义的高涨热情。这些"民族主义工人"利用青年的单纯无知，引诱他们干扰和阻止社会主义会议，并在罢工中扮演反罢工角色。社会党开始想方设法将工人青年吸引到自己的学习小组中来。过去他们大部分都参加了布拉格、克拉德诺、比尔森、日兹科夫、斯拉尼、布尔诺和维也纳等大工业中心城市举办的工人教育俱乐部。例如，在布拉格，许多年轻人（包括个别大学生）都是工人大学学员，这所大学是布拉格无产者精神生活的中心。1900年5月1日，几个青年合伙出版了第一期《社会主义青年工人》刊物。主编是目前国会议员莫德拉切克的战友。在16页的刊物中，4页由于具有反对军国主义倾向被没收。①

报刊提出以下社会主义纲领：

1. 唤醒青年工人的阶级觉悟，向他们灌输科学社会主义教育，使他们能够理智地独立于沙文主义和教权主义。
2. 组织反军国主义宣传。
3. 向青年工人灌输成立政治和工会组织的必要性，引导他们加入党小组。
4. 组织新工人要求改善工作条件。
5. 组织青年工人晚间家庭教育和娱乐活动。
6. 与外国青年工人建立联系，以举行国际性的抗议活动。

1900年9月，捷克斯洛伐克社会民主党布德韦斯代表大会通过以下决议：

"大会认为本党的紧急任务是组织青年工人的社会主义教育，为此，建议各级社会主义组织密切关注无产阶级青年一代，引导他们加入组织。大会不允许独自创建青年自己的组织。"

同时，大会承认《社会主义青年工人报》并决定报纸由社会民主党正式以《社会民主青年工人报》的名义发行。

同一时期，社会主义健身俱乐部开始发展起来，起因是民族资产阶级健身俱乐部排挤具有社会主义倾向的青年人的策略。

布德韦斯代表大会作出的不准青年人建立自治小组的决议是消极的，它不是不可改变的。为此，1902年布拉格代表大会通过以下决议：

"1. 鉴于社会民主党执行解放劳动者的政策，青年工人特别是新工人是工人

---

① "一句话，整版被没收"是指由于一句话，或者一个版面，警察没收整份刊物；新版发行的做法是在警察没收段落的地方保留空白并注明没收字样。

阶级的重要组成部分，他们的智力和身体发展受到严重剥削、停滞不前，大会建议所有同志和小组通过适宜的教育让青年工人加入工会和政治组织。在进行这方面的教育宣传期间，要关注新工人的经济状况，继续推动取消专业学校组织的夜校和周日学校。

2. 为了让青年工人了解军国主义的危害性，必须在每年征兵和新兵入伍期间，通过组织公开和秘密会议、新闻媒体报道和公开声明的形式进行积极的宣传活动。"

为保证这些决议的实施，大会决定成立青年鼓动委员会；委员会于1902年12月15日成立，由4名党代表、各健身俱乐部的代表、工人大学代表、工会和青年工人报编辑部代表组成。

青年鼓动委员会的首要任务是通过举办私密性晚会，组织青年人参加各种主题的阅读、背诵和讨论会，吸引布拉格及其周边的青年工人参加。青年讨论会的许多热烈议论被《青年工人报》刊载。在省城主要是通过报纸做青年人的工作。1900年《青年工人报》仅发行了3期。1901年5月—1904年底，该报改为月刊发行，1905年1月它又改为半月刊。现在正常发行量达到4000—5000份。

各省城逐渐地都建立了本地的青年鼓动委员会或青年自由教育和宣传组织。

1906年底，布拉格鼓动委员会通过向捷克斯洛伐克各级社会主义青年工人组织寄送问卷，获得了有关鼓动委员会和自由小组举办活动方面的数据。数据显示共有3500名交纳会费的青年会员；1906年举办了58次公开会议，456次秘密会议，此外，在比尔森组织了一次露天大会（700人参加），总共515次会议，这里面不含鼓动委员会举办的会议；5场地区级大会：4月29日布拉格大会（22个地区的127名代表与会），5月6日拉温大会（19个地区的27名代表与会），9月比尔森大会（119 名代表与会），索科洛夫大会和 12 月 25 日克拉德诺的大会（56 个地区 102 名代表出席）。

《青年工人报》发行量达到 97600 份。此外，各个青年小组销售的各类社会主义杂志有 1600 份，社会党小册子 1500 份。

1906 年反对军国主义宣传特别密集，警察当局采取了一些特别措施，禁止了 5 场集会，驱散 1 场秘密会议，试图提起诉讼 5 次。26 期《青年工人报》有 13 期被没收。

由于社会主义青年工人运动如火如荼地开展，党的领导层考虑建议今年在比尔森召开的党代会上，建立一个由青年小组、健身俱乐部和社会民主党同等数量代表组成的社会主义青年中央工作委员会。

奥地利的军国主义在捷克人民中非常不得人心，它首先是资本主义统治，然后是国家统治的工具。士兵们对自己被嘲讽、待遇不公和无法维护自身权益牢骚满腹。1905 年伊赫拉瓦地方士兵哈拉梅克因被怀疑给社会主义报纸写信被捕，报纸编辑贝内施因发表揭露军队在重大演习中虐待士兵的信件被秘密羁押。

鼓动委员会成立后，反对军国主义的宣传更加系统密集。1906 年举办了 100 次以反对军国主义为主题的会议。这些会议都是秘密的，因为警察禁止举行公开集会。

由于《青年工人报》积极参与反对军国主义，因此只要涉及这个主题，它就会被勒令停刊。《青年工人报》的首期由于详细刊登了反对军国主义的纲领，已经遭遇过此类命运。尽管报纸编辑坚持就此提出上诉，但经常是只要上诉就表明罪名成立，最高法院的裁决只是确认已经作出的判决。报刊编辑和排版人员由于再次使用了 6 个月前被禁用的 6 个词以及对当局作出的没收决定进行了评论，每人被判罚款 30—40 克朗。

在所有的工业中心城市，每次新兵入伍都是社会主义青年通过组织各类活动发泄对军国主义愤恨的机会，这给当地民众留下了深刻印象。新兵打着黑领带，穿着配有红扣眼的上衣，扛着红旗，奏着哀乐，列队向当地的军营前进；或者被领着登上黑布包裹着的贴满反对军国主义签名的车辆穿街而行。参与活动的人员经常遭到追捕，并给予轻微处罚，多数是以"参加送葬游行抹黑军队公众形象"的罪名被拘留3天。

青年组织积极参加职业教育改革，呼吁取消夜校和周日班，利用平日上下午时间上课。

社会主义健身俱乐部使青年工人接受了完整的教育。第一批健身俱乐部起源于1897—1898年民族健身俱乐部社会主义者遭到围剿之后。1902年，共有25个俱乐部972名成员，现在有140个加入了全国联合会和国际联合会的俱乐部，6000名成员，其中2600名工会成员，700名新工人，100名女性。

在关注健身教育的同时，社会主义健身俱乐部加强了对成员的文化教育并主动引导他们参加工会和社会主义组织。《健身旅游》是他们正式的和必订的月刊，发行量达到4000份，内容主要有社会主义、反对教权主义和反对军国主义。

挪　威

　　成立社会主义青年组织的倡议源于 1900 年召开的社会民主党代表大会。这届大会邀请社会民主党党员在自己所在的地区建立社会主义青年小组。号召发出之后，《社会民主党机关报》的几位合作者于 1900 年 1 月在克里斯蒂安尼亚人民大厦召开了会议，宣布成立挪威社会民主青年联合会。会议结束时，600 名与会者中的 250 名青年男女立即报名加入联合会。一个负责起草联合会章程的五人小组经选举产生。

　　起初有些过热的乐观情绪很快冷却下来，因为人们发现建立青年小组，特别是在外省，不是一件容易的事。成立全国联合会的想法很快被放弃。但是克里斯蒂安尼亚小组已经成立；章程起草委员会的成员几乎都是成年同志（现任《社会民主党人报》编辑的奥拉夫·克林根当选为秘书长）。克里斯蒂安尼亚小组好景不长，6 个月后，小组只剩下 20 多名成员。造成这种状况的原因是缺乏固定的活动场所。然而没有丧失勇气的核心分子仍然坚持着。1900 年 7 月，在没有老会员帮助的情况下，他们建立了全部由青年人自己参加的青年联合会。1900 年圣诞节，青年联合会发行了特刊《除雪》并很快销售一空。同时，希恩青年小组成立的消息再次点燃了普及青年运动的希望。在 1900—1901 年冬天，在克里斯蒂安尼亚的一些街区召开了多次公开会议，分别拥有近 20 名成员的 3 个新的小组宣告成立。此后，克里斯蒂安尼亚青年小组扩展步伐放缓。1901 年 5 月 1 日，特刊《红旗下》出版发行，取得与《除雪》同样的成功。两份刊物的销售获利约 500 克郎，联合会决定用此经费创办一份新月刊。

同一时期，在当地同志的积极推动下，拉尔维克和桑讷菲尤尔也成立了青年小组。克里斯蒂安尼亚4个小组尽管在一起开展工作，但他们之间没有一个常设机构。1901年11月，他们发行了第一份期刊《20世纪》，但他们脑海里已在酝酿从1902年1月把它办成月刊的想法。《20世纪》试刊相当成功，销售了5000份，以至于第二期提前至圣诞节期间发行。一年来期刊坚持按月发行，从未中断。

1902年7月20日，克里斯蒂安尼亚小组举办了一场大型的节庆集会宣传活动。德拉门、桑讷菲尤尔、腓特烈斯塔小组派代表与会。活动期间提出建立一个全国联合会的想法，但因为与会代表没有得到授权，倡议没能落实。会议通过决议，邀请各小组就此问题开展讨论；会议通过的另一动议，呼吁青年人在各自的工会内加强社会主义宣传。1903年6月20日，德拉门、克里斯蒂安尼亚、特隆赫姆、拉尔维克小组召开代表大会，决定成立社会民主青年联合会。通过的章程规定了联合会加入社会民主工党的纲领和策略。会费每人每季度10欧尔。联合会的中央委员会由9名成员组成，总部设在克里斯蒂安尼亚。

中央委员会领导发起声势浩大的反对军国主义宣传活动。1904年6月22日，12个小组派代表出席克里斯蒂安尼亚第二届青年联合会代表大会。会议决定申请加入社会民主工党，同时要求工党减少其应交纳的会费。此项请求未被接受，联合会加入社会民主工党的愿望落空，但是中央委员会仍然建议每个小组分别加入党组织，大部分小组遵循了建议。

在青年联合会成立的第二年，虽然小组数量增加，但成员人数却在下降。同年，青年联合会主席兰道夫·安德森作为代表出席了瑞典社会民主青年大会，《20世纪》主编V.戈德尔出席了在阿姆斯特丹召开的社会主义青年国际大会。

《20世纪》发行的第一年销量出现下降，从1904年开始到1905年召开代表大会期间，改为季刊。1905年1月，中央委员会开始发行《青年运动月刊》，它成为下面将提到的挪威社会主义青年运动的先驱刊物。

反对军国主义宣传如火如荼地开展。前中校米歇尔·蓬德沃尔撰写的反对军国主义小册子《军国主义》发送了成千上万份。1905年瑞典—挪威危机中，小册子再版2万册，并附上了与瑞典社会民主青年联合会同样的打倒军人的口号。

1905年6月12日，在波什格伦召开的第三届全国代表大会取消了青年联合会章程中关于青年联合会"同意执行社会民主工党纲领和策略"的提法，取而代之的是青年联合会"赞同巴黎和阿姆斯丹建立的社会主义青年国际联合会领导的反对所有形式的军国主义的斗争"。这一决定表明青年联合会脱离社会民主工党提出的建立国家军队的纲领。值得一提的是，1906年社会民主工党代表大会也决定取消自己纲领中的上述段落。

联合会成立的第三年，会员数量仍有轻微减少。由于人员和经费的原因，代表大会作出重新发行月刊《20世纪》的决定未能实现。

1906年6月3日，拉尔维克第四届全国大会决定每年5月1日和圣诞期间发行《20世纪》特刊。这两份特刊从未出现过亏损，目前仍保持着这种良好状况。本届大会还讨论了策略问题：选择总罢工还是议会道路，选择无政府主义还是革命工会和社会民主主义。选择革命工会和社会民主主义的代表占据多数。会议没有形成最终决议，大部分与会者认为对这个问题的研究还不够深入。

在开展活动的第四年，联合会的人数仍在轻微下降。但热火朝天的反军国主义宣传继续展开。人们举行了一场反对在学校进行射击训练的抗议大会。反军国主义的宣言《新兵》得到散发，为此8名同志受到司法追究；他们被处以"公开惩戒"和无期限附带条件的处罚（即如再犯同样罪行将两罪并罚）。这一年还出现了产生重大影响的首例拒绝服兵役的事件，再次点燃了青年联合会内部关于反对军国主义策略的讨论。

对丹麦社会主义青年联合会提出建立斯堪的纳维亚社会主义青年联盟的倡议，虽然讨论过多次，但一直没能取得积极结果。

1906年9月，4版的《社会主义青年》作为青年联合会新闻和宣传的机关刊物开始发行，《20世纪》成为青年联合会理论教育的机关刊物。

1907年5月19日，第五届全国代表大会在米森召开，终于开始深入讨论联合会的策略问题。这个问题在理论上导致联合会分为社会主义无政府派和社会民主主义两派：争论焦点是选择总罢工还是议会道路，进行反对军国主义还是反对宗教主义的宣传。社会民主主义派的意见占据绝对多数并最终获胜。

一项要求在章程中纳入必须支持拒绝服兵役作为反对军国主义宣传手段的建议未获通过，另外一项主张"通过受欢迎的宣言和小册子在应征者中进行一切形式的反对军国主义宣传"的决议被通过。

展开的总罢工的讨论导致通过一项决议，建议深入研究采取有利于总罢工行动和宣传的措施，但不忽略在议会展开行动的作用。

主张要求开展反对教权主义和宗教主义宣传的建议被否决；大会决定"与表现为政治和社会现象的宗教迷信作斗争，反对国家教会施加影响和独家垄断道德风尚，为在公立学校取消宗教教育和政教分离而奋斗"。

这次大会为联合会奠定了坚实的理论基础，联合会由此加快了组织和宣传工作步伐。

没有确切数字能够告诉我们联合会成员的数量。为避免上交更多的会费，各小组提供的人数一般要低于实际情况。最近召开的全国代表大会规定每位会员每季度交纳 10—20 欧尔会费。此外，还有一些与联合会没有系统联系的社会民主青年小组（特隆赫姆 1 个，卑尔根 1 个，斯塔万格 2 个）。1906 年平均大约有 650 人交纳会费。之后小组和人员有所增加，1907 年估计至少有 800 人交纳会费。联合会的实际人数，包括不交会费和没有注册的肯定超过 1000 人。

女会员大概在 15%—20% 之间。一般来说，女青年在青年运动中不太活跃，其影响力低于她们的人数。

男会员平均年龄 18—24 岁，女会员一般在 16—22 岁。目前有一种明显的倾向，即各小组愿意保留老会员，个别 25 岁以上的男青年会员有所增加。出现这种现象的原因无疑是党目前的影响力削弱、青年人激烈的革命倾向和他们更关注理论问题。除少数知识分子外，大部分会员都是无产者。

联合会的财务状况较糟糕，对开展的宣传活动无力提供支持；中央委员会的工作只局限于行政管理。

《社会主义青年》每月发行近 1000 份，稍微有点入不敷出。《20 世纪》每年 5 月 1 日和圣诞特刊定期出版，发行量达到 3000—4000 份；它的另一期特刊定于 1907 年 9 月发行，期刊收入状况令人满意。

瑞 典

瑞典社会主义青年运动几乎与社会民主党一样久远。1890年左右，在斯德哥尔摩以及其他许多地方已经有了社会主义周日学校。学校通过一种令人愉悦和高效的方法向青年人提供全面教育。然而，日益发展的工会和社会主义运动很快吸引了那些致力于学校建设的成年同志的力量，学校接二连三地消失。

1885年，第一批**社会主义青年俱乐部**成立，宗旨是以社会民主党纲领为基础，将青年工人组织起来。这些俱乐部对自己的成员进行教育和积极组织反对军国主义的宣传活动。他们成立了青年社会主义联合会。他们中的许多骨干后来成为社会民主党的中坚力量。不久，青年社会主义联合会的机关刊物《火焰》与社会民主党领导班子发生冲突，青年运动步步地滑向无政府主义，特别是欣克·贝耶格伦成功夺取《火焰》编辑一职以后。1903年，青年组织与社会民主党领导班子的斗争达到顶峰。青年联合会斯德哥尔摩代表大会通过了一项与社会民主党纲领背道而驰的、支持开展反对军国主义宣传的动议。另外，还通过了一项谴责议会行动的议案。在1903年3月19日召开的会议上，马尔默青年社会主义俱乐部出现分裂；3月24日，忠于社会民主党纲领的另一派马尔默青年成立了社会民主青年联合会。

青年社会主义运动的瓦解加剧，成员日益减少。社会民主青年联合会不断壮大。1905年1月，它的第一期刊物《前进》发行。1905年6月11—13日，在斯德哥尔摩召开了首届社会民主青年联合会全国代表大会。这届大会使青年联合会第一次了解到自己组织的规模。联合会公布的统计数字如下：

1903 年第二季度末	7 个小组	445 名成员
1903 年第三季度末	7 个小组	464 名成员
1903 年第四季度末	7 个小组	537 名成员
1904 年第一季度末	14 个小组	1107 名成员
1904 年第二季度末	20 个小组	1131 名成员
1904 年第三季度末	7 个小组	1298 名成员
1904 年第四季度末	42 个小组	2150 名成员
1905 年第一季度末	71 个小组	4405 名成员
1905 年 5 月底	89 个小组	5110 名成员

"前进去征服全国"，弗雷德里克·施特勒姆写下这样的口号。大会报告人法比安·蒙松在向大会作报告时说，在部分地区，宣传"前所未有地疯狂"。

出席 1905 年全国代表大会的有 54 个地方小组的 81 名代表、4 名中央委员会委员、1 名社会民主党指导委员会代表、1 名青年联合会的发言人。大会对争议最热烈的反军国主义宣传和对青年社会主义采取何种态度的两个问题确定了最终态度，并通过两项决议：

"联合会将进行积极的反军国主义宣传，在人民群众中掀起一场反对军国主义支出，将战争预算用于提高小农收入、人民教育和提高工人福利的运动。

很遗憾本次大会未能实现与社会主义青年联合会的联合，因为该组织坚持反对关于国际社会民主主义的纲领的决议。

大会明确表明坚持社会民主主义联合会的特征，但仍希望未来能够实现这一联合。"

此外，大会关注由于挪威分裂运动造成的瑞典和挪威之间出现的危急形势，决定在瑞典全国广泛散发著名的《打倒军队》的宣言，全文如下：

打倒军队

鉴于瑞典资产阶级和反动报刊日益明显地试图挑起一场反对挪威要求独立的战争，瑞典青年工人代表在斯德哥尔摩举行会议，发表以下声明：

反对主张和平的瑞典人民并挑起他们参加反对挪威兄弟人民的战争是犯罪；

瑞典工人阶级中的工人青年决定坚决拒绝服众军队发出的号召；

瑞典劳动者准备举行全国总罢工阻止战争；

瑞典青年工人决定拒绝服从可能发布的战争动员令，因为他们知道如果需要拿起武器，决不应针对挪威人民。

最后，青年联合会向全国工人农民发出号召：集合起来讨论当前的形势。

我们的口号是：**与挪威和平！**

社会民主主义青年联合会代表大会

这份声明散发了 10 万份，在国内外产生了重大影响。当局为进行报复，判处宣言主要起草人塞·霍格伦同志 8 个月监禁，后被上诉法院改为 6 个月。

从第一届全国大会到 1907 年 5 月 19—22 日斯德哥尔摩大会期间，社会民主青年联合会小组和人数增加了 3 倍，现有人数：

1905 年 5 月底	89 个小组	5110 名成员
1905 年第二季度末	92 个小组	5481 名成员
1905 年第三季度末	111 个小组	5575 名成员
1905 年第四季度末	129 个小组	6659 名成员

1906年第一季度末	151个小组	8032名成员
1906年第二季度末	176个小组	7943名成员
1906年第三季度末	206个小组	9675名成员
1906年第四季度末	246个小组	11884名成员
1907年第一季度末	289个小组	14123名成员
1907年4月底	304个小组	14509名成员

除了304个交纳会费的小组外，到1907年4月底，经过联合会的宣传工作，又成立了58个（250名会员）赞同其纲领但尚未建立定期关系和交纳会费的社会民主主义小组。目前应有小组362个，17000名会员，男青年13600名，约占4/5，女青年3400名，约占1/5。

统计数据每三个月更新一次，对新加入的、消失的和被开除的小组和会员会进行详细的统计并提供一个总的结果。数据表明，在城市和工业区夏季人员增长缓慢，在农村则是冬天。部分小组消失的原因是缺少合适的活动场所。

另一组数据提供了行政区域小组的数量：25个瑞典省区都建立了社会民主主义小组。为首的是拥有44个小组的科帕尔贝里省，马尔默胡斯省34个，韦姆兰省30个，排在末尾的是只有1个小组的哥得兰省。

目前，全国联合会是按以下规则运作的：全国代表大会是最高权力机构。中央委员会由马尔默小组选出的9名成员担任，总部设在马尔默。它领导社会民主主义青年联合会和监督《前进》的编辑工作。《前进》主编由代表大会选举产生，拥有与中央委员会成员同等的权利。中央委员会负责自己成员的工作分工。

在每个行政省，一旦小组数量达到相当的规模，就可以成立受省委员会领导的省青年联合会。目前，共有13个省联合会，每年至少举行一次省联合会会议。

全国联合会的会费是每个成员每年 1 个瑞典克朗，可分季交纳。交纳会费的成员可以免费收到全国联合会的机关刊物《前进》。每位新成员要交纳 10 欧尔的入会费。

入会年龄最低为 15 岁。

1906 年年底，全国联合会的年收入为 17628.71 瑞典克朗。1907 年 4 月 30 日，中央委员会拥有 16720.58 瑞典克朗的资产。

1905 年 5 月—1907 年 5 月期间，为联合会工作的演说者进行了 25 次巡回讲演，举行了 700 多次报告会。

联合会给予政治运动（帮助竞选宣传），特别是工会很多帮助。在青年小组的倡议下，建立了许多人民之家。同样工会也在其内部做了大量有利于青年组织的宣传。

机关月刊是一本 16 页的配有大幅插图的精美期刊。以下是年递增情况：

	1905 年	1906 年	1907 年
1 月	8000 份	20000 份	37000 份
2 月	9000 份	21000 份	34000 份
3 月	10000 份	22000 份	35000 份
4 月	11000 份	23000 份	36000 份
5 月	20000 份	33000 份	43000 份
6 月	15000 份	26000 份	
7 月	17500 份	28000 份	
8 月	16000 份	31000 份	
9 月	18000 份	33000 份	
10 月	19000 份	35000 份	
11 月	18000 份	40000 份	
12 月	25000 份	45000 份	

期刊的财务状况很好。目前拥有 71814.70 瑞典克朗资产。

联合会的文字宣传材料大量以小册子的形式发送和销售。为此，青年联合会在马尔默建立了一个所有权属于自己的书籍印刷厂。它编排印刷了联合会发送的大部分小册子。下面是发行的书名和数量：

K. G. 奥西安-尼尔松：《满意你的命运吗?》	25000 册
弗雷德里克·施特勒姆：《现代社会主义》	35000 册
塞特·霍格伦：《众议院，参议院，这就是敌人!》	15000 册
亚尔马·拉松：《进行曲》（诗歌）	2000 册
P. 阿尔宾·汉松：《青年社会主义》	100000 册
古斯塔夫·默勒：《青年社会主义》	25000 册
让·饶勒斯：《社会主义纲领》	10000 册
亚尔马·布兰廷：《总罢工》	10000 册
弗雷德里克·施特勒姆：《农民与社会主义》	10000 册
卡塔·达尔斯特伦：《无政府与社会民主》	10000 册
塞特·霍格伦：《打倒军队》	8000 册
塞特·霍格伦：《修改宪法或总罢工》	50000 册
阿尔戈特·鲁厄：《为信仰自由而斗争》	15000 册
埃里克·赫登：《社会民主党成立 25 周年》	10000 册
法比安·蒙松：《矿区的问题》	5000 册
哈罗德·戈特：《青年战斗者》（反军国主义剧目）	5000 册
莱昂·拉松：《一个疯子的故事》	10000 册
K. G. 奥西安-尼尔松：《青年的步伐》	50000 册
《社会主义歌曲汇编》	18500 册
《歌颂社会主义歌曲汇编》	3000 册
卡尔·埃里克-福斯隆德：《乡村音乐》	400 册

瓦尔福里德·斯庞贝里:《国防与军国主义》	7000 册
《众议院的税收政策》	6000 册
《众议院的竞选政策》	6000 册
《众议院的行动》	550 册
《吞并》	315 册
《奥斯塔纳的博斯特伦先生》	475 册
法比安·蒙松:《瑞典的国防》	正在印刷
塞特·霍格伦:《社会主义史》第二部分	正在印刷
《工人运动与文明》	正在印刷
阿克塞尔·丹尼尔森:《选集》(每卷 8 页)	共计72000 册

联合会的中央委员会还发行了 210000 份宣言,其中大部分是反军国主义的。一份《致穿军装同志》的宣言在 1906 年新兵入伍之际发送了 5 万份;一份 4 页的《同志们》在 1907 年同期发送了 5 万份。在军事演习期间,《前进》在军营发放了 15000 份;塞特·霍格伦《打倒军队》宣传册在军营发送了 1 万份。

书籍印刷厂的收入状况不错。而建立独立账目的《前进》和阿克塞尔·丹尼尔森《选集》分册发行的情况则恰恰相反,1907 年的负债表为 7216.53 瑞典克朗,而拥有的资产只有 4364.54 瑞典克朗。

地方小组和省区联合会也发行了大量的反军国主义的宣言。科帕尔贝里小组散发的《致穿军装的同志》和斯莫兰联合会的《致斯莫兰工人青年》引起司法追究。虽然科帕尔贝里宣言的作者被无罪释放,但斯莫兰宣言的作者阿道夫·奥尔松先被延雪平省法院判处 6 个月刑期。上诉后,最高法院将其改为 2 个月。科斯塔省的 V. 林德奎斯特同志因散发宣言受到追究,后因其提供了在宣言没收前散发的证据被无罪释放。

上面提到的塞特·霍格伦同志因为《打倒军队》的宣言被判 8 个月监禁,上诉后改判为 6 个月。

所有审判都成为巨大的反对军国主义的宣传。诉讼费由参加"拒绝审判"活动的认捐助者认购。总共募集3668.29瑞典克朗,诉讼费为2129.90瑞典克朗,结余1538.39瑞典克朗。

当激进的斯塔夫部长禁止在军队进行反军国主义宣传的法令草案公布时,人们掀起了一场声势浩大的抗议活动,所有的社会民主党报刊都发表了《致斯塔夫阁下的公开信》。社会民主党议员也参与到了这场院外抗议活动,一场试图剥夺舆论自由的企图被挫败。

1907年5月19—22日在斯德哥尔摩召开的第二届全国代表大会是瑞典社会主义青年组织在物质和精神上准备得最充分的一次庄严的大会。188名代表与会,提交的涉及方方面面议题的决议案和日程形成了一份长达38页的小册子。中央委员会所作的关于1905年6月—1907年4月期间的活动报告厚达23页,提供上面提到的数据外的其他情况:

一段时间以来,许多小组又重新产生了组织周日学校的想法并组织了一些故事会。周日上午,孩子们聚集在一个合适的场所,一起听故事和音乐,学唱歌曲等。夏天组织多场郊游和露天节庆活动;冬天不定期地举行一些聚会活动。周日学校很受欢迎,迅速扩大,特别是在马尔默、隆德、埃斯基尔斯蒂纳省。

另外,还设立了学习基金,尽最大能力帮助那些最聪慧的青年会员继续在不伦瑞克人民大学深造和建立流动图书馆。

中央委员会还与社会主义青年联合会建立了联系,以促进两个机构的合并。1906年8月12日和9月16日,两个组织的中央委员会两次在马尔默召开会议,明确表明各自在反对军国主义策略、对待宗教和总罢工还是走议会道路问题上的态度。由于"社会主义者"联合会的代表坚持无政府社会主义观点,完全脱离国际社会党代表大会制定的策略原则,双方未能达成协议。两个联合会代表签署的会议情况简报被印成

3500 份小册子寄送给了所有小组。从那以后，无政府主义倾向在青年社会主义运动中愈演愈烈，其成员也随之大量减少。目前，该机构的成员最多 1 万人；机关月刊《火焰》发行量为 10000—12000 份，其重要性和编辑内容的价值远远落后于《前进》；其中大部分文章是反对社会民主党及其策略的。因此，两个组织的和解或合并目前还无法提上议事日程。

社会民主主义青年联合会派代表出席了 1906 年在拉尔维克举行的挪威社会民主青年联合会代表大会，1906 年奥胡斯的丹麦社会主义青年联合会代表大会和 1906 年 9 月年在瓦埃勒举行的丹麦社会民主主义青年联合会成立大会。

第二届大会通过的最重要的决议如下：

"大会决定进行严肃的反对军国主义宣传，以实现完全消灭军国主义的目标，支持必须进行的国际仲裁，支持各国工人组织采取强有力的国际行动。本届大会邀请参加斯图加特国际社会党代表大会的所有代表，建议各国议会中的社会党议员提出支持逐步削减武器装备并倡议就此举行全世界的公民投票，以使倡议产生更广泛的影响。"

大会还通过了将瑞典分成不同宣传区域，进行更加系统的反军国主义宣传，使人们更好地了解军营滥用职权和虐待士兵的决议。

关于支持民兵进行总罢工的建议，大会认为这个倡议在一些情况下是合适的，但采取行动的时机尚未成熟，当前自己的组织能力不足以保证活动的顺利进行。

关于宗教问题，大会同意党的纲领中提出的取消国家教会的建议，要求劳动者要有自己的信念，不参加宗教仪式，不给孩子行洗礼，不让他们接受宗教教育，本人也不要在教堂举行婚礼。

大会重申了以前作出的决定，禁止在节庆和小组会议中饮酒，不准在联合会的报刊和发行材料中加入有关酒精产品的广告。

最后,大会通过了许多决议,鼓励联合会开展教育事业,向青年人发送反对黄色文学、美式长篇连载和侦探小说的宣传材料等。根据书店的通报,《前进》一段时间以来在这方面开展了积极的工作并取得成效。最后,大会投票通过了向不伦瑞克人民大学提供 500 瑞典克朗的援助,成立总额为 3000 瑞典克朗的成员年度奖学金基金,以帮助会员到不伦瑞克大学学习进修。

英　国

工人斗争面临的特殊形势以及军国主义不太强烈的压榨是阻挠英国社会主义青年以欧洲大陆模式组织起来的主要因素。

社会主义周日学校可以说是一个值得关注的组织形式。它的教育主要面向5—16岁的儿童和青少年，最近针对社会主义青年工人和经济独立青年的社会主义教育才开始普及起来。在许多地方，特别是格拉斯哥，学校开始开设历史、政治经济教育课程。

周日学校章程规定的宗旨是：对儿童和青少年进行社会主义及其价值道德观、自律、自尊和互助的基本教育。学校扩展了人物传记、历史、科学和自然等课程；课程独立于任何派别；学校还设有健体班和针对男女青少年的初中班。

第一所周日学校创建于11年前。当时，几位社会主义同志和30多位学生星期日上午在一所学校学唱社会主义歌曲、读书并互相阐释简单的社会主义读本，有一位成年同志用20分钟讲解社会主义及其道德价值观。这类学校迅速普及开了。1899年，由每个学校的一位成年人代表参加的周日学校地区联合会诞生。1905年，周日学校共有1643名交纳会费的男女儿童、青少年以及582名成年人。目前，估计有2500名儿童、青少年和700名成年人。英格兰有3个周日学校地区联合会，苏格兰有1个，这4个联合会组成了总部设在格拉斯哥的全国联合会。地区联合会每年召开一次全国代表大会。从1901年起，《社会主义青年》月刊成为全国联合会的机关刊物；1907年1月，《社会主义青年》月刊改成16页的配有插图的精美期刊，发行量达到2500份。

　　社会主义组织（社会民主联合会或独立工人党）的成年会员同志领导和支持周日学校。参加周日学校的入会费为1个先令，每月会费为3便士。此外，每次召开会议之后都要募集经费。学校所有的职务都是无偿的。

　　募集来的经费主要用于支付向当地市镇政府或庄园主租用校舍的租金。

　　目前上课的情况如下：由一个学生先汇报上个星期日布置作业的完成情况；唱社会主义颂歌；教师利用20多分钟讲解一下社会主义基本思想并回答学生提出的问题；大家背诵"社会主义十诫"；以独唱或合唱的形式结束课程。课间或下课后，大家还共同进行一些体育锻炼。个别时候会拿出一小时欣赏音乐和进行唱歌练习。每次上课都要点名。青少年班组织在一起学习马克思主义的文学作品。

　　1907年5月1日，伦敦地区周日学校的1000名学生乘车参加了社会主义者在海德公园的游行。

　　除了印发的月刊、学校章程和"社会主义十诫"外，周日学校还编辑发行了莉奇·格莱西尔谈学校道德宗旨和艾尔弗雷特·罗素谈学习方法的宣传手册。歌曲汇编和周日学校课程指南将很快出版发行。

　　资产阶级媒体今年掀起了一场强大的反对周日学校的运动。保守党在伦敦郡市镇选举中获得多数席位执政后，不顾社会党的强烈抵抗，驱逐了我们在当地4个学校中的同志。

匈牙利

　　匈牙利独特的体制阻碍了工人阶级社会主义政治小组的建立。社会党只能以行会组织的行式存在。因此，社会主义青年组织也只能源于工会并以工会形式出现。青年组织，主要是布达佩斯的青年组织成立于1894年，而外省还没有觉醒的工人组织。匈牙利图书行业的劳工率先建立自己的工会组织，但它也只能以开展互助和关心青年徒工事业为名开展工作。尽管该组织的工人由于参加一场被禁止的宣传会议被警局传唤，但会议还是秘密地召开了。会上成立了青年徒工自由组织。不久，青年木工和锁匠也效仿他们，成立了自己的行会组织。

　　所有的组织都由成年的社会主义者领导。活动围绕青年无产者的教育开展。教育取得了令人满意的结果，培育出众多优秀的社会主义工作者，这些人至今仍在社会主义运动中担任着要职。

　　1897年自由行会的小组活动宣告结束。这是政治危机的一年。内阁首脑班菲意识到，如不冒险采取强硬措施，不用红色幽灵吓唬惊恐万状的资产阶级，可能面临被赶下台的危险，为此，他开始执行暴力镇压政策。当局收集行会活动分子的档案照片，把其中一些人逐出首都，另一些人投入监狱。所有的组织几乎都解散了。迈泽菲（议会内的无党派议员，自己宣布成立社会主义爱国者组织），一位博得部分劳工信任的政治江湖骗子，挑动内部矛盾，进一步加剧了危机，青年自由组织土崩瓦解。

1899年班菲部长的倒台宣告了恐怖政权的终结。工会运动进入一个繁荣发展时期。青年组织以另外的形式重新出现。在布达佩斯成立了工人教育小组，这是一种带有鲜明社会主义特点的民间大学，其章程规定最低的会费交纳限额（每星期约7个生丁），允许成立分部。这样成立青年分校顺理成章，分校很快拥有了自己的图书馆，每个周日青年集中一次，聆听社会和自然科学座谈会。

1901年12月的一个星期日下午，当一名理科青年学生介绍科学座谈会情况时，警察破门而入，没收了所有的图书，在场的所有年轻人被投入监狱，临时羁押12—14小时。几个月后，他们受到司法审判，被处以重刑。其他成员很快被分散到别的工人教育俱乐部和工会，继续接受社会主义教育。

经历了第二场危机后，青年运动的形式在1904年逐渐确定了下来。1902年经济危机后，工业生产进入一个高速发展时期，工人运动也随之进入高潮。两年来，工会成员从8000人（1902年）增至41000人（1904年）。青年人积极参加工会活动，从企业主那里争取到更多的福利。他们以工会为基础组成教育小组，积极开展宣传活动，要求取消周日和晚间的专业教育课程，将课程改在工作日的下午进行，呼吁严格遵守法律规定的青年工人每天工作10小时的限制。

警方和司法部门也在加紧开展一场新的打击运动。1904年，32名成员被捕并被送交法庭审理。15人被判2天监禁，1人被判15天监禁。那些让青年人在自己家中开会的同志被判了15天监禁。罗兹瓦尼博士同志———一名律师——由于在大瓦代恩附近的森林里召开了一次讨论会，被判15天监禁和200克朗的罚款。他的助手加尔同志被判10天监禁，罚款100克朗。

很长一段时间内，人们被迫在露天开会，甚至在冬天零下12度或15度的夜晚。正是在露天召开的一次大会上，在征得年长的社会主义同志的首肯后，决定创建一份青年工人社会主义教育的机关刊物。这份1904年11月创建的大胆勇敢的《青年工人月刊》3年来发行从未间断，大大促进了组织的发展，特别是外省组织的扩展。从1903年开始，青年组织在各条战线都取得了长足进展。但是警方依然想方设法阻止它在外省的扩展。警方派人秘密打探所有的会议，一旦得知会议没有得到地方当局的许可，就立即逮捕活动组织者，并将这些人投入监狱关押数天后释放。

外省运动的蓬勃发展导致1906年4月成立了全国青年工人联合会。联合会将自己的章程提交内政部审批。在等待了相当长的时间后，内政部作出了否定的答复。全国代表大会很快在1907年复活节的两天假期中于布达佩斯召开。10个小组的24位代表与会。大会决定用以机关刊物《工人青年月刊》为主的联合会取代被宣布为非法组织的全国青年联合会；该组织把订阅《工人青年月刊》的年龄不满24岁的青年作为自己的成员。每月订阅费为8—16赫勒；另外交纳8赫勒以支付组织的活动经费。

此届大会还决定在匈牙利不同国籍的青年工人之间建立联系并致力于同奥地利青年工人委员会建立联合关系。这个做法十分有必要，因为两个国家拥有一支共同的军队。最后，大会通过了包括原则声明和采取一系列行动的反对军国主义的决议。

尽管成员流动幅度很大，无法作出正确统计，但联合会估计目前布达佩斯有成员300名，外省400名。成员年龄在15—21岁之间，全部都是青年学徒或无技能的工人。尽管组织章程不排除女青年，但联合会中没有女青年。《青年工人月刊》发行量达到2000份。

它的行动纲领与奥地利青年联合会一致，都是争取改善青年学徒的物质状况。没有成立保护青年学徒的常设委员会，但是每年组织多场"青年学徒命运"的专门会议。会议能够吸引800—900名学徒工。

在工业和职业学校,这些"青年人"能够发挥一些作用,与没有加入组织的同事相比,他们佩戴着联合会的胸章,显得有些与众不同。他们承担着收集虐待青年徒工案例的任务。

瑞 士

目前只有瑞士德语区存在社会主义青年组织。1901年11月10日在洛桑成立的"社会主义青年"只存活了短短几年。它吸收了周围法语区的一些类似的组织并于1902年圣诞发行了《社会主义青年月刊》，发行到第7期时改名为《社会主义》，成为社会党的机关刊物。

现在，唯有青年协会集中了瑞士德语区，更确切地说苏黎世附近的社会主义青年工人。正是在那里，1900年3月在社会主义牧师普夫吕格尔的倡议下，成立了首个青年协会。当时他正在帮助部分青年工人准备完成坚振礼。这个协会的目标仅限于教育，完善成员的科学、技术教育水平，但它的社会主义特点逐渐变得鲜明起来。雇主对青年徒工到那里学习很有意见，认为他们在车间的"学习"足够用了，并很快采取了反对行动，大部分成员被迫退出，或至少作出形式上脱离的表示，其他的一些人被解雇，但青年协会并未因此放慢脚步。可能正是这种反作用的推动，青年协会完全采纳了社会主义斗争组织的特点，公开地开展教育、反军国主义和工会活动。他们在自己周围创建同类协会，并在1906年12月25日成立了总部设在苏黎世的全国青年联合会。

1900年3月，苏黎世协会建立了青年之家。

拥有一个自己的活动场所是青年协会取得的一项伟大成就。青年之家拥有一个藏书2000册的图书馆。图书馆每天对外开放，酒精饮料禁止入内。每周三举办定期的报告会，平时的每个晚上，举办自由参加的讨论会、游戏活动等。周三固定必须举办的报告会涉及政治、工会活动、自然科学、技术、医学和卫生保健。

青年联合会章程明确规定的目标是：通过报告会、讨论会、读书、游戏和山区郊游对成员进行身心教育，培养具有觉悟和积极活跃的社会主义者。1906年圣诞召开的全国代表大会确定了对军国主义的态度，通过了禁止成员参加军事预备课程的决议，此项课程旨在教会年满16岁的青年能够熟练使用武器。另一项决议要求成员在服兵役期间通过反战报纸《前哨》和其他印刷刊物，开展积极的反军国主义宣传。

苏黎世协会还成立了保护青年学徒书记处，接受投诉，反对雇主滥用权利和提供各类建议等。书记处没有发挥大的作用，因为担心雇主报复，青年学徒不敢接触书记处。尽管如此，书记处在青年工人反对经济剥削的斗争中还是提供了巨大帮助。苏黎世青年学徒状况的明显改善很大程度上应归功于书记处。

从1907年2月开始，全国联合会发行了机关刊物《蝎子》，至今已发行了4期，并将很快成改为月刊。发行量达到了3000册。

全国联合会目前包括以下协会：苏黎世三区，150名成员；苏黎世三区维迪孔，35名成员；苏黎世四区，40名成员；阿尔斯特滕（苏黎世郊区），40名成员；赫恩（靠近苏黎世），20名成员；总共325名成员。还有80名青年，尽管不是成员，但定期参加协会组织的报告会。成员的年龄在15—20岁之间，95%是青年学徒工，接受教育的程度总体不错。没有女青年成员，女青年可以加入社会主义女工组织，其宗旨与青年协会是一致的。每月40生丁的会费用于组织活动，主要是维持活动场所的费用。财务收入状况不是太好。

青年协会与社会党没有组织上的联系，但社会党仍把它看做是自己的青年卫队。青年会员一般到20—22岁会加入政治和工会组织。

西班牙

1903年1月，工业城市毕尔巴鄂社会主义俱乐部成员中的几位青年人倡议成立"社会主义青年"。西班牙不少地区很快效仿了他们。1906年4月14—16日，这些小组召开了第一届全国代表大会，决定成立西班牙社会主义青年全国联合会。该组织的总部设在毕尔巴鄂，宗旨是尽力帮助社会党，特别是在大选期间，但首要任务是通过举办报告会、读书会、大会和郊游向成员进行社会主义教育。尽管法律禁止公开进行反军国主义活动，但这类活动从未中断，强度也未减弱。

在西班牙这块不幸的土地上，我们的同志遇到数不尽的困难和凶狠的司法追究和判决，但仍取得令人鼓舞的成果。1906年底，青年联合会收到20个支部1116名成员交纳的会费。人数最多的是毕尔巴鄂支部（332名）、埃瓦尔支部（124名）、圣塞瓦斯蒂安支部（110名）、马德里支部（73名）、阿尔博勒加支部（60名）。其他支部人数在12—50名之间。几乎所有社会主义青年联合会的成员都是青年工人，有几名店员，极个别是文盲。

2月，青年联合会发行了首期印刷刊物。1906年委员会收入424.30法郎，支出413.05法郎。

丹　麦

在 1890 年左右，社会民主党和自由主义反对派围绕修改宪法的斗争达到白热化，把成立的进步分子俱乐部拖了进来，尽管该组织确定的目标和行动是不逾越时事政治的界线。1890 年，该组织发展达到顶峰，共有 8 个小组，250 名成员。在试图创建机关刊物的设想落空后，该组织开始走下坡路，10 年后大多数进步分子俱乐部消亡。

在 1899 年镇压大罢工的那年，社会民主主义青年小组在哥本哈根宣告成立。1904 年，它建立了社会主义青年联合会并加入了社会民主党，发行了自己的机关刊物《新时代》。社会主义青年很快转向无政府主义，脱离了社会民主党，并开始热衷于批评和攻击它。该组织很快在物质上陷入困境。原来的人数由 5 名扩大至 600 名，目前约有 250 人分散在 8 个小组。1905 年底，机关刊物《新时代》停刊，1907 年 1 月重新发行，但又迅速停刊。

少数几位离开社会主义青年联合会的成员转向无政府主义后，于 1905 年 12 月 14 日在哥本哈根成立了以社会民主党纲领为基础的社会民主主义青年俱乐部。该组织同其他 4 个相同的但从未参加社会主义青年联合会的小组在 1906 年夏天开展了密集的宣传活动，带动了 10 个新的青年小组成立。1906 年 9 月 16 日，瓦埃勒代表大会决定成立社会民主主义青年联合会。联合会有 14 个小组，722 名成员。

社会民主主义青年联合会最主要的任务是根据社会民主党的纲领要求，对成员进行社会主义教育。其次是反对军国主义。联合会章程规定社会民主主义青年在开展宣传和国内竞选活动中向社会民主党提供帮助，并只向年满 21 岁的青年宣传社会民主主义思想（在丹麦只有年满 30 岁的男性公民才能成为议会选举的选民）。青年联合会总部设在哥本哈根，中央委员会的 9 名委员由每年召开的全国代表大会选举产生。一个 3 人组成的班子负责执行委员会的日常工作。每位成员每季度交纳 5 欧尔会费，这基本能够维持委员会的行政经费。青年联合会的大部分宣传费用由党小组承担。社会民主党至今没有向其提供过经费补助，然而 1906 年党的代表大会上曾经通过社会民主党应向其提供物质和精神支持的决议。

社会民主青年联合会从五一开始发行《前进》杂志，销量达到 2000 份。

继 6 月和 7 月开展新的宣传活动后，青年联合会力量进一步增强，现在拥有 22 个小组，1400 名会员。

意大利

意大利组织社会主义青年教育和反军国主义小组始于 1901 年。1903 年新成立的几个小组（皮翁比诺、佛罗伦萨、罗马、米兰等）在佛罗伦萨召开代表大会，宣告成立社会主义青年全国联合会，承认《社会主义青年报》为自己的机关报。这份刊物 1902 年由佛罗伦萨小组创建，初期被称为《青年近卫军》。社会主义青年代表大会总部和《青年近卫军》编辑部很快由佛罗伦萨迁至米兰。

1905 年 4 月 24—25 日，第二届全国青年联合会代表大会在罗马召开。共有 18 个小组，500 名交纳会费的成员与会。大会见证了地方小组在传播社会主义和反对军国主义方面展开的积极宣传，同时也发现它们在组织方面的缺欠、物质和精神上的不协调以及会员的极其不稳定性。这些不足之处是意大利社会主义青年独有的，至今仍未克服。

第二届代表大会决定将总部迁至罗马。青年运动开始大张旗鼓地扩展。反对军国主义的活动以大会、游行、发送宣传册和宣言等形式紧锣密鼓地展开。全国各地诉讼案不断，一般判决 20—90 天监禁。1907 年应征入伍抽签当天，全国青年联合会呼吁青年工人拒绝参与卑鄙无耻的抽签；在社会党和工会的积极配合下，活动取得巨大成功。

全国青年联合会没有正式加入社会党，但就此事宜与社会党领导委员会开展了接洽。社会党表示准备接纳他们，并向联合会及其机关报提供援助。

1907 年 3 月 24—26 日在博洛尼亚召开第三届全国联合会代表大会

前夕，联合会内的整体论派—改革派与工联主义者之间的争论升级，这是两年多来导致社会党分裂的类似争论的继续。博洛尼亚大会把联合会引向了分裂。工联主义者现在独自建立了社会主义青年全国联合会，《社会主义青年》成为它的机关报。整体论派—改革派成立了意大利社会主义青年联合会。

社会主义青年联合会自然独立于社会党，因为社会党的主要干部全部由整体论派和改革派担任。机关报《社会主义青年》由大会前的双周刊改为周刊，发行量达到4000份。根据秘书处统计，目前会员有3000—4000人，但只有部分会员交纳会费。工人每年会费为60生丁，农民为30生丁。

意大利社会主义青年联合会正式与社会党合并。执行委员会估计总共有100个地方小组，5000名成员。《青年近卫军》每周日发行，销量达到4000份。

两个组织中有相当一部分女青年。会员年龄在15—25岁之间；一般不接受21岁以上的青年参加，除大城市有个别青年学生外，成员几乎全是工人和农民。

两个组织都加入了社会主义青年国际。社会主义青年国际目前对两个组织的工作都很满意，认为他们发表的原则声明和加入条件符合要求。

法　国

　　法国社会主义青年运动的特点是不统一和缺乏持久性。德雷福斯事件引发的反军国主义舆论运动推动当时存在的三个政党建立了首批青年小组。这三个政党是：**法国工党，工人社会革命党和社会革命党**。从1899年开始，社会革命党全国青年联合会集中了全国200个小组，有的小组交纳会费的成员达到600—800人，特别是索恩－卢瓦尔地区。1900年1月，法国工人党和社会主义革命党的青年发行了首份刊物《新兵》，编辑这份刊物的想法与比利时老大哥的想法是一脉相承的。刊物配有插图，内容扎实，每年在征兵抽签时发行。尽管具有民族主义倾向的媒体对它叫嚣抨击，但政府未敢对它进行法律追究。

　　同一时期，约讷省建立了地区社会主义青年自治委员会；他们发行古斯塔夫·埃尔韦主编的著名期刊《约讷新兵》；杂志常常受到指控，却又常常被宣判无罪，这大大加强了人民对它的欢迎程度。同时，东南部的社会主义革命青年联合会发行了自己的机关周刊《红旗》。

　　1902年，工人社会革命党青年联合会在新兵抽签之际，发行了《士兵报》，但只发行了1期。

　　实际上，反军国主义宣传不仅仅局限于报刊；社会革命党的青年联合会曾经发行过5本宣传册子（阿伯特·坦格尔的《反对兄弟残杀》、《反对战争》、《民族主义眼中的军队》、《团体》，于尔班·戈耶的《中国之战》），它们积极推动了大罢工和革命运动。后来在若尔日·克列孟梭政府中担任国防部长的阿里斯蒂德·白里安曾热烈地赞扬反对军国主义的社会主义青年小组，而今天正是他在对它们进行镇压。

在1901—1902年间，社会革命党的青年联合会发行了7期4页的机关刊物《社会主义青年》。

青年运动仅是地区性的，两个已经存在的社会革命党和工人社会革命党的全国青年联合会没有召开过一次全国代表大会，名不符实。1902年，当社会革命党的全国青年联合会成立时，新成立的法国社会党拒绝赋予它在党内存在的权利；全国青年联合会在作了微弱的抵抗后最终还是宣布解散。

青年运动十分混乱，时而向前，时而后退。1902—1905年社会主义政党准备统一期间，它后退得非常厉害。外省的许多青年小组忽而兴盛，忽而衰弱。但法国社会党青年联合会的《新兵》仍在继续发行。在约讷和阿登地区，与比利时青年近卫军非常相似的法国社会主义青年近卫军继续发展：约讷省的《约讷新兵》每年发行2—3期，阿登地区青年近卫军的《阿登新兵》每年9月发行，内容除了反对军国主义外，还涉及教育、青年近卫军的活动情况。

社会党合并之际，青年近卫军的影响大大下降。阿登地区的青年小组一蹶不振；约讷的青年组织几乎全部转向无政府主义，人数急剧下降。1905年5月，巴黎青年小组发行了一份28页的《社会主义青年文集》，初期势头不错，但发行两期后戛然停止。

社会党的统一最终实现，但其章程没有给予全国青年联合会任何地位。所有的外省青年组织直接加入了当地的社会党。塞纳省的青年组织成立了地区联合会，直接归入塞纳省社会党委员会的第42支部。1907年3月15日，它的首期机关刊物《平等月刊》出版，以后每月同一天如期发行，销量达到3000份。这份月刊同时也是与社会党合并的所有社会主义青年组织的机关刊物和唯一的组织联系。目前巴黎有5个小组；外省有塞纳河畔罗米伊、蒙托邦、阿雅克肖、巴斯蒂亚、图卢兹、阿让、南特、罗德兹、罗克松、布雷斯特、阿登、普耶、锡里勒诺伯尔、帕兰日、迪关（最后四个地方属于索恩-卢瓦尔省）小组。没有确切的成员数目，估计总共约有1000多人。

社会主义青年国际书记处致力于促进法国各个青年组织实现新的全国联合。为此，它向社会党的76个省联合会发送了情况调查问卷。书记处将结果反馈给了塞纳省联合会。德曼同志巴黎之行促成第42支部全会通过一项成立全国青年书记处的建议，旨在为推动建立全国青年联合会开辟一条途径。

社会主义青年机关刊物

下面地址是编辑部或者负责以自己的名义与国外联系的同志的地址。这份名单只包括每年发行量超过一期以上的机关刊物；不包括比利时法语和荷兰语版的《新兵》和《军营》，法国的《新兵》、《阿登新兵》及芬兰的《同志》。括弧中是刊物出版的日期和语言。

阿蒂尔·若尼奥，《青年，就是未来》编辑，比利时（埃诺）艾讷—圣保罗（每月1号，法语）。

《自由》编辑部，比利时安特卫普巴斯街（每月15号，荷兰语）。

《真理》编辑部，比利时根特豪特波特街（每月15号，荷兰语）。

罗伯特·丹内贝格，《青年工人》编辑，奥地利维也纳沃尔蔡勒街19号（月刊，德语）。

尤利乌斯·奥尔帕里，《青年工人》编辑，匈牙利布达佩斯多哈尼大街7号（每月15号，匈牙利语）。

艾曼纽埃尔·斯卡图拉，《姆拉德兹的诉讼》编辑，波希米亚布拉格 II. 1959（双月刊，捷克语）。

F. 达尔代纳，《平等》编辑，法国巴黎18区普瓦索尼耶街81号（每月15号，法语）。

路德维希·弗兰克博士，《青年近卫军》编辑，德国曼海姆 G 2.4.（每月15号，德语）。

马克斯·彼德斯，《青年工作》编辑，德国柏林瓦尔德马大街75 III号（每月1号，德语）。

《蝎子》编辑部，瑞士青年中央委员会，瑞士苏黎世茨温利街青年之家（月刊，德语）。

公民罕·罗兰-霍尔斯特，《播种》编辑，荷兰北荷兰省拉伦（每月1号，荷兰语）。

《社会主义青年》，意大利罗马310邮箱，（双月刊，意大利语）。

《青年近卫军》，通过《公报》，意大利雷焦艾米利亚3号（周刊，意大利语）。

埃拉迪奥·坎波，《社会主义全国青年联合会月报》，西班牙毕尔巴鄂托雷街14号（不定期，西班牙语）。

艾尔弗雷德·罗素，《社会主义青年》编辑，英国格拉斯哥新城市街366号（月刊，英语）。

《青年工人》编辑部，保加利亚索非亚，（每月15号，保加利亚语）。

《先锋》，瑞典马尔默（每月1号，瑞典语）。

斯韦勒·克罗格，《20世纪》编辑，挪威克里斯蒂安尼亚多弗街17 B II（每年5月1号和圣诞，挪威语）。

欧·奥劳松，《社会主义青年》编辑，挪威克里斯蒂安尼亚多弗街17 B II（月刊，挪威语）。

J. 安德森-戈德施特鲁普，《先锋》编辑，丹麦哥本哈根南森街48 III（每月1号，丹麦语）。

图书在版编目(CIP)数据

第二国际第七次(斯图加特)代表大会文献(2)／童建挺主编.
—北京：中央编译出版社，2013.12
(国际共产主义运动历史文献／王学东主编；23)
ISBN 978－7－5117－1946－1

Ⅰ.①第…
Ⅱ.①童…
Ⅲ.①第二国际－会议文献－汇编
Ⅳ.①D145

中国版本图书馆 CIP 数据核字(2013)第 291994 号

第二国际第七次(斯图加特)代表大会文献(2)

出 版 人：刘明清
出版统筹：薛晓源
责任编辑：薛迎春
责任印制：尹　珺
装帧设计：田晗工作室
出版发行：中央编译出版社
地　　址：北京西城区车公庄大街乙 5 号鸿儒大厦 B 座(100044)
电　　话：(010)52612345(总编室)　　(010)52612336(编辑室)
　　　　　(010)52612316(发行部)　　(010)52612315(网络销售)
　　　　　(010)52612346(馆配部)　　(010)66509618(读者服务部)
传　　真：(010)66515838
经　　销：全国新华书店
印　　刷：北京印刷一厂
开　　本：787 毫米×960 毫米　1/16
字　　数：382 千字
印　　张：29.5
版　　次：2013 年 12 月第 1 版第 1 次印刷
定　　价：180.00 元

网　　址：www.cctphome.com　　邮　箱：cctp@cctphome.com
新浪微博：@中央编译出版社　　微　信：中央编译出版社(ID：cctphome)

本社常年法律顾问：北京市吴栾赵阎律师事务所律师　闫军　梁勤
凡有印装质量问题，本社负责调换，电话：(010)66509618